KB145079

LangChain으로
구현하는 LLM

파이썬, ChatGPT로
LLM 애플리케이션 만들기

LangChain으로
구현하는 LLM

벤 아우파스 지음

이병욱 옮김

i!i
에이콘

에이콘출판의 기틀을 마련하신 故 정완재 선생님 (1935-2004)

다이앤^{Daine}과 니코^{Nico}에게

- 벤 아우파스

| 지은이 소개 |

벤 아우파스 Ben Auffarth

컴퓨터 신경과학 박사 학위를 가진 경험이 풍부한 데이터 과학 리더다. 테라바이트 단위의 데이터를 분석하고 최대 64k 코어를 갖춘 슈퍼 컴퓨터에서 뇌 활동을 시뮬레이션하며, 실험을 설계하고 수행했다. 보험 적용 응용을 처리하는 제품화 시스템을 구축했고, 수백만 건의 문서에 대해 신경망을 훈련시켰다. 『Machine Learning for Time Series』(Packt, 2021)와 『Artificial Intelligence with Python Cookbook』(Packt, 2020)의 저자이며, 현재는 헤이스팅스 다이렉트Hastings Direct에서 보험 분야에 몸담고 있다.

이 책을 만들어나가는 것은 힘들고 긴 여정이었지만 그와 동시에 흥미로운 모험이었다. 몇몇 핵심 인물의 기여 덕분에 내용이 아주 풍부해졌다. 그들에게 큰 감사를 표한다. 먼저 책의 내용을 많이 다듬어준 레오Leo에게 감사의 말을 전한다. 레오의 통찰력 있는 피드백 덕분에 내용을 크게 개선할 수 있었다. 능숙한 편집자인 타냐Tanya, 엘리엇Elliot 그리고 쿠샬Kushal에게도 큰 기쁨을 느낀다. 그들의 노력은 기대를 넘어섰다. 특히 타냐는 글쓰기 과정에서 중요한 역할을 했으며, 지속적으로 나에게 생각을 명확히 하도록 이끌며 최종 산물 형성에 크게 기여했다.

| 기술 감수자 소개 |

레오니드 가넬린^{Leonid Ganeline}

자연어 처리 분야에서 다양한 경험을 가진 머신러닝^{ML, Machine Learning} 공학자다. 여러 스타트업에서 모델과 생산 시스템을 개발해왔다. 또한 LangChain 및 여러 다른 오픈 소스 프로젝트에 적극적으로 기여하고 있다. 특히 거대 언어 모델^{LLM, Large Language Model} 평가에 관심이 있다.

합리적으로 생각하는 법을 가르쳐 주신 부모님께 감사드린다. 또한 이 노력을 지원해 준 아내에게 감사를 전한다.

루치 바티아^{Ruchi Bhatia}

카네기멜론대학교에서 정보 시스템 관리 석사 학위를 가진 컴퓨터 공학자다. 현재 HP 에서 데이터 과학과 인공지능^{AI, Artificial Intelligence} 분야 제품 마케팅 매니저로서 자신의 기술을 활용하고 있다. 노트북, 데이터셋 및 토론 카테고리의 최연소 캐글^{Kaggle} 그랜드 마스터^{Grandmaster}로서 자부심을 갖고 있다. 오픈마인드^{OpenMind}에서 데이터 과학 리더 로서의 이전 역할은 데이터 과학자 팀을 이끌어 혁신적이고 중요한 해결책을 만들 수 있는 기회를 제공했다.

부모님께 진심으로 감사의 마음을 전하고 싶습니다. 여정 내내 변함없는 지원과 격려 는 정말로 값지고 소중했습니다. 부모님의 믿음과 지속적인 조언 없이는 오늘의 성과 를 이루지 못했을 것입니다. 엄마와 아빠, 항상 제 곁에 계셔 주셔서 감사합니다.

| 옮긴이 소개 |

이병욱(byunguk@gmail.com)

서울과학종합대원 AI첨단대학원 주임교수

카이스트(KAIST) 겸직교수

한국금융연수원 겸임교수

인공지능연구원(AIRI) 부사장

금융위원회 금융규제혁신회의 위원

금융위원회 법령해석심의위원회 위원

금융위원회 적극행정위원회 위원

금융위원회 디지털자산 자문위원

한국산업기술진흥원(KIAT) '규제자유특구 분과위원회' 위원

과기정통부 우정사업본부 정보센터 네트워크 & 블록체인 자문위원

전) BNP 파리바 카디프 전무

전) 삼성생명 마케팅 개발 수석

전) 보험넷 Founder & CEO

전) LG전자 연구원

서울과학종합대학원 디지털금융 주임교수와 카이스트 겸직교수 그리고 한국금융연수원 겸임교수를 맡고 있으며, 인공지능연구원AIRI의 부사장으로도 재직 중이다. 카이스트KAIST 전산학과 계산 이론 연구실에서 공부했으며 공학을 전공한 금융 전문가로, 세계 최초의 핸드헬드-PCHandheld-PC 개발에 참여해 한글 윈도우 CE 1.0과 2.0을 미국 Microsoft 본사에서 공동 개발했다. 1999년에는 전 보험사 보험료 실시간 비교 서비스를 제공하는 핀테크 전문회사 ㈜보험넷을 창업했고 이후 삼성생명을 비롯한 생명 보험사 및 손해 보험사에서 CMO마케팅총괄 상무, CSMO영업 및 마케팅 총괄 전무 등을 역임하면서 혁신

적인 상품과 서비스를 개발, 총괄했다.

인공지능연구원에서 머신러닝 기반의 금융 솔루션 개발에 관련된 다양한 활동을 하고 있으며 금융위원회, 금융정보분석원 등에 다양한 자문을 하고 있다.

저서로는『비트코인과 블록체인, 탐욕이 삼켜버린 기술』(에이콘, 2018)과 대한민국학술원이 2019년 교육부 우수학술도서로 선정한『블록체인 해설서』(에이콘, 2019), 2022년 문체부 세종도서로 선정된『돈의 정체』(에이콘, 2019) 그리고 한국금융연수원의 핀테크 전문 교재인『헬로, 핀테크!』(공저, 2020),『헬로, 핀테크! – 인공지능 편』(2021)이 있다.

최근 주목받는 생성형 AI에 관한 책으로, 특히 LLM을 집중적으로 분석한다. LLM을 실질적으로 활용할 수 있는 여러 프레임워크 중 LangChain을 사용하는 방법을 자세히 소개한 책으로, 실용적인 LLM 활용 입문서라고 할 수 있다. 또한 LangChain을 활용한 생성형 AI의 실제적인 구현 예제는 물론 이미지, 음성 등 여러 분야에서 부각되고 있는 다양한 생성형 AI의 특징과 장단점, 현재 기술 수준 등에 대해 비교하고 설명해주는 개괄적인 입문서로 도움이 된다. 생성형 AI, 그중에서도 특히 LLM에 대한 전체 개괄을 빠르게 얻고자 하는 독자라면 이 책이 좋은 출발점이 될 것이다.

이 책은 모두 10개의 장으로 구성돼 있다. 생성형 AI의 개요와 함께 LangChain 프레임워크를 사용한 실질적인 구현 사례까지 포괄적으로 제공하고 있다.

1장은 생성형 AI가 텍스트, 이미지 그리고 비디오 처리를 어떻게 혁신적으로 변화시키는지 설명한다. 1장에서는 LLM 등의 생성 모델을 소개하며, 그 잠재력을 자세히 아우른다.

2장에서는 LangChain의 프레임워크를 활용한다. 낡은 지식, 행동 제한 그리고 환각의 위험과 같은 한계를 다루며, LangChain이 외부 데이터와 개입을 통합해 더 일관된 AI 애플리케이션을 어떻게 구현하는지 설명한다.

3장은 환경 설정의 기본 지식을 다루며 Docker, Conda, Pip, Poetry 설치 안내부터 시작한다. OpenAI의 ChatGPT와 Hugging Face 같은 다양한 공급업체로부터 모델을 통합하는 방법에 대한 내용과 필요한 API 키를 얻는 과정을 설명한다.

4장은 정보 추출을 위한 밀도 체인Chain of Density을 알아보고, LangChain 데코레이터decorator와 표현 언어에 대한 논의를 통해 사용자 맞춤형 행동을 정의하는 방법을 설명한다.

5장은 ChatGPT와 같은 챗봇의 능력을 향상시키기 위해 검색 증강 생성^{RAG, Retrieval-Augmented Generation}과 같은 방법을 설명한다.

6장은 소프트웨어 개발에서 부상하는 LLM의 역할을 조사하며, AI가 코딩 작업을 자동화하고 동적 코딩 비서로서의 역할 가능성을 알아본다.

7장은 생성형 AI와 데이터 과학의 공통점을 탐색하며, LLM이 생산성을 향상시키고 과학적 발견을 촉진할 수 있는 잠재력을 살펴본다.

8장은 미세 조정^{fine-tuning}과 프롬프팅^{prompting}과 같은 조건화 기술에 대해 살펴본다.

9장은 LLM을 실제 애플리케이션 내에서 배치하는 데 있어서의 복잡성을 다루며, 성능 보장, 규제 요구 사항 충족, 규모에 대한 강건성 및 효과적인 모니터링을 위한 모범 사례를 다룬다.

10장은 생성형 AI의 잠재적인 발전과 사회 기술적 도전을 자세히 알아본다.

| 차례 |

지은이 소개 006

기술 감수자 소개 007

옮긴이 소개 008

옮긴이의 말 010

들어가며 019

1장   생성형 AI란 무엇인가?   027

생성형 AI 소개 028

     생성 모델이란 무엇인가? 031

     왜 지금인가? 036

LLM의 이해 039

     GPT란 무엇인가? 041

     다른 LLM 045

     주요 플레이어 047

     GPT 모델은 어떻게 작동할까? 049

         사전 훈련 053

         토큰화 054

         스케일링 055

         조건화 057

     이러한 모델을 시험하는 방법 058

텍스트 투 이미지 모델이란? 058

다른 영역에서 AI가 할 수 있는 일 065

요약 066

문제 067

2장   LLM 응용을 위한 LangChain   069

확률적 앵무새를 넘어서 070

     LLM의 한계는 무엇인가? 071

     LLM의 한계를 완화하는 방법 076

     LLM 응용이란 무엇인가? 078

LangChain이란 무엇인가? 082

LangChain의 핵심 요소 탐색 086

     체인이란 무엇인가? 086

     에이전트는 무엇인가? 088

     메모리는 무엇인가? 090

     도구란 무엇인가? 092

LangChain의 작동 원리 095

LangChain과 다른 프레임워크와의 비교 098

요약 100

문제 101

3장   LangChain으로 시작하기   103

이 책을 위한 종속성 설정 방법 104

     pip 106

     Poetry 107

     Conda 107

     Docker 107

API 모델 통합 탐색 108

     가짜 LLM 112

     OpenAI 114

     Hugging Face 116

     Google Cloud Platform 118

     Jina AI 121

     Replicate 125

     그 외 126

     애저 127

　　　Anthropic 127

로컬 모델 탐색 128

　　　Hugging Face Transformers 129

　　　llama.cpp 130

　　　GPT4ALL 132

고객 서비스를 위한 애플리케이션 구축 134

요약 141

문제 142

4장　　능력 있는 비서 구축　　　　　　　　　　　　　143

팩트 체크를 통한 환각 완화 144

정보 요약 148

　　　기본 프롬프팅 148

　　　프롬프트 템플릿 150

　　　밀도 체인 151

　　　맵 리듀스 파이프라인 152

　　　토큰 사용량 모니터링 156

문서에서 정보 추출 159

툴을 사용한 질문 응답 163

　　　툴을 사용한 정보 검색 164

　　　시각 인터페이스 구축 165

추론 전략 탐색 169

요약 178

문제 179

5장　　ChatGPT 같은 챗봇 구축　　　　　　　　　　　　181

챗봇이란 무엇인가? 182

검색과 벡터의 이해 185

　　　임베딩 186

벡터 저장소 191

    벡터 인덱싱 192

    벡터 라이브러리 194

    벡터 데이터베이스 196

LangChain에서의 로딩 및 검색 201

문서 로더 202

LangChain에서 검색기 204

    kNN 검색기 205

    PubMed 검색기 206

    맞춤형 검색기 207

챗봇 구현 208

문서 로더 208

벡터 저장소 210

메모리 215

    대화 버퍼 216

    대화 요약 기억 219

    지식 그래프 저장 219

    여러 메모리 메커니즘의 병합 220

    장기 일관성 222

응답 중재 223

요약 226

문제 227

6장   생성형 AI를 이용한 소프트웨어 개발 229

소프트웨어 개발과 AI 230

코드 LLM 232

LLM을 사용한 코드 작성 237

StarCoder 237

StarChat 243

LLaMa 2 245

소형 로컬 모델 246

소프트웨어 개발 자동화 248

요약 261

문제 261

7장   데이터 과학을 위한 LLM   263

생성 모델이 데이터 과학에 미치는 영향 264

자동화된 데이터 과학 269

　데이터 수집 271

　시각화와 탐색적 데이터 분석 272

　전처리와 특징 추출 272

　AutoML 273

데이터 과학 질문에 답하기 위한 에이전트 사용 276

LLM을 사용한 데이터 탐색 280

요약 286

질문 287

8장   LLM 사용자 정의 및 출력   289

LLM 조건화 290

　조건화 기법 291

　　인간 피드백을 가미한 강화학습 293

　　LoRA 294

　　추론 시간 조건화 295

미세 조정 298

　미세 조정 설정 299

　오픈 소스 모델 303

　상업용 모델 309

프롬프트 공학 310

　프롬프트 기술 312

　　제로샷 프롬프팅 314

퓨샷 러닝 315

CoT 프롬프팅 317

자기 일관성 318

ToT 320

요약 324

문제 325

9장   생성형 AI 제품화   327

LLM 애플리케이션의 제품화를 준비하는 방법 328

용어 331

LLM 앱을 평가하는 방법 332

두 출력 비교 335

기준 대비 비교 336

문자열과 문맥 비교 338

데이터셋을 대상으로 한 평가 수행 340

LLM 앱을 배포하는 방법 345

FastAPI 웹서버 349

Ray 354

LLM 앱을 관찰하는 방법 358

관찰 반응 362

관측성 도구 365

LangSmith 367

PromptWatch 370

요약 371

문제 373

10장   생성형 모델의 미래   375

생성형 AI의 현 상태 376

도전 과제 378

모델 개발에서의 추세 380

빅테크 대 소기업 384

AGI 386

경제적 결과 387

창의적 산업과 광고 391

교육 393

법률 394

제조 394

의학 395

군사 395

사회적 함의 396

오정보와 사이버보안 397

규제와 실행의 어려움 398

앞으로의 길 401

찾아보기 403

| 들어가며 |

동적이며 빠르게 발전하는 AI 분야에서 생성형 AI는 기술과의 상호 작용 방식을 변형할 것으로 예상되는 혁신적인 힘을 가졌다는 점에서 두드러진다. 이 책은 개발자, 연구자 그리고 AI 애호가가 이러한 도구를 활용하는 데 있어 필요한 지식을 제공하기 위해 디자인된 LLM이라는 복잡한 세계로의 탐험이다.

딥러닝DL, Deep Learning의 심연으로 진입해 비정형 데이터가 살아 움직이는 곳에서 GPT-4와 같은 LLM이 어떻게 AI가 비즈니스, 사회 그리고 개인에 미치는 영향을 개척하는지 발견해보라. 이러한 모델의 능력과 잠재력이 기술 산업과 미디어에서 계속해서 화제가 되는 동안, 이들이 어떻게 작동하며 어떻게 번창하고 어떻게 우리를 미래의 지평으로 나아가게 하는지 탐험할 수 있는 좋은 순간이다.

이 책은 여러분이 LLM을 지탱하는 기술적인 프레임워크를 이해하도록 안내하는 나침반 역할을 한다. LLM의 광범위한 응용 분야, 그 기반이 되는 아키텍처의 우아함 그리고 그 존재의 강력한 함의에 대한 전례를 제공한다. AI 초보자부터 경험이 풍부한 개발자까지 다양한 독자를 대상으로 쓰인 이 책은 이론적인 개념과 실제적인 코드 예제를 융합해, LLM을 인지적으로 이해할 뿐만 아니라 창의적이고 책임감 있게 적용할 수 있도록 준비해준다.

함께 이 여정을 시작하면서, 지식과 통찰력을 갖추고 있는 여러분은 현재 진행 중인 생성형 AI 서술에 영감을 받아 자아를 형성하고 구성할 수 있도록 준비해보라. 여러분은 이 흥미진진한 진화의 최전선에 서 있으며, 놀라운 기술적 발전의 중심에 서게 될 것이다.

⁂ 이 책의 대상 독자

개발자, 연구자 그리고 LLM에 대해 더 알고 싶어하는 모든 사람을 대상으로 한다. 명확하고 간결하게 작성됐으며, 실습을 통해 학습할 수 있도록 다양한 코드 예제를 갖추고 있다.

초보자든 경험이 많은 개발자든, LLM과 LangChain을 최대한 이해하고 이 분야의 최신 동향을 선도하고자 하는 모든 이에게 가치 있는 자원이 될 것이다.

⁂ 이 책에서 다루는 내용

1장, '생성형 AI란 무엇인가?'에서는 생성형 AI가 텍스트, 이미지 그리고 비디오 처리를 혁신적으로 변화시키는 데 어떻게 핵심적인 역할을 하는지 설명한다. LLM과 같은 생성 모델을 소개하며, 이들의 기술적 기반과 다양한 분야에서의 변혁적인 잠재력을 자세히 다룬다. 이러한 모델의 이론적 배경, 신경망, 훈련 접근 방법 그리고 인간과 유사한 콘텐츠 생성에 대해 강조하고 설명한다. 또한 AI의 진화, 트랜스포머^{Transformer} 아키텍처, 스테이블 디퓨전$^{Stable\ Diffusion}$과 같은 텍스트에서 이미지로의 모델 그리고 음성과 비디오 응용에 대한 내용도 다룬다.

2장, 'LLM 응용을 위한 LangChain'에서는 LLM의 확률적 앵무새, 즉 진정한 이해 없이 언어를 모방하는 모델을 넘어설 필요성을 강조하고, 이를 위해 LangChain의 프레임워크를 활용한다. 낡은 지식, 행동 제한 그리고 환각의 위험과 같은 한계를 다루며, LangChain이 외부 데이터와 개입을 통합해 더 일관된 AI 애플리케이션을 어떻게 구현하는지 강조한다. 2장은 확률적 앵무새의 개념에 비판적으로 관여해, 유창하지만 의미 없는 언어를 생성하는 모델의 결핍을 살펴보고 프롬프팅, 사고 과정 체인, 검색 기반의 논리가 어떻게 LLM을 강화해 맥락, 편향 그리고 불투명성과 관련된 문제를 해결하는지 설명한다.

3장, 'LangChain으로 시작하기'에서는 이 책의 모든 예제를 실행하기 위해 환경을 설정하는 데 필요한 기본 지식을 제공한다. Docker, Conda, Pip, Poetry 설치 안내부터 시작하며, OpenAI의 ChatGPT와 Hugging Face와 같은 다양한 공급업체로부터 모델을 통합하는 방법과 필요한 API 키를 얻는 과정을 설명한다. 또한 오픈 소스 모델을 로컬에서 실행하는 방법도 다룬다. 아울러 LangChain을 사용해 고객 서비스 에이전트를 지원하는 LLM 앱을 만들어 LangChain이 작업을 간소화하고 응답의 정확도를 향상시킬 수 있는 예시를 보여준다.

4장, '능력 있는 비서 구축'에서는 LLM을 신뢰할 수 있는 비서로 변환하는 데에 관여해, 오정보를 줄이기 위해 사실 확인을 진행하고, 요약을 위한 정교한 프롬프팅 전략을 사용하며, 향상된 지식을 위해 외부 도구를 통합한다. 정보 추출을 위한 밀도 체인[1]을 탐구하고 LangChain 데코레이터와 표현 언어에 대한 논의를 통해 사용자 맞춤형 행동을 정의하는 방법을 설명한다. 또한 LangChain에서 긴 문서를 처리하기 위한 맵 리듀스map-reduce를 소개하고, API 사용 비용을 관리하기 위한 토큰 모니터링에 대한 내용도 다룬다.

이 부분은 Streamlit 애플리케이션을 구현해 대화형 LLM 애플리케이션을 만들고, 함수 호출과 도구 사용을 통해 기본 텍스트 생성을 뛰어넘는 것에 중점을 두고 있다. "plan-and-solve" 및 "제로샷zero-shot"이라는 두 가지 명확한 에이전트 패러다임을 구현해 의사 결정 전략을 시연하는 데 사용된다.

5장, 'ChatGPT 같은 챗봇 구축'에서는 ChatGPT와 같은 챗봇의 능력을 향상시키기 위해 검색 증강 생성과 같은 방법을 다룬다. 이 방법은 LLM에 외부 지식에 접근할 수 있는 기능을 제공해 정확성과 도메인 특화 능력을 향상시킨다. 특히 문서 벡터화, 효율적인 색인화, Milvus와 Pinecone과 같은 벡터 데이터베이스를 사용한 의미적 검색 등을 알아본다. 책에서는 챗봇을 구현하면서 책임 있는 의사 소통을 보장하기 위해 모더레이션 체인moderation chain을 포함시켰다. 이 챗봇은 깃허브GitHub에서 사용 가능하며, 대화 메모리memory 및 컨텍스트 관리와 같은 고급 주제를 탐구하는 기반 자료로 사용된다.

---

[1] 밀도 체인(Chain of Density)은 문서에서 정보를 추출하고 요약하는 기술적인 접근 방법 중 하나다. 이는 긴 문서에서 중요한 내용을 식별하고 선택하는 프로세스를 나타낸다. – 옮긴이

6장, '생성형 AI를 이용한 소프트웨어 개발'에서는 소프트웨어 개발에서 부상하는 LLM의 역할을 조사하며, AI가 코딩 작업을 자동화하고 동적 코딩 비서로서의 역할 가능성을 강조한다. AI 기반 소프트웨어 개발의 현재 상태를 탐구하고, 코드 일부를 생성하기 위한 모델 실험을 진행하며, LangChain을 사용한 자동 소프트웨어 개발 에이전트를 위한 디자인을 소개한다. 에이전트의 성능에 대한 비판적인 고찰은 실수 완화 그리고 고수준 디자인을 위한 인간 감독human oversight의 중요성을 강조하며, AI와 인간 개발자가 상호 작용하는 미래를 준비한다.

7장, '데이터 과학을 위한 LLM'에서는 생성형 AI와 데이터 과학의 공통점을 탐색하며, LLM이 생산성을 향상시키고 과학적 발견을 촉진할 수 있는 잠재력에 초점을 맞춘다. AutoML을 통한 데이터 과학의 현재 자동화 범위에 대한 개요를 제공하고, 이를 확장해 LLM에 통합해 데이터셋 보강과 실행 가능한 코드 생성 등의 고급 작업을 수행하는 개념을 소개한다. LLM이 탐색적 데이터 분석, SQL 쿼리 실행, 통계 데이터 시각화를 수행하는 실용적인 방법을 다룬다. 마지막으로 에이전트와 도구 사용을 이용해 LLM이 복잡한 데이터 중심 질문에 대응하는 방법을 보여준다.

8장, 'LLM 사용자 정의 및 그 출력'에서는 미세 조정fine-tuning과 프롬프팅prompting 같은 조건화 기술을 살펴본다. 이는 LLM의 성능을 복잡한 추론과 특수 작업에 맞게 조정하는 데 필수적이다. 미세 조정은 LLM이 작업별 데이터로 더 많은 훈련을 받는 것을 다루며, 프롬프트 공학prompt engineering은 LLM을 원하는 출력을 생성하도록 전략적으로 안내한다. 퓨샷few-shot 러닝과 사고 체인chain-of-thought과 같은 고급 프롬프팅 전략이 구현돼 LLM의 추론 능력을 향상시킨다. 미세 조정과 프롬프팅에 관한 구체적인 예제뿐만 아니라 LLM의 미래 발전과 해당 분야에서의 응용에 대해서도 설명한다.

9장, '생성형 AI 제품화'에서는 LLM을 실제 애플리케이션 내에서 배치하는 데 있어서의 복잡성과 함께 성능 보장, 규제 요구 사항 충족, 규모에 대한 강건성 및 효과적인 모니터링을 위한 모범 사례를 다룬다. 평가, 관측 가능성과 체계적인 운영의 중요성을 강조해 생성형 AI가 고객 참여와 재정적 영향이 있는 의사 결정에서 유용하게 사용될 수 있도록 한다. 또한 Fast API, Ray, LangServe, LangSmith와 같은 도구를 사용해 LLM 앱의 배포와 지속적인 모니터링에 대한 실용적인 전략에 대한 개요를 설명한다.

이러한 도구는 다양한 분야에서 생성형 AI의 책임 있는 채택을 지원하는 자동 평가와 분석을 제공할 수 있다.

10장, '생성형 모델의 미래'에서는 생성형 AI의 잠재적인 발전과 사회 기술적 도전에 대해 다룬다. 10장은 이러한 기술이 경제와 사회에 미치는 영향을 검토하며 직업 이동, 오정보 그리고 인간 가치 조정과 같은 윤리적 고민을 살펴본다. 다양한 분야에서 AI가 유발한 혼란과 변화에 대비하는 가운데 기업, 법조인 그리고 기술자들이 효과적인 지배 프레임워크를 형성하는 책임에 대해 고찰한다. 이 마지막 장은 AI 개발을 인간 잠재력 증대로 이끄는 동시에 딥페이크, 편향 그리고 AI 무기화와 같은 위험에 대처해야 하는 중요성을 강조한다. 즉 투명성, 윤리적 배치, 공정한 접근을 이끌기 위한 촉박함을 강조한다.

⠿ 이 책을 최대한 활용하는 방법

이 책의 가치를 충분히 누리기 위해서는 파이썬에 대한 기본적인 이해가 필수다. 더불어 ML에 대한 어느 정도의 기본 지식을 갖추는 게 좋다.

예제 코드 다운로드

이 책의 예제 코드 파일은 깃허브(https://github.com/benman1/generative_ai_with_langchain)에 호스팅되고 있다.

동일한 코드를 에이콘출판사 도서정보 페이지(http://acornpub.co.kr/book/generative-ai-llm)에서도 다운로드할 수 있다.

컬러 이미지 다운로드

이 책에 사용된 스크린샷과 다이어그램의 컬러 이미지가 포함된 PDF 파일도 제공된다. 다음 링크(https://packt.link/gbp/9781835083468)와 에이콘출판사 도서정보 페이지(http://acornpub. co.kr/book/generative-ai-llm)에서 다운로드할 수 있다.

편집 규약

이 책 전반에 걸쳐 사용되는 여러 텍스트 표기 규약이 있다.

코드체: 텍스트상의 코드 단어, 데이터베이스 테이블 이름, 폴더 이름, 파일 이름, 파일 확장자, 경로명, 임의의 URL, 사용자 입력 및 X(전 트위터) 핸들을 나타낸다. 예를 들면 다음과 같다. "다운로드한 `WebStorm-10*.dmg` 디스크 이미지 파일을 시스템에서 다른 디스크로 마운트하라."

코드 블록은 다음과 같이 나타낸다.

```
from langchain.chains import LLMCheckerChain
from langchain.llms import OpenAI

llm = OpenAI(temperature=0.7)

text = "What type of mammal lays the biggest eggs?"
```

코드 블록의 특정 부분에 주의가 필요한 경우, 관련 줄이나 항목은 굵은 글씨로 표시한다. 예를 들면 다음과 같다.

```
from pandasai.llm.openai import OpenAI
llm = OpenAI(api_token="YOUR_API_TOKEN")

pandas_ai = PandasAI(llm)
```

모든 명령줄 입력 또는 출력은 다음과 같이 작성한다.

```
pip install -r requirements.txt
```

굵게: 새로운 용어, 중요한 단어 또는 화면(예: 메뉴나 대화 상자)에 표시되는 단어를 나타낸다.
예: "**Administration** 패널에서 **System info**를 선택하라."

NOTE

> 경고나 중요한 메모는 이와 같이 나타낸다.

TIP

> 팁과 요령은 이와 같이 나타낸다.

⁙ 문의

일반 문의: 내용과 관련해 문의 사항이 있다면 메일 제목에 책 제목을 적어서 이메일 (feedback@packtpub.com)로 보내면 된다. 이 책에 관한 질문이 있으면 다음 이메일(questions@pack tpub.com)로 이메일을 보내면 된다. 한국어판에 관한 질문은 이 책의 옮긴이의 이메일이나 에이콘출판사 편집 팀(editor@acornpub.co.kr)으로 문의할 수 있다.

정오표: 책의 정확성을 보장하기 위해 모든 주의를 기울였음에도 불구하고 실수가 있을 수 있다. 만약 당신이 이 책에서 오류를 발견했다면 웹 사이트(www.packtpub.com/support/errata)에 방문해서 책을 선택하고 정오표 제출 양식 링크를 클릭한 다음 세부 정보를 입력하면 된다. 한국어판의 정오표는 에이콘출판사의 도서정보 페이지(http://acornpub.co.kr/book/generative-ai-llm)에서 찾아볼 수 있다.

저작권 침해: 인터넷에서 어떤 형태로든 당사 저작물의 불법 복제물을 발견한 경우 주소 혹은 웹 사이트 이름을 알려주길 바란다. 자료 링크와 함께 다음 이메일(copyright@packtpub.com)로 알려주길 바란다.

01

생성형 AI란 무엇인가?

지난 10년 동안 DL은 텍스트, 이미지 그리고 비디오와 같은 비정형 데이터의 처리와 생성에 있어 엄청난 발전을 이뤘다. 이러한 고급 인공지능AI, Artificial Intelligence 모델은 다양한 산업에서 인기를 얻었다. 대표적으로 거대 언어 모델LLM, Large Language Model이 있다. 현재 미디어와 산업 모두에서 AI에 대한 상당한 환호가 일고 있으며, 이러한 발전으로 인해 AI가 기업, 사회, 개인에게 광범위하고 중요한 영향을 미칠 것이라는 여러 주장이 있다. 이는 기술의 발전, 주목받는 애플리케이션, 여러 부문에 걸친 다양한 영향의 가능성 등 여러 요인에 의해 촉발됐다.

1장에서는 생성형 모델과 그 응용에 대해 살펴본다. 이러한 모델이 독창적인 콘텐츠를 생성하는 능력을 뒷받침해주는 기술적 개념과 훈련 방법에 대한 개요를 살펴볼 것이다. 소리나 비디오 등에 관한 생성 모델을 깊이 다루진 않겠지만 신경망, 대규모 데이터셋 그리고 계산 규모와 같은 기술적 기법을 통해 생성 모델이 텍스트와 이미지 생성에 있어 새로운 능력에 도달할 수 있게 되는 개략적인 개념을 전달하고자 한다. 목표는 이러한 모델이 다양한 영역에서 현실적으로 인간과 유사한 콘텐츠를 생성할 수 있는 기술적 원리를 알려주는 것이다. 이 기초를 통해 독자는 빠르게 발전하는 이 기술이 제시하는 기회와 도전을 모두 고려하는 데 있어 보다 나은 준비를 갖추게 될 것이다.

1장에서는 다음과 같은 내용을 다룬다.

- 생성형 AI 소개

- LLM의 이해

- 텍스트 투 이미지 모델이란?

- 다른 영역에서 AI가 할 수 있는 일

그럼 용어부터 살펴보자.

⠿ 생성형 AI 소개

언론에서는 AI와 관련한 주요 개발과 그들의 잠재적인 영향에 대한 많은 보도가 이뤄지고 있다. 이는 자연어 처리[NLP, Natural Language Processing]와 컴퓨터 비전의 발전부터 GPT-4와 같은 고도로 발전한 언어 모델의 개발까지 다양하다. 특히 생성 모델은 텍스트, 이미지 그리고 종종 인간이 생성한 콘텐츠와 구별하기 어려운 다른 창조적인 콘텐츠를 생성할 수 있는 능력으로 많은 관심을 받고 있다. 이러한 모델은 문맥 검색, 콘텐츠 조작 및 분류와 같은 광범위한 기능도 제공한다. 이는 자동화를 통한 비용 절감과 함께 사람들이 전례 없이 높은 수준에서 창의력을 발휘할 수 있게 해준다.

> **NOTE**
>
> 생성형 AI란 기존 데이터를 분석하거나 행동하는 것이 아니라 새로운 콘텐츠를 생성할 수 있는 알고리듬을 의미한다. 이는 보다 전통적인, 예측적 ML이나 AI 시스템과 대조된다.

다양한 분야에서 작업 성능을 측정하는 벤치마크는 이러한 모델의 발전을 주도하는 주요 요인이었다. 커뮤니티 블로그인 〈LessWrong〉의 스티븐 맥알리스[Stephen McAleese]가 게시한 'GPT-4 Predictions'라는 블로그 글에서 영감을 얻은 다음 그래프는 초등 수학, 미국 역사, 컴퓨터 과학, 법률 등에서의 지식과 문제 해결 능력을 측정하도록 설계된 MMLU^{Massive Multitask Language Understanding} 벤치마크에서 LLM의 성능 향상을 보여준다.

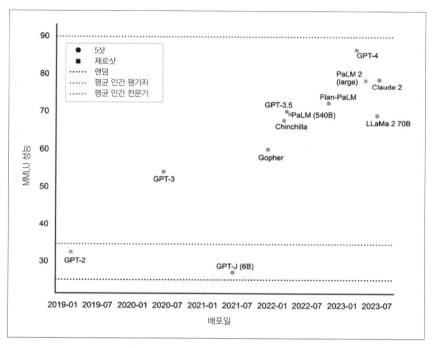

그림 1.1 MMLU 벤치마크에서 LLM의 평균 성능

NOTE

> 대부분의 벤치마크 결과는 5샷을 사용한 반면, GPT-2와 PaLM 그리고 PaLM-2와 같은 몇몇 모델의 결과는 제로샷 조건을 보여준다.

이 벤치마크를 통해 최근 몇 년 동안 상당한 향상이 있었음을 확인할 수 있다. 특히 OpenAI의 공개된 사용자 인터페이스^{UI, User Interface}를 통해 제공된 모델에서 비약적 발전을 보여주며, 특히 GPT-2에서 GPT-3 그리고 GPT-3.5에서 GPT-4로의 각 배포 간에 향상이 있음을 보여준다. 그러나 이러한 결과는 자체 보고된 수치이며 5샷^{5-shot} 혹은 제로샷^{Zero-shot} 조건에서 구했으므로 어느 정도 주의가 필요하다. 제로샷이란 모델에 질문만으로 프롬프트됐음을 나타내며, 5샷 설정은 모델에게 추가로 5개의 질문-답변 예시를 제공한 것이다. 「Measuring Massive Multitask Language Understanding」(헨드릭스Hendrycks와 동료들, 2023년 수정판)에 따르면 이러한 추가 예시는 단순히 성능의 약 20%를 설명할 수 있다.

이러한 모델들 사이와 그 훈련 방법에 있어 성능의 차이를 설명할 수 있는 몇 가지 단서가 있다. 그 차이점은 규모, 지시 튜닝instruction-tuning, 어텐션attention 메커니즘의 조정과 다양한 훈련 데이터 등과 관련이 있다. 가장 중요한 것은 1억 5천 개(GPT-2)에서 1천 750억 개(GPT-3)로 그리고 1조 개 이상(GPT-4)으로 모델 매개변수를 대규모로 확장한 것이다. 모델은 이를 통해 더 복잡한 패턴을 학습할 수 있게 됐다. 그러나 2022년 초에 있었던 다른 주요 변경 사항 중 하나는 모델을 인간 지시에 기반해 사후 훈련하고 미세 조정하는 것이다. 이를 통해 모델에게 예제와 피드백을 제공해 작업을 수행하는 방법을 가르치는 것이다.

여러 벤치마크를 통해 최근에는 일부 모델이 일반적인 인간 평가자보다 더 나은 성능을 보이기 시작했지만, 전반적으로 아직 인간 전문가의 수준에는 도달하지 못했다. 이러한 인간 공학의 성취는 인상적이지만, 이러한 모델의 성능은 분야별로 다르다. 대부분의 모델은 여전히 초등학교 수학 단어 GSM8K 벤치마크에서 성능이 낮다.

생성형 사전훈련 트랜스포머GPT, Generative Pre-trained Transformer 모델인 OpenAI의 GPT-4는 LLM 분야에서 AI 발전을 보여주는 훌륭한 예시다. ChatGPT는 일반 대중에게 널리 채택됐고 이전 모델보다 훨씬 큰 규모를 가지고 있어 크게 향상된 챗봇 기능을 보여준다. 이러한 AI 기반 챗봇은 고객에 대한 실시간 피드백으로 인간과 유사한 응답을 생성할 수 있으며 소프트웨어 개발부터 시를 쓰고 비즈니스 커뮤니케이션에 이르기까지 다양한 사용례에 적용할 수 있다.

AI 모델이 OpenAI의 GPT와 같이 계속 발전하면, 이들은 다양한 지식과 기술이 필요한 팀에게 필수적인 자산이 될 수 있다.

예를 들어 GPT-4는 수학과 통계, 거시경제학, 생물학, 법률 등과 같은 주제에서 열심히 일하면서도 (구독 또는 API 수수료 이상의) 보상은 요구하지 않는 다재다능한 인물로 간주할 수 있다. 이러한 AI 모델이 더욱 능숙해지고 쉽게 접근이 가능해지면, 그들은 미래의 일과

학습을 형성하는 데 중요한 역할을 할 것으로 예상된다.

NOTE

> OpenAI는 친화적인 AI을 촉진하고 발전시키기 위한 미국의 AI 연구 기업이다. 2015년 여러 영향력 있는 인물과 기업의 지원을 받아 10억 달러 이상의 자금을 투자받고 설립됐다. 이 기관은 초기에 비영리를 원칙으로 하며, 자사의 특허 및 연구를 공개해 다른 기관 및 연구자와 협력하겠다고 약속했다. 2018년 일론 머스크(Elon Musk)는 테슬라(Tesla)에서의 역할과의 잠재적 이해 충돌 관계를 언급하며 OpenAI 이사직에서 사임했다. 2019년 OpenAI는 비영리 기관에서 이익을 추구하는 조직으로 전환됐으며, 이후 Microsoft는 OpenAI에 상당한 투자를 하면서 OpenAI 시스템이 Microsoft의 애저(Azure) 기반 초고성능 계산 플랫폼과 빙(Bing) 검색 엔진과 통합됐다. 이 회사의 가장 중요한 성과로는 강화학습 알고리듬을 훈련시키기 위한 OpenAI Gym, 보다 최근에는 텍스트로부터 이미지를 생성하는 GPT-n 모델과 DALL-E 생성 모델 등이 있다.

이러한 모델은 지식을 더 접근 가능하고 적응 가능하게 해, 경쟁의 기회를 평준화하고 모든 분야의 사람들에게 새로운 기회를 제공할 수 있는 잠재력을 갖추고 있다. 이러한 모델은 높은 수준의 추론과 이해력이 필요한 영역에서 잠재력을 보여줬으나, 그 진적 여부는 관련된 작업의 복잡성에 따라 다양하다.

이미지 생성 모델은 이미지를 생성하는 능력에서 경계를 넓혀왔으며 물체 감지, 분할, 자막 생성 등과 같은 컴퓨터 비전 작업에서의 성능을 향상시켰다.

조금 더 용어를 명확히 해 생성 모델, AI, DL 그리고 ML이 무엇을 의미하는지 자세히 설명해보겠다.

생성 모델이란 무엇인가?

대중 매체에서 이러한 새로운 모델을 언급할 때 "인공지능"이라는 용어가 자주 사용된다. 이론적 및 응용 연구 분야에서는 종종 AI를 그냥 ML의 화려한 용어이거나 다음 그림에서처럼 AI는 정장을 입은 ML이라는 식의 농담으로 표현하기도 한다.

그림 1.2 정장을 입은 ML. replicate.com 모델로 생성, Diffusers Stable Diffusion v2.1

용어 중 생성 모델, AI, ML, DL, 언어 모델 간을 더 명확하게 구별하는 것이 중요하다.

- **AI**: 컴퓨터 과학의 넓은 분야로, 추론, 학습, 자율적 행동이 가능한 지능적 에이전트를 만드는 데 중점을 둔다.

- **ML**: 데이터로부터 학습할 수 있는 알고리듬을 개발하는 AI의 하위 분야다.

- **DL**: 많은 계층을 가진 심층 신경망을 사용해 데이터로부터 복잡한 패턴을 학습하는 ML 알고리듬의 메커니즘이다.

- **생성 모델**Generative Models: 입력 데이터에서 학습한 패턴을 기반으로 새로운 데이터를 생성할 수 있는 ML 모델의 한 유형이다.

- **언어 모델**LM, Language Model: 자연 언어의 시퀀스에서 단어를 예측하기 위해 사용되는 통계 모델. 언어 모델 중 일부는 DL을 활용하며, 대규모 데이터셋에서 학습돼 거대 언어 모델 즉, LLM이 된다.

다음의 부류 다이어그램은 LLM이 신경망과 언어 모델링의 시퀀스 모델링 목표를 대규모로 결합하는 방식을 나타낸다.

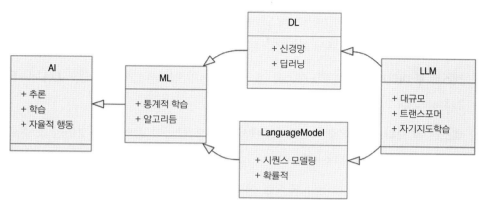

그림 1.3 다양한 모델의 부류 다이어그램. LLM은 DL 기술과 언어 모델링 목표의 교차점을 나타낸다.

생성 모델은 훈련 데이터와 유사한 새로운 데이터를 생성할 수 있는 강력한 유형의 AI 이다. 생성형 AI 모델은 데이터의 패턴을 사용해 처음부터 새로운 예제를 생성하는 데 있어 큰 발전을 이뤘다. 이러한 모델은 다양한 데이터 형태를 처리할 수 있으며 텍스트, 이미지, 음악, 비디오를 포함한 여러 도메인에서 활용된다.

중요한 차이점은 생성 모델은 예측이나 결정을 내리는 것이 아니라 새로운 데이터를 합성한다는 것이다. 이는 텍스트, 이미지, 음악, 비디오 생성과 같은 애플리케이션을 가능하게 한다. 어떤 언어 모델은 생성적이며, 다른 것은 아닐 수 있다. 생성 모델은 실제 데이터가 부족하거나 제한적인 경우에 AI 모델을 훈련시키기 위해 합성 데이터의 생성을 용이하게 해준다. 이러한 데이터 생성은 레이블 작업 비용을 줄이고 훈련 효율성을 향상시킨다. Microsoft Research는 이 접근 방식을 사용해 GPT-3.5를 활용해 합성한 파이썬 교재와 연습 문제를 생성해 phi-1 모델을 훈련시킴으로써 이를 실현했다(「Textbooks Are All You Need」, 2023년 6월).

여러 분야에서 다양한 데이터 모달리티^{modality}를 처리하는 여러 종류의 생성 모델이 있다. 다음과 같다.

- **텍스트 투 텍스트**^{Text-to-text}: 입력 텍스트에서 텍스트를 생성하는 모델, 대화형 에이전트와 같은 예시로는 LLaMa 2, GPT-4, Claude, PaLM 2가 있다.
- **텍스트 투 이미지**^{Text-to-image}: 텍스트 설명에서 이미지를 생성하는 모델로 DALL-E 2, Stable Diffusion, Imagen이 있다.
- **텍스트 투 오디오**^{Text-to-audio}: 텍스트에서 오디오 클립과 음악을 생성하는 모델로 Jukebox, AudioLM, MusicGen이 있다.
- **텍스트 투 비디오**^{Text-to-video}: 텍스트 설명에서 비디오 콘텐츠를 생성하는 모델로 Phenaki, Emu Video가 있다.
- **텍스트 투 음성**^{Text-to-speech}: 입력 텍스트에서 음성 오디오를 합성하는 모델로 WaveNet, Tacotron이 있다.
- **스피치 투 텍스트**^{Speech-to-text}: 음성을 텍스트로 변환하는 모델(자동 음성 인식ASR이라고도 함)로 Whisper와 SpeechGPT가 있다.
- **이미지 투 텍스트**^{Image-to-text}: 이미지 캡션을 생성하는 모델로 CLIP과 DALL-E 3가 있다.
- **이미지 투 이미지**^{Image-to-image}: 이 유형의 모델의 애플리케이션은 초고해상도, 스타일 전이 및 인페인팅^{inpainting}과 같은 데이터 증강을 수행한다.
- **텍스트 투 코드**^{Text-to-code}: 텍스트에서 프로그래밍 코드를 생성하는 모델로 Stable Diffusion과 DALL-E 3이 있다.
- **비디오 투 오디오**^{Video-to-audio}: 비디오를 분석하고 일치하는 오디오를 생성하는 모델로 Soundify가 있다.

고려해야 할 다양한 모달^{modality} 조합이 더 많다. 여기 나열된 것은 몇 가지에 불과하다. 더 나아가 텍스트의 하위 범주를 고려할 수도 있다. 예를 들어 텍스트에서 수학적 표현을 생성하는 텍스트 투 매스^{text-to-math}와 같은 경우, ChatGPT, Claude와 같은 모델이 빛날 수 있으며 텍스트에서 코드를 생성하는 텍스트 투 코드^{text-to-code}와 같은 경우 AlphaCode 또는 Codex와 같은 모델이 있다. 일부 모델은 Minerva나 Galactica와 같은 과학적 텍스트에 특화돼 있거나 AlphaTensor와 같이 알고리듬 발견에 특화될 수 있다.

몇몇 모델은 입력이나 출력의 여러 모달과 작동한다. 다중 모달 입력에서 생성 능력을 나타내는 모델의 예로는 2023년 9월에 출시된 OpenAI의 GPT-4V^{GPT-4 with Vision} 모델이 있다. 이 모델은 텍스트와 이미지를 모두 다루며, 이전 버전보다 더 나은 광학 문자 인식^{OCR, Optical Character Recognition}을 갖고 이미지에서 텍스트를 읽을 수 있다. 이미지는 설명적인 단어로 변환돼 기존의 텍스트 필터가 적용된다. 이는 제어되지 않은 이미지 자막이 생성되는 위험을 줄여준다.

목록에서 볼 수 있듯이 텍스트는 이미지, 오디오 및 비디오와 같은 다양한 출력으로 변환될 수 있는 공통 입력 모드다. 출력물은 다시 텍스트로 변환되거나 동일한 모달 내에서 변환될 수도 있다. LLM은 텍스트 중심 도메인에서의 신속한 진보를 이끌어냈다. 이러한 모델은 주로 대규모 데이터셋에서 자기지도학습을 통해 훈련된 트랜스포머 아키텍처를 사용한다. 이 책에서는 주로 LLM 범주에 중점을 두지만 가끔 다른 모델, 특히 텍스트에서 이미지로의 변환을 살펴볼 것이다.

빠른 진척은 생성형 AI의 다양한 도메인에서의 잠재력을 보여준다. 산업 내에서는 AI의 능력과 비즈니스 영향에 대한 기대감이 증가하고 있다. 그러나 데이터의 가용성, 계산 요구 사항, 데이터의 편향, 평가의 어려움, 잠재적 남용 및 기타 사회적 영향과 같은 주요 도전 과제가 앞으로 대처해야 할 과제로 제기되고 있다. 이에 대한 논의는 10장에서 다룰 것이다. 그럼에도 이러한 진척이 왜 이제 일어나고 있는지 더 자세히 살펴보겠다.

왜 지금인가?

2022년 대중에 알려진 생성형 AI의 성공은 여러 연결된 요소로 설명할 수 있다. 생성 모델의 개발과 성공은 개선된 알고리듬, 계산 파워 그리고 하드웨어 디자인에서의 상당한 진보, 대규모로 레이블이 달린 데이터셋의 이용 그리고 활발하고 협력적인 연구 커뮤니티가 도구와 기술 집합을 발전시킨 것에 기인했다.

더 정교한 수학과 계산 방법의 개발은 생성 모델의 발전에 있어 중요한 역할을 해왔다. 제프리 힌튼Geoffrey Hinton, 데이비드 루멜하트David Rumelhart 및 로널드 윌리엄스Ronald Williams에 의해 1980년대에 소개된 역전파 알고리듬은 그중 하나의 예다. 이 알고리듬은 다층 신경망을 효과적으로 훈련하는 방법을 제공했다.

2000년대에는 연구자들이 더 복잡한 아키텍처를 개발함에 따라 신경망이 다시 인기를 얻기 시작했다. 그러나 신경망의 한 유형인 다층 신경망인 DL의 출현은 이러한 모델의 성능과 능력에 중대한 전환점을 마련했다. 흥미로운 점은 딥러닝 즉, DL의 개념이 한동안 존재했음에도 불구하고 생성 모델의 발전과 확장은 특히 그래픽 처리 장치GPU와 같은 하드웨어의 중요한 발전과 관련이 있다는 점이다. GPU는 이 분야를 진전시키는 데 중요한 역할을 했다.

앞서 언급한 대로 저렴하고 강력한 하드웨어의 가용성은 심층 모델의 개발에서 핵심 요인이었다. 이는 DL 모델이 훈련과 실행에 많은 계산 자원을 필요로 하기 때문이다. 이는 처리 능력, 메모리, 디스크 공간의 모든 측면과 관련이 있다. 다음 그래프는 다양한 매체에 대해 시간에 따른 컴퓨터 저장 비용을 테라바이트당 달러로 나타냈다. 이 매체에는 디스크, 솔리드 상태Solid-State, 플래시 그리고 내부 메모리와 같은 것 등이 있다(「Our World in Data」에서 맥스 로저Max Roser, 한나 리치Hannah Ritchie 및 에두아르드 매튜Edouard Mathieu에 의해 적용된 자료: https://ourworldindata.org/grapher/historical-cost-of-computer-memory-and-storage)

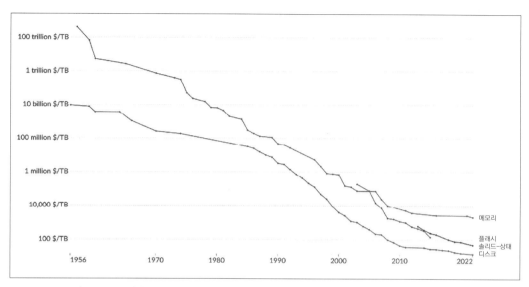

그림 1.4 1950년대 이후 컴퓨터 저장 비용을 테라바이트당 달러(화폐 가치 비보정)로 나타낸 것

과거에는 DL 모델을 훈련시키는 것이 고비용으로 여겨졌지만, 하드웨어 비용이 감소함에 따라 훨씬 큰 데이터셋에서 더 큰 모델을 훈련시키는 것이 가능해졌다. 모델 크기는 모델이 훈련 데이터셋을 얼마나 잘 근사화할 수 있는지를 나타내는데, 이는 퍼플렉서티 perplexity로 측정된다.

NOTE

> **LLM에서 매개변수의 중요성**: 모델이 가지는 매개변수의 수가 많을수록 단어 및 구문 간의 관계를 지식으로 포착하는 능력이 높아진다. 이러한 고차의 상관관계의 간단한 예로, LLM은 "고양이"라는 단어가 "쫓다"라는 단어 앞에 나오면 다음에는 "개"라는 단어가 더 자주 나올 가능성이 높다는 것을 학습할 수 있다. 이때 다른 단어가 중간에 있더라도 해당 규칙을 파악할 수 있다. 일반적으로 모델의 퍼플렉서티가 낮을수록 더 좋은 성능을 발휘한다. 예컨대 질문에 답하는 측면이 향상된다.
>
> 특히 20억부터 70억 개의 매개변수를 가진 모델에서는 시, 코드, 스크립트, 음악 조각, 이메일 및 편지와 같은 형식의 다양한 창의적인 텍스트를 생성하고, 심지어 개방적이고 도전적인 질문에도 정보를 풍부하게 답하는 능력 등 새로운 기능이 나타나는 것으로 보인다.

거대 모델로의 이러한 추세는 주로 2009년경에 시작됐으며, 이때 엔비디아NVIDIA는 흔히 DL의 빅뱅으로 일컫는 계기를 제공했다. GPU는 DL 신경망을 훈련시키기에 필요한 행렬/벡터 계산에 특히 적절하며, 이로써 이러한 시스템의 속도와 효율성을 상당히 향상시켜 몇 배에 달하는 수준으로 실행 시간을 주 단위에서 며칠로 단축시켰다. 특히 NVIDIA의 CUDA 플랫폼은 GPU를 직접 프로그래밍할 수 있게 해, 연구자와 개발자가 비전, 음성 인식 그리고 최근에는 언어 모델 분야에서의 개별적이고 복잡한 모델 실험 및 배포가 더욱 용이하게 했다. 많은 LLM 논문에서는 훈련에 NVIDIA A100을 사용한다고 기술하고 있다.

2010년대에는 여러 유형의 생성 모델이 주목을 받기 시작했다. 오토인코더Autoencoder는 입력 계층의 데이터를 표현으로 압축할 수 있도록 학습하는 신경망으로서 그 후에 입력을 재구성할 수 있으며, 가변 오토인코더VAE, Variational AutoEncoders와 같은 고급 모델의 기초 역할을 했다. VAE는 2013년에 처음 제안됐는데, 이는 전통적인 오토인코더와 달리 데이터의 분포를 학습하기 위해 가변 추론을 사용하며, 이를 입력 데이터의 잠재 공간 latent space이라고도 부른다. 동시에 2014년에 이안 굿펠로우Ian Goodfellow와 여러 다른 연구자가 GANGenerative Adversarial Networks을 제안했다.

지난 10년 동안 DL에서 사용되는 기본 알고리듬은 상당한 발전을 이뤘다. 즉, 더 나은 최적화 방법, 더 정교한 모델 아키텍처 그리고 향상된 정규화 기술 등의 발전이 있었다. 2017년에 소개된 트랜스포머 모델은 이러한 진전을 기반으로 해 GPT-3와 같은 대규모 모델의 생성을 가능케 했다. 트랜스포머 모델은 어텐션 메커니즘을 기반으로 하며, 생성 모델의 성능을 더욱 향상시켰다. 구글Google의 BERTBidirectional Encoder Representations from Transformer와 OpenAI의 GPT 시리즈와 같은 이러한 모델은 매우 일관되며, 문맥적으로 관련 있는 텍스트를 생성할 수 있다.

전이 학습 기술의 발전도 눈에 띄게 중요하다. 이 기술은 한 과제에 대해 사전 훈련된 모델을 다른 유사한 과제에 대해 미세 조정할 수 있게 해주는데, 이러한 기술은 거대 생성 모델을 훈련시키는 데 더 효율적이고 실용적으로 만들어졌다. 게다가 생성 모델이 급부상한 원인 중 하나는 이러한 인공 신경망과 함께 작동하도록 특별히 설계된 소프트웨어 라이브러리와 도구(텐서플로TensorFlow, 파이토치PyTorch, 케라스Keras 등)의 발전에 기인했다. 이들은 이러한 모델을 구축, 훈련, 배포하는 과정을 간소화해준다.

저렴하고 강력한 하드웨어의 가용성 외에도 레이블이 지정된 대규모 데이터셋의 가용성은 생성 모델의 개발에 있어 핵심 요소 중 하나다. 특히 생성 모델은 효과적인 훈련을 위해 방대한 양의 텍스트 데이터가 필요하기 때문이다. 특히 지난 10년 동안 인터넷에서 제공되는 데이터의 폭발은 이러한 모델이 번성할 수 있는 적절한 환경을 만들었다. 인터넷이 보다 인기를 얻음에 따라 텍스트, 이미지 및 기타 데이터의 대규모 데이터셋을 수집하는 것이 더 쉬워졌다.

이를 통해 과거에는 불가능했을 법한 대규모 데이터셋에서 생성 모델을 훈련시키는 것도 가능해졌다. 생성 모델의 발전을 더욱 촉진하기 위해 연구 커뮤니티는 이미지 분류를 위한 MMLU와 ImageNet과 같은 벤치마크와 기타 도전 과제를 개발하고 있으며, 생성 모델에 대해서도 이와 유사한 노력을 시작했다. 요약하면 생성 모델링은 매력적이고 신속하게 발전하고 있는 분야다. 이는 우리가 컴퓨터와 상호작용하고 독창적인 콘텐츠를 생성하는 방식을 혁신할 수 있는 잠재력을 지닌 분야다. 이 분야의 미래가 어떻게 전개될지 기대된다.

⠿ LLM의 이해

텍스트 생성 모델인 OpenAI의 GPT-4와 같은 모델은 서로 일관되고 문법적으로 올바른 텍스트를 다양한 언어와 형식으로 생성할 수 있다. 이러한 모델은 콘텐츠 생성 및 자연어 처리 즉, NLP와 같은 분야에서 실용적인 응용이 가능하며, 최종 목표는 자연어 텍스트를 이해하고 생성할 수 있는 알고리듬을 만드는 것이다.

언어 모델링은 주어진 시퀀스에서 이전 단어, 문자 또는 문장을 기반으로 다음 단어, 문자 또는 문장을 예측하는 것을 목표로 한다. 이러한 의미에서 언어 모델링은 언어의 규칙과 구조를 기계가 이해할 수 있는 방식으로 인코딩하는 방법으로 작용한다. LLM은 문법, 구문 및 의미론적 측면에서 인간 언어의 구조를 포착한다. 이러한 모델은 내용 생성, 번역, 요약, 기계 번역, 맞춤법 교정과 같은 텍스트 편집 작업과 같은 더 큰 NLP 작업 기반을 형성한다.

핵심적으로 언어 모델링, 더 넓게는 NLP는 표현 학습의 품질에 상당히 종속된다. 생성형 언어 모델은 훈련된 텍스트에 대한 정보를 인코딩하고 해당 학습을 기반으로 새로운 텍스트를 생성함으로써 텍스트 생성 작업을 담당한다.

> **NOTE**
>
> 표현 학습(Representation Learning)이란 모델이 ML 작업을 수행하기 위해 원시 데이터의 내부 표현을 학습하는 것이다. 이는 공학적인 특징 추출에만 의존하지 않고 모델이 원시 데이터에서 자체적으로 표현을 학습하는 개념이다. 예를 들어 표현 학습을 기반으로 한 이미지 분류 모델은 가장자리, 모양, 질감과 같은 시각적 특징에 따라 이미지를 표현하는 방법을 학습할 수 있다. 모델에게 명시적으로 어떤 특징을 찾아야 하는지 알려주지 않는다. 대신, 모델은 예측을 돕는 원시 픽셀 데이터의 표현을 학습한다.

최근에는 LLM이 에세이 생성, 코드 개발, 번역 및 유전자 서열 이해와 같은 작업에 응용되고 있다. 더 넓게는 언어 모델의 응용 분야는 다음과 같은 여러 영역에 걸쳐 있다.

- **질문 응답**: AI 챗봇 및 가상 비서는 맞춤형이며 효율적인 지원을 제공해 고객 지원의 응답 시간을 단축하고 이로 인해 고객 경험을 향상시킬 수 있다. 이러한 시스템은 레스토랑 예약 및 티켓 예매와 같은 특정 맥락에서 사용될 수 있다.

- **자동 요약**: 언어 모델은 글, 연구 논문 및 기타 콘텐츠의 간결한 요약을 생성함으로써 사용자가 정보를 신속하게 소화하고 이해할 수 있도록 도와준다.

- **감정 분석**: 텍스트에서 의견과 감정을 분석함으로써 언어 모델은 기업이 고객 피드백과 의견을 더 효율적으로 이해하는 데 도움을 줄 수 있다.

- **주제 모델링**: LLM은 문서 모음 전체에서 추상적인 주제와 테마를 발견할 수 있다. 이는 단어 클러스터와 잠재 의미 구조를 식별한다.

- **의미 검색**: LLM은 개별 문서 내에서 의미를 이해하는 데 중점을 둘 수 있다. NLP를 사용해 검색 관련성을 향상시키기 위해 단어와 개념을 해석한다.

- **기계 번역**: 언어 모델은 텍스트를 한 언어에서 다른 언어로 번역할 수 있어 기업의 글로벌 확장 노력을 지원한다. 새로운 생성 모델은 상용 제품(예: Google 번역)과 유사한 성능을 발휘할 수 있다.

놀랄 만한 성취에도 불구하고 언어 모델은 여전히 복잡한 수학이나 논리 추론 작업에 대한 처리 시 제약이 있다. 언어 모델의 규모를 계속해서 증가시키는 것이 반드시 새로운 추론 능력으로 이어질지 여부는 불확실하다. 더구나 LLM은 종종 맥락 내에서 가장 가능성이 높은 답변을 반환하는 것으로 알려져 있으며, 때로 "환각hallucination"이라 부르는 가공된 정보를 생성할 수 있다. 이는 창조적인 잠재력을 강조하는 특징이자 결함이다. 환각에 대해서는 5장에서 자세히 다룰 예정이므로 일단 LLM의 기술적 배경에 대해 좀 더 자세히 알아보자.

GPT란 무엇인가?

LLM은 인간 언어를 이해하고 생성하는 데 뛰어난 심층 신경망이다. ChatGPT와 같은 현 세대의 LLM은 트랜스포머 모델을 사용하는 심층 신경망 구조로, 광범위한 텍스트 데이터에 대한 비지도학습을 통해 사전 훈련을 거침으로써 모델이 언어 패턴과 구조를 학습하게 된다. 모델은 빠르게 발전해 다양한 하향 작업downstream task[1] 및 모달리티에 적합한 다재다능한 기반 AI 모델을 만들어내, 궁극적으로 다양한 응용 분야와 산업에서 혁신을 이끌고 있다.

최신 세대의 LLM, 특히 대화 인터페이스(챗봇)로서의 주목할 만한 강점은 개방형open-ended 대화에서도 일관된 내용과 맥락에 적합한 응답을 생성할 수 있는 능력에 있다. 이 모델은 이전 단어를 기반으로 다음 단어를 반복적으로 생성함으로써 종종 인간이 작성한 텍스트와 거의 구분이 되지 않는 유창하고 일관된 텍스트를 생성한다. 그러나 OpenAI의 공지에 있는 것처럼 ChatGPT는 "가끔 현실적으로 들리지만 정확하지 않거나 터무니없는 답변을 작성하기도 한다." 이러한 현상을 환각이라고 하며, 이는 LLM에서 우려되는 것 중 하나일 뿐이다.

---

1 하향 작업이란 언어 모델이 사전 훈련된 후 특정 작업을 수행하는 데 사용하는 것을 말한다. 기계 번역, 감정 분석, 질문 응답, 요약 생성 등이 하향 작업의 예다. - 옮긴이

트랜스포머는 DL 아키텍처로, Google과 토론토대학교 연구자들이 2017년에 처음 소개했다. 이 아키텍처는 「Attention Is All You Need」라는 논문에서 바스와니Vaswani와 동료들이 제안했으며, 자기 어텐션self-attention과 피드포워드feed-forward 신경망으로 구성돼 문장 내의 단어 관계를 효과적으로 포착할 수 있다. 어텐션 메커니즘은 모델이 입력 시퀀스의 다양한 부분에 집중할 수 있게 해준다.

반면 생성적 사전 훈련 트랜스포머GPT는 2018년 OpenAI 연구자들이 소개했다. 이때 GPT 시리즈의 첫 번째 모델인 GPT-1이 발표됐다(논문: 「Improving Language Understanding by Generative Pre-Training」, 래드포드Radford와 동료). 사전 훈련 과정은 텍스트 시퀀스에서 다음 단어를 예측하도록 하는 것으로, 출력의 품질로 측정되는 언어 이해 능력을 향상시킨다. 사전 훈련 이후 모델은 감정 분석, 언어 번역 또는 챗봇과 같은 특정 언어 처리 작업을 위해 세밀하게 조정될 수 있다. 이러한 비지도학습과 지도학습의 결합은 GPT 모델이 다양한 NLP 작업에서 뛰어난 성능을 발휘하고 LLM 훈련과 관련된 어려움을 줄일 수 있게 해준다.

LLM의 훈련 말뭉치 크기는 급격하게 증가해왔다. 2018년 OpenAI에서 소개한 GPT-1은 9.85억 단어로 이뤄진 BookCorpus에서 훈련했다. 같은 해 출시된 BERT는 BookCorpus와 영어 위키피디아의 결합된 말뭉치로 33억 단어를 사용해 훈련했다. 현재 LLM의 훈련 말뭉치는 조 단위 토큰에 이를 정도로 규모가 커졌다.

다음 그래프는 LLM이 성장해온 과정을 보여준다.

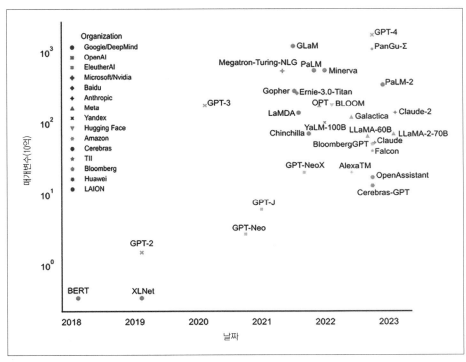

그림 1.5 BERT부터 GPT-4까지의 LLM – 크기, 훈련 예산 및 조직. 사적인(proprietary) 모델의 경우, 매개변수 크기는 종종 추정치다.

데이터 포인트의 크기는 훈련 비용을 petaFLOP과 PetaFLOP/s-days로 나타낸다. PetaFLOP/s-days는 하루에 10^{15}회의 연산을 수행하는 처리량 단위다. 계산에서의 훈련 연산은 GPU 이용 효율을 기반으로 덧셈 및 곱셈 연산의 대략적인 수를 추정한 것이다.

일부 모델, 특히 사적이고 폐쇄된 소스 모델의 경우 이 정보는 알려지지 않았다. 이러한 경우에는 십자가(×)로 표시했다. 예를 들어 XLNet의 경우, 논문에서는 플롭스[flops] 단위의 연산에 대한 정보를 제공하지 않았지만, 훈련은 512개의 TPU v3 칩에서 2.5일 동안 수행됐다.

GPT 모델의 발전은 상당한 진전을 보였으며, OpenAI의 GPT-n 시리즈는 기반 AI 모델을 만들어내는 길을 이끌었다. GPT 모델은 입력 및 출력을 포함한 텍스트 이상의 다양한 형식으로 작동할 수 있다. 예를 들면 GPT-4는 텍스트와 함께 이미지 입력을 처리할 수 있는 능력을 갖추고 있다. 게다가 이러한 모델은 디퓨전diffusion과 병렬 디코딩과 같은 텍스트에서 이미지로의 변환 기술의 기반을 형성해 이미지를 다루는 시스템을 위한 시각적 기반 모델VFM, Visual Foundation Model의 개발을 가능하게 한다.

> **NOTE**
>
> 기반 모델(foundation model, 가끔 기본 모델(base model)이라고도 함)은 광범위한 데이터에서 대규모로 훈련돼 다양한 하향 작업에 적용될 수 있도록 설계된 큰 모델을 나타낸다. GPT 모델에서는 이러한 사전 훈련이 자기지도학습을 통해 이뤄진다.

GPT-3는 3000억 개 토큰에 대한 훈련을 받았으며, 1750억 개의 매개변수를 갖고 있어 DL 모델에 있어 전례가 없는 크기이다. GPT-4는 이 계열에서 가장 최근 모델이지만, 경쟁과 안전 문제로 인해 그 크기와 훈련 세부 사항이 게시되지 않았다. 그러나 여러 추정에 따르면 GPT-4는 2000억에서 5000억 개의 매개변수를 지니고 있을 것으로 예상된다. OpenAI CEO인 샘 올트먼Sam Altman은 GPT-4의 훈련 비용이 1억 달러 이상이었다고 언급했다.

ChatGPT는 대화 모델로, OpenAI에서 2022년 11월 공개했다. 이는 이전 GPT 모델(특히 GPT-3)을 기반으로 하고 대화를 최적화하기 위해 만들어졌으며, 인간이 생성한 롤플레잉roleplaying 대화와 원하는 모델 행동의 인간 레이블러labeler 데모 데이터셋을 결합해 사용한다. 이 모델은 다양한 지식 보존 및 다중 턴 대화에서의 정확한 맥락 추적과 같은 탁월한 능력을 보여준다.

2023년 3월에는 또 다른 상당한 발전이 이어졌다. GPT-4는 훈련 중 6개월 간의 반복적인 정렬로 인해 다양한 평가 작업에서 우수한 성능을 제공하며, 악의적이거나 도발적인 쿼리에 대한 더욱 효과적인 응답 회피를 보여줬다.

OpenAI는 기술적 세부 사항에 대해 언급을 삼가고 있지만, 대략 1조 8000억 개의 매개변수를 가진 GPT-4가 GPT-3보다 10배 이상 크다는 정보가 퍼지고 있다. 더 나아가 OpenAI는 각 1110억 개의 매개변수를 가진 16명의 전문가로 구성된 MoEMixture of Experts 모델을 활용함으로써 비용을 합리적으로 유지할 수 있었다.

대개 GPT-4는 대략 13조 토큰에 대해 훈련됐다고 전해진다. 그러나 이들은 각 에폭에서 반복된 데이터 제시를 포함해 계산된 것으로, 중복된 토큰을 포함한 수치다. 텍스트 기반 데이터에 대해서는 2 에폭 동안, 코드 기반 데이터에 대해서는 4 에폭 동안 훈련이 진행됐다. 미세 조정을 위해 사용된 데이터셋은 수백만 행의 지시 미세 조정 데이터로 이뤄져 있었다. 또, 소문이긴 하지만 OpenAI는 GPT-4 추론에 사전 예측 디코딩을 적용할 수 있다는 것이다. 이는 더 작은 모델(오라클oracle 모델)이 거대 모델의 응답을 예측할 수 있으며, 이러한 예측된 응답을 거대 모델에 피드해 토큰을 건너뛰어 디코딩을 가속화할 수 있다는 아이디어다. 그러나 오라클 응답의 확신 임곗값에 따라 품질이 저하될 수 있으므로 이는 위험한 전략이다.

또한 GPT-4의 다중 모달 버전도 있다. 이 버전은 별도의 비전 인코더를 포함하고 있으며, 이미지와 텍스트 데이터를 함께 사용해 훈련됐다. 이로써 모델은 웹 페이지를 읽고 이미지와 비디오 내용을 투사할 수 있는 능력을 갖추게 됐다.

그림 1.5에서 볼 수 있듯이 OpenAI의 모델 이외에도 이를 대체해 사용할 수 있는 몇 가지 모델이 있다. 지금부터 알아볼 것이다.

다른 LLM

OpenAI의 외에도 주목할 만한 GPT 기반의 다른 기반 모델로는 Google DeepMind의 PaLM 2가 있다. 이는 Google의 챗봇 바드Bard의 기반이 되는 모델이다. GPT-4가 대부분의 성능 벤치마크에서 선도하고 있지만, 이러한 다른 모델들은 특정 작업에서 유사한 성능을 나타내며 생성 트랜스포머 기반 언어 모델의 발전에 기여했다.

PaLM 2는 2023년 5월 출시됐으며 다국어와 추론 능력을 향상시키는 데 중점을 두고 더 효율적인 계산을 위해 훈련됐다. 다양한 계산 규모에서의 평가를 사용해 저자들(아닐 Anil과 동료들 PaLM 2 Technical Report(PaLM 2 기술 보고서))은 훈련 데이터 크기와 매개변수의 최적 스케일링을 추정했다. PaLM 2는 더 작고 빠르며 더 효율적인 추론을 나타내 좀 더 광범위한 배포와 더 자연스러운 상호 작용 속도의 빠른 응답 시간을 허용한다.

PaLM 2는 다양한 전문 언어 능력 시험에서도 테스트됐다. 테스트된 시험은 중국어(HSK 7-9 Writing 및 HSK 7-9 Overall), 일본어(J-Test A-C Overall), 이탈리아어(PLIDA C2 Writing 및 PLIDA C2 Overall), 프랑스어(TCF Overall), 스페인어(DELE C2 Writing와 DELE C2 Overall)에 대한 것이다. 이러한 시험은 C2 수준의 능력을 테스트하기 위해 설계됐다. 공통 유럽 언어 참조 프레임워크Common European Framework of Reference for Languages 즉, CEFR에 따르면 숙련 또는 고급 전문 수준으로 간주된다. PaLM 2는 이러한 시험에서 대부분 높은 성적을 달성했다.

Meta AI가 2023년 2월과 7월에 각각 출시한 LLaMa와 LLaMa 2 시리즈의 모델은 최대 7백억 개의 매개변수를 갖추고 있어, 이를 통해 커뮤니티가 이 모델을 기반으로 더욱 발전시키고 오픈 소스 LLM의 캄브리아 폭발을 일으키는 데 매우 영향력이 있었다. LLaMa는 Vicuna, Koala, RedPajama, MPT, Alpaca, Gorilla와 같은 다양한 모델의 창조를 촉발했다. 최근에 출시된 LLaMa 2는 WizardCoder와 같은 경쟁력 있는 코딩 모델에 이미 영감을 불어넣었다.

대화용 사례에 최적화된 LLM은 출시 당시 대부분의 벤치마크에서 다른 오픈 소스 챗봇 모델을 앞서는 성과를 보여줬으며, 사용자 평가를 기반으로 일부 폐쇄 소스 모델과 유사한 수준으로 평가됐다. LLaMa 2 70B 모델은 대부분의 벤치마크에서 PaLM(540B)과 거의 동등하거나 더 우수한 성능을 보이지만, LLaMa 2 70B와 GPT-4, PaLM 2-L 간에는 여전히 큰 성능 차이가 있다.

LLaMa 2는 LLaMa 1의 업데이트된 버전으로, 새로운 혼합된 공개 데이터로 훈련됐다. 사전 훈련 말뭉치 크기가 40% 증가해 2조 개의 토큰 데이터가 사용됐으며, 모델의 맥락 길이가 2배로 늘어났고, 그룹화 쿼리 어텐션grouped-query attention이 도입됐다.

다양한 매개변수 크기(7B, 13B, 34B 및 70B)의 LLaMa 2 변형도 출시됐다. LLaMa는 비상업적 라이선스하에 출시됐지만, LLaMa 2는 연구와 상업적 사용을 위해 일반 대중에게 공개된 상태다.

LLaMa 2-Chat은 다른 오픈 소스 및 폐쇄 소스 모델과 비교해 안전성 평가를 받았다. 인간 평가자들은 모델 생성물에 대한 안전 위반을 평가했으며, 이는 약 2000개의 적대적인 프롬프트를 포함한 것으로, 단일과 다중 턴multi-turn 프롬프트가 포함돼 있다.

Claude와 Claude 2는 Anthropic에서 만든 AI 비서다. 평가 결과에 따르면 2023년 7월에 출시된 Claude 2는 시장에서 가장 우수한 GPT-4 경쟁 상대 중 하나다. Claude 2는 인간 피드백 비교에 기반해, 이전 버전에 비해 도움이 되는 정도, 정직함, 편향 등에서 개선됐다. GRE와 MBE와 같은 표준 테스트에서도 좋은 성적을 내고 있다. 주요 모델 개선 사항으로는 최대 20만 토큰까지의 확장된 컨텍스트 크기가 포함돼 있으며, 대부분의 사용 가능한 모델보다 훨씬 크다. 또한 상업용 또는 오픈 소스로 사용할 수 있으며, 코딩, 요약 및 긴 문서 이해와 같은 사용 사례에서 더 나은 성능을 발휘한다.

Anthropic이 만든 모델 카드는 꽤 상세하며, Claude 2는 여전히 다른 LLM에 공통적으로 존재하는 혼동confabulation, 편향bias, 사실 오류factual errors와 남용 가능성 등의 제약 사항이 있음을 보여준다. Anthropic은 데이터 필터링, 탈편향 및 안전 개입과 같은 기술을 사용해 이러한 문제에 대응하고 있다.

고성능의 계산 요구로 인해 LLM의 개발은 소수의 주요 참여자로 제한돼 있다. 다음 절에서는 이러한 기관이 누구인지 살펴볼 것이다.

주요 플레이어

대규모 데이터셋에서 많은 매개변수를 훈련시키려면 상당한 계산 파워와 숙련된 데이터 과학 그리고 데이터 공학 팀이 필요하다. Meta의 LLaMa 2 모델은 최대 7백억 개의 매개변수로 1조 4000억 개의 토큰으로 훈련됐으며, PaLM 2는 이전 LLMs보다 작은 3400억 개의 매개변수로 구성됐지만 적어도 100개 언어에서 더 큰 규모의 훈련 데이터를 지니고 있는 것으로 보인다. 현대의 LLM은 훈련을 위해 1000만 달러에서 1억 달러 이상의 비용이 들 수 있다.

그림 1.5에 표시된 것처럼 소수의 기업만이 초 거대 모델을 성공적으로 훈련시키고 배포할 수 있었다. Microsoft와 Google과 같은 주요 기업들은 이러한 모델의 개발을 지원하기 위해 스타트업에 투자하고 협력하고 있다. 또한 킹 압둘라 과학기술대학교KAUST, King Abdullah University of Science and Technology, 카네기멜론대학교Carnegie Mellon University, 난양

기술대학교^{Nanyang Technological University}, 텔아비브대학교^{Tel Aviv University}와 같은 대학도 이러한 모델 개발에 기여했다. 일부 프로젝트는 기업과 대학 간의 협력을 통해 개발됐는데, Stable Diffusion, Soundify와 DreamFusion의 경우에 그러한 협력 사례가 확인된다.

NOTE

일반적으로 생성형 AI 및 LLM을 개발하는 여러 기업 및 기관이 있으며, 이들은 다양한 조건으로 이를 공개하고 있다. 몇 가지 예를 들면 다음과 같다.

- OpenAI: OpenAI는 GPT-2를 오픈 소스로 공개했지만, 이후의 모델은 폐쇄형 소스로 돼 있다. 그러나 이들은 웹 사이트나 API를 통해 공개적으로 사용 가능하다.

- Google: Google(Google DeepMind 부문 포함) BERT에서부터 최근에는 Chinchilla, Gopher, PaLM 및 PaLM 2까지 여러 LLMs을 개발했다. 초기에는 몇몇 모델의 코드와 가중치(매개변수)를 오픈 소스 라이선스로 공개했지만, 최근에는 개발 과정에서 더 많은 비밀스러운 접근을 취하고 있다.

- Anthropic: Anthropic은 Claude와 Claude 2 모델을 웹 사이트를 통해 공개적으로 사용 가능하게 했으며, API는 비공개 베타 버전이다. 모델 자체는 폐쇄형 소스다.

- Meta: Meta는 RoBERTa, BART, LLaMa 2와 같은 모델을 공개했으며, 이러한 모델의 매개변수는 종종 비상업적 라이선스하에 공개됐으며 모델 설정 및 훈련을 위한 소스 코드도 함께 제공됐다.

- Microsoft: Microsoft는 Turing-NLG 및 Megatron-Turing NLG와 같은 모델을 개발했지만, 자사의 모델을 공개하는 대신 OpenAI 모델을 제품에 통합하는 데 중점을 뒀다. phi-1의 훈련 코드와 매개변수는 연구용으로 공개됐다.

- Stability AI: Stable Diffusion을 개발한 Stability AI는 모델 가중치를 비상업적 라이선스로 공개했다.

- Mistral(프랑스의 AI 스타트업): 무료 사용 및 오픈 라이선스로 70억 개 모델을 공개했으며, 비공개 데이터셋에서 생성된 유사 규모의 모델을 능가하고 공개 생성형 AI 커뮤니티를 지원하고 있으며 상업 제품도 제공하고 있다.

- EleutherAI: EleutherAI는 GPT-Neo 및 GPT-J와 같은 오픈 액세스 모델을 개발하는 연구원의 모임으로, 완전히 오픈 소스이며 대중에게 제공된다.

- Aleph Alpha, Alibaba, 및 Baidu: 매개변수나 훈련 코드를 공개하는 대신 API 접근 또는 모델을 제품에 통합하는 방식으로 서비스를 제공하고 있다.

몇몇 주목할 만한 기관 중 하나로는 아랍에미리트 아부다비 정부가 자금을 지원하는 TII(Techno logy Innovation Institute)가 있다. 이곳은 Falcon LLM을 연구 및 상업적 사용을 위해 오픈 소스로 공개했다.

생성형 AI 모델의 매개변수를 추정하는 복잡성은 충분한 계산 능력과 전문 지식이 없는 소규모 기업이나 조직은 이러한 모델을 성공적으로 배포하는 데 어려움을 겪을 수 있음을 시사한다. 그러나 최근에는 LLaMa 모델이 발표된 후에 소규모 기업이 코딩 능력 측면에서 중요한 발전을 이루고 있음을 관찰할 수 있다.

다음 절에서는 DL과 생성 모델이 최근 몇 년 동안 어떤 진전을 이뤄왔는지 검토하고, 이로 인해 현재 이러한 모델이 갖고 있는 뚜렷한 능력 폭발 및 이러한 모델이 받는 관심을 살펴보겠다.

보다 자세한 내용으로 들어가보자. 이러한 LLM은 어떻게 작동할까? GPT 모델은 어떻게 작동할까?

GPT 모델은 어떻게 작동할까?

생성적 사전 훈련은 한동안 마르코프Markov 모델 등의 방법을 사용해왔다. 그러나 BERT와 GPT 같은 언어 모델은 트랜스포머 심층 신경망 아키텍처(바스와니 등, 「Attention Is All You Need」, 2017)로 구현 가능하게 됐으며, 이것은 NLP에 있어서 게임 체인저 역할을 했다. 순환을 피하기 위해 설계된 트랜스포머 아키텍처는 병렬 계산을 허용하도록 하며, 다양한 변형을 통해 NLP와 생성형 AI 분야에서 그 한계를 끊임없이 넓히고 있다.

트랜스포머 아키텍처는 특히 번역 및 언어 이해 분야에서 NLP의 한계를 넓혀왔다. 신경 기계 번역NMT, Neural Machine Translation은 문장의 장거리 종속성을 포착하기 위해 딥러닝을 사용하는 기계 번역의 주된 접근 방식이다. 트랜스포머를 기반으로 한 모델은 이전의 접근 방식인 순환 신경망, 특히 LSTMLong Short-Term Memory 네트워크를 사용하는 것보다 우수한 성능을 보여줬다.

트랜스포머 모델 아키텍처는 인코더-디코더 구조를 가지고 있으며, 인코더는 입력 시퀀스를 은닉 상태의 시퀀스로 매핑하고, 디코더는 숨겨진 상태를 출력 시퀀스로 매핑한다. 은닉 상태 표현은 단어의 고유한 의미(그들의 의미적 가치)뿐만 아니라 시퀀스 내에서의 문맥도 고려한다.

인코더는 동일한 계층으로 구성되며, 각 층은 두 개의 하위층을 갖고 있다. 입력 임베딩embedding은 어텐션 메커니즘을 통과하고, 두 번째 하위층은 완전 연결 피드포워드 네트워크다. 각 하위층은 잔차 연결residual connection과 계층 정규화layer normalization가 뒤따른다. 각 하위층의 출력은 입력과 하위층의 출력의 합으로 구성되며, 그 후에 정규화된다.

디코더는 이러한 인코딩된 정보를 사용해 이전에 생성된 항목의 문맥을 이용해 출력 시퀀스를 한 항목씩 생성한다. 디코더도 동일한 모듈을 갖고 있으며, 인코더와 마찬가지로 두 개의 하위층이 있다.

거기에 더해 디코더는 인코더 스택의 출력에 대한 멀티 헤드 어텐션MHA, Multi-Head Attention을 수행하는 세 번째 하위층을 갖고 있다. 디코더도 잔차 연결과 계층 정규화를 사용한다. 디코더의 셀프 어텐션self-attention 하위 계층은 위치position가 하위 위치에 어텐션을 주지 못하도록 수정됐다. 이 마스킹은 또한 출력 임베딩이 한 위치만큼 오프셋돼 있음을 고려해, 위치 i의 예측이 i 미만의 위치에 알려진 출력에만 종속되도록 한다. 이는 다음 그림에 나타나 있다(출처 - 예닝 지아Yuening Jia, Wikimedia Commons).

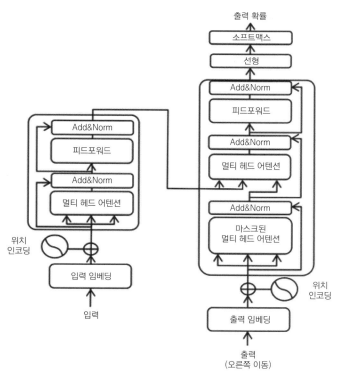

그림 1.6 트랜스포머 아키텍처

트랜스포머의 성공에 기여한 아키텍처적 특징은 다음과 같다.

- **위치 인코딩**: 트랜스포머는 단어를 순차적으로 처리하지 않고 모든 단어를 동시에 처리하기 때문에 단어의 순서에 대한 개념이 없다. 이를 해결하기 위해 단어의 위치 정보가 모델에 위치 인코딩^{Positional Encoding}을 사용해 주입된다. 이러한 인코딩은 각 단어를 나타내는 입력 임베딩에 추가돼 모델이 시퀀스 내에서 단어의 순서를 고려할 수 있도록 한다.

- **계층 정규화**: 네트워크의 학습을 안정화시키기 위해 트랜스포머는 계층 정규화^{Layer Normalization}라는 기술을 사용한다. 이 기술은 배치 정규화의 배치 차원 대신 특징 차원을 기준으로 모델의 입력을 정규화하므로 전반적인 학습 속도와 안정성을 향상시킨다.

- **멀티 헤드 어텐션**: 어텐션을 한 번 적용하는 대신 트랜스포머는 병렬로 여러 번 적용한다. 이로써 모델이 다양한 유형의 정보에 집중할 수 있는 능력이 향상돼 더 풍부한 특징의 조합을 포착할 수 있게 된다.

트랜스포머가 성공한 주요 이유 중 하나는 다른 모델, 특히 순환 신경망에 비해 더 긴 시퀀스에서 성능을 유지할 수 있는 능력이다.

어텐션 메커니즘의 기본 아이디어는 현재 위치와 다른 모든 위치 간의 유사성을 기반으로 입력 시퀀스의 각 위치에 연관된 값(일반적으로 값 또는 콘텐츠 벡터로 지칭됨)의 가중 합을 계산하는 것이다. 이 가중 합은 컨텍스트^{context} 벡터로 알려져 있으며, 이후 모델의 층에 입력으로 사용돼 디코딩 프로세스 중에 입력의 관련 부분에 선택적으로 주의를 기울이도록 한다.

어텐션 메커니즘의 표현력을 향상시키기 위해 종종 여러 개의 헤드를 포함하는 방식으로 확장된다. 각 헤드는 고유한 쿼리, 키, 값 벡터를 갖는다. 이를 통해 모델은 입력 표현의 다양한 측면을 포착할 수 있다. 각 헤드에서 나오는 개별적인 컨텍스트 벡터는 그 후 최종 출력을 형성하기 위해 연결되거나 어떤 방식으로든 결합된다.

이른바 초기 어텐션 메커니즘은 시퀀스(컨텍스트 크기)의 길이에 제곱으로 스케일돼, 긴 시퀀스를 다루기에는 적합하지 않은 경우가 많았다. 이를 해결하기 위해 다양한 메커니즘이 시도됐다. 많은 LLM은 멀티 쿼리 어텐션$^{MQA, Multi-Query Attention}$의 형태를 사용하고 있으며, 여기에는 OpenAI의 GPT 시리즈 모델, Falcon, SantaCoder 그리고 StarCoder 등이 있다.

LLaMa 2와 몇몇 다른 모델은 그룹화 쿼리 어텐션$^{GQA, Grouped-Query Attention}$을 사용했다. 이는 자기 회귀 디코딩에서 이전 토큰에 대한 키$^{(K)}$ 및 값$^{(V)}$ 쌍을 캐시해 어텐션 계산을 가속화하는 기법이다. 그러나 컨텍스트 창이나 배치 크기가 증가함에 따라 MHA 모델에서 KV 캐시 크기와 관련된 메모리 비용도 상당히 증가한다. 이를 해결하기 위해 키와 값 프로젝션은 성능의 큰 저하 없이 여러 헤드에서 공유될 수 있다.

이러한 아키텍처적 특징의 결합은 GPT 모델이 인간 언어 및 다른 도메인에서 텍스트를 이해하고 생성하는 작업을 성공적으로 수행할 수 있게 해준다. 압도적인 다수의 거대 언어 모델들은 트랜스포머다. 이와 같은 모델은 1장의 여러 절에서 만날 수 있으며, 여기에는 이미지, 소리, 3D 객체에 대한 모델도 포함된다.

이름에서 알 수 있듯이, GPT의 특징 중 하나는 사전 훈련이다. 이러한 LLM들이 어떻게 훈련되는지 살펴보자!

사전 훈련

트랜스포머는 비지도 사전 훈련과 판별 작업에 특화된 미세 조정을 결합해 두 단계로 훈련된다. 사전 훈련 단계에서의 목표는 다양한 작업에 전이 가능한 일반적인 표현을 학습하는 것이다.

비지도 사전 훈련은 다양한 목적을 따를 수 있다. 「BERT: Pre-training of Deep Bidirectional Transformers for Language Understanding」(데블린Devlin 등, 2019)에서 소개된 마스크된 언어 모델링MLM, Masked Language Modeling에서는 입력이 마스킹되고, 모델은 비마스크된 부분에서 제공된 문맥을 기반으로 누락된 토큰을 예측하려고 한다. 예를 들어 입력 문장이 "The cat [MASK] over the wall"이라면, 모델은 이를 "jumped"로 예측하는 것을 학습하려고 할 것이다.

이 경우의 훈련의 목표는 손실 함수에 따라 예측과 마스크된 토큰 간의 차이를 최소화하는 것이다. 모델의 매개변수는 이러한 비교에 따라 반복적으로 갱신된다.

음의 로그 우도NLL, Negative Log-Likelihood와 퍼플렉서티PPL, PerPLexity는 언어 모델의 훈련과 평가에 사용되는 중요한 측정 지표다. NLL은 ML 알고리듬에서 사용되는 손실 함수로, 올바른 예측의 확률을 최대화하는 것을 목표로 한다. 낮은 NLL은 네트워크가 훈련 집합에서 패턴을 성공적으로 학습했음을 나타내며, 따라서 훈련 샘플의 레이블을 정확하게 예측할 것으로 기대된다. NLL은 양의 간격 내에서 제한된 값임을 알아두는 것이라는 점에 유의하자.

반면 퍼플렉서티는 NLL의 지수 연산으로, 모델의 성능을 더 직관적으로 이해할 수 있는 방법을 제공한다. PPL 값이 작으면 정확하게 예측할 수 있는 훈련된 네트워크를 나타내며, 값이 높다면 부적절한 학습 성능을 나타낸다. 직관적으로 말하자면 낮은 퍼플렉서티는 모델이 다음 단어에 덜 '놀라워한다'는 것을 의미한다. 따라서 사전 훈련에서의 목표는 퍼플렉서티를 최소화하는 것이며, 이는 모델의 예측이 실제 결과와 더 일치하도록 하는 것을 의미한다.

다양한 언어 모델을 비교할 때 퍼플렉서티는 종종 다양한 작업을 통해 사용되는 벤치마크 지표로 활용된다. 이는 언어 모델이 얼마나 잘 수행되고 있는지에 대한 아이디어를 제공하며, 낮은 퍼플렉서티는 모델이 예측에 대해 더 확신을 가지고 있음을 나타낸다. 따라서 낮은 퍼플렉서티를 가진 모델은 높은 퍼플렉서티를 가진 모델에 비해 더 나은 성능으로 간주될 것이다.

언어 모델을 훈련시키는 첫 번째 단계는 토큰화다. 이 과정은 어휘를 구축하는 것을 포함하며, 이를 통해 각 토큰이 모델에 의해 처리될 수 있도록 고유한 숫자 표현으로 매핑된다. 언어 모델은 수치적인 입력과 출력이 필요한 수학적 함수이기 때문에 이러한 토큰을 처리할 수 있어야 한다.

토큰화

텍스트를 토큰화^{tokenizing} 하는 것은 해당 텍스트를 토큰(단어 또는 부분 단어subwords)으로 나누는 것을 의미하며, 이러한 토큰은 단어를 해당하는 정수 목록으로 매핑하는 조회 테이블을 통해 ID로 변환된다.

언어 모델을 훈련하기 전에 토크나이저^{tokenizer}(더 정확히는 그 사전dictionary)은 일반적으로 전체 훈련 데이터셋에 맞춰지고 그 후에 고정된다. 중요한 점은 토크나이저가 임의의 정수를 생성하진 않는다는 것이다. 대신 특정 범위 내의 정수를 출력한다. 여기서는 0부터 V까지의 범위에서 출력되는데, V는 토크나이저의 어휘 크기를 나타낸다.

> **정의:**
>
> **토큰(Token):** 주로 단어, 문장 부호 또는 숫자를 형성하는 문자 시퀀스의 한 인스턴스다. 토큰은 텍스트 시퀀스를 구성하는 기본 요소로 작동한다.
>
> **토큰화(Tokenization):** 텍스트를 토큰으로 나누는 과정을 나타낸다. 토크나이저는 공백과 문장 부호를 기준으로 텍스트를 개별 토큰으로 나눈다.
>
> **예시:**
>
> 다음 텍스트를 고려해보자.
>
> "The quick brown fox jumps over the lazy dog!"
>
> 이 문장은 다음과 같은 토큰으로 분할된다.
>
> ["The", "quick", "brown", "fox", "jumps", "over", "the", "lazy", "dog", "!"]
>
> 각 단어와 문장 부호는 개별적인 토큰이다.

다양한 원리에 따라 작동하는 토크나이저가 많지만, 모델에서 일반적으로 사용되는 토크나이저 유형에는 BPE[Byte-Pair Encoding], WordPiece 그리고 SentencePiece가 있다. 예를 들어 LLaMa 2의 BPE 토크나이저는 숫자를 개별 숫자로 나누고 미지의 UTF-8 문자를 분해하기 위해 바이트를 사용한다. 총 어휘 크기는 32K 토큰이다.

LLM은 자신의 컨텍스트 창을 초과하지 않는 범위 내에서만 토큰 시퀀스에 기반해 출력을 생성할 수 있다는 점을 언급할 필요가 있다. 이 컨텍스트 창은 LLM이 사용할 수 있는 가장 긴 토큰 시퀀스의 길이를 나타낸다. LLM의 전형적인 컨텍스트 창 크기는 약 1천에서 1만 토큰까지의 범위에 있다.

그다음, 이러한 아키텍처의 규모에 대해 간략하나마 언급할 필요가 있는데, 이러한 모델이 왜 그렇게 큰지 이야기할 필요가 있다.

스케일링

그림 1.5에서 본 것처럼, 언어 모델은 시간이 지남에 따라 더 커지고 있다. 이는 ML에서 장기적인 추세 중 하나로, 계산 자원이 더 저렴해지면서 모델이 커지고 더 높은 성능

이 가능하게 됐다. 2020년 OpenAI 소속인 카플란^{Kaplan}과 그 동료들이 쓴 논문 「Scaling laws for neural language models」에서는 스케일링 법칙과 매개변수 선택을 논의했다.

흥미롭게도 그들은 다양한 아키텍처 선택지를 비교하며 여러 가지 중에서도 트랜스포머가 퍼플렉서티 측면에서 LSTM보다 뛰어나다는 점을 보여줬다. 이는 주로 긴 문맥으로 향상된 품질을 사용한 것 때문으로 보인다. 순환 신경망은 100토큰 미만에서는 성능이 정체되는 반면, 트랜스포머는 전체 문맥에서 성능을 향상시킨다. 따라서 트랜스포머는 더 나은 훈련 및 추론 속도뿐만 아니라 관련된 문맥을 고려할 때 더 나은 성능을 제공한다.

뿐만 아니라 성능과 데이터셋 크기, 모델 크기^(매개변수 수) 그리고 훈련에 필요한 계산 자원양 등의 각 요소 간에는 거듭제곱 법칙 관계가 있음을 발견했다. 이는 특정 요소에 의해 성능을 향상시키기 위해서는 그 요소의 거듭제곱만큼 확장해야 함을 의미한다. 그러나 최적의 성능을 위해서는 병목 현상을 피하기 위해 이 세 가지 요소를 모두 함께 확장해야 한다.

딥마인드 연구자들이 실시한 연구(「An Empirical Analysis of Compute-Optimal Large Language Model Training」, 호프만^{Hoffmann}과 연구진, 2022)에서는 LLM의 훈련 계산 및 데이터셋 크기를 분석한 결과 LLM이 계산 예산 및 데이터셋 크기 측면에서 스케일링 법칙에 의해 제시된 것보다 과소 훈련^{undertrained} 상태에 있다는 결론을 내렸다.

그들은 대규모 모델은 상당히 작고 훈련 기간이 훨씬 길 경우에 더 나은 성능을 발휘할 것으로 예측했으며, 실제로 이 예측을 검증하기 위해 70억 개의 매개변수를 가진 Chinchilla 모델을 벤치마크에서 그들의 Gopher 모델과 비교함으로써 이를 확인했다. Gopher 모델은 280억 개의 매개변수로 이뤄져 있다.

하지만 최근에는 Microsoft Research의 한 팀이 이러한 결론에 도전해 모두를 놀라게 했다(「Textbooks Are All You Need」, 구나세카^{Gunaseka}와 동료들, 2023년 6월). 그들은 고품질 데이터셋에서 훈련된 소규모 네트워크^(3억 5000개의 매개변수)가 매우 경쟁력 있는 성능을 낼 수 있음을 발견했다. 이 모델에 대한 자세한 논의는 6장에서 다루며, 스케일링의 영향에 관한 논의는

10장에서 다룰 것이다.

LLM의 모델 크기가 계속해서 동일한 속도로 증가하는지 주시하면 유익할 것이다. 이는 LLM의 개발이 주로 대규모 기관의 손에 달려있을지 여부를 결정하기 때문에 중요한 문제다. 특정 크기에서 성능 포화가 발생할 수 있으며, 이는 접근 방식의 변경으로만 극복할 수 있는 가능성도 있다. 그러나 성능과 데이터 품질을 연결하는 새로운 스케일링 법칙이 나타날 수도 있다.

사전 훈련 이후, 주요 단계는 모델이 세부 작업에 대해 미세 조정 또는 프롬프팅을 통해 어떻게 준비되는지다. 이 작업 조건에 대해 알아보자!

조건화

LLM을 조건화^{conditioning}한다는 것은 모델을 특정 작업에 적응시키는 것을 의미한다. 이에는 미세 조정과 프롬프팅 등이 있다.

- **미세 조정**: 사전에 훈련된 언어 모델을 특정 작업에 대해 지도학습을 사용해 수정하는 것이다. 예를 들어 모델을 인간과의 대화에 더 적합하게 하기 위해 모델은 자연어 명령으로 구성된 작업의 예제를 사용해 훈련된다(지시어 튜닝). 미세 조정을 위해 사전 훈련된 모델은 일반적으로 도움이 되고 무해하도록 '인간 피드백을 통한 강화학습^{RLHF,} Reinforcement Learning from Human Feedback' 조건화를 사용해 다시 훈련된다.

- **프롬프팅 기술**: 생성 모델에 텍스트 형식의 문제를 제시하는 것이다. 간단한 질문부터 자세한 지침까지 다양한 프롬프팅 기술이 있다. 프롬프트에는 유사한 문제와 그 해결책의 예시가 포함될 수 있다. 제로샷 프롬프팅은 예시를 사용하지 않는 반면, 퓨샷 프롬프팅은 관련된 문제와 해결책 쌍의 소수 예시를 포함한다.

이러한 조건화 방법은 계속 발전하며 다양한 응용 분야에서 더 효과적이고 유용해지고 있다. 프롬프트 엔지니어링 및 조건화 방법에 관한 더 자세한 내용은 8장에서 다룰 것이다.

이러한 모델을 시험하는 방법

OpenAI의 모델에 액세스하려면 웹 사이트나 API를 사용하면 된다. 노트북에서 다른 LLM을 시도하고 싶다면 오픈 소스 LLM으로 시작하면 좋다. 다양한 자료가 많다!

이러한 모델에는 Hugging Face나 다른 제공업체를 통해 접근할 수 있다. 이는 3장에서 알아볼 것이다. 여러분은 이러한 오픈 소스 모델을 다운로드하거나 미세 조정하거나 완전히 훈련시킬 수 있다. 8장에서는 모델을 미세 조정할 것이다.

생성형 AI는 가상이나 증강 현실, 비디오 게임 그래픽 디자인, 로고 생성, 이미지 편집 또는 향상 등을 위해 3D 이미지, 아바타, 비디오, 그래프, 일러스트레이션을 생성하는 데 광범위하게 사용한다. 여기에서 가장 인기 있는 모델 카테고리 중 하나는 텍스트에 의존한 이미지 합성, 특히 텍스트로 이미지를 생성하는 것이다. 이 책에서는 가장 널리 사용하는 실용적인 애플리케이션을 갖고 있는 LLM에 중점을 두겠지만, 이미지 모델도 살펴볼 예정이고 이는 때로 유용할 수 있다.

다음 절에서는 텍스트에 의존한 이미지 생성에 대한 최첨단 방법들을 살펴볼 것이다. 현재까지 이 분야에서 이뤄진 진전을 강조하겠지만, 동시에 기존의 도전과 잠재적인 미래 방향도 논의할 것이다.

텍스트 투 이미지 모델이란?

텍스트 투 이미지 모델은 텍스트 설명으로부터 현실적인 이미지를 생성하는 강력한 생성형 AI이다. 이러한 모델은 창의적인 산업과 광고, 제품 프로토타입, 패션 이미지, 시각 효과 생성을 위한 디자인에서 다양한 사용례가 있다. 주요 응용 분야는 다음과 같다.

- **텍스트에 의존한 이미지 생성**: "꽃밭에 있는 고양이의 그림"과 같은 텍스트 프롬프트로부터 원본 이미지를 생성한다. 예술, 디자인, 프로토타입 제작 및 시각 효과에 사용한다.

- **이미지 인페인팅**inpainting: 주변 맥락을 기반으로 이미지의 누락되거나 손상된 부분을 채우는 것이다. 이는 손상된 이미지를 복원하거나(잡음 제거, 안개 제거 및 흐림 제거) 원하지 않는 요소를 편집하는 데 사용할 수 있다.

- **이미지 투 이미지 변환**: 입력 이미지를 텍스트를 통해 지정된 다른 스타일이나 도메인으로 변환한다. 예를 들어 "이 사진을 모네Monet 그림처럼 보이게 해줘"와 같은 식이다.

- **이미지 인식**: 거대 기반 모델은 이미지 인식에 사용될 수 있으며, 풍경 분류뿐만 아니라 객체 감지(예: 얼굴 감지)와 같은 작업도 수행할 수 있다.

미드저니Midjourney, DALL-E 2, Stable Diffusion과 같은 모델은 텍스트 입력이나 다른 이미지에서 파생된 창의적이고 현실적인 이미지를 제공한다. 이러한 모델은 이미지 텍스트 쌍의 대규모 데이터셋에서 깊은 신경망을 훈련시켜 작동한다. 사용된 주요 기술은 확산 모델diffusion models로서, 무작위 잡음으로 시작해 반복적인 잡음 제거 단계를 통해 이미지로 점진적으로 정제된다.

인기 있는 모델인 Stable Diffusion과 DALL-E 2는 입력 텍스트를 임베딩 공간으로 매핑하는 텍스트 인코더를 사용한다. 이 텍스트 임베딩은 일련의 조건부 확산 모델에 공급되며, 이러한 모델은 순차적인 단계에서 잠재적 이미지를 잡음 제거하고 정제한다. 최종 모델 출력은 텍스트 설명과 일치하는 고해상도 이미지이다.

두 가지 주요 모델 부류가 사용되는데, 생성적 적대 신경망GAN, Generative Adversarial Network 과 확산 모델이다. StyleGAN이나 GANPaint Studio와 같은 GAN 모델은 매우 현실적인 이미지를 생성할 수 있지만 훈련이 불안정하고 계산 비용이 많이 든다. 이 모델들은 게임과 같은 환경에서 서로 경쟁하는 두 개의 네트워크로 구성돼 있다. 생성자는 텍스트 임베딩과 잡음에서 새로운 이미지를 생성하며, 판별자는 새로운 데이터가 실제일 확률을 추정한다. 이 두 네트워크가 경쟁함에 따라 GAN은 자신의 과제에서 더 발전해가며 현실적인 이미지와 기타 유형의 데이터를 생성한다.

GAN을 훈련하는 설정은 다음 그림에 설명해놓았다(A Survey on Text Generation Using Generative Adversarial Networks, 지 드 로사G de Rosa와 제이 피 파파J P. Papa, 2022; https://arxiv.org/pdf/2212.11119.pdf).

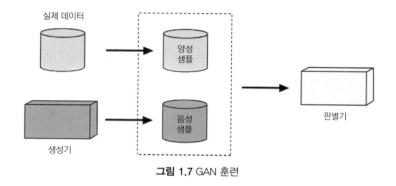

실제 데이터

양성
샘플

음성
샘플

생성기

판별기

그림 1.7 GAN 훈련

확산 모델은 텍스트 투 이미지의 합성을 포함한 다양한 생성 작업에서 인기 있고 유망한 방법으로 자리매김하고 있다. 이러한 모델은 계산 비용과 순차적인 오류 누적을 감소시킴으로써 GAN과 같은 이전 접근 방식에 비해 이점을 제공한다. 확산 모델은 물리학의 확산과 유사한 프로세스를 통해 작동한다. 그들은 이미지에 잡음을 추가해 이미지가 특징적이지 않고 잡음이 많은 상태가 될 때까지 순방향 확산 프로세스를 따른다. 이 프로세스는 물방울이 물잔에 떨어져서 서서히 확산되는 방식과 유사하다.

생성 이미지 모델의 독특한 측면은 모델이 역방향 확산 프로세스를 진행하는 부분이다. 여기서 모델은 잡음이 많고 의미 없는 이미지에서 원래 이미지를 복구하려고 시도한다. 잡음 제거 변환을 반복적으로 적용함으로써 모델은 주어진 텍스트 입력과 일치하는 해상도가 점점 더 높아지는 이미지를 생성한다. 최종 출력은 텍스트 입력을 기반으로 수정된 이미지이다. 이에 대한 예로는 Imagen 텍스트 투 이미지 모델이 있다(Photorealistic Text-to-Image Diffusion Models with Deep Language Understanding, Google Research, 2022년 5월). 이 모델은 LLM에서 고정된 텍스트 임베딩을 통합하고 텍스트 전용 말뭉치에서 사전 훈련된 것이다. 텍스트 인코더는 먼저 입력 텍스트를 임베딩의 시퀀스로 매핑한다. 일련의 조건부 확산 모델은 텍스트 임베딩을 입력으로 사용하고 이미지를 생성한다.

이 잡음 제거 과정은 다음 그림에서 볼 수 있다(출처 - 사용자 Benlisquare via 위키미디어 커먼즈).

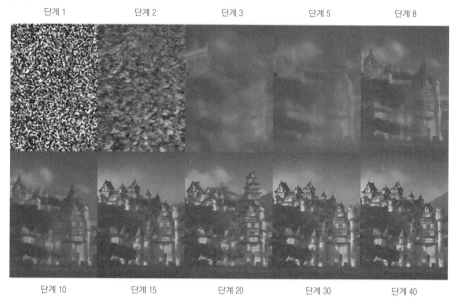

그림 1.8 Stable Diffusion V1-5 AI 확산 모델을 사용해 만든 일본의 유럽 양식의 성

그림 1.8에서는 40단계 생성 프로세스 중 일부 단계만 표시돼 있다. 단계별로 이미지 생성을 볼 수 있으며, 이는 DDIM^{Denoising Diffusion Implicit Model} 샘플링 방법을 사용한 U-Net 잡음 제거 프로세스를 포함한다. 이 프로세스에서는 반복적으로 가우시안 잡음을 제거하고, 그런 다음 제거된 잡음 출력을 픽셀 공간으로 디코딩한다.

확산 모델을 사용하면 모델의 초기 설정이나 이 경우와 같이 수치 솔버^{solver} 및 샘플러를 최소한으로 변경해 다양한 결과를 관찰할 수 있다. 때로는 놀라운 결과를 얻을 수 있지만 불안정성과 일관성 부족은 이러한 모델을 더 넓게 적용하는 데 상당한 도전이된다.

Stable Diffusion은 LMU 뮌헨의 **CompVis** 그룹에서 개발됐다(블라트만^{Blattmann} 및 기타, 2022년에 발표한 「High-Resolution Image Synthesis with Latent Diffusion Models」 참조). **Stable Diffusion** 모델은 이전(픽셀 기반) 확산 모델과 비교할 때 훈련 비용과 샘플링 시간을 상당히 절감한다. 이 모델은

소비자용 GPU(예: GeForce 40 시리즈)를 장착한 하드웨어에서 실행할 수 있다. 소비자 GPU에서 텍스트에서 고해상도 이미지를 생성함으로써 Stable Diffusion 모델은 더욱 폭넓은 접근을 제공한다. 더불어 모델의 소스 코드와 가중치는 CreativeML OpenRAIL-M 라이선스하에 공개됐으며 재사용, 배포, 상업적 이용, 적응에 대한 제한이 없다.

중요한 점은 Stable Diffusion은 이미지의 본질적인 특성을 포착하기 위해 잠재(저차원) 공간 표현에서 연산을 도입했다는 사실이다. 이는 계산 효율성을 향상시키기 위해서다. VAE는 잠재 공간 압축(논문에서는 지각적 압축perceptual compression이라고 함)을 제공하며, U-Net은 반복적인 잡음 제거를 수행한다.

Stable Diffusion은 명시적인 단계를 통해 텍스트 프롬프트에서 이미지를 생성한다.

1. 먼저 잠재 공간에서 무작위 텐서(랜덤 이미지)를 생성해 초기 이미지의 잡음으로 사용한다.

2. 잡음 예측기(U-Net)는 잠재 잡음 이미지와 제공된 텍스트 프롬프트를 입력으로 받아 잡음을 예측한다.

3. 그런 다음 모델은 잠재 이미지에서 잠재 잡음을 **빼낸다**.

4. 단계 2와 3은 일정한 샘플링 단계(예: 40번) 동안 반복된다(그림 1.8 참고).

5. 마지막으로, VAE의 디코더 구성 요소는 잠재 이미지를 다시 픽셀 공간으로 변환해 최종 출력 이미지를 제공한다.

VAE는 데이터를 학습된 작은 표현(인코딩)으로 인코딩하는 모델이다. 그런 다음 이러한 표현은 훈련에 사용된 것과 유사한 새로운 데이터를 생성하는 데 사용될 수 있다(디코딩). 이 VAE는 먼저 훈련한다.

> U-Net은 대칭적인 인코더-디코더 구조를 가진 인기 있는 유형의 합성곱 신경망(CNN, Convolutional Neural Network)이다. 일반적으로 이미지 분할 작업에 사용되지만 Stable Diffusion의 맥락에서는 이미지에서 잡음을 도입하고 제거하는 데 도움이 될 수 있다. U-Net은 잡음이 있는 이미지(시드(seed))를 입력으로 받아 일련의 합성곱 계층을 통해 특징을 추출하고 의미 표현을 학습한다.
>
> 이러한 합성곱 계층은 일반적으로 축소 경로로 구성돼 공간 차원을 축소하면서 채널의 수를 증가시킨다. 축소 경로가 U-Net의 병목 지점에 도달하면 대칭적인 확장 경로를 통해 확장된다. 확장 경로에서는 전치 합성곱(또는 업샘플링 또는 디컨볼루션(deconvolution)으로도 알려짐)이 적용돼 공간 차원을 점진적으로 업샘플링하면서 채널의 수를 줄인다.

잠재 공간 자체에서 이미지 생성 모델을 훈련시키기 위해(잠재 확산 모델), 생성된 이미지의 품질을 평가하는 데 사용되는 손실 함수가 있다. 일반적으로 사용되는 손실 함수 중 하나는 평균 제곱 오차$^{MSE, Mean Squared Error}$ 손실이다. 이 손실 함수는 생성된 이미지와 목표 이미지 간의 차이를 측정한다. 모델은 이 손실을 최소화하도록 최적화돼 원하는 출력과 근사한 이미지를 생성하도록 장려된다.

이 훈련은 LAION-5B 데이터셋에서 수행했다. 이 데이터셋은 Common Crawl 데이터에서 유래한 수십억 개의 이미지 텍스트 쌍으로 구성돼 있으며 Pinterest, Word Press, Blogspot, Flickr, DeviantArt와 같은 소스에서 수십억 개의 이미지 텍스트 쌍을 포함하고 있다.

다음 이미지는 확산을 사용한 텍스트 투 이미지 생성을 보여준다(출처 - 라메쉬Ramesh 등, 「Hierarchical Text-Conditional Image Generation with CLIP Latents」, 2022; https://arxiv.org/abs/2204.06125).

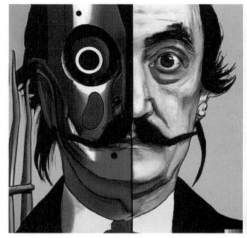 

반쪽 로봇 얼굴을 하고 있는 살바도르 달리의 선명한 초상화   베레모를 쓰고 검은 터틀넥 옷을 입은 시바 이누

그림 1.9 텍스트 프롬프트로부터 이미지 생성

전체적으로 Stable Diffusion 및 Midjourney와 같은 이미지 생성 모델은 순방향 및 역방향 확산 프로세스 개념을 활용하며 효율성을 위해 낮은 차원의 잠재 공간에서 작동해 텍스트 프롬프트를 생성된 이미지로 처리한다. 그러나 텍스트 투 이미지의 사용례에서의 모델의 조건화는 어떨까?

조건화 프로세스를 통해 이러한 모델은 특정한 입력 텍스트 프롬프트나 깊이 맵depth map 또는 윤곽과 같은 입력 유형에 의해 영향을 받아 더 정확한 이미지를 생성할 수 있다. 그런 다음 이러한 임베딩은 텍스트 트랜스포머가 처리하고 잡음 예측기에 전달해 텍스트 프롬프트와 일치하는 이미지를 생성하도록 유도한다.

모든 유형에 대한 생성형 AI 모델의 포괄적 연구를 제공하는 것은 책의 범위를 벗어난다. 그러나 다른 영역에서 모델이 어떤 일을 할 수 있는지 개요를 살펴보자.

다른 영역에서 AI가 할 수 있는 일

생성형 AI 모델은 소리, 음악, 비디오 그리고 3D 형상과 같은 여러 모달에서 인상적인 능력을 보여줬다. 모델은 오디오 영역에서 자연스러운 음성을 합성하고, 원본 음악 작품을 생성하며, 화자의 목소리와 리듬 및 소리 패턴(프로소디)을 모방할 수 있다. 음성-투 텍스트 변환 시스템은 말로 된 언어를 텍스트로 변환할 수 있다(자동 음성 인식). 비디오에 있어서는 AI 시스템이 텍스트 프롬프트에서 사실적인 영상을 생성하고, 물체 제거와 같은 정교한 편집을 수행할 수 있다. 3D 모델은 이미지에서 장면을 재구성하고 텍스트 설명에서 복잡한 객체를 생성하는 일을 배웠다.

다음 표는 이러한 도메인에서의 최근 몇 가지 모델을 요약하고 있다.

표 1.1 오디오, 비디오 및 3D 도메인을 위한 모델

모델	조직	연도	도메인	아키텍처	성능
3D-GQN	DeepMind	2018	3D	DL, 반복적, 잠재 변수 밀도 모델	2D 이미지에서 3D 장면 생성
Jukebox	OpenAI	2020	음악	VQ-VAE + 트랜스포머	다양한 스타일의 고품질 음악 생성
Whisper	OpenAI	2022	소리/음성	트랜스포머	사람 근사 수준의 음성 인식
Imagen Video	Google	2022	비디오	고정 텍스트 트랜스포머 +비디오 디퓨전 모델	텍스트에서 고화질 비디오 생성
Phenaki	Google & UCL	2022	비디오	양방향 마스크된 트랜스포머	텍스트에서 사실적 이미지 생성
TecoGAN	U. Munich	2022	비디오	시간적 일관성 모듈	고품질 부드러운 비디오 생성
DreamFusion	Google	2022	3D	NeRF + 디퓨전	텍스트에서 고품질 3D 객체 생성
AudioLM	Google	2023	소리/음성	토크나이저+트랜스포머 LM + 역토크나이저	높은 언어 품질을 유지하면서 화자의 정체성을 유지하는 음성 생성

모델	조직	연도	도메인	아키텍처	성능
AudioGen	Meta AI	2023	소리/음성	트랜스포머 + 텍스트 가이던스	높은 품질의 조건적 및 무조건적 오디오 생성
Universal Speech Model(USM)	Google	2023	소리/음성	인코더-디코더 트랜스포머	최첨단 다국어 음성 인식

이러한 혁신의 기반이 되는 것은 GAN, 확산 모델 및 트랜스포머와 같은 딥 생성 아키텍처의 발전이다. Google, OpenAI, Meta 및 DeepMind와 같은 선도적인 AI 연구소는 가능한 경계 범위를 넓히고 있다.

᠅ 요약

계산 능력의 증대와 함께 심층 신경망, 트랜스포머, GAN 그리고 VAE는 실제 세계 데이터의 복잡성을 이전 세대의 모델보다 훨씬 효과적으로 모델링한다. 이는 AI 알고리듬으로 가능한 범위의 경계를 넓히고 있다. 1장에서는 DL과 AI 그리고 LLM과 GPT와 같은 생성 모델의 최근 역사를 살펴봤다. 이러한 모델의 이론적 기반과 함께 특히 트랜스포머 아키텍처를 중점적으로 다뤘다. 또한 Stable Diffusion 모델과 같은 이미지 생성 모델의 기본 개념과 텍스트와 이미지 이상의 응용 분야인 소리와 비디오에 대한 논의도 진행했다.

2장에서는 특히 LLM과 관련해 생성 모델의 도구화를 탐구할 것이며, LangChain 프레임워크를 중점적으로 다룰 것이다. 기초, 구현 그리고 이 특정 도구의 사용에 중점을 둬, LLM의 능력을 활용하고 확장하는 방법을 다룰 것이다.

∷ 문제

기술 서적을 읽을 때 자료를 소화했는지 확인하는 작업은 좋은 습관이라고 생각한다. 이를 위해 1장과 관련된 몇 가지 질문을 만들어봤다. 답을 할 수 있는지 확인해보라.

1. 생성 모델이란 무엇인가?

2. 생성 모델에는 어떤 응용 분야가 있나?

3. LLM은 무엇이며 어떤 역할을 하나?

4. LLM의 성능을 어떻게 향상시킬 수 있나?

5. 이러한 모델이 가능하게 하는 조건은 무엇인가?

6. LLM 개발에서 주요 기업 및 기관은 어떤 것들이 있나?

7. 트랜스포머란 무엇이며 어떤 구성 요소로 이뤄져 있나?

8. GPT는 무엇의 약자인가?

9. Stable Diffusion은 어떻게 작동하나?

10. VAE는 무엇인가?

이러한 질문에 답하는 데 어려움을 겪는다면 해당 장의 해당 절을 참고해 자료를 이해했는지 확인하라.

02

LLM 응용을 위한 LangChain

GPT-4와 같은 거대 언어 모델, 즉 LLM은 인간과 유사한 텍스트를 생성하는 엄청난 능력을 보여주고 있다. 그러나 API를 통해 간단히 LLM에 접근하는 데엔 제약이 있다. 대신 다른 데이터 소스 및 도구와 결합함으로써 더 강력한 애플리케이션을 가능케 할 수 있다. 2장에서는 LLM의 한계를 극복하고 혁신적인 언어 기반 애플리케이션을 구축하기 위한 방법으로 LangChain을 소개할 것이다. 최근의 AI 발전과 LangChain과 같은 견고한 프레임워크를 결합해 어떻게 잠재력을 발휘할 수 있는지 보여주고자 한다.

먼저 LLM을 독립적으로 사용할 때 발생하는 몇 가지 도전 과제, 예를 들어 외부 지식 부족, 부정확한 추론 그리고 행동 불가능성 등을 개요 수준으로 살펴본다. LangChain 은 이러한 문제에 대한 해결책을 제공하며 특정 작업을 위한 다양한 통합과 즉시 사용 가능한 구성 요소를 통해 이를 해결한다. 개발자들이 LangChain의 기능을 활용해 맞춤형 자연어 처리 솔루션을 만드는 방법에 대한 예시를 살펴보고, 관련된 구성 요소와 개념을 개요 수준으로 설명할 것이다.

목표는 LangChain이 API 호출을 통해, 단순히 LLM에 접근하는 것으로는 가능하지 않은 동적이며 데이터 인식형 응용을 구축하는 방법을 설명하는 것이다. 마지막으로,

LangChain과 관련된 중요한 개념에 대해 이야기할 것이다. 이는 LangChain이 어떻게 작동하는지 이해하는 데 중요한 개념으로서 체인chain, 액션 플랜 생성action plan generation 그리고 메모리memory 등이 있다.

2장의 주요 절은 다음과 같다.

- 확률적 앵무새를 넘어서

- LangChain이란 무엇인가?

- LangChain의 핵심 요소 탐색

- LangChain의 작동 원리

- LangChain과 다른 프레임워크와의 비교

⋮⋮ 확률적 앵무새를 넘어서

LLM은 인간과 유사한 텍스트를 생성하고 자연어를 이해하는 능력으로 인해 크게 주목받고 인기를 얻었으며 이는 콘텐츠 생성, 텍스트 분류, 요약과 관련된 시나리오에서 유용하게 활용될 수 있다. 그러나 그 명백한 유창함 때문에 현실 세계에서의 유용성에서 대두되는 심각한 결함은 가려지고 있다. 확률적 앵무새stochastic parrots의 개념은 이 기본적인 문제를 명확하게 설명하는 데 도움이 된다.

확률적 앵무새는 언어적으로 설득력 있는 문장을 생성할 수 있지만 단어 뒤의 의미를 실제로 이해하지 못하는 LLM을 가리킨다. 2021년에 발표된 영향력 있는 논문인 「On the Dangers of Stochastic Parrots」에서 연구자들인 에밀리 벤더Emily Bender, 팀닛 게브루Timnit Gebru, 마거릿 미첼Margaret Mitchell 그리고 안젤리나 맥밀란Angelina McMillan-Major이 이 용어를 처음 사용했다. 이 용어는 맹목적으로 언어 패턴을 모방하는 모델을 비판한다. 실제 세계에 근거하지 않고 모델이 부정확하거나 관련 없거나 윤리적이지 않은 응답을 생성할 수 있으며, 논리적으로도 별로 설득력이 없을 수 있다.

단순히 연산 자원과 데이터 규모를 확장하는 것만으로는 추론 능력이나 상식이 부여되진 않는다. LLM은 구성성 갭compositionality gap과 같은 도전 과제에 직면한다(「Measuring and Narrowing the Compositionality Gap in Language Models」, 오피르 프레스Ofir Press와 동료들, 2023). 이는 LLM이 추론을 연결하거나 새로운 상황에 대한 응답을 조정할 수 없음을 의미한다. 이러한 장애물을 극복하려면 실제 이해를 더하는 기술로 LLM을 보강해야 한다. 단순히 모델 규모만으로는 확률적 앵무새의 특성을 유익한 시스템으로 변화시키기 어렵다. 프롬프팅, 사고 체인chain-of-thought 추론, 검색 기반의 근거화retrieval grounding 등의 혁신적인 기술이 모델 훈련에 필요하다.

이 논증을 조금 더 자세히 살펴보자. 만약 이러한 세부 사항을 건너뛰고 싶다면 다음 절로 건너뛰어도 무방하다. 여기서는 LLM의 한계, 이러한 한계를 극복하는 방법 그리고 LangChain이 이러한 단점을 체계적으로 완화하고 LLM의 기능을 확장하는 애플리케이션을 어떻게 용이하게 하는지 살펴볼 것이다.

LLM의 한계는 무엇인가?

이미 확인한 대로 LLM은 인상적인 능력을 제공하지만 특정 시나리오에서 효과적으로 동작하는 데 제한이 있다. 이러한 한계를 이해하는 것은 애플리케이션을 개발할 때 중요하다. LLM과 관련된 몇 가지 고민거리는 다음과 같다.

- **오래된 지식**: LLM은 오로지 훈련 데이터에 의존한다. 외부 통합이 없으면 최근의 실세계 정보를 제공할 수 없다.

- **행동 불가능성**: LLM은 검색, 계산 또는 조회와 같은 상호 작용적인 작업을 수행할 수 없다. 이는 기능을 심각하게 제한한다.

- **맥락 부족**: LLM은 이전 대화와 일관된 유용한 응답을 위해 필요한 보충적인 세부 정보와 같은 관련 맥락을 통합하는 데 어려움을 겪는다.

- **환각 위험**: 특정 주제에 대한 지식이 부족해서 LLM에 제대로 근거가 없을 경우 부정확하거나 비논리적인 콘텐츠를 생성할 수 있다.

- **편향 및 차별**: 훈련된 데이터에 따라 LLM은 종교적, 이념적 또는 정치적 성향의 편향을 나타낼 수 있다.

- **투명성 부족**: 대규모이며 복잡한 모델의 행동은 불투명하고 해석이 어렵게 될 수 있으며, 이는 인간의 가치와 조율하는 데 어려움을 초래할 수 있다.

- **맥락 부족**: LLM은 이전 프롬프트나 대화에서 맥락을 이해하고 통합하는 데 어려움을 겪을 수 있다. 이전에 언급된 세부 정보를 기억하지 못하거나 주어진 프롬프트 이상의 추가적인 관련 정보를 제공하지 못할 수 있다.

이러한 한계 중 일부를 좀 더 구체적으로 설명해보겠다. 앞서 언급한 대로 LLM은 실시간 지식 부족과 스스로 행동을 취할 수 없는 중요한 한계에 직면하고 있다. 이는 많은 현실 세계 상황에서 LLM의 효과를 제한한다. 예를 들어 LLM은 외부 정보 원본과 내재된 연결이 없다. 그들은 자체적으로 개발되는 훈련 데이터로 제한돼 있으며, 이는 시간이 지남에 따라 필연적으로 시간이 뒤처진 구식이 된다. LLM은 자신의 훈련 데이터의 절사 날짜 이후에 발생한 현재 이벤트에 대한 인식이 전혀 없을 것이다. LLM에게 최신 소식이나 사회적인 개발에 관한 질문을 하면 외부 근거 없이는 응답을 구성하지 못할 것이다.

게다가 LLM은 주변의 세계와 동적으로 상호 작용할 수 없다. 날씨를 확인하거나 지역 데이터를 검색하거나 문서에 접근하는 등의 작업을 수행할 수 없다. 웹 검색을 수행하거나 API와 상호 작용하거나 계산을 실행한다거나 새로운 프롬프트를 기반으로 어떠한 실질적인 조치도 취할 수 없기 때문에, LLM은 사전에 존재하는 정보의 범위 내에서만 작동한다. 심지어 훈련 데이터에 포함된 주제를 논할 때도 LLM은 외부 지식을 검색하지 않으면 실시간 맥락과 구체적인 세부 사항을 통합하는 데 어려움을 겪는다. 이를테면 LLM은 금융 분석에서 사용되는 거시경제 원리에 대해 유창하게 논할 수 있을지라도, 현재 성과 데이터를 검색하고 관련 통계를 계산해 실제 분석을 수행하지 못한다. 동적 조회 능력이 없으면 그 금융 토론은 일반적이고 이론적인 상태에 머무른다. 마찬가지로 LLM은 과거의 뉴스 이벤트를 훌륭하게 설명할 수 있지만 해당 이야기에 대한 최신 전개 사항을 묻는다면 어려움을 겪을 것이다.

LLM을 외부 데이터 소스, 분석 프로그램 및 도구 통합과 결합하는 솔루션을 설계하면 이러한 한계를 극복하는 데 도움이 될 수 있다. 그러나 LLM은 단독적으로는 대개 유용한 애플리케이션에 필수적인 현실 세계 맥락과의 연결이 부족하다. 그들의 인상적인 자연어 능력은 적절한 근거와 조치를 필요로 하며, 이를 통해 말이나 허공의 텍스트를 넘어 구체적인 통찰력을 생산할 수 있다.

LLM에 대한 몇 가지 문제 예시를 살펴보자. OpenAI ChatGPT 인터페이스에서 LangChain에 관해 묻는 경우 기준일cut-off day 문제가 발생한다.

그림 2.1 ChatGPT– 최신 정보의 결여

이 경우에는 모델이 문제를 올바르게 감지하고 올바른 피드백을 제공할 수 있었다. 그러나 항상 그런 것은 아니다. 모델을 다른 엔드포인트를 통해 액세스하거나 다른 모델을 사용하는 경우, 모델이 정보를 날조할 수도 있고 특정 개체에 대한 지식이 없을 수도 있다. 또는 완전히 다른 개체를 참조할 수도 있다. OpenAI playground에서 동일한 질문을 하면 다음과 같은 응답이 나올 수 있다.

사용자	LangChain이 뭐야?
비서	LangChain은 글로벌 언어 학습 산업을 혁신하려는 분산형 플랫폼입니다. 블록체인 기술을 활용해 안전하고 투명한 학습 환경을 제공하며, 언어 학습자를 직접 네이티브 스피커 및 자격을 갖춘 튜터와 연결합니다. 이 플랫폼은 상호 작용하는 수업, 연습 문제 및 실시간 대화를 포함한 다양한 언어 학습 도구를 제공하며 이를 분산 네트워크를 통해 운영합니다. LangChain은 자체 암호화폐를 사용한 보상 시스템도 도입해 학습자가 언어 학습 목표를 달성하고 플랫폼 내에서 동료 간 거래를 촉진함으로써 토큰을 획득할 수 있습니다. 전반적으로 LangChain은 전 세계 사용자를 위한 효율적이고 저렴하며 매력적인 언어 학습 경험을 제공하는 것을 목표로 합니다.

그림 2.2 GPT 3.5를 사용한 OpenAI playground

이 경우에 모델이 언급한 LangChain은 분산형 블록체인 기반 번역 플랫폼으로서 완전히 다른 것이다. 이는 관련성 문제로, 환각이라고도 할 수 있다. 이 문제는 날씨 API, 사용자 기호 또는 웹에서의 관련 정보와 같은 외부 데이터에 접근함으로써 해결될 수 있다. 이는 개인화되고 정확한 언어 기반 애플리케이션을 만들기 위해 핵심적인 부분이며, 모델이 특정 사용자 질의 또는 맥락에 기반한 관련성 높은 응답을 제공할 수 있도록 돕는다.

LLM 언어 모델은 논리적 추론이나 수학 문제와 관련된 일부 작업에서 어려움을 겪을 수 있다. 예를 들어 고급 LLM조차도 고등학교 수준의 수학에서 성적이 낮고, 이전에 본 적 없는 간단한 수학 연산도 수행할 수 없다. 간단한 시연을 통해 이를 설명할 수 있다.

그림 2.3 ChatGPT 수학 문제 해결

보다시피 모델은 첫 번째 질문에 대해 올바른 응답을 생성하지만 두 번째 질문에서 실패한다. 혹시 실제 결과가 궁금하다면, 계산기를 사용하면 실제 답은 다음과 같다.

```
(base)   % bc -l
bc 1.06
Copyright 1991-1994, 1997, 1998, 2000 Free Software Foundation, Inc.
This is free software with ABSOLUTELY NO WARRANTY.
For details type `warranty'.
2555 * 2555
6528025
```

그림 2.4 계산기(BC)를 사용한 곱셈

LLM이 계산 결과를 저장하지 않았거나 훈련 데이터에서 충분히 자주 만나지 않아 가중치에 신뢰할 수 있는 형태로 기억되지 않은 것이다. 따라서 해결책을 올바르게 생성하는 데 실패했다. 이 경우 LLM은 과제에 적합한 도구가 못된다.

LLM을 사용해 챗봇과 기타 애플리케이션을 배포하려면 사려 깊게 고려된 디자인과 모니터링이 필요하며, 편향과 부적절한 콘텐츠와 같은 위험에 대처해야 한다. 예를 들어

Microsoft의 Tay 챗봇은 2016년 출시 직후 유해한 상호 작용으로 인한 논란을 일으켜 단기간 내에 축출됐다.

또한 추론에 관한 부분에서 LLM은 독립적으로 해당 주제에 대한 과일의 밀도와 물의 밀도를 올바르게 식별할 수 있지만, 이러한 사실을 종합해 과일이 물에 떠다니고 있는지 여부를 결정하는 데 어려움을 겪을 수 있다(이는 여러 단계 질문의 경우다). 모델은 연결되지 않은 지식을 통합하는 데 실패한다.

이러한 도전에 대해 어떻게 대응할 수 있는지 살펴보자.

LLM의 한계를 완화하는 방법

이러한 한계를 완화하는 기술에는 다음과 같은 기법이 있다.

- **검색 증강**Retrieval Augmentation: 이 기술은 지식 베이스에 접근해 LLM의 오래된 훈련 데이터를 보완하며 외부 컨텍스트를 제공하고 환각의 위험을 줄인다.

- **체이닝**Chaining: 검색과 계산과 같은 동작을 통합한다.

- **프롬프트 공학**Prompt Engineering: 주요 컨텍스트를 제공해 적절한 응답을 안내하는 프롬프트를 신중하게 만드는 것 등이 있다.

- **모니터링, 필터링 및 리뷰**: 애플리케이션의 입력 및 출력에 관한 신규 문제를 지속적이고 효과적으로 감시해 문제를 감지한다. 수동 리뷰와 자동 필터링을 통해 출력의 잠재적인 문제를 수정한다. 다음이 같은 것들이 있다.

  a. 차단 목록, 감수성 분류기 및 금지된 단어 필터와 같은 필터는 자동으로 문제를 식별한다.

  b. 헌법 원칙Constitutional Principles은 부적절한 콘텐츠를 모니터링하고 필터링한다.

  c. 인간 리뷰는 모델의 동작과 출력에 대한 통찰력을 제공한다.

- **메모리**: 대화 데이터와 컨텍스트를 꾸준히 유지해 상호 작용 사이에서 대화 문맥을 유지한다.

- **미세 조정**: 애플리케이션 도메인 및 원칙에 더 적절한 데이터로 LLM을 훈련하고 조정하는 것이다. 이는 모델의 특정 목적에 대한 행동을 조정한다.

앞서 언급한 것을 강조하자면 단독으로 모델 규모를 늘리는 것만으로는 구성적 추론이나 다른 부족한 능력을 가르칠 수 없다. 구성성 능력의 간극을 극복하기 위해서는 명시적인 기술인 엘리시트 프롬프팅Elicit Prompting과 사고 체인 추론과 같은 기술이 필요하다. 자기 질문 프롬프팅Self-Ask Prompting과 같은 방법은 문제를 체계적으로 분해하도록 모델을 유도해 이러한 결함을 완화한다. 이러한 도구를 훈련 파이프라인에 통합하면 그동안 부족한 능력을 제공할 수 있다. 프롬프팅은 맥락을 제공하고, 체이닝은 추론 단계를 가능하게 하며, 검색은 사실을 통합한다. 이러한 변화는 모두 함께 확률적 앵무새를 추론 엔진으로 변형시킨다.

신중한 프롬프트 공학과 미세 조정은 모델을 현실 세계에서 사용 가능하도록 준비한다. 그런 다음 지속적인 모니터링은 자동화와 인간 리뷰를 통해 발생하는 문제를 감지한다. 필터는 제1차 방어선 역할을 한다. 헌법적 AI 원칙을 도입함으로써 윤리적으로 행동할 수 있는 모델을 구축하기를 장려한다. 이 종합적인 접근은 준비, 경계 그리고 본질적으로 유익한 디자인을 결합한다.

LLM을 외부 데이터에 연결하면 허구 위험을 더욱 줄이고 정확하고 최신 정보를 통한 응답을 강화할 수 있다. 그러나 데이터베이스와 같은 소스를 안전하게 통합하는 것은 복잡성을 더할 수 있다. LangChain과 같은 프레임워크는 이를 단순화하면서도 책임 있는 LLM 사용을 위한 구조와 감독을 제공한다. 이러한 프레임워크를 사용하면 프롬프트된 모델 쿼리와 데이터 소스를 구성해 단독 LLM을 가진 결함을 극복할 수 있다. 성실한 강화를 통해 선천적인 모델 제한 때문에 이전에 실현 불가능했던 AI 시스템을 만들 수 있다. 이로써 다음 토론 주제로 넘어갈 수 있게 됐다.

LLM 응용이란 무엇인가?

LLM을 다른 도구와 결합하고 전문 도구를 사용해 애플리케이션을 만들면, LLM을 기반으로 하는 애플리케이션은 디지털 세계를 변형시킬 수 있는 잠재력을 가진다. 이는 종종 LLM에 대한 하나 이상의 프롬프트된 호출 체인을 통해 이뤄지지만 작업을 수행하기 위해 API나 데이터 소스와 같은 다른 외부 서비스를 활용할 수도 있다.

전통적인 소프트웨어 애플리케이션은 일반적으로 다층 아키텍처를 따른다.

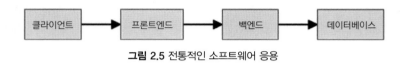

그림 2.5 전통적인 소프트웨어 응용

클라이언트 계층은 사용자 상호 작용을 처리한다. 프론트엔드 계층은 프레젠테이션과 비즈니스 로직을 다룬다. 백엔드 계층은 로직, API, 계산 등을 처리한다. 마지막으로, 데이터베이스는 데이터를 저장하고 검색한다.

대조적으로 LLM 앱은 LLM을 활용해 자연어 프롬프트를 이해하고 응답 텍스트를 생성하는 응용이다. LLM 앱은 일반적으로 다음과 같은 구성 요소를 갖추고 있다.

- 사용자 입력을 텍스트 쿼리 또는 결정으로 수집하는 클라이언트 계층

- LLM을 안내하는 프롬프트를 구성하는 프롬프트 공학 계층

- 프롬프트를 분석하고 관련 텍스트 응답을 생성하는 LLM 백엔드

- LLM 응답을 응용 인터페이스에 해석하기 위한 출력 파싱parsing 계층

- LLM의 능력을 강화하기 위해 함수 API, 지식 베이스, 추론 알고리듬을 통한 외부 서비스와의 선택적 통합

가장 간단한 경우에는 프론트엔드, 파싱 그리고 지식 베이스 부분이 명시적으로 정의되지 않을 때가 있다. 이 경우 클라이언트, 프롬프트 그리고 LLM만 남게 된다.

그림 2.6 단순 LLM 응용

LLM 앱은 다음 과정을 통해 외부 서비스를 통합할 수 있다.

- 웹 도구 및 데이터베이스에 접근하기 위한 함수 API

- 복잡한 논리 체인을 위한 고급 추론 알고리듬

- 지식 베이스를 통한 검색 증강 생성RAG, Retrieval-Augmented Generation

5장에서는 RAG에 대해 논의할 예정이며, LLM을 외부 지식을 통해 향상시킨다. 이러한 확장은 LLM의 지식 이상으로 LLM 앱의 기능을 확장한다.

- 함수 호출은 매개변수화된 API 요청을 허용한다.

- SQL 함수는 대화형 데이터베이스 쿼리를 가능하게 한다.

- 사고 체인과 같은 추론 알고리듬은 다단계 논리를 용이하게 한다.

이는 다음과 같이 나타낼 수 있다.

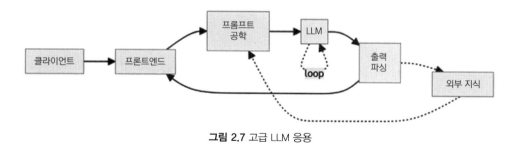

그림 2.7 고급 LLM 응용

앞 그림에서 볼 수 있듯이, 클라이언트 계층은 사용자의 텍스트 쿼리와 결정을 수집한다. 프롬프트 공학 구조는 LLM을 안내하며, 모델 자체에 변경을 가하지 않고 외부 지식이나 능력(또는 이전 상호 작용)을 고려한다. LLM 백엔드는 훈련을 기반으로 프롬프트를 동적으로 이해하고 응답한다. 출력 파싱은 프론트엔드를 위해 LLM 텍스트를 해석한다. 지식 베이스는 LLM의 정보를 향상시킬 수 있으며, 선택적으로 전통적인 앱의 데이터베이스 백엔드처럼 정보를 기록할 수 있다.

LLM 응용은 여러 이유로 중요하다.

- LLM 백엔드는 하드코딩된 규칙 없이 언어를 섬세하고 인간과 유사한 방식으로 처리한다.

- 응답은 과거 상호 작용을 기반으로 개인화되고 맥락에 맞게 제공될 수 있다.

- 고급 추론 알고리듬을 통해 복잡한 다단계 추론 체인이 가능하다.

- LLM 또는 실시간으로 검색된 최신 정보를 기반으로 하는 동적인 응답이 가능하다.

LLM 응용에서 사용하는 핵심 능력은 프롬프트의 미묘한 언어를 이해하고 일관되고 인간과 유사한 텍스트 응답을 생성하는 것이다. 이는 전통적인 코드에 비해 좀 더 자연스러운 상호 작용과 워크플로우를 용이하게 만든다.

LLM은 수동 코딩 없이도 인간과 유사한 언어 능력을 제공한다. 따라서 모든 언어 시나리오를 미리 예상하고 코딩할 필요가 없다. LLM을 외부 서비스, 지식 및 추론 알고리듬과 통합함으로써 혁신적인 응용을 개발하는 과정이 단순화된다.

그러나 책임 있는 데이터 관행은 중요하다. 개인 식별 정보[PII, Personal Identifiable Information]는 공개 플랫폼에 저장돼서는 안 되며, 필요한 경우 모델은 내부에서 미세 조정돼야 한다. 프론트엔드와 출력 파서 모두 행동, 개인정보 및 보안과 관련된 규칙을 포함하고 이를 시행할 수 있다. 향후 연구는 잠재적인 남용, 편향 및 제한과 관련된 우려에 대처해야 한다.

이 책 전반에 걸쳐 LLM 응용의 많은 예제를 살펴볼 것이다. 거기에는 다음과 같은 몇 가지 예제가 포함된다.

- **챗봇 및 가상 비서**: 이러한 앱은 ChatGPT와 같은 LLM을 사용해 사용자와 자연스러운 대화를 나누고 일정 조정, 고객 서비스, 정보 조회와 같은 작업을 지원한다.

- **지능형 검색 엔진**: LLM 앱은 자연어로 작성된 검색 쿼리를 구문 분석하고 관련된 결과를 생성할 수 있다.

- **자동 콘텐츠 생성**: 앱은 텍스트 프롬프트를 기반으로 기사, 이메일, 코드 등과 같은 콘텐츠를 생성하는 데 LLM을 활용할 수 있다.

- **질문 응답**: 사용자는 일반 언어로 LLM 앱에 질문을 할 수 있고, 모델의 지식에서 빠르게 얻은 정보를 통해 정보성 있는 답변을 받을 수 있다.

- **감정 분석**: LLM 앱을 사용해 고객 피드백, 리뷰 및 소셜 게시물을 분석해 감정을 요약하고 핵심 주제를 추출할 수 있다.

- **텍스트 요약**: LLM 백엔드를 사용해 긴 텍스트 문서와 기사의 간결한 요약을 자동으로 생성할 수 있다.

- **데이터 분석**: LLM을 사용해 자동 데이터 분석 및 시각화를 수행해 통찰력을 추출할 수 있다.

- **코드 생성**: 비즈니스 문제 해결을 돕는 소프트웨어 페어 코딩pair-programming[1] 비서를 설정할 수 있다.

LLM의 진정한 강점은 LLM을 독립적으로 사용하는 것이 아니라 다른 지식 소스와 연산과 결합될 때 나타난다. LangChain 프레임워크는 정확히 이러한 종류의 통합을 가능하게 하고 문맥을 고려한 추론 기반 애플리케이션의 개발을 용이하게 한다. LangChain은 LLM과 관련된 어려움을 해결하며 사용자 정의 NLP 솔루션을 만들기 위한 직관적인 프레임워크를 제공한다.

---

1 소프트웨어 개발에서 사용되는 협업 기술 중 하나로 2명의 프로그래머가 하나의 작업 역할을 수행하면서 컴퓨터를 공유하고 상호 작용하는 바를 의미한다. – 옮긴이

⠿ LangChain이란 무엇인가?

2022년 해리슨 체이스^{Harrison Chase}에 의해 개발된 LangChain은 LLM을 기반으로 한 애플리케이션을 구축하기 위한 오픈 소스 파이썬 프레임워크다. 이는 개발자에게 언어 모델을 외부 데이터 소스 및 서비스에 연결하기 위한 모듈화된, 사용하기 쉬운 구성 요소를 제공한다. 이 프로젝트는 세쿼이아 캐피털^{Sequoia Capital} 및 벤치마크^{Benchmark}와 같은 기업으로부터 수백만 달러의 벤처 자본을 유치했으며, 이들은 Apple, Cisco, Google, WeWork, Dropbox 및 여러 다른 성공적인 기업에 투자한 경험이 있다.

LangChain은 재사용 가능한 구성 요소와 사전 구성된 체인을 제공해 복잡한 LLM 응용의 개발을 간소화한다. 모듈식 아키텍처는 LLM과 외부 서비스에 대한 접근을 통합된 인터페이스로 추상화한다. 개발자들은 이러한 구성 요소를 결합해 복잡한 워크플로우를 수행할 수 있다.

LLM 응용을 만들 때는 프롬프트 공학, 편향 완화, 제품화 및 외부 데이터 통합 등의 도전에 직면하게 된다. LangChain은 추상화 및 조립 가능한 구조를 통해 이러한 학습 곡선을 줄인다.

LLM API의 기본 사용을 넘어서, LangChain은 에이전트와 메모리를 통한 대화식 맥락 및 지속성과 같은 고급 상호 작용을 용이하게 한다. 이를 통해 챗봇, 외부 데이터 수집 등이 가능해진다.

특히 LangChain의 체인, 에이전트, 도구 및 메모리 지원을 통해 개발자는 환경과 더 정교한 방식으로 상호 작용하고 시간에 대해 정보를 저장하고 재사용할 수 있는 응용을 개발할 수 있다. 모듈식 설계는 다양한 도메인에 적응 가능한 복잡한 응용을 쉽게 만들 수 있다. 행동 계획과 전략 지원은 응용의 성능과 견고성을 향상시킨다. 메모리와 외부 정보에 대한 지원은 환각을 감소시켜 신뢰성을 향상시킨다.

LangChain이 개발자에게 제공하는 주요 이점은 다음과 같다.

- 유연하고 적응 가능한 LLM 통합을 위한 모듈식 아키텍처

- LLM뿐만 아니라 여러 서비스를 연결할 수 있는 체인 기능

- 격리된 호출 대신 목표 중심의 에이전트 상호 작용

- 실행 간에 상태를 유지하기 위한 메모리 및 지속성

- 오픈 소스 접근과 커뮤니티 지원

언급한 것처럼 LangChain은 오픈 소스이며 파이썬으로 작성됐다. 그러나 JavaScript 또는 TypeScript로 구현된 동반 프로젝트(LangChain.js)가 있으며 또한 코드 실행을 위한 Ruby 해석기가 제공되는 Ruby용 초기 단계 Langchain.rb 프로젝트 등의 동반 프로젝트도 있다. 책에서는 이 프레임워크의 파이썬 버전에 중점을 뒀다.

문서, 강좌 그리고 커뮤니티와 같은 자원은 학습 과정을 가속화하는 데 도움이 되지만, LLM을 적용하는 데 필요한 전문성을 개발하는 데에는 전념할 시간과 노력이 필요하다. 많은 개발자에게 학습 곡선은 LLM을 효과적으로 활용하는 데 있어서 상당한 장애물이 될 수 있다.

디스코드Discord 채팅 서버, 다양한 도시에서 진행되는 정기 미팅 및 샌프란시스코와 런던을 비롯한 여러 도시에서 진행되는 활발한 토론도 있다. 또한 LangChain 문서에 관한 질문에 답하는 ChatLangChain이라는 챗봇도 있다. 이 챗봇은 LangChain과 FastAPI를 사용해 개발됐으며 문서 웹 사이트를 통해 온라인으로 이용할 수 있다!

LangChain은 많은 확장 및 그 주변에서 개발 중인 큰 생태계와 함께 제공된다. 언급한 대로 이미 많은 통합이 있으며 매주 새로운 통합이 추가되고 있다. 다음은 몇 가지 통합 사례를 보여주는 화면이다(출처 - integrations.langchain.com).

그림 2.8 2023년 9월을 기점으로 한 LangChain 통합

LangSmith는 LangChain을 보완하는 플랫폼으로 LLM 응용을 위한 견고한 디버깅, 테스트, 모니터링 기능을 제공한다. 예를 들어 개발자는 상세한 실행 추적을 확인해 새로운 체인을 빠르게 디버깅할 수 있다. 대체 프롬프트와 LLM은 데이터셋과 평가돼 품질과 일관성을 보장한다. 사용 분석은 최적화에 대한 데이터 기반의 결정을 강화한다.

LlamaHub와 LangChainHub는 정교한 LLM 시스템을 간소화된 방식으로 구축하기 위한 재사용 가능한 요소의 오픈 라이브러리를 제공한다. LlamaHub는 LlamaIndex 커뮤니티에 의해 생성된 데이터 로더, 리더 및 도구의 라이브러리이다. 이는 다양한 지식 소스에 쉽게 LLM을 연결하기 위한 유틸리티를 제공한다. 로더[loader]는 검색을 위해 데이터를 가져오고, 도구는 모델이 외부 데이터 서비스와 상호 작용하도록 해 읽기/쓰기를 가능케 한다. LlamaHub은 LLM 능력을 활용하기 위해 사용자 정의 데이터 에이전트를 간편하게 생성할 수 있게 한다.

LangChainHub는 LangChain에서 사용되는 프롬프트, 체인 그리고 에이전트와 같은 생산물을 공유하기 위한 중앙 저장소다. Hugging Face Hub에서 영감을 받아 이는 복잡한 LLM 응용을 구성하기 위한 고품질의 구성 요소를 찾기 위한 원스톱 자원을 목표로 한다. 초기 출시는 재사용 가능한 프롬프트 모음에 중점을 두고 있다. 향후 계획에는 체인, 에이전트 그리고 기타 주요 LangChain 구성 요소를 지원하는 것이 포함돼 있다.

LangFlow와 Flowise는 UI 도구로, LangChain 구성 요소를 실행 가능한 플로우 차트에서 드래그 앤 드롭을 사용해 사이드바 구성 요소를 캔버스에 끌어다 놓고 이를 서로 연결해 파이프라인을 생성할 수 있게 해준다. 이는 파이프라인을 실험하고 프로토타입을 만드는 빠른 방법이며, 아래는 Flowise의 스크린샷에 나타나 있다(출처 - https://github.com/FlowiseAI/Flowise).

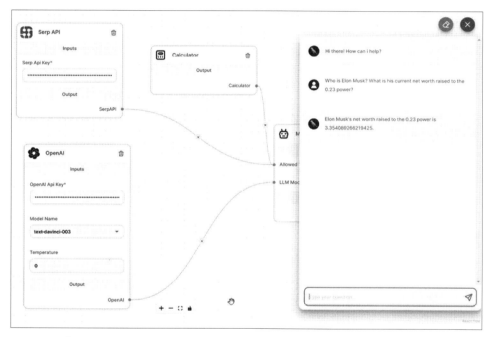

그림 2.9 Flowise UI에서 LLM, 계산기 그리고 검색 도구를 사용하는 에이전트를 포함한 내용

여기서는 (2장 후반에 논의될) 검색 인터페이스(Serp API), LLM 그리고 계산기에 연결된 에이전트를 볼 수 있다. LangChain과 LangFlow는 Chainlit 라이브러리를 사용해 로컬로 배포하거나 Google Cloud와 같은 다양한 플랫폼에 배포할 수 있다. langchainserve 라이브러리는 단일 명령으로 Jina AI 클라우드에 LangChain 및 LangFlow를 LLM 응

용 서비스로 배포하는 데 도움을 준다.

아직은 상대적으로 새로운 기술이지만, LangChain은 메모리, 체인 그리고 에이전트와 같은 구성 요소들을 조합해 더욱 고급 LLM 응용을 가능하게 한다. 이는 그렇지 않다면 복잡할 수 있는 LLM 응용 개발을 간소화하려는 목표를 가지고 있다. 따라서 2장에서는 LangChain과 그 구성 요소의 작동 방식에 중점을 두는 것이 중요하다.

⠿ LangChain의 핵심 요소 탐색

체인, 에이전트, 메모리 그리고 도구는 기본적인 API 호출을 넘어서는 복잡한 LLM 응용을 만들 수 있게 한다. 이 중요한 개념에 대한 별도의 하위 절에서는 이러한 구성 요소가 어떻게 언어 모델을 외부 데이터와 서비스와 결합해 강력한 시스템 개발을 가능하게 하는지 살펴보겠다.

2장에서는 구현 패턴에 대해선 깊이 들어가지 않는다. 그러나 이러한 구성 요소 중 일부가 어떤 용도로 사용되는지 더 자세히 논의할 것이다. 말미에 LangChain을 사용해 시스템을 설계하는 데 필요한 이해 수준을 갖게 될 것이다. 체인부터 시작해보자!

체인이란 무엇인가?

체인은 LangChain에서 모듈형 구성 요소를 재사용 가능한 파이프라인으로 조립하는 중요한 개념이다. 예를 들어 개발자는 여러 LLM 호출과 다른 구성 요소를 연속적으로 조합해 챗봇과 유사한 소셜 상호 작용, 데이터 추출, 데이터 분석과 같은 복잡한 애플리케이션을 만들 수 있다. 가장 일반적인 용어로는 체인은 구성 요소에 대한 연속된 호출이며, 이는 다른 체인을 포함할 수 있다. 가장 무해한 체인의 예로는 아마도 `PromptTemplate`일 것이며, 이는 형식화된 응답을 언어 모델에 전달한다.

프롬프트 체이닝prompt chaining은 LangChain 애플리케이션의 성능을 향상시키는 데 사용할 수 있는 기술로, 여러 프롬프트를 연결해 더 복잡한 응답을 자동으로 완성하는 것이다. 더 복잡한 체인은 수학 관련 쿼리에 LLMMath와 같은 도구를 사용하거나 데이터베이스 쿼리에 SQLDatabaseChain과 같은 도구를 사용해 모델을 통합한다. 이러한 것들은 유틸리티 체인^{Utility Chains}이라고 부르며, 언어 모델을 특정 도구와 결합해 사용한다.

체인은 독성이 있는 출력을 조절하거나 윤리적 원칙에 부합하도록 정책을 시행하는 등의 역할을 할 수 있다. LangChain은 출력의 내용이 유해하지 않도록 하거나 OpenAI의 조절 규칙을 위반하지 않도록 하거나(OpenAIModerationChain) 윤리적, 법적 또는 사용자 지정 원칙에 부합하는지 확인하기 위해 체인을 구현한다(ConstitutionalChain).

LLMCheckerChain은 자기 성찰^{Self-Reflection}이라는 기술을 사용해 진술의 정확성을 확인해 부정확한 응답을 줄이는 역할을 한다. LLMCheckerChain은 제시된 진술과 질문의 기반이 되는 가정을 검증함으로써 환각을 방지하고 부정확한 응답을 감소시킬 수 있다. 2023년 5월에 카네기멜론대학교, 앨런 인스티튜트, 워싱턴대학교, NVIDIA, 샌디에이고 캘리포니아대학교 및 Google 연구소 연구자들이 발표한 논문 「SELF-REFINE: Iterative Refinement with Self-Feedback」에 따르면, 이 전략은 대화 응답, 수학 추론 및 코드 추론을 포함한 벤치마크에서 평균적으로 작업 성능을 약 20% 향상시키는 것으로 확인됐다.

몇 개의 체인은 자율적인 결정을 내릴 수 있다. 에이전트처럼, 라우터^{router} 체인은 도구 설명에 기반해 어떤 도구를 사용할지 결정할 수 있다. 라우터 체인은 프롬프트나 인덱스와 같은 검색 시스템 중 어떤 것을 사용할지 동적으로 선택할 수 있다.

체인은 여러 핵심 이점을 제공한다.

- **모듈성**: 논리가 재사용 가능한 구성 요소로 분할된다.
- **결합성**: 구성 요소를 유연하게 연결할 수 있다.
- **가독성**: 파이프라인의 각 단계가 명확하다.
- **유지 보수성**: 단계를 추가, 제거 및 교체할 수 있다.
- **재사용성**: 일반적인 파이프라인은 구성 가능한 체인이 된다.

- **도구 통합**: LLM, 데이터베이스, API 등을 쉽게 통합할 수 있다.

- **생산성**: 구성 가능한 체인의 프로토타입을 빠르게 구축할 수 있다.

이러한 이점은 복잡한 워크플로우를 이해하기 쉽고 적응 가능한 체인된 파이프라인으로 캡슐화하는 데 기여한다. 일반적으로 LangChain 체인을 개발하는 것은 워크플로우를 데이터 로딩, 처리, 모델 쿼리 등과 같은 논리적인 단계로 나누는 것을 포함한다. 잘 설계된 체인은 단일 책임 구성 요소를 함께 파이프라인화한다. 단계는 재사용성을 극대화하기 위해 무상태stateless 함수여야 한다. 구성은 사용자 정의가 가능하게 만들어져야 한다. 오류 처리는 신뢰성을 위해 예외와 오류를 이용한 견고한 처리가 중요하다. 모니터링과 로깅logging은 콜백을 포함한 다양한 메커니즘을 사용해 활성화될 수 있다.

이제 에이전트에 대해 얘기하고 그들이 어떻게 결정을 내리는지 알아보겠다.

에이전트는 무엇인가?

에이전트는 LangChain에서 사용자 및 환경과 시간에 동적으로 상호 작용하는 시스템을 만들기 위한 핵심 개념이다. 에이전트는 목표와 작업을 달성하기 위해 행동할 수 있는 자율적인 소프트웨어 개체다.

체인과 에이전트는 유사한 개념이며, 그들의 차이를 파악하는 것이 필요하다. LangChain의 핵심 아이디어는 LLM과 다른 구성 요소를 조합해 함께 작동하는 것이다. 체인과 에이전트는 둘 다 이를 수행하지만, 다른 방식이다. 둘 다 LLM을 확장하지만 에이전트는 체인을 조율해 이를 수행하고, 체인은 하위 모듈을 조합해 재사용 가능한 논리를 정의한다. 체인은 구성 요소를 순서대로 나열해 재사용 가능한 논리를 정의하는 반면, 에이전트는 목표 주도적인 작업을 수행하기 위해 체인을 활용한다. 에이전트는 체인을 결합하고 조율한다. 에이전트는 환경을 관찰하고 그 관찰을 기반으로 실행할 체인을 결정하며 체인의 지정된 작업을 수행하고 반복한다.

에이전트는 LLM을 추론 엔진으로 사용해 어떤 행동을 취할지 결정한다. LLM은 사용 가능한 도구, 사용자 입력 및 이전 단계로 프롬프트된다. 그런 뒤 다음 동작이나 최종 응답을 선택한다.

도구(2장 후반부에서 설명한다)는 에이전트가 실제 세계에서 행동을 취하기 위해 호출하는 함수다. 올바른 도구를 제공하고 효과적으로 설명하는 것은 에이전트가 목표를 달성하는 데 중요하다. 에이전트 실행기 런타임Executor Runtime은 에이전트에 쿼리를 수행하고 도구 동작을 실행하며 관찰을 다시 전달하는 루프를 조율한다. 이는 오류 처리, 로깅 및 구문 분석과 같은 하위 수준의 복잡성을 처리한다.

에이전트는 여러 가지 핵심 이점을 제공한다.

- **목표 지향적 실행**: 에이전트는 특정 목표를 달성하기 위한 논리 체인을 계획할 수 있다.

- **동적 응답**: 환경의 변화를 관찰함으로써 에이전트는 반응하고 적응할 수 있다.

- **상태 유지**: 에이전트는 상호 작용을 통해 메모리와 컨텍스트를 유지할 수 있다.

- **견고성**: 예외를 처리하고 대안적인 체인을 시도함으로써 에러를 처리할 수 있다.

- **구성**: 에이전트 논리는 재사용 가능한 구성 요소 체인을 결합한다.

이것들을 함께 사용함으로써, 에이전트는 복잡한 다단계 워크플로우 및 지속적으로 상호 작용하는 챗봇과 같은 애플리케이션을 처리할 수 있다.

LLM의 한계에 관한 절에서, 계산의 경우 단순 계산기가 수십억 개의 매개변수로 이뤄진 모델보다 우수하다는 것을 알아봤다. 이 경우 에이전트는 계산을 계산기에 전달하거나 파이썬 인터프리터에 전달하기로 결정할 수 있다. 다음에서 에이전트가 OpenAI 모델과 파이썬 함수 모두에 연결된 간단한 앱을 볼 수 있다.

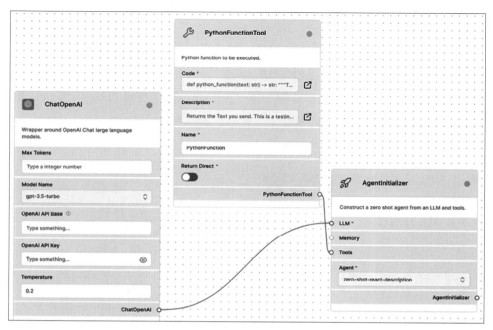

그림 2.10 LangFlow에서 시각화된 파이썬 함수와 통합된 간단한 LLM 앱

입력에 따라 에이전트는 파이썬 함수를 실행할지 결정할 수 있다. 각 에이전트는 또한 어떤 도구를 언제 사용할지 결정한다. 이 작동 방식에 관한 더 자세한 내용은 4장에서 살펴본다.

에이전트와 체인의 주요 제약 사항은 상태가 없다는 것이다. 각 실행마다 이전 컨텍스트를 유지하지 않고 고립된 상태에서 발생한다. 여기서 메모리 개념이 중요해진다. LangChain의 메모리는 체인 실행 간에 정보를 유지해 상태를 유지할 수 있도록 하는 것을 의미한다.

메모리는 무엇인가?

LangChain에서 메모리는 체인 또는 에이전트 실행 간에 지속되는 상태를 나타낸다. 강건한robust 메모리 접근법은 대화형과 상호 작용형 애플리케이션을 개발하는 개발자에게 주요 이점을 제공한다. 예를 들어 메모리에 채팅 기록 컨텍스트를 저장하면 시간이 지남에 따라 LLM 응답의 일관성과 관련성이 향상된다.

사용자 입력을 고립된 프롬프트로 처리하는 대신, 체인은 각 호출마다 대화형 메모리를 모델에 전달해 일관성을 제공할 수 있다. 에이전트는 또한 세계에 관한 사실, 관계, 추론을 메모리에 지속시킬 수 있다. 이 지식은 실제 세계 조건이 변해도 계속해서 에이전트에게 맥락 정보를 제공한다. 목표 및 완료된 작업의 메모리는 에이전트가 대화를 통해 다단계 목표의 진행 상황을 추적할 수 있게 한다. 게다가 메모리에 정보를 보존하면 반복적인 정보에 대한 LLM 호출 수를 줄일 수 있다. 이는 API 사용과 비용을 낮추면서도 에이전트나 체인에 필요한 컨텍스트를 제공한다.

LangChain은 메모리에 대한 표준 인터페이스, 데이터베이스와 같은 저장 옵션과의 통합 그리고 메모리를 체인과 에이전트에 효과적으로 통합하기 위한 디자인 패턴을 제공한다. 다음과 같은 여러 가지 메모리 옵션이 있다.

- ConversationBufferMemory는 모든 메시지를 모델 기록에 저장한다. 이는 지연과 함께 비용을 증가시킬 수 있다.

- ConversationBufferWindowMemory는 최근 메시지만 유지한다.

- ConversationKGMemory는 교환을 지식 그래프로 요약해 프롬프트에 통합한다.

- EntityMemory는 데이터베이스를 기반으로 해, 에이전트 상태와 사실을 지속시킨다.

뿐만 아니라 LangChain은 지속 가능한 저장을 위해 다양한 데이터베이스 옵션을 통합한다.

- Postgres 및 SQLite와 같은 SQL 옵션은 관계형 데이터 모델링을 가능하게 한다.

- MongoDB 및 Cassandra와 같은 NoSQL 선택은 확장 가능한 비정형 데이터를 용이하게 한다.

- Redis는 고성능 캐싱을 위한 메모리 내 데이터베이스를 제공한다.

- AWS DynamoDB와 같은 관리형 클라우드 서비스는 인프라 부담을 줄여준다.

데이터베이스 외에도 리멤브롤Remembrall 및 모터헤드Motörhead와 같이 목적에 특화된 메모리 서버는 최적화된 대화적 맥락을 제공한다. 적절한 메모리 접근 방법은 지속성 요구, 데이터 관계, 규모 및 자원과 같은 요인에 따라 다르지만, 강건하게 상태를 유지하는 것은 대화형 및 상호 작용형 응용에 핵심적이다.

LangChain의 메모리 통합은 단기 캐싱부터 장기 데이터베이스까지 다양한 범위를 지원해 상태를 유지하고 맥락을 이해하는 에이전트를 구축할 수 있게 한다. 효과적인 메모리 패턴을 설계함으로써 능력 있고 신뢰성 있는 AI 시스템의 다음 세대를 개방한다. LangChain은 애플리케이션에서 사용할 수 있는 다양한 도구 목록을 제공한다. 짧은 절에서 이를 충분히 다룰 수 없겠지만, 간략한 개요를 제공하겠다.

도구란 무엇인가?

도구tool는 에이전트가 데이터베이스 및 API와 같은 외부 서비스를 통합할 수 있도록 모듈식 인터페이스를 제공한다. 툴킷toolkit은 자원을 공유하는 여러 도구를 그룹화한다. 도구는 모델과 결합해 기능을 확장할 수 있다. LangChain은 문서 로더, 인덱스와 벡터 저장소와 같은 도구들을 제공하며, LLM에서 데이터 검색을 증가시키기 위한 데이터의 검색과 저장을 용이하게 한다.

많은 여러 툴을 사용할 수 있는데, 그중 일부를 나열하면 다음과 같다.

- **기계 번역기**: 언어 모델은 기계 번역기를 사용해 여러 언어의 텍스트를 더 잘 이해하고 처리할 수 있다. 이 도구는 번역에 전념하지 않은 언어 모델이 다양한 언어로 질문을 이해하고 답하는 데 도움을 준다.
- **계산기**: 언어 모델은 간단한 계산기 도구를 활용해 수학 문제를 해결할 수 있다. 이 계산기는 기본 산술 연산을 지원해 모델이 수학 문제 해결에 특화된 데이터셋에서 정확하게 수학적 질문에 답할 수 있게 한다.

- **지도**: Bing Map API 또는 유사한 서비스와 연결해 언어 모델은 위치 정보를 검색하고 경로 계획을 지원하며 주행 거리 계산 및 인근 관심 지점에 대한 세부 정보를 제공할 수 있다.

- **날씨**: 날씨 API는 언어 모델에 전 세계 도시의 실시간 날씨 정보를 제공한다. 모델은 현재 날씨 조건에 관한 질문에 답하거나 특정 위치에 대한 다양한 시간대의 날씨를 예측할 수 있다.

- **주식**: Alpha Vantage와 같은 주식 시장 API에 연결해 언어 모델은 개별 주식 시장 정보를 조회할 수 있다. 이 정보에는 시가와 종가, 최고가와 최저가 등이 포함될 수 있다.

- **슬라이드**: 슬라이드 제작 도구를 갖춘 언어 모델은 Python-pptx 라이브러리와 같은 API가 제공하는 고수준 의미론을 사용해 슬라이드를 생성하거나 주어진 주제에 기반해 인터넷에서 이미지를 검색할 수 있다. 이러한 도구는 다양한 전문 분야에서 필요한 슬라이드 작성과 관련된 작업을 용이하게 한다.

- **테이블 처리**: pandas DataFrame으로 구축된 API를 사용하면 언어 모델이 테이블에서 데이터 분석과 시각화 작업을 수행할 수 있다. 이러한 도구에 연결해 모델은 사용자에게 테이블 데이터를 처리하는 데 더 간편하고 자연스러운 경험을 제공할 수 있다.

- **지식 그래프**: 언어 모델은 인간의 질문 프로세스를 모방하는 API를 사용해 지식 그래프를 쿼리할 수 있다. 후보 개체나 관계를 찾거나 SPARQL 쿼리를 보내고 결과를 검색하는 등의 작업을 수행할 수 있는 이러한 도구는 지식 그래프에 저장된 사실적인 지식을 기반으로 한 질문에 대한 답변을 지원한다.

- **검색 엔진**: Bing Search와 같은 검색 엔진 API를 활용하면 언어 모델은 실시간 쿼리에 대한 정보를 추출하고 답변을 제공하는 데 검색 엔진과 상호 작용할 수 있다. 이러한 도구는 모델이 웹에서 정보를 수집하고 정확한 응답을 제공하는 능력을 향상시킨다.

- **위키피디아**: 위키피디아 검색 도구를 갖춘 언어 모델은 특정 개체를 위키피디아 페이지에서 검색하거나 페이지 내 키워드를 찾거나 유사한 이름을 가진 개체를 명확히 하는 작업을 수행할 수 있다. 이러한 도구는 위키피디아에서 검색한 콘텐츠를 사용한 질문 응답 작업을 용이하게 한다.
- **온라인 쇼핑**: 언어 모델을 온라인 쇼핑 도구와 연결하면 상품 검색, 제품에 대한 상세 정보 로딩, 특정 사용자 지시에 따른 상품 특징 선택, 쇼핑 페이지 탐색 및 구매 결정과 같은 작업을 수행할 수 있다.

추가적인 도구로는 AI 페인팅painting이 있다. 이 도구를 사용하면 언어 모델은 AI 이미지 생성 모델을 활용해 이미지를 생성할 수 있다. 또한 3D 모델 구축은 언어 모델이 정교한 3D 렌더링rendering 엔진을 사용해 3D 모델을 생성할 수 있게 해준다. 화학적 성질은 PubChem과 같은 API를 사용해 화학적 성질에 관한 과학적 문의 사항을 해결하는 데 도움을 주며, 데이터베이스 도구는 SQL 쿼리를 실행하고 결과를 검색하기 위해 데이터베이스 데이터에 대한 자연어 접근을 용이하게 한다.

이러한 다양한 도구들은 언어 모델이 텍스트 처리를 넘어 다양한 작업을 수행할 수 있는 추가적인 기능과 능력을 제공한다. 이러한 도구와 API를 통해 연결함으로써 언어 모델은 번역, 수학 문제 해결, 위치 기반 쿼리, 날씨 예측, 주식 시장 분석, 슬라이드 생성, 테이블 처리 및 분석, 이미지 생성, 텍스트 음성 변환 및 다양한 전문 작업과 같은 영역에서 능력을 향상시킬 수 있다.

이러한 모든 도구는 고급 AI 기능을 제공하며 사용 가능한 도구에는 거의 제한이 없다. 3장에서 볼 것처럼 LLM의 기능을 확장하기 위해 사용자 정의 도구를 쉽게 구축할 수 있다. 다양한 도구의 사용은 언어 모델의 애플리케이션 범위를 확장하고 이를 통해 다양한 실제 세계 작업을 더 효율적으로 처리할 수 있게 한다.

체인, 에이전트, 메모리, 도구에 대한 설명을 했으니 이제 이 모든 것을 함께 조합해 LangChain이 이들을 모두 움직이는 부품으로 어떻게 통합하는지 그림을 그려보자.

LangChain의 작동 원리

LangChain 프레임워크는 모듈화된 구성 요소를 제공해 언어 모델을 다른 데이터와 서비스에 연결하는 것을 용이하게 함으로써 정교한 LLM 애플리케이션을 구축하는 과정을 간소화한다. 이 프레임워크는 기본적인 LLM 상호 작용에서 복잡한 추론 및 지속성에 이르기까지 다양한 능력을 모듈로 구성한다.

이러한 구성 요소는 파이프라인 또는 체인이라고도 부르는 것으로 결합될 수 있다. 이 체인은 다음과 같은 작업의 시퀀스를 만든다.

- 문서 로딩

- 검색을 위한 임베딩

- LLM 쿼리

- 출력 파싱

- 메모리 작성

체인은 모듈을 애플리케이션 목표에 맞추며, 에이전트는 사용자와의 목표 지향적 상호 작용을 위해 체인을 활용한다. 에이전트는 관찰에 기반해 반복적으로 작업을 실행하며 최적의 논리 체인을 계획하고 대화를 통해 메모리를 유지한다.

이러한 모듈은 간단한 것부터 고급까지 다양하며, 다음과 같다.

- **LLM 및 채팅 모델**: GPT-3와 같은 언어 모델과의 연결 및 쿼리를 제공한다. 비동기, 스트리밍 및 배치 요청을 지원한다.

- **문서 로더**: 텍스트와 메타데이터가 포함된 문서로 데이터를 로드할 수 있게 해준다. 파일, 웹페이지, 비디오 등을 로드할 수 있다.

- **문서 변환기**: 문서를 분할, 결합, 필터링, 번역 등을 통해 조작한다. 데이터를 모델에 맞게 조정하는 데 도움이 된다.

- **텍스트 임베딩**: 텍스트의 의미 검색을 위해 텍스트의 벡터 표현을 생성한다. 문서와 쿼리의 임베딩에 대한 다양한 방법이 있다.

- **벡터 저장소**: 임베드된 문서 벡터를 효율적으로 유사성 검색 및 검색을 위해 저장한다.

- **검색기**[Retrievers]: 쿼리에 기반한 문서를 반환하기 위한 일반적인 인터페이스다. 벡터 저장소를 활용할 수 있다.

- **도구**: 에이전트가 외부 시스템과 상호 작용하는 데 사용하는 인터페이스다.

- **에이전트**: 환경 관측을 기반으로 액션을 계획하기 위해 LLM을 사용하는 목표 지향 시스템이다.

- **툴킷**: 데이터베이스와 같은 자원을 공유하는 도구 그룹을 초기화한다.

- **메모리**: 대화와 워크플로우를 통해 정보를 유지하기 위해 세션 데이터를 읽고 쓰기 한다.

- **콜백**: 로깅, 모니터링, 스트리밍 등에 훅을 걸어 파이프라인 단계에 참여한다. 콜백은 체인을 모니터링하는 데 사용한다.

앞서 언급한 능력은 LangChain을 사용해 견고하고 효율적이며 능력 있는 LLM 애플리케이션을 구축하는 데 도움이 된다. 각각은 자체적인 복잡성과 중요성을 갖고 있으므로 좀 더 자세히 설명할 필요가 있다.

LangChain은 GPT-3와 같은 LLM 및 채팅 모델과 연결하고 쿼리하기 위한 인터페이스를 제공한다. 이러한 인터페이스는 비동기 요청, 스트리밍 응답 그리고 배치 쿼리를 지원한다. 이는 다양한 언어 모델을 통합하기 위한 유연한 API를 제공한다.

LangChain 모델 자체를 제공하지는 않지만, 다양한 언어 모델 제공업체와의 통합을 지원하는 LLM 래퍼를 통해 응용이 채팅 모델과 텍스트 임베딩 모델 제공업체와 상호 작용할 수 있다. 지원되는 공급업체에는 OpenAI, HuggingFace, 애저, Anthropic 등이 있다. 표준화된 인터페이스를 제공함으로써 모델을 간편하게 교체해 비용과 에너지를 절약하거나 더 나은 성능을 얻을 수 있다. 이러한 옵션 중 일부에 대해서는 3장에서 자세히 다룰 것이다.

LangChain의 핵심 구성 요소 중 하나는 prompt 클래스다. 이 클래스는 사용자가 간결한 지시 사항이나 예제를 제공해 LLM과 상호 작용할 수 있도록 한다. 프롬프트 공학은 최적의 모델 성능을 위해 프롬프트를 최적화하는 데 도움이 된다. 템플릿은 입력과 관련해 유연성을 제공하며, 다양한 애플리케이션에서 검증된 프롬프트 모음이 제공된다. 프롬프트에 대한 논의는 3장에서 시작되며, 프롬프트 공학은 8장의 주제로 다룬다.

문서 로더는 다양한 소스에서 데이터를 문서로 가져오며 해당 문서에는 텍스트와 메타데이터가 포함된다. 그런 다음 이 데이터는 문서 변환기를 통해 조작될 수 있다. 이는 분할, 결합, 필터링, 번역 등의 방법으로 이뤄진다. 이러한 도구는 외부 데이터를 LLM에서 사용하기 위해 적응시킨다.

데이터 로더에는 데이터 저장을 위한 모듈과 외부 시스템과 상호 작용하기 위한 유틸리티가 포함돼 있으며, 가장 중요한 것은 데이터 검색이다. 예시로는 Microsoft Word 문서(.docx), HTML^HyperText Markup Language 및 PDF, 텍스트 파일, JSON, CSV와 같은 일반적인 형식이 있다. 다른 도구는 잠재적인 고객에게 이메일을 보내거나 팔로워에게 재미있는 말장난을 게시하거나 동료에게 슬랙^Slack 메시지를 보낼 수 있다. 이러한 내용은 5장에서 살펴볼 것이다.

텍스트 임베딩 모델은 의미를 포착하는 텍스트의 벡터 표현을 생성한다. 이는 가장 유사한 벡터 표현을 가진 텍스트를 찾아 의미 검색을 가능하게 한다. 벡터 저장소는 이를 기반으로 해 효율적인 유사성 기반 검색을 위해 임베드된 문서 벡터를 인덱싱한다.

벡터 저장소는 대용량 문서를 처리할 때 필요하며, 문서를 LLM에 전달하기 위해 문서를 나눌 필요가 있다. 문서의 이러한 부분은 임베딩으로 저장되며, 이는 정보의 벡터 표현이다. 이러한 도구는 모두 LLM의 지식을 향상시키고 질문 응답 및 요약과 같은 애플리케이션에서 성능을 향상시킨다.

벡터 저장소를 위한 다양한 통합이 있다. 이에는 Alibaba Cloud OpenSearch, Analytic DB for PostgreSQL, Meta AI의 근사 최근접 이웃^ANN, Approximate Nearest Neighbor 검색을

위한 Annoy 라이브러리, Cassandra, Chroma, Elasticsearch, Facebook AI의 Similarity Search[Faiss], MongoDB Atlas Vector Search, Postgres를 위한 벡터 유사성 검색으로 사용되는 PGVector, Pinecone, scikit-learn, k-최근접 이웃 검색을 위한 SKLearnVectorStore 등이 있다. 5장에서 자세히 다룰 것이다.

> **NOTE**
>
> 3장에서 LangChain 구성 요소의 몇 가지 사용 패턴과 사용례에 대한 세부 내용을 다루겠지만, 다음 문서는 LangChain 구성 요소와 이를 파이프라인으로 어떻게 조립할 수 있는지 중요한 정보를 제공한다.
>
> LangChain API에 대한 상세한 내용은 다음을 참조한다. 'LangChain API 레퍼런스(https://api.Python.langchain.com/)'. 또한 실제 사용 사례를 보여주는 수백 개의 코드 예제도 있다. '실제 사용 사례 코드 예제(https://Python.langchain.com/docs/use_cases/)'.

LangChain 외에도 몇 가지 다른 프레임워크가 있지만 LangChain이 가장 주목받고 기능이 풍부한 프레임워크 중 하나임을 알게 될 것이다.

⁙ LangChain과 다른 프레임워크와의 비교

LLM 애플리케이션 프레임워크는 LLM의 힘을 효과적으로 활용해 복잡한 문제를 해결할 수 있는 특화된 도구를 제공하기 위해 개발됐다. 몇몇 라이브러리는 생성형 AI 모델을 다른 도구와 효과적으로 결합해 LLM 애플리케이션을 구축하는 요구 사항을 충족시킨다.

동적 LLM 애플리케이션을 구축하기 위한 여러 오픈 소스 프레임워크가 있다. 이들은 모두 최첨단 LLM 애플리케이션을 개발하는 데 가치를 제공한다. 다음 그래프는 시간이 지남에 따른 그들의 인기를 보여준다(데이터 소스: 깃허브 별 개수 히스토리, https://star-history.com/).

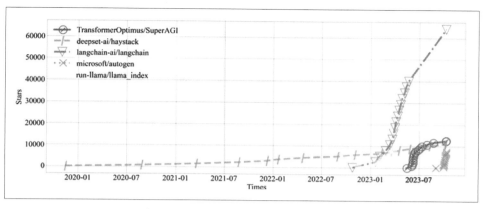

그림 2.11 다양한 파이썬 프레임워크 간의 인기 비교

각 프로젝트의 깃허브에서 시간에 따른 별 개수를 확인할 수 있다. Haystack은 비교 대상 중 가장 오래된 프레임워크로서, 초기 2020년에 시작됐다(가장 초기의 깃허브 커밋commit을 기준으로). 또한 깃허브에서의 별 개수로 보면 가장 인기가 적다. LangChain, LlamaIndex (이전에는 GPTIndex라고 불렀다) 그리고 SuperAGI는 2022년 말 또는 2023년 초에 시작됐으며, 모두 LangChain과 비교했을 때 상당히 짧은 시간 동안에 인기 면에서 소폭 부족한 것으로 나타났다. AutoGen은 최근에 Microsoft에서 출시한 프로젝트로 이미 어느 정도의 관심을 받았다. 이 책에서는 LangChain의 기능을 많이 다루고 현재 폭발적으로 성장하고 있는 이유를 탐색할 것이다.

LlamaIndex는 LLM 앱의 좀 더 넓은 측면보다는 고급 검색에 중점을 둔다. 마찬가지로 Haystack은 검색기retriever, 리더reader와 기타 데이터 핸들러handler를 사용해 문맥 인덱싱을 통한 확장 가능한 정보 검색을 목적으로 특별히 설계된 구성 요소를 사용해 대규모 검색 시스템을 생성하는 데 중점을 둔다.

LangChain은 에이전트를 사용해 LLM을 연결하고 모델에 작업을 위임하는 데 능숙하다. 그 사용례는 프롬프트 최적화와 문맥을 고려한 정보 검색/생성에 중점을 두지만, 파이썬 스타일의 높은 모듈성을 가진 인터페이스와 많은 도구를 갖추고 있어 복잡한 비즈니스 로직을 구현하는 데 적합한 도구 중 하나다.

SuperAGI는 LangChain과 유사한 기능을 갖고 있다. 심지어 도구와 에이전트를 위한 저장소인 marketplace도 함께 제공된다. 그러나 LangChain만큼 광범위하고 훌륭한 지원을 받지는 못한다.

AutoGen은 LLM을 기반으로 하는 복잡한 워크플로우를 구축, 조정, 최적화를 간소화한다. AutoGen의 주된 혁신은 다양한 LLM, 인간 그리고 도구 간의 자동화된 채팅을 통해 조절을 자동화하는 사용자 정의 가능한 대화형 에이전트를 가능케 한 것이다. AutoGen은 에이전트 정의와 상호 작용을 간소화해 자동으로 최적의 LLM 기반 워크플로우를 구성한다.

AutoGPT(및 AutoLlama와 유사한 도구)는 포함하지 않았다. AutoGPT는 재귀적으로 작업을 분해하는 애플리케이션으로, 그 추론 능력은 인간과 LLM 피드백을 기반으로 하지만 LangChain과 비교했을 때 매우 제한적이다. 결과적으로 종종 논리 루프에 갇히고 정기적으로 단계를 반복한다. 또한 프롬프트 공학에 중점을 둔 몇 가지 라이브러리를 생략했는데, Promptify 등이 있다.

Rust, JavaScript, Ruby, Java 등의 다른 언어로 작성된 다른 LLM 앱 프레임워크도 있다. 일례로 Rust로 작성된 Dust는 LLM 앱의 설계와 배포에 중점을 둔다. LangChain과 같은 프레임워크는 가드레일, 규칙, 미리 구축된 모듈을 제공함으로써 장벽을 낮추려고 노력하지만, 기본적인 지식은 함정을 피하고 LLM에서 가치를 극대화하는 데 중요하다. 교육에 투자하면 강력하고 책임감 있는 애플리케이션을 제공할 때 그 대가가 지급될 것이다.

⁝⁝▸ 요약

LLM은 설득력 있는 언어를 생성하지만 추론, 지식 그리고 도구 접근 측면에서 상당한 제한이 있다. LangChain 프레임워크는 이러한 단점을 완화할 수 있는 LLM을 기반으로 하는 복잡한 애플리케이션을 구축하는 것을 단순화한다. 이는 개발자에게 파이프라인을 구성하는 데 사용되는 체인과 목표 지향적 상호 작용을 위한 에이전트와 같은 모듈화 및 재사용 가능한 구성 요소를 제공한다. 이러한 구성 요소는 확장된 기능을 갖춘 LLM 앱으로 결합된다.

체인은 LLM, 데이터베이스, API 등에 대한 호출을 순차적으로 배열해 다단계 워크플로우를 수행할 수 있게 한다. 에이전트는 동적 애플리케이션을 관리하기 위해 관측 결과를 기반으로 작업을 수행하고자 체인을 활용한다. 메모리는 실행 간에 정보를 지속해 상태를 유지한다. 이러한 개념이 함께 개발자들이 외부 데이터, 작업 및 컨텍스트를 통합함으로써 개별 LLM의 제한을 극복할 수 있게 한다. 다시 말해 LangChain은 복잡한 조화를 사용자 정의 가능한 구성 요소로 단순화한다.

3장에서는 이러한 LangChain 기본 원리를 기반으로 강력한 현실 세계 애플리케이션을 구축할 것이다. LLM을 지식 베이스 및 고급 추론 알고리듬과 결합한 대화형 에이전트를 구현할 것이다. LangChain의 기능을 활용하면 개발자는 LLM의 전체 잠재력을 해제해 차세대 AI 소프트웨어를 구동할 수 있다. 3장에서는 LangChain으로 첫 번째 앱을 구현할 것이다!

⠿ 문제

다음 질문에 답할 수 있는지 확인해보라. 어느 하나라도 확실치 않다면 2장의 해당 부분으로 돌아가 보기를 권한다.

1. LLM의 한계는 무엇인가?

2. 확률론적 앵무새란 무엇인가?

3. LLM 애플리케이션이란 무엇인가?

4. LangChain은 무엇이며 왜 사용해야 하나?

5. LangChain의 주요 기능은 무엇인가?

6. LangChain에서 체인은 무엇인가?

7. 에이전트란 무엇인가?

8. 메모리란 무엇이며 왜 필요한가?

9. LangChain에서 어떤 종류의 도구가 사용 가능한가?

10. LangChain은 어떻게 작동하나?

03

LangChain으로 시작하기

이 책에서는 많은 코드를 작성하고 다양한 통합을 하며 도구를 테스트할 것이다. 따라서 3장에서는 Docker, Conda, pip, Poetry와 같은 가장 일반적인 종속성 관리 도구를 사용해 필요한 모든 라이브러리에 대한 기본 설정 지침을 제공한다. 이를 통해 이 책의 모든 실제 예제를 실행할 수 있도록 할 것이다.

다음으로는 OpenAI의 ChatGPT, Hugging Face의 모델, Jina AI 및 기타 사용 가능한 모델 통합을 살펴볼 것이다. 더 나아가 각각의 제공업체를 소개하고 설정하며 작업할 것이다. 각각에 대해 API 키 토큰을 어떻게 얻을지 보여줄 것이다.

마지막으로 실용적인 예제로 실제 애플리케이션의 예제를 살펴본다. 이는 고객 서비스 에이전트를 지원할 수 있는 LLM 앱으로, LLM이 게임 체인저가 될 수 있는 주요 분야 중 하나다. 이를 통해 LangChain 사용에 대해 조금 더 맥락을 제공하고 효과적으로 사용하는 데 도움이 되는 팁과 트릭을 소개할 것이다.

3장의 주요 절은 다음과 같다.

- 이 책을 위한 종속성 설정 방법

- API 모델 통합 탐색

- 고객 서비스를 위한 애플리케이션 구축

이 책을 위한 환경을 컴퓨터에 설정하는 것부터 시작하겠다.

이 책을 위한 종속성 설정 방법

이 책에서는 파이썬, Jupyter 그리고 환경에 대한 기본 지식을 모두 가정한다. 함께 빠르게 진행해보자. 설정이 확실하거나 각 장이나 애플리케이션에 대해 라이브러리를 별도로 설치할 계획이라면 이 절을 건너뛰어도 좋다.

파이썬 버전 3.10 이상이 설치돼 있는지 확인하라. python.org 또는 플랫폼의 패키지 관리자에서 설치할 수 있다. Docker, Conda 또는 Poetry를 사용하는 경우 해당 지침의 일부로서 적절한 파이썬 버전이 자동으로 설치된다. 또한 예제 노트북을 대화형으로 실행하기 위해 Jupyter Notebook 또는 JupyterLab을 설치해야 한다.

Docker, Conda, Pip, Poetry와 같은 환경 관리 도구는 프로젝트를 위한 재현 가능한 파이썬 환경을 생성하는 데 도움이 된다. 이들은 종속성을 설치하고 프로젝트를 격리시킨다. 다음 표는 종속성을 관리하기 위한 이러한 옵션에 대한 개요를 제공한다.

표 3.1 종속성 관리 도구 비교

툴	장점	단점
pip	기본 파이썬 패키지 관리자 패키지 설치를 위한 간단한 명령어 종속성 추적을 위한 requirements.txt	비-파이썬 시스템 종속성을 설치할 수 없음 내장된 가상 환경 관리 기능 없음(venv 또는 다른 도구 참조) 한정된 종속성 해결

툴	장점	단점
Poetry	직관적인 인터페이스 강력한 종속성 해결 내장된 가상 환경 관리 잠금 파일과 버전 관리	Pip 또는 Conda보다는 덜 일반적 비-파이썬 종속성 관리가 제한됨
Conda	파이썬 및 비-파이썬 종속성 관리 복잡한 종속성 트리 처리 다양한 파이썬 버전 지원 내장된 가상 환경 관리	Native 패키지 매니저보다 느림 대용량 디스크 사용
Docker	완전히 격리되고 재현 가능한 환경 제공 쉽게 공유 및 분배 가능 시스템 간 일관성 보장	추가 플랫폼 지식 필요 대용량 디스크 사용 시작 시간이 느림

개발자에게는 컨테이너를 통한 격리를 제공하는 Docker가 좋은 선택이다. 단점은 많은 디스크 공간을 차지하며 다른 옵션보다 복잡하다. 데이터 과학자에게는 Conda나 Poetry를 추천한다.

Conda는 복잡한 종속성을 효율적으로 처리하지만 대규모 환경에서는 극도로 느릴 수 있다. Poetry는 종속성을 잘 해결하고 환경을 관리하지만 시스템 종속성을 포착하지 않는다.

모든 도구는 구성 파일에서 종속성을 공유하고 복제할 수 있다. 이 책의 저장소(https://github.com/benman1/generative_ai_with_langchain)에서 해당 지침과 관련 구성 파일 집합을 찾을 수 있다. 다음과 같은 파일이 있다.

- pip을 위한 requirements.txt

- Poetry를 위한 pyproject.toml

- Conda를 위한 langchain_ai.yaml

- Docker를 위한 Dockerfile

시스템 종속성이 관리되는지 여부에 따라 pip 및 poetry와 같은 설정에서 추가 조정이 필요할 수 있다. 내가 선호하는 것은 Conda이다. 복잡성 대 격리의 적절한 균형을 제공하기 때문이다.

언급했듯 설치에 많은 시간을 소비하지 않고 각 도구를 소개할 것이다. 모든 지침에 대해 책의 저장소가 컴퓨터에 다운로드(깃허브 UI를 사용) 혹은 복제됐으며 프로젝트의 루트 디렉터리로 변경됐는지 확인하라.

설치 과정 중 문제가 발생하면 각각의 문서를 참조하거나 이 책의 깃허브 저장소에서 이슈를 올려줘라. 이 책 발행 당시에는 다양한 설치가 테스트됐지만 변경 가능성이 있으며 발생할 수 있는 잠재적인 문제에 대한 해결책을 포함해 깃허브 README를 온라인으로 갱신할 것이다.

각 도구에 대해 중요한 단계는 도구를 설치하고 저장소의 구성 파일을 사용해 활성화하는 것이다. 이를 통해 책의 모든 예제를 실행할 수 있는 재현 가능한 환경이 구성된다(주의할 사항은 매우 적다).

가장 간단한 것부터 가장 복잡한 것까지 진행해보자. 먼저 pip부터 시작한다!

pip

pip은 기본 파이썬 패키지 관리자다. pip를 사용하는 방법은 다음과 같다.

1. 파이썬 배포에 같이 포함돼 있지 않은 경우, 다음 링크(https://pip.pypa.io/.)의 지침을 따라 pip을 설치하라.

2. 격리를 위해 가상 환경(예: venv)을 사용하라.

3. requirements.txt에서 종속성을 설치하라.

```
pip install -r requirements.txt
```

Poetry

Poetry는 비교적 새로운 도구지만 그 편리함으로 인해 파이썬 개발자와 데이터 과학자 사이에서 인기가 높으며 종속성과 가상 환경을 관리한다. Poetry를 사용하려면 다음과 같이 한다.

1. 다음 웹 사이트(https://python-poetry.org/)의 지침에 따라 poetry를 설치하라.

2. 종속성을 설치하려면 poetry install을 실행하라.

Conda

Conda는 파이썬 환경 및 종속성을 관리한다. Conda를 사용하려면 다음과 같다.

1. 다음 링크(https://docs.continuum.io/anaconda/install/)의 지침에 따라 Miniconda 또는 Anaconda 를 설치하라.

2. langchain_ai.yml에서 환경을 생성하라.

```
conda env create --file langchain_ai.yaml
```

3. 환경을 활성화하라.

```
conda activate langchain_ai
```

Docker

Docker는 컨테이너를 사용해 격리되고 재현 가능한 환경을 제공한다. Docker를 사용 하려면 다음과 같다.

1. Docker Engine을 설치하라. 설치 지침은 다음 링크(https://docs.docker.com/get-docker/)에서 확인하라.

2. 이 저장소의 Dockerfile에서 Docker 이미지를 빌드하라.

```
docker build -t langchain_ai
```

3. Docker 컨테이너를 대화형으로 실행하라.

```
docker run -it langchain_ai
```

계속해서 LangChain과 함께 사용할 수 있는 일부 모델을 살펴보자!

모델을 인터페이스를 통해 사용할 수 있는 많은 클라우드 제공업체가 있으며, 다른 소스에서는 모델을 컴퓨터로 다운로드할 수 있도록 허용한다.

LangChain 덕분에 이러한 모든 것들과 상호 작용할 수 있다. 예를 들어 애플리케이션 프로그래밍 인터페이스API, Application Programming Interface를 통해 상호 작용하거나 컴퓨터에 다운로드한 모델을 호출할 수 있다. 클라우드 제공업체에서 API를 통해 액세스하는 모델부터 시작해보겠다.

⁝⁚▸ API 모델 통합 탐색

생성형 AI를 정상적으로 시작하기 전에 LLM 또는 텍스트에서 이미지로 변환하는 모델에 접근할 수 있도록 설정해야 한다. 1장에서 논의한 것처럼 생성형 AI에는 OpenAI의 GPT-4, Google의 BERT 및 PaLM-2, Meta의 LLaMA와 같은 여러 기술 기업의 다양한 LLM이 있다.

LLM에 있어 OpenAI, Hugging Face, Cohere, Anthropic, 애저, Google Cloud Platform의 Vertex AI(PaLM-2) , Jina AI는 LangChain에서 지원하는 다양한 제공자 중 일부다. 그러나 이 목록은 계속 확장되고 있다. LLM에 대한 지원 통합 목록 전체는 다

음 링크(https://integrations.langchain.com/llms)에서 확인할 수 있다.

다음은 작성 시점(2023년 10월)의 해당 페이지 스크린샷이다. 여기에는 클라우드 제공자와 로컬 모델을 위한 인터페이스가 모두 포함돼 있다.

그림 3.1 LangChain에서 LLM 통합

LangChain은 세 가지 다른 인터페이스를 구현하는데 챗 모델, LLM, 임베딩 모델을 사용할 수 있다. 챗 모델과 LLM은 모두 텍스트 입력을 처리하고 텍스트 출력을 생성하는 측면에서 유사하다. 그러나 처리하는 입력과 출력 유형에서 일부 차이가 있다. 챗 모델은 입력으로 대화 메시지 목록을 처리하고 출력으로 챗 메시지를 생성하도록 특별히 설계됐다. 대화가 교환되는 챗봇 애플리케이션에서 일반적으로 사용된다. 챗 모델은 다음 링크(https://python.langchain.com/docs/integrations/chat)에서 찾을 수 있다.

마지막으로, 텍스트 임베딩embedding 모델은 텍스트 입력을 숫자 표현으로 변환하는 데 사용된다. 이를 임베딩이라고한다. 3장에서는 텍스트 생성에 중점을 둘 것이며 임베딩, 벡터 데이터베이스 및 신경 검색에 대해서는 5장에서 다룰 것이다. 여기서는 이러한 임베딩이 입력 텍스트에서 정보를 캡처하고 추출하는 방법임을 간단히 언급하겠다. 이러한 임베딩 모델은 다음 링크(https://python.langchain.com/docs/integrations/text_embedding)에서 확인할 수 있다.

이미지 모델에 있어서 대형 개발자로는 OpenAI(DALL-E), Midjourney, Inc.(Midjourney), Stability AI(Stable Diffusion) 등이 있다. LangChain은 현재 텍스트가 아닌 모델에 대한 기본 처리 기능이 없지만 문서에는 Replicate와 함께 작업하는 방법에 대한 설명이 있다. Replicate는 또한 Stable Diffusion 모델에 대한 인터페이스를 제공한다.

이러한 각 공급업체에 대해 API를 호출하려면 먼저 계정을 생성하고 API 키를 획득해야 한다. 이는 모든 공급업체에서 무료이며, 그중 일부는 신용 카드 정보를 제공할 필요조차 없다.

파이썬에서 환경에 API 키를 설정하려면 다음과 같은 코드를 실행할 수 있다.

```python
import os
os.environ["OPENAI_API_KEY"] = "<your token>"
```

여기서 `OPENAI_API_KEY`는 OpenAI에 적합한 환경 키이다. 환경에 키를 설정하는 것은 모델이나 서비스 통합을 사용할 때마다 코드에 매번 이러한 키를 매개변수로 포함시킬 필요가 없는 장점이 있다.

또한 이러한 변수를 터미널에서 시스템 환경에 노출시킬 수도 있다. Linux와 macOS에서는 export 명령을 사용해 터미널에서 시스템 환경변수를 설정할 수 있다.

```
export OPENAI_API_KEY=<your token>
```

Linux 또는 macOS에서 환경변수를 영구적으로 설정하려면 각각 ~/.bashrc 또는 ~/.bash_profile 파일에 앞서 언급한 줄을 추가한 다음 source ~/.bashrc 또는 source ~/.bash_profile 명령을 사용해 셸을 다시 로드해야 한다.

Windows에서는 명령 프롬프트에서 set 명령을 사용해 시스템 환경변수를 설정할 수 있다.

```
set OPENAI_API_KEY=<your token>
```

Windows에서 환경변수를 영구적으로 설정하려면 앞서 언급한 줄을 배치 스크립트에 추가할 수 있다.

나는 개인적으로 모든 키가 저장된 config.py 파일을 생성하고, 이 모듈에서 환경으로 모든 키를 로드하는 함수를 가져오게 한다. 깃허브 저장소에서 이 파일을 찾아보면 누락돼 있음을 알 수 있다. 이는 의도적인 것이다(사실 이 파일을 Git에서 추적하지 않도록 비활성화했다). 보안 상의 이유로 (그리고 누군가의 사용을 위해 지불하고 싶지 않기 때문에) 키를 다른 사람과 공유하고 싶지 않기 때문이다.

내 config.py 파일은 다음과 유사하다.

```python
import os


OPENAI_API_KEY = "... "
# 키 값은 모두 생략했다.


def set_environment():
  variable_dict = globals().items()
  for key, value in variable_dict:
    if "API" in key or "ID" in key:
      os.environ[key] = value
```

모든 키를 config.py 파일에 설정할 수 있다. 이 set_environment() 함수는 언급한 대로 모든 키를 환경으로 로드한다. 애플리케이션을 실행하려면 언제든지 이 함수를 가져와 다음과 같이 실행한다.

```python
from config import set_environment
set_environment()
```

이제 각각의 주요 모델 제공업체를 하나씩 살펴보자. 각각의 제공업체에 대한 사용례를 제공한다. 테스트 목적으로 사용할 가짜^{Fake} LLM으로 시작하겠다. 이것은 LangChain

에서 언어 모델을 호출하는 일반적인 아이디어를 설명하는 데 도움이 될 것이다.

가짜 LLM

가짜 LLM을 사용하면 테스트 중에 실제 API를 호출할 필요 없이 LLM 응답을 시뮬레이션할 수 있다. 이는 빠른 프로토타이핑 및 에이전트의 단위 테스트에 유용하다. FakeLLM을 사용하면 테스트 중에 히트율hitting rate 제한을 피할 수 있다. 또한 에이전트가 다양한 응답을 모방해 해당 응답을 올바르게 처리하는지 확인할 수 있다. 전반적으로 실제 LLM이 필요하지 않고 빠른 에이전트 반복을 가능하게 한다.

예를 들어 다음과 같이 "Hello"를 반환하는 FakeLLM을 초기화할 수 있다.

```
from langchain.llms import FakeLLM

fake_llm = FakeLLM(responses=["Hello"])
```

이 예제를 직접 파이썬에서 실행하거나 노트북에서 실행할 수 있다.

가짜 LLM은 테스트 목적으로만 사용된다. LangChain 문서에는 LLM과 함께 도구를 사용하는 예제가 있다. 이전 예제보다 조금 더 복잡하지만 우리가 가진 기능에 대한 힌트를 제공한다.

```
from langchain.llms.fake import FakeListLLM
from langchain.agents import load_tools
from langchain.agents import initialize_agent
from langchain.agents import AgentType

tools = load_tools(["python_repl"])
responses = ["Action: Python_REPL\nAction Input: print(2 + 2)", "Final
Answer: 4"]
llm = FakeListLLM(responses=responses)

agent = initialize_agent(
  tools, llm, agent=AgentType.ZERO_SHOT_REACT_DESCRIPTION, verbose=True
```

```
    )
agent.run("whats 2 + 2")
```

여기서는 2장에서 설명한 React 전략을 기반으로 결정을 내리는 에이전트를 설정했다. (ZERO_SHOT_REACT_DESCRIPTION) 이 에이전트를 "what's 2 + 2"라는 텍스트로 실행한다.

보는 것처럼 LLM의 출력에 따라 호출되는 Python Read-Eval-Print Loop^{REPL}라는 도구를 연결한다. FakeListLLM은 입력에 따라 변하지 않는 두 개의 응답("Action: Python_REPL\nAction Input: print(2 + 2)" 및 "Final Answer: 4")을 제공한다.

또한 가짜 LLM 출력이 파이썬 인터프리터 호출로 이어지고 4를 반환하는 것을 관찰할 수 있다. 도구의 name 속성과 일치해야 하는 것에 유의하라. PythonREPLTool은 다음과 같이 시작한다.

```
class PythonREPLTool(BaseTool):
    """REPL에서 Python 코드를 실행하는 도구"""

    name = "Python_REPL"
    description = (
        "A Python shell. Use this to execute python commands. "
        "Input should be a valid python command. "
        "If you want to see the output of a value, you should print it out
"
        "with `print(...)`."
    )
```

앞의 코드 블록에서 보듯이 도구의 이름과 설명이 LLM에 전달되고, LLM은 이 정보를 기반으로 작업을 결정한다. 작업은 도구 실행 또는 계획일 수 있다.

파이썬 인터프리터의 출력이 가짜 LLM에 전달되며, 이는 관측을 무시하고 4를 반환한다. 물론 두 번째 응답을 "Final Answer: 5"로 변경하면 에이전트의 출력이 질문과 일치하지 않게 된다.

다음 절에서는 가짜 LLM이 아닌 실제 LLM을 사용해 예제를 의미 있게 만들 것이다. 누구나 먼저 OpenAI를 떠올리고 있을 것이다.

OpenAI

1장에서 설명한 대로 OpenAI는 현재 생성형 AI 모델, 특히 LLM에서 시장 선두를 달리고 있는 미국의 AI 연구소이다. 그들은 다양한 작업에 적합한 다양한 레벨의 성능을 가진 모델을 제공한다. 이 장에서는 LangChain과 OpenAI 파이썬 클라이언트 라이브러리를 사용해 OpenAI 모델과 상호 작용하는 방법을 살펴볼 것이다. OpenAI는 또한 텍스트 임베딩 모델을 위한 Embedding 클래스를 제공한다.

여기서는 OpenAI를 주로 사용하지만 다른 기관의 LLM도 시도해볼 것이다. LLM API에 프롬프트를 보내면 프롬프트를 단어별로 처리하고 텍스트를 개별 토큰으로 분해^{tokenizing}한다. 토큰의 수는 텍스트의 양과 직접적으로 관련이 있다.

API를 통해 GPT-3이나 GPT-4와 같은 상업용 LLM을 사용할 때는 각 토큰에 LLM 모델과 API 가격 책정 단계와 같은 요인을 기반으로 한 연관 비용이 있다. 토큰 사용은 응답을 생성하는 데 모델 할당량에서 소비된 토큰의 수를 나타낸다. 더 작은 모델 사용, 출력 요약 및 입력 전처리와 같은 전략을 사용하면 유용한 결과를 얻기 위해 필요한 토큰을 줄일 수 있다. 토큰 사용에 대한 인식은 상업용 LLM을 활용할 때 예산 제한 내에서 생산성을 최적화하는 데 중요하다.

먼저 OpenAI API 키를 획득해야 한다. API 키를 생성하려면 다음 단계를 따르면 된다.

1. 다음 웹 사이트(https://platform.openai.com/)에서 계정을 만들어야 한다.

2. 요금 청구 정보를 설정하라.

3. **Personal ＞ View API Keys**에서 API 키를 확인할 수 있다.

4. **Create new secret key**를 클릭하고 이름을 지정하라.

다음과 같은 OpenAI 플랫폼 화면이 보일 것이다.

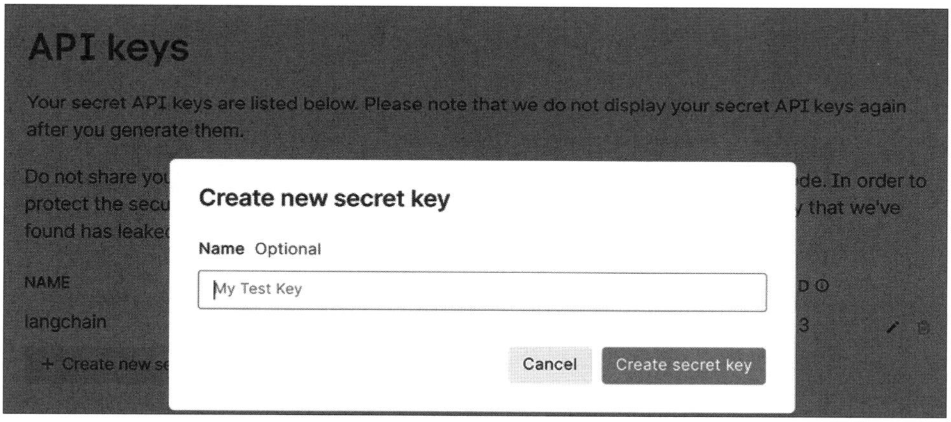

그림 3.2 OpenAI API 플랫폼 – 새로운 비밀 키 생성

Create secret key를 클릭하면 **"API key generated"**라는 메시지가 표시된다. 키를 클립보드로 복사하고 보관해야 한다. 이 키를 환경변수(OPENAI_API_KEY)로 설정하거나 OpenAI 호출을 생성할 때마다 매번 매개변수로 전달할 수 있다.

OpenAI 언어 모델 클래스를 사용해 LLM을 설정해 상호 작용할 수 있다. 이 모델을 사용해 계산하는 에이전트를 만들어 보겠다. 이전 예제에서 사용된 `import` 구문은 생략한다.

```python
from langchain.llms import OpenAI
llm = OpenAI(temperature=0., model="text-davinci-003")

agent = initialize_agent(
tools, llm, agent=AgentType.ZERO_SHOT_REACT_DESCRIPTION, verbose=True
)
agent.run("whats 4 + 4")
```

다음과 같은 출력이 나와야 한다.

```
> Entering new chain...
I need to add two numbers
Action: Python_REPL
Action Input: print(4 + 4)
```

```
Observation: 8

Thought: I now know the final answer
Final Answer: 4 + 4 = 8

> Finished chain.
'4 + 4 = 8'
```

에이전트가 올바른 해결책을 찾아냈다. 이 문제는 간단하지만, 자연어로 질문을 할 수 있다는 것이 여전히 매력적으로 느껴진다. 이 책의 과정에서 더 복잡한 문제에 대한 해결책을 찾아보겠다. 그러나 지금은 그다음 제공자와 더 많은 예제로 넘어가겠다!

Hugging Face

Hugging Face는 NLP 영역에서 매우 주목받는 플레이어이며 오픈 소스 및 호스팅 솔루션에서 상당한 인기를 얻고 있다. 이 회사는 ML 응용을 구축하기 위한 도구를 개발하는 미국 회사로, 직원들은 NLP 작업에 사용되는 트랜스포머 파이썬 라이브러리를 개발하고 유지 보수한다. 이 라이브러리에는 Mistral 7B, BERT, GPT-2와 같은 최첨단과 인기 있는 모델이 구현돼 있으며 PyTorch, TensorFlow 및 JAX와 호환된다.

Hugging Face는 Hugging Face Hub도 제공한다. 이 플랫폼은 Git 기반의 코드 저장소, ML 모델, 데이터셋과 웹 애플리케이션을 호스팅하는 곳으로서 ML을 위한 12만 개 이상의 모델, 2만 개의 데이터셋 그리고 5만 개의 데모 앱(스페이스)을 제공한다. 이는 ML 개발을 협업하고 촉진할 수 있는 온라인 플랫폼이다.

이러한 도구들을 사용하면 사용자들은 Hugging Face에서 모델, 임베딩 그리고 데이터셋을 로드하고 사용할 수 있다. 예를 들어 `HuggingFaceHub` 통합은 텍스트 생성 및 텍스트 분류와 같은 작업을 위한 다양한 모델에 접근할 수 있게 해준다. `HuggingFaceEmbeddings` 통합은 사용자가 문장 트랜스포머 모델과 작업할 수 있도록 한다.

Hugging Face는 데이터셋 처리를 위한 Datasets, 모델 평가를 위한 Evaluate, 시뮬레이션을 위한 Simulate 그리고 ML 데모를 위한 Gradio와 같은 다양한 라이브러리를 제공한다.

Hugging Face는 1760억 개의 파라미터를 가진 BLOOM이라는 오픈 LLM을 출시한 BigScience Research Workshop과 같은 이니셔티브에 참여했다. 그들은 4000만 달러의 B 시리즈 펀딩 및 Coatue와 Sequoia가 주도하는 최근의 C 시리즈 펀딩 라운드에서 상당한 자금을 모았다. Hugging Face는 또한 Graphcore 및 Amazon Web Services와 같은 기업들과 협력해 제품을 최적화하고 더 넓은 고객 베이스에 제공하기 위한 파트너십을 구축했다.

Hugging Face를 모델 제공자로 사용하려면 다음 웹 사이트(https://huggingface.co/settings/profile)에서 계정 및 API 키를 만들 수 있다. 추가로 토큰을 HUGGINGFACEHUB_API_TOKEN으로 환경에 사용 가능하게 할 수 있다.

여기에서는 Google이 개발한 오픈 소스 모델인 Flan-T5-XXL 모델을 사용하는 예제를 살펴보겠다.

```python
from langchain.llms import HuggingFaceHub
llm = HuggingFaceHub(
  model_kwargs={"temperature": 0.5, "max_length": 64},
  repo_id="google/flan-t5-xxl"
)
prompt = "In which country is Tokyo?"
completion = llm(prompt)
print(completion)
```

"japan"이라는 응답을 얻는다.

LLM은 텍스트 입력, 이 경우에는 질문을 받아들이고 완성본을 반환한다. 이 모델은 많은 지식을 갖추고 있으며 지식 관련 질문에 답할 수 있다.

Google Cloud Platform

Google 클라우드 플랫폼GCP, Google Cloud Platform과 Vertex AI를 통해 많은 모델과 기능을 사용할 수 있다. GCP는 LaMDA, T5, PaLM과 같은 LLM에 액세스할 수 있다. Google은 또한 Google 클라우드 NL^{Natural Language} API를 새로운 LLM 기반 모델로 업데이트해 콘텐츠 분류에 사용한다. 이 업데이트된 버전은 광고 타기팅 및 콘텐츠 기반 필터링에 도움이 되는 넓은 범위의 사전 훈련된 분류 체계를 제공한다. 향상된 NL API의 v2 분류 모델은 1천 개 이상의 레이블과 11개 언어를 지원하며 개선된 정확성을 제공한다(그러나 하부에서 어떤 모델을 사용하는진 명확하지 않다).

GCP 모델을 사용하려면 gcloud 명령줄 인터페이스CLI, Command-Line Interface가 설치돼 있어야 한다. 지침은 다음 링크(https://cloud.google.com/sdk/docs/install)에서 확인할 수 있다.

그런 다음 터미널에서 다음 명령을 사용해 인증하고 키 토큰을 출력할 수 있다.

```
gcloud auth application-default login
```

프로젝트에 Vertex AI를 활성화해야 한다. Vertex AI를 활성화하려면 pip install google-cloud-aiplatform 명령을 사용해 Google Vertex AI SDK를 설치하라. 이전 절에서 설명된 대로 깃허브의 지침을 따랐다면 이미 설치돼 있을 것이다.

그런 다음 Google Cloud 프로젝트 ID를 설정해야 한다. 그를 위한 다양한 옵션이 있다.

- gcloud config set project my-project를 사용

- LLM을 초기화할 때 생성자 인수 전달

- aiplatform.init() 사용

- GCP 환경변수 설정

내가 확인한 바로는 이러한 옵션은 모두 잘 작동했다. 이러한 옵션에 대한 자세한 내용은 Vertex 문서에서 찾을 수 있다. GCP 환경변수는 앞에서 언급한 config.py 파일과

잘 작동한다. 하지만 나는 **gcloud** 명령이 편리하다고 생각해서 이 옵션을 선택했다. 계속 진행하기에 앞서 프로젝트 ID를 설정했는지 확인하라.

활성화하지 않았다면 올바른 웹 사이트를 가리키는 도움말이 포함된 오류 메시지가 표시된다. 웹 사이트에서 **Enable**을 클릭하라.

이제 모델을 작동시켜보자.

```
from langchain.llms import VertexAI
from langchain import PromptTemplate, LLMChain
template = """Question: {question}
Answer: Let's think step by step."""
prompt = PromptTemplate(template=template, input_variables=["question"])
llm = VertexAI()
llm_chain = LLMChain(prompt=prompt, llm=llm, verbose=True)
question = "What NFL team won the Super Bowl in the year Justin Beiber was
born?"
llm_chain.run(question)
```

다음과 같은 결과가 나와야 한다.

```
[1m> Entering new chain...[0m
Prompt after formatting:
[[Question: What NFL team won the Super Bowl in the year Justin Beiber was
born?
Answer: Let's think step by step.[0m
[1m> Finished chain.[0m
Justin Beiber was born on March 1, 1994. The Super Bowl in 1994 was won by
the San Francisco 49ers.
```

나는 verbose를 True로 설정해 모델의 추론 과정을 볼 수 있도록 했다. 이름의 철자가 잘못됐더라도 올바른 응답을 생성하는 것은 꽤 인상적이다. 단계별 프롬프트 지시가 정확한 답변에 중요하다.

Vertex AI는 지시 따르기, 대화, 코드 생성/지원과 같은 작업에 맞춘 다양한 모델을 제공한다.

- text-bison은 최대 8192토큰의 자연어 지시를 따르도록 미세 조정됐으며 출력은 1,024이다.

- chat-bison은 최대 4096토큰의 멀티턴multi-turn 대화에 최적화됐으며 출력은 1024토큰이며 최대 2500턴까지 가능하다.

- code-bison은 자연어 설명에서 코드를 생성하며 최대 4096토큰의 입력과 2048토큰의 출력을 갖는다.

- codechat-bison은 코드 관련 질문에 도움을 주도록 미세 조정된 챗봇이며 입력 제한은 4096토큰이며 출력 제한은 2048토큰이다.

- code-gecko는 코드 완성을 제안한다. 최대 입력 길이는 2048토큰이며 출력은 64토큰이다.

이러한 모델은 또한 서로 다른 입력/출력 제한과 훈련 데이터를 갖고 있으며 자주 갱신된다. 모델이 갱신된 시점과 관련된 더 자세한 최신 정보를 얻으려면 다음 링크(https://cloud.google.com/vertex-ai/docs/generative-ai/learn/overview)를 참조할 수 있다.

또한 코드를 생성할 수 있다. code-bison 모델이 FizzBuzz, 초보 소프트웨어 개발자 포지션의 흔한 면접 문제를 해결할 수 있는지 확인해보자.

```
question = """
Given an integer n, return a string array answer (1-indexed) where:

answer[i] == "FizzBuzz" if i is divisible by 3 and 5.
answer[i] == "Fizz" if i is divisible by 3.
answer[i] == "Buzz" if i is divisible by 5.
answer[i] == i (as a string) if none of the above conditions are true.
"""

llm = VertexAI(model_name="code-bison")
llm_chain = LLMChain(prompt=prompt, llm=llm)
print(llm_chain.run(question))
```

다음의 결과를 얻는다.

```python
answer = []
for i in range(1, n + 1):
  if i % 3 == 0 and i % 5 == 0:
    answer.append("FizzBuzz")
  elif i % 3 == 0:
    answer.append("Fizz")
  elif i % 5 == 0:
    answer.append("Buzz")
  else:
    answer.append(str(i))

return answer
```

당신 팀에 code-bison을 채용하겠는가?

Jina AI

2020년 2월 한 샤오^{Han Xiao}와 쉬안빈 헤^{Xuanbin He}가 설립한 Jina AI는 독일의 AI 기업으로, 베를린에 본사를 두고 있다. 이 회사는 텍스트, 이미지, 오디오 및 비디오에 대한 모델을 제공하는 클라우드-네이티브 신경 검색 솔루션 전문 기업으로 알려져 있다. 그들의 오픈 소스 신경 검색 생태계를 통해 기업 및 개발자는 쉽게 확장 가능하고 가용성이 높은 신경 검색 솔루션을 구축할 수 있으며 효율적인 정보 검색이 가능하다. 최근에 Jina AI는 특정 사용 사례 및 요구 사항에 따라 어떤 딥 신경망이든 세밀하게 튜닝할 수 있는 Finetuner라는 도구를 출시했다.

Jina AI는 3회에 걸쳐 총 3750만 달러의 자금을 조달했으며, 가장 최근 자금은 2021년 11월에 이뤄진 시리즈 A 라운드에서 확보했다. Jina AI의 주요 투자자로는 GGV 캐피털^{GGV Capital}과 카낸 파트너^{Canaan Partners}가 있다.

다음 링크(https://chat.jina.ai/api)에서 로그인을 설정할 수 있다.

이 플랫폼에서는 이미지 캡션, 텍스트 임베딩, 이미지 임베딩, 시각적 질문 응답, 시각적 추론, 이미지 업스케일 또는 중국어 텍스트 임베딩과 같은 다양한 용도에 대한 **API**를 설정할 수 있다.

여기서는 권장 모델을 사용해 시각적 질문 응답 **API**를 설정하는 예제를 살펴보겠다.

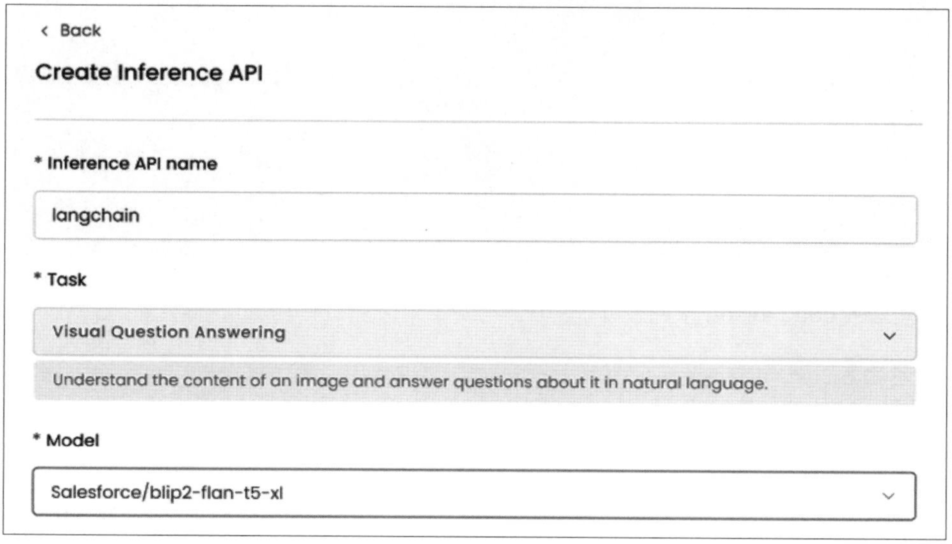

> ‹ Back
>
> **Create Inference API**
>
> * Inference API name
>
> langchain
>
> * Task
>
> Visual Question Answering ⌄
>
> Understand the content of an image and answer questions about it in natural language.
>
> * Model
>
> Salesforce/blip2-flan-t5-xl ⌄

그림 3.3 Jian AI에서의 시각적 문제 해답

파이썬 및 cURL에서 클라이언트 호출 및 질문을 할 수 있는 데모 예제를 얻을 수 있다. 멋지지만 안타깝게도 이러한 API는 아직 LangChain을 통해 사용할 수 없다. 사용자 정의 LLM 인터페이스로 LangChain의 LLM 클래스를 하위 클래스화해 이러한 호출을 직접 구현할 수 있다.

Jina AI를 기반으로 한 또 다른 챗봇을 설정해보자. 이번에는 다음 링크(https://chat.jina.ai/api)에서 생성할 수 있는 **API** 토큰을 `JINACHAT_API_KEY`로 설정할 수 있다.

영어에서 프랑스어로 번역해보자.

```
from langchain.chat_models import JinaChat
from langchain.schema import HumanMessage
chat = JinaChat(temperature=0.)

messages = [
  HumanMessage(
    content="Translate this sentence from English to French: I love
generative AI!"
  )
]
chat(messages)
```

다음과 같은 결과가 나올 것이다.

```
AIMessage(content="J'adore l'IA générative !", additional_kwargs={},
example=False).
```

다양한 temperature[1]를 설정할 수 있으며, 낮은 temperature는 응답을 더 예측 가능하게 만든다. 이 경우에는 차이가 미미하다. 여기서는 챗봇의 목적을 명확히 하는 시스템 메시지로 대화를 시작한다.

음식 추천을 요청해보자.

```
from langchain.schema import SystemMessage
chat = JinaChat(temperature=0.)

chat(
  [
    SystemMessage(
      content="You help a user find a nutritious and tasty food to
eat in one word."
```

---

1 temperature는 텍스트 생성 모델의 예측을 조절하는 초매개변수다. GPT와 같은 모델은 텍스트를 생성할 때 각 단어의 확률 분포를 출력하고, temperature는 이 분포를 조절해 다양성을 조절하는 역할을 한다. temperature 값이 높으면 모델이 더 많은 다양성을 가진 텍스트를 생성하며, 값이 낮으면 모델이 더 확신 있는 선택을 하게 된다. 예를 들어 temperature가 높을 때 모델은 다양한 단어를 선택해 더 창의적인 텍스트를 생성할 수 있지만, 낮을 때는 더 일관된 텍스트를 생성한다. - 옮긴이

```
    ),
  HumanMessage(
     content="I like pasta with cheese, but I need to eat more
vegetables, what should I eat?"
     )
  ]
)
```

Jupyter에서 다음과 같은 결과를 얻었다. 독자 여러분의 결과는 다를 수 있다.

```
AIMessage(content='A tasty and nutritious option could be a vegetable
pasta dish. Depending on your taste, you can choose a sauce that
complements the vegetables. Try adding broccoli, spinach, bell peppers,
and zucchini to your pasta with some grated parmesan cheese on top. This
way, you get to enjoy your pasta with cheese while incorporating some
veggies into your meal.', additional_kwargs={}, example=False)
```

한 단어로 답해달라는 지시는 무시됐지만 아이디어를 읽는 것은 좋았다. 이것을 아들을 위해 시도해봐야겠다고 생각했다. 다른 챗봇에서는 내게 라따뚜이[Ratatouille]를 제안했다.

LangChain에서 LLM과 챗 모델의 차이를 이해하는 것이 중요하다. LLM은 문자열 프롬프트를 입력으로 받아들이고 문자열 완성을 출력하는 텍스트 완성 모델이다. 전술한 것처럼, 챗 모델은 LLM과 유사하지만 특히 대화를 위해 설계된 것이다. 그것들은 화자와 함께 레이블이 지정된 챗 메시지 목록을 입력으로 받아들이고 출력으로 챗 메시지를 반환한다.

LLM과 챗 모델 모두 predict()와 predict_messages()와 같은 기본 언어 모델 인터페이스를 구현한다. 이 공통 인터페이스를 통해 애플리케이션과 챗 그리고 LLM 모델 간에 다양한 유형의 모델 간의 상호 교환이 가능하다.

Replicate

2019년에 설립된 레플리케이트[Replicate Inc.]는 미국 샌프란시스코 기반의 스타트업으로, 클라우드 기술을 활용해 AI 개발자에게 코드를 최소한으로 사용해 AI 모델을 구현하고 배포할 수 있는 간소화된 프로세스를 제공한다. 이 플랫폼은 비공개와 공개 모델 모두와 작동하며 모델 추론과 세부 조정을 가능하게 한다. 최근 시리즈 A 펀딩 라운드를 통해 얻은 자금은 총 1250만 달러이며, 안드레센 호로위츠[Andreessen Horowitz]가 주도하고 와이 콤비네이터[Y Combinator], 세쿼이아[Sequoia] 그리고 다양한 독립 투자자의 참여가 있었다.

Docker에서 오픈 소스 제품 노력을 주도한 벤 퍼쉬먼[Ben Firshman]과 스포티파이[Spotify]의 전 ML 공학자인 안드레아스 얀손[Andreas Jansson]은 대규모 AI의 대중 수용을 방해하는 기술적 장벽을 제거하기 위한 공동의 열망으로 Replicate Inc.를 공동 창업했다. 이에 따라 그들은 Cog를 만들었는데, 이는 ML 모델을 표준 제품용 컨테이너로 패킹해 현재의 모든 운영체제에서 실행되고 자동으로 API를 생성할 수 있는 오픈 소스 도구다. 이러한 컨테이너는 또한 Replicate 플랫폼을 통해 GPU 클러스터에 배포될 수 있다. 결과적으로 개발자들은 다른 중요한 작업에 집중할 수 있어 생산성을 향상시킬 수 있다.

> **NOTE**
>
> Replicate는 웹 사이트(https://replicate.com/explore)에서 다양한 모델을 제공하고 있다.

깃허브 자격 증명을 사용해 해당 웹 사이트(https://replicate.com/)에 인증할 수 있다. 그런 다음 왼쪽 상단에 있는 사용자 아이콘을 클릭하면 API 토큰을 찾을 수 있다. API 키를 복사하고 환경변수로 `REPLICATE_API_TOKEN`으로 설정하면 된다. 더 큰 작업을 실행하려면 신용 카드를 설정해야 한다(요금 청구에서 설정).

다음에 이미지를 생성하는 간단한 예제가 있다.

```
from langchain.llms import Replicate

text2image = Replicate(
  model="stability-ai/stable-diffusion:db21e45d3f7023abc2a46ee38a23973f6
```

```
dce16bb082a930b0c49861f96d1e5bf",
  input={"image_dimensions": "512x512"},
)
image_url = text2image("a book cover for a book about creating generative
ai applications in Python")
```

다음의 이미지를 얻을 수 있다.

그림 3.4 "Generative AI with Python – Stable Diffusion"에 관한 책 표지

좋은 이미지인 것 같다. 이게 예술을 창조하는 AI 칩인가?

그 외

다양한 공급업체가 더 많이 있으며, 이 책 전반에 걸쳐 여러 업체를 다뤄볼 것이다. 이제 곧 보겠지만, 아쉽게도 애저와 Anthropic이라는 두 주요 제공업체에서는 문제에 봉착했다. 그럼에도 불구하고 간단히 살펴보자!

애저

Microsoft가 운영하는 클라우드 컴퓨팅 플랫폼인 애저는 OpenAI와 통합해 GPT-3, Codex 그리고 Embeddings와 같은 강력한 언어 모델을 제공한다. 애저는 글쓰기 지원, 요약, 코드 생성 및 의미 검색과 같은 사용 사례를 위한 글로벌 데이터 센터를 통한 응용 및 서비스의 접근, 관리 그리고 개발을 제공한다. 이는 소프트웨어 서비스[SaaS, Software as a Service], 플랫폼 서비스[PaaS, Platform as a Service] 및 인프라 서비스[IaaS, Infrastructure as a Service]와 같은 기능을 포함하고 있다.

깃허브 또는 Microsoft 자격 증명을 통해 인증하면 애저 웹 사이트[https://azure.microsoft.com/]에서 계정을 생성할 수 있다.

그런 다음 **Cognitive Services › Azure OpenAI**에서 새로운 API 키를 생성할 수 있다. 몇 가지 더 단계가 필요한데 개인적으로는 이 프로세스가 귀찮았다. 계정 확인을 여러 번 거쳤지만 거부가 된 뒤에 Microsoft 고객 서비스에 문의해봤지만 결국 포기했다. 이로 인해 애저에 대한 구체적인 예제는 없다. 여러분의 경우는 다를 수 있다. 이미 Microsoft 서비스를 사용 중이라면 이 프로세스가 여러분에게는 무난할 수 있다.

설정이 완료되면 LangChain에서 `AzureOpenAI()` 클래스 인터페이스를 통해 모델에 접근할 수 있어야 한다.

Anthropic

Anthropic은 미국에 본사를 둔 AI 스타트업이자 공익 법인이다. 이 회사는 2021년에 OpenAI의 이전 구성원인 다니엘라 아모데이[Daniela Amodei]와 다리오 아모데이[Dario Amodei] 남매를 중심으로 설립됐다. Anthropic은 책임 있는 AI 사용에 중점을 둔 일반적인 AI 시스템과 언어 모델의 개발에 전문화돼 있다. 2023년 7월 기준으로 15억 달러의 자금을 조달했다. 또한 OpenAI의 ChatGPT와 유사한 AI 챗봇인 클로드[Claude]와 같은 프로젝트에 참여했으며, ML 시스템의 해석 가능성에 대한 연구, 특히 트랜스포머 아키텍처에 관한 연구를 수행했다.

안타깝게도 Claude는 아직 일반 대중에게 제공되지 않았다. Claude를 사용하려면 접근을 신청하고 `ANTHROPIC_API_KEY` 환경변수를 설정해야 한다. 다음으로 로컬에서 모델을 실행하는 방법을 살펴보겠다.

로컬 모델 탐색

LangChain을 통해 로컬 모델도 실행할 수 있다. 모델을 로컬에서 실행할 때의 장점은 모델에 대한 완전한 제어를 할 수 있고 인터넷을 통한 데이터 공유가 없다는 것이다.

> **TIP**
>
> 참고로 로컬 모델에는 API 토큰이 필요하지 않다!

먼저 주의할 점을 알려주겠다. LLM은 크기가 크기 때문에 많은 디스크 공간이나 시스템 메모리를 차지할 것이다. 이 절에서 제시된 사용례들은 오래된 하드웨어, 예를 들면 오래된 맥북과 같은 기기에서도 실행될 수 있어야 한다. 그러나 큰 모델을 선택하면 실행에 예외적으로 오랜 시간이 걸리거나 Jupyter 노트북이 충돌할 수 있다. 주요 병목은 메모리 요구 사항 중 하나다. 대략적으로 양자화된 경우(대략 압축된 경우. 양자화에 대해서는 8장에서 논의할 것이다), 10억 개의 매개변수는 1GB의 RAM에 해당한다(모든 모델이 양자화되지는 않을 수 있음에 유의하라).

이러한 모델은 Kubernetes 또는 Google Colab과 같은 호스팅된 리소스나 서비스에서도 실행할 수 있다. 이를 통해 많은 메모리와 TPU^Tensor Processing Unit 또는 GPU를 포함한 다양한 하드웨어에서 실행할 수 있다.

이번에는 Hugging Face의 `transformers`, `llama.cpp` 그리고 GPT4All에 대해 알아보자. 이 도구들은 거대한 성능을 제공하며 3장에서 다루기엔 매우 다양한 기능으로 가득하다. 먼저 Hugging Face의 트랜스포머 라이브러리를 사용해 모델을 실행하는 방법을 살펴보자.

Hugging Face Transformers

빠르게 파이프라인을 설정하고 실행하는 일반적인 방법을 소개하겠다.

```python
from transformers import pipeline
import torch

generate_text = pipeline(
  model="aisquared/dlite-v1-355m",
  torch_dtype=torch.bfloat16,
  trust_remote_code=True,
  device_map="auto",
  framework="pt"
)
generate_text("In this chapter, we'll discuss first steps with generative
AI in Python.")
```

앞의 코드를 실행하면 Hugging Face로부터 토크나이저와 모델 가중치 등 모델에 필요한 모든 것이 다운로드된다. 이 모델은 꽤 작은 편이며(3억 5500만 개의 매개변수), 상대적으로 성능이 우수하며 대화용으로 최적화돼 있다. 그런 다음 텍스트 완성을 실행해 3장에 대한 일부 영감을 얻을 수 있다.

TIP

> 주요 요구 사항에 accelerate는 포함시키지 않았지만 transformers 라이브러리는 포함시켰다. 모든 라이브러리가 설치되지 않은 경우 다음 명령을 실행하라.
>
> ```
> pip install transformers accelerate torch.
> ```

이 파이프라인을 LangChain 에이전트나 체인에 연결하려면, 3장의 다른 예제에서 본 것과 동일한 방식으로 사용할 수 있다.

```python
from langchain import PromptTemplate, LLMChain

template = """Question: {question}
Answer: Let's think step by step."""
```

```
prompt = PromptTemplate(template=template, input_variables=["question"])
llm_chain = LLMChain(prompt=prompt, llm=generate_text)

question = "What is electroencephalography?"

print(llm_chain.run(question))
```

이 예제에서는 작업에 대한 구체적인 지침을 제공하는 PromptTemplate의 사용도 볼 수 있다.

llama.cpp는 메타^{Meta}의 LLaMA, LLaMA 2 및 유사한 아키텍처의 파생 모델을 C++로 이식한 것이다. 다음에 이를 살펴보겠다.

llama.cpp

게오르기 게르가노프^{Georgi Gerganov}가 작성하고 유지하는 llama.cpp는 LLaMA 또는 유사한 아키텍처를 기반으로 하는 모델을 실행하는 C++ 툴킷이다. LLaMA는 최초의 대규모 오픈 소스 모델 중 하나로 Meta에 의해 출시됐으며, 이는 많은 다른 모델의 개발을 촉발했다. llama.cpp의 주요 사용례 중 하나는 CPU에서 모델을 효율적으로 실행하는 것이지만, GPU에 대한 몇 가지 옵션도 있다.

md5 체크섬^{checksum} 도구를 설치해야 한다는 점에 유의하자. 이는 Ubuntu와 같은 여러 Linux 배포판에 기본으로 포함돼 있다. macOS에서는 다음과 같이 brew를 사용해 설치할 수 있다.

```
brew install md5sha1sum
```

llama.cpp 저장소를 깃허브에서 다운로드해야 한다. 이를 온라인으로 수행하려면 깃허브에서 다운로드 옵션 중 하나를 선택하거나 터미널에서 다음과 같이 git 명령을 사용할 수 있다.

```
git clone https://github.com/ggerganov/llama.cpp.git
```

그런 다음 pip 패키지 설치자를 사용해 파이썬 요구 사항을 설치해야 한다. 편의상 llama.cpp 프로젝트 루트 디렉터리로 전환하겠다.

```
cd llama.cpp
pip install -r requirements.txt
```

요구 사항을 설치하기 전에 파이썬 환경을 만들고 싶을 수 있다. 그러나 이는 사용자의 선택에 따라 다르다. 나의 경우에는 몇 가지 라이브러리가 누락돼 오류 메시지를 받았으므로 다음 명령을 실행해야 했다.

```
pip install 'blosc2==2.0.0' cython FuzzyTM
```

이제 llama.cpp를 컴파일해야 한다. 빌드를 4개의 프로세스로 병렬화할 수 있다.

```
make -C . -j4 # runs make in subdir with 4 processes
```

Llama 모델 가중치를 얻으려면 T&Cs에 가입하고 Meta로부터 등록 이메일을 기다려야 한다. pyllama 프로젝트의 llama 모델 다운로더와 같은 도구가 있지만, 이들은 Meta의 라이선스 규정을 준수하지 않을 수 있으니 주의하라.

Falcon이나 Mistral, Vicuna, OpenLLaMA, 또는 Alpaca와 같이 라이선스가 더 허용적인 많은 다른 모델들도 있다. llama.cpp 깃허브 페이지에서 링크를 사용해 Open LLaMA 3B 모델의 모델 가중치 및 토크나이저 모델을 다운로드한다고 가정해보자. 모델 파일은 약 6.8GB 정도이며, 토크나이저는 훨씬 작다. 두 파일을 models/3B 디렉터리로 이동시킬 수 있다.

130억, 300억 그리고 650억 개와 같이 훨씬 큰 크기의 모델도 다운로드할 수 있다. 그러나 여기에 주의가 필요하다. 이러한 모델은 메모리와 디스크 공간 모두 크다. convert 스크립트를 사용해 모델을 llama.cpp 형식인 ggml로 변환해야 한다.

```
python3 convert.py models/3B/ --ctx 2048.
```

그런 다음 추론을 수행할 때 메모리를 절약하기 위해 모델을 선택적으로 양자화할 수 있다. 양자화는 가중치를 저장하는 데 사용되는 bit 수를 감소시키는 것을 의미한다.

```
./quantize ./models/3B/ggml-model-f16.gguf ./models/3B/ggml-model-q4_0.bin
q4_0
```

이 마지막 파일은 이전 파일보다 훨씬 작으며 메모리에서도 훨씬 적은 공간을 차지한다. 따라서 더 작은 기기에서 실행할 수 있다. 원하는 모델을 선택한 후, 다음과 같이 에이전트나 체인에 통합할 수 있다.

```
llm = LlamaCpp(
    model_path="./ggml-model-q4_0.bin",
    verbose=True
)
```

GPT4All은 실행뿐만 아니라 서빙 및 모델 사용자 정의 기능을 포함한 훌륭한 도구다.

GPT4ALL

이 도구는 llama.cpp와 밀접한 관련이 있으며 llama.cpp와의 인터페이스를 기반으로 한다. 그러나 llama.cpp에 비해 사용이 훨씬 편리하고 설치가 훨씬 쉽다. 이 책의 설정 지침에는 이미 필요한 gpt4all 라이브러리가 포함돼 있다.

모델 지원에 관해서, GPT4All은 다양한 트랜스포머 아키텍처를 지원한다.

- GPT-J

- LLaMA(llama.cpp를 통해)

- Mosaic ML의 MPT 아키텍처

- Replit

- Falcon

- BigCode의 StarCoder

모든 사용 가능한 모델 목록은 프로젝트 웹 사이트에서 찾을 수 있다. 또한 해당 웹 사이트(https://gpt4all.io/)에서 중요한 벤치마크에서의 결과를 확인할 수 있다.

다음은 GPT4All을 사용한 텍스트 생성의 간단한 예제다.

```python
from langchain.llms import GPT4All
model = GPT4All(model="mistral-7b-openorca.Q4_0.gguf", n_ctx=512, n_threads=8)
response = model(
  "We can run large language models locally for all kinds of applications, "
)
```

이를 실행하면 먼저 모델을 다운로드한다(아직 다운로드되지 않은 경우). 이 모델은 GPT4All을 통해 제공되는 최고의 채팅 모델 중 하나로, 프랑스 스타트업 Mistral AI에서 사전 훈련됐으며 OpenOrca AI 이니셔티브에서 미세 조정됐다. 이 모델은 저장에 3.83GB의 하드 디스크와 실행에 8GB의 RAM을 필요로 한다. 그런 다음 로컬에서 LLM을 실행하는 몇 가지 설득력 있는 이유를 보게 될 것이다.

이는 로컬 모델과의 통합에 대한 첫 소개의 역할을 할 것이다. 다음 절에서는 LangChain에서 텍스트 분류 애플리케이션을 구축해 고객 서비스 에이전트를 지원한다. 목표는 고객 이메일을 의도에 따라 분류하고 감정을 추출하며, 에이전트가 더 빨리 이해하고 응답할 수 있도록 요약을 생성하는 것이다.

⠶ 고객 서비스를 위한 애플리케이션 구축

고객 서비스 에이전트는 고객 문의에 답하고 문제를 해결하며 불만을 해소하는 업무를 담당한다. 그들의 작업은 고객 만족도와 충성도를 유지하는 데 중요하며 이는 직접적으로 기업의 평판과 재무적 성공에 영향을 미친다.

생성형 AI는 여러 가지 방법으로 고객 서비스 에이전트를 지원할 수 있다.

- **감정 분류**: 고객의 감정을 식별하고 에이전트가 응답을 개인화하는 데 도움이 된다.

- **요약**: 에이전트가 긴 고객 메시지의 핵심 요소를 이해하고 시간을 절약하는 데 도움이 된다.

- **의도 분류**: 요약과 유사하게 이는 고객의 목적을 예측하고 빠른 문제 해결을 가능케 한다.

- **답변 제안**: 공통 문의에 대한 제안된 응답을 제공해 정확하고 일관된 메시지를 제공하는 데 도움이 된다.

이러한 방법을 결합하면 고객 서비스 에이전트가 정확하고 적시에 응답해 고객 만족도를 향상시키는 데 도움이 될 수 있다. 고객 서비스는 고객 만족도와 충성도를 유지하는 데 중요하다. 생성형 AI는 여러 방법으로 에이전트를 지원할 수 있다. 감정 분석을 통해 감정을 측정하고, 요약을 통해 핵심 포인트를 식별하며, 의도 분류를 통해 목적을 결정할 수 있다. 이러한 기능을 결합하면 더 정확하고 적시에 응답할 수 있다.

LangChain은 다양한 모델을 활용할 수 있는 유연성을 제공한다. LangChain은 다양한 텍스트 문제를 해결할 수 있도록 많은 통합을 제공한다. 이러한 작업을 수행하기 위해 많은 다른 통합 중에서 선택할 수 있다.

Hugging Face를 통해 개방 도메인 분류 및 감정 그리고 중소형 트랜스포머 모델에 접근할 수 있다. 여기서는 감정 분석을 사용해 이메일 감정을 분류하고, 요약을 통해 긴 텍스트를 요약하며, 의도 분류를 사용해 문제를 분류하는 프로토타입을 구축할 것이다.

이메일과 같은 문서가 주어지면 의도와 관련된 다양한 범주로 분류하고 감정을 추출하며 요약을 제공하려고 한다. 질문 응답에 대한 다른 프로젝트는 5장에서 다룰 예정이다.

어떤 LLM이든 (어떤 범주든) 개방 도메인 분류를 요청하거나 여러 범주 중에서 선택할 수 있다. 특히 큰 규모의 훈련 크기 때문에 LLM은 매우 강력한 모델이며 추가적인 훈련이 필요하지 않은 감정 분석에 대한 퓨샷 프롬프트를 제공할 때 특히 그러하다. 이에 대한 연구는 젱치 왕Zengzhi Wang 등이 2023년 4월에 발표한 "Is ChatGPT a Good Sentiment Analyzer? A Preliminary Study"에서 분석됐다.

감정 분석을 위한 LLM 프롬프트는 다음과 유사하다.

```
Given this text, what is the sentiment conveyed? Is it positive, neutral,
or negative?
Text: {sentence}
Sentiment:
```

LLM은 또한 요약에서 매우 효과적일 수 있으며 이전 모델들보다 훨씬 우수한 결과를 얻을 수 있다. 그러나 이 모델 호출은 더 전통적인 ML 모델보다 느리고 비용이 더 많이 들 수 있는 단점이 있을 수 있다.

더 전통적이거나 작은 모델을 시도하려면 스페이시spaCy와 같은 라이브러리를 활용하거나 전문 공급업체를 통해 접근할 수 있다. Cohere 및 기타 제공업체는 텍스트 분류와 감정 분석을 그들의 기능의 일부로 제공한다. 예를 들어 NLP Cloud의 모델 목록에는 spaCy 및 여러 다른 모델이 포함돼 있다(NLP Cloud 모델 목록: https://docs.nlpcloud.com/#models-list).

이러한 작업에 대해 많은 Hugging Face 모델이 지원되며, 다음과 같은 것이 있다.

- 문서 기반 질문 응답

- 요약

- 텍스트 분류

- 텍스트 기반 질문 응답

- 번역

이러한 모델들은 트랜스포머에서 파이프라인을 실행해 로컬로 실행하거나 Hugging Face Hub 서버(HuggingFaceHub)에서 원격으로 실행하거나 load_huggingface_tool() 로더를 통해 도구로 실행할 수 있다.

Hugging Face에는 수천 개의 모델이 포함돼 있으며, 많은 모델은 특정 도메인에 맞게 미세 조정돼 있다. 예를 들어 ProsusAI/finbert는 Financial PhraseBank라는 데이터셋에서 훈련된 BERT 모델로, 금융 텍스트의 감정을 분석할 수 있다. 또한 로컬 모델을 사용할 수 있다. 텍스트 분류의 경우, 모델은 훨씬 작기 때문에 리소스에 덜 부담이 될 것이다. 마지막으로, 텍스트 분류는 임베딩의 경우일 수도 있으며, 이에 대해선 5장에서 논의하겠다.

이 연습을 위해 Hugging Face에서 찾을 수 있는 작은 모델로 최대한 많은 것을 관리하기로 결정했다.

Hugging Face API를 통해 텍스트 분류를 위한 Hugging Face Hub에서 가장 많이 다운로드된 5개 모델을 나열할 수 있다.

```python
from huggingface_hub import list_models

def list_most_popular(task: str):
  for rank, model in enumerate(
    list_models(filter=task, sort="downloads", direction=-1)
):
    if rank == 5:
      break
    print(f"{model.id}, {model.downloads}\n")

list_most_popular("text-classification")
```

목록을 살펴보자.

표 3.2 Hugging Face Hub에서 가장 인기 있는 텍스트 분류 모델

모델	다운로드 횟수
distilbert−base−uncased−finetuned−sst−2−english	40,672,289
cardiffnlp/twitter−roberta−base−sentiment	9,292,338
MoritzLaurer/DeBERTa−v3−base−mnli−fever−anli	7,907,049
cardiffnlp/twitter−roberta−base−irony	7,023,579
SamLowe/roberta−base−go_emotions	6,706,653

일반적으로 이러한 모델들은 감정^{sentiment}, 정서^{emotion}, 반어적 표현 또는 잘 구성된 정도와 같은 작은 범주에 관한 것이다. 고객 서비스에서 일반적인 사용 사례 중 하나인 감정 모델을 사용해보겠다.

나는 GPT-3.5에게 커피 머신에 대해 불평하는 불만 고객 이메일을 작성해달라고 요청했다. 여기서는 조금 줄였다. 전체 이메일은 깃허브에서 확인할 수 있다. 이제 감정 모델이 어떻게 말하는지 살펴보자.

```python
from transformers import pipeline

customer_email = """
I am writing to pour my heart out about the recent unfortunate experience
I had with one of your coffee machines that arrived broken. I anxiously
unwrapped the box containing my highly anticipated coffee machine.
However, what I discovered within broke not only my spirit but also any
semblance of confidence I had placed in your brand.

Its once elegant exterior was marred by the scars of travel, resembling a
war-torn soldier who had fought valiantly on the fields of some espresso
battlefield. This heartbreaking display of negligence shattered my dreams
of indulging in daily coffee perfection, leaving me emotionally distraught
and inconsolable
"""
sentiment_model = pipeline(
  task="sentiment-analysis",
  model="cardiffnlp/twitter-roberta-base-sentiment"
)
```

```
print(sentiment_model(customer_email))
```

여기서 사용하는 감정 모델인 Twitter-roBERTa-base는 트윗 데이터로 훈련됐으므로 가장 적합한 사용례는 아닐 수 있다. 감정 감성 분석 외에도 이 모델은 다른 작업도 수행할 수 있다. 예를 들어 감정 인식(분노, 기쁨, 슬픔 또는 낙관), 이모티콘 예측, 반어적인 표현 감지, 혐오 발언 감지, 모욕적인 언어 식별 및 입장 감지(찬성, 중립 또는 반대) 등이 있다.

감정 분석에서는 등급과 레이블에 대한 신뢰도를 나타내는 수치 점수를 얻을 것이다. 다음은 이러한 레이블이다.

- 0 - 부정적

- 1 - 중립적

- 2 - 긍정적

코드를 실행하려면 지침에 따라 모든 종속성이 설치돼 있는지 확인하라. 다음은 실행 결과다.

```
[{'label': 'LABEL_0', 'score': 0.5822020173072815}]
```

불만족한 고객이다.

비교를 위해 이메일이 "나는 너무 화가 나고 슬프다. 자살하고 싶다"라고 한다면, 같은 레이블에 대해 약 0.98의 점수를 얻어야 한다. 다른 모델을 시도하거나 더 나은 모델을 훈련시킬 수도 있다. 이를 위해 지표를 설정한 후에 작업할 수 있다.

계속해보자!

2023년 10월 시점에서, 다운로드를 기준으로 요약에 관한 가장 인기 있는 5개 모델은 다음과 같다.

표 3.3 Hugging Face Hub에서 가장 인기 있는 요약 모델

모델	다운로드 횟수
facebook/bart-large-cnn	4,637,417
t5-small	2,492,451
t5-base	1,887,661
sshleifer/distilbart-cnn-12-6	715,809
t5-large	332,854

이러한 모델은 모두 차지하는 공간이 작아서 좋지만, 실제로 적용하려면 충분히 신뢰할
수 있는지 확인해야 한다.

서버에서 원격으로 요약 모델을 실행해보겠다. 이를 작동하려면 HUGGINGFACEHUB_API_
TOKEN을 설정해야 한다.

```python
from langchain import HuggingFaceHub

summarizer = HuggingFaceHub(
  repo_id="facebook/bart-large-cnn",
  model_kwargs={"temperature":0, "max_length":180}
)
def summarize(llm, text) -> str:
  return llm(f"Summarize this: {text}!")

summarize(summarizer, customer_email)
```

실행 후 다음과 같은 요약을 볼 수 있다.

A customer's coffee machine arrived ominously broken, evoking a profound
sense of disbelief and despair. "This heartbreaking display of negligence
shattered my dreams of indulging in daily coffee perfection, leaving me
emotionally distraught and inconsolable," the customer writes. "I hope
this email finds you amidst an aura of understanding, despite the tangled
mess of emotions swirling within me as I write to you," he adds.

이 요약은 고만고만하지만 설득력이 매우 부족하다. 요약 자체도 여전히 많이 어수선하다. 다른 모델을 시도하거나 간단히 요약을 요청하는 프롬프트를 가진 LLM으로 전환할 수 있다. 요약에 대해서는 4장에서 자세히 살펴보겠다. 계속 진행하자.

고객이 무슨 문제에 대해 쓰고 있는지 알아내는 것이 꽤 유용할 수 있다. Vertex AI에 물어보자.

NOTE

> 다음 코드를 실행하기 전에 GCP로 인증됐는지 확인하고, Vertex AI 절에서 언급된 지침에 따라 GCP 프로젝트를 설정했는지 확인하라.

```python
from langchain.llms import VertexAI
from langchain import PromptTemplate, LLMChain

template = """Given this text, decide what is the issue the customer is
concerned about. Valid categories are these:
* product issues
* delivery problems
* missing or late orders
* wrong product
* cancellation request
* refund or exchange
* bad support experience
* no clear reason to be upset

Text: {email}
Category:
"""
prompt = PromptTemplate(template=template, input_variables=["email"])
llm = VertexAI()
llm_chain = LLMChain(prompt=prompt, llm=llm, verbose=True)
print(llm_chain.run(customer_email))
```

product issues(제품 문제)라는 답을 얻었는데, 이는 여기서 사용한 장문의 이메일에서 정확한 값이다.

LangChain을 사용해 몇 가지 모델과 도구를 빠르게 통합해 실제로 유용한 것을 만들 수 있는지 보는 것이 흥미로웠기를 바란다. 신중한 구현으로 이러한 AI 자동화는 인간 에이전트를 보완할 수 있으며, 빈번한 질문을 처리해 복잡한 문제에 집중할 수 있도록 도와줄 수 있다. 전반적으로 이는 생성형 AI가 고객 서비스 워크플로우를 향상시킬 수 있는 잠재력을 보여준다.

이것을 고객 서비스 에이전트가 볼 수 있고 상호 작용할 수 있는 그래픽 인터페이스로 쉽게 노출시킬 수 있다. 이는 4장에서 다룰 내용이다.

마무리해보자!

ꓽꓽ 요약

3장에서는 LangChain 및 이 책에서 필요한 다른 라이브러리를 환경으로 설치하는 네 가지 다른 방법을 살펴봤다. 그런 다음 텍스트 및 이미지 모델의 여러 공급자를 소개했다. 각각에 대해 API 토큰을 어디에서 얻을지 설명하고 모델을 호출하는 방법을 시연했다.

마지막으로 텍스트 분류(의도 분류) 및 감정 분석을 위한 LLM 앱을 개발했다. 이는 Lang Chain이 여러 모델을 조율해 유용한 애플리케이션을 만드는 데 얼마나 쉽게 사용될 수 있는지를 보여준다. LangChain에서 다양한 기능을 연결해 고객 서비스에서 응답 시간을 줄이고 정확하고 핵심적인 답변을 보장하는 데 도움을 줄 수 있다.

4장과 5장에서는 도구와 검색을 통한 보강을 통한 챗봇에서의 질문 응답과 같은 사용례에 대해 더 자세히 다룰 것이다.

⁘ 문제

다음 질문에 대해 대답할 수 있는지 확인해보라. 모르는 부분이 있다면 3장의 해당 절로 돌아가는 것이 좋다.

1. LangChain은 어떻게 설치하는가?

2. OpenAI 이외의 LLM을 제공하는 적어도 4개의 클라우드 공급자는 무엇인가?

3. Jina AI와 Hugging Face는 무엇인가?

4. LangChain을 사용해 이미지를 생성하는 방법은 무엇인가?

5. 모델을 서비스를 통하지 않고 로컬 머신에서 실행하는 방법은 무엇인가?

6. LangChain에서 텍스트 분류를 수행하는 방법은 무엇인가?

7. 생성형 AI를 통해 어떻게 고객 서비스 에이전트의 작업을 도울 수 있나?

04

능력 있는 비서 구축

LLM이 계속 발전함에 따라 주요 과제는 그들의 놀라운 유창성을 신뢰성 있고 능력 있는 비서로 변환하는 것이다. 4장에서는 LLM에 더 큰 지능, 생산성 및 신뢰성을 심어주는 방법을 탐색한다. 이러한 접근 방법을 통일시키는 주제는 프롬프트, 도구 및 구조화된 추론 기술을 통해 LLM을 향상시키는 것이다. 4장에서는 이러한 기술을 보여주는 샘플 애플리케이션이 제시될 것이다.

먼저 자동 팩트 체크fact-checking를 통해 환각 내용이라는 중요한 약점에 대처할 것이다. 가용한 증거와 주장을 대조함으로써, 오정보의 확산을 줄일 수 있다. 계속해서 LLM의 중요한 응용 분야 중 하나인 요약에 대해 논의할 것이며, 이는 다양한 수준에서 프롬프트를 통합하고 매우 긴 문서에 대한 맵 리듀스 접근 방식을 사용한다. 그런 다음 문서에서 정보 추출에 대한 기능 호출로 이동하며 이는 도구 통합 주제로 이어진다. 책에서는 외부 데이터 및 서비스를 연결해 LLM의 제한된 세계 지식을 증가시킬 수 있는 응용을 구현할 것이다. 마지막으로 추론 전략의 적용을 통해 응용을 더 확장할 것이다.

요약하자면, 4장에서는 다음 사항을 다룬다.

- 팩트 체크를 통한 환각 완화
- 정보 요약
- 문서에서 정보 추출
- 도구를 사용해 질문에 답하기
- 추론 전략 탐색

이제 환각을 자동 팩트 체크를 통해 다루는 것부터 시작해보자!

⠿ 팩트 체크를 통한 환각 완화

3장에서 설명한 것처럼, LLM의 환각은 생성된 텍스트가 입력과 비교했을 때 충실하지 않거나 무의미한 것을 나타낸다. 이는 출력이 소스와 일관되게 유지되는 충실성과 대조된다. 환각은 허위 정보, 루머 및 속임수 콘텐츠 등의 오정보를 퍼뜨릴 수 있다. 이는 과학에 대한 불신과, 양극화 및 민주적 과정에 대한 위협을 초래할 수 있다.

저널리즘과 기록 연구는 광범위하게 오정보를 연구해왔다. 팩트 체크 이니셔티브는 기자 및 독립적인 검토자에게 교육과 자원을 제공해 전문가에 의한 대규모 확인을 가능하게 한다. 거짓 주장에 대처하는 일은 정보의 무결성을 보존하고 사회적 영향을 완화하기 위해 중요하다.

환각에 대처하는 한 가지 기술은 자동 팩트 체크다. 이는 LLM이 외부 소스의 증거에 대해 제시한 주장을 확인하는 것이다. 이를 통해 부정확하거나 검증되지 않은 진술을 감지할 수 있다.

사실 확인은 주로 세 단계로 이뤄진다.

1. **주장 감지**: 검증이 필요한 부분 식별

2. **증거 검색**: 주장을 지지하거나 반박하는 소스 찾기

3. **판결 예측**verdict prediction: 증거를 기반으로 주장의 진위 평가

마지막 두 단계는 정당성 생성justification production과 판결 예측이라는 용어로도 부른다.

다음 다이어그램에서 이 세 단계의 일반적인 아이디어를 확인할 수 있다(출처 - https://github.com/Cartus/Automated-Fact-Checking-Resources, 치지앙 구오Zhijiang Guo).

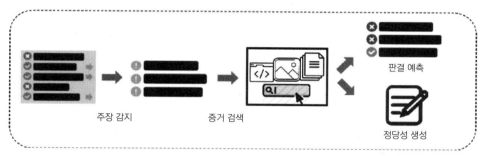

그림 4.1 세 단계의 자동 팩트 체크 파이프라인

사전 훈련된 LLM에는 프롬프트를 통해 얻을 수 있는 광범위한 세계 지식이 포함돼 있다. 게다가 외부 도구는 지식 베이스, 위키피디아, 교과서 그리고 말뭉치에서 증거를 찾을 수 있다. 주장을 데이터에 기반으로 한 팩트 체크를 통해 LLM을 더 신뢰할 수 있게 만든다.

사전 훈련된 LLM에는 훈련 데이터에서 얻은 광범위한 세계 지식이 포함돼 있다. 2018년에 시작된 24계층 BERT-Large부터 언어 모델은 위키피디아와 같은 대형 지식 베이스에서 사전에 훈련됐으므로 위키피디아에서나 더 나아가 훈련 집합에 다른 소스가 점점 포함됨에 따라 인터넷, 교과서, arXiv 및 깃허브에서의 지식 질문에 답할 수 있을 것이다.

LLM에 가리기 등 다른 기술을 사용해 사실을 검색하도록 할 수 있다. 예를 들어 "Microsoft의 본사는 어디에 있니?"라는 질문에 답하기 위해 질문을 "Microsoft의 본사는 [MASK]에 있다"로 다시 작성하고 이를 언어 모델에 입력해 답을 얻을 수 있다.

또는 외부 도구를 통합해 지식 베이스, 위키피디아, 교과서 및 기타 말뭉치를 검색할 수 있다. 핵심 아이디어는 환각된 주장을 사실적인 데이터 소스에 기반해 검증하는 것이다.

자동 팩트 체크는 LLM의 응답이 현실적인 증거와 일치하는지 확인함으로써 LLM을 더 신뢰할 수 있게 만드는 방법을 제공한다. 다음 절에서는 이 접근 방식을 시연할 것이다.

LangChain에서는 문장 연결을 사용한 팩트 체크를 위한 체인 사용이 가능하며, 여기에는 모델이 주장에 들어간 가정을 적극적으로 의심하는 것이 포함된다. 이 자가 확인self-checking 체인인 LLMCheckerChain에서 모델은 순차적으로 프롬프트를 받게 되는데, 먼저 가정을 명시화하도록 유도되며 다음과 같이 보인다.

```
Here's a statement: {statement}\nMake a bullet point list of the
assumptions you made when producing the above statement.\n
```

이것은 문자열 템플릿으로서, 중괄호 안의 요소가 변수로 대체된다. 다음으로 이러한 가정은 다음과 같은 프롬프트로 모델에게 다시 전달돼 한 번에 하나씩 확인된다.

```
Here is a bullet point list of assertions:
  {assertions}
  For each assertion, determine whether it is true or false. If it is
false, explain why.\n\n
```

마지막으로, 모델은 최종 판단을 내리도록 지시받는다.

```
In light of the above facts, how would you answer the question
'{question}'
```

LLMCheckerChain는 이 모든 과정을 자동으로 수행한다. 다음 예제에서 확인할 수 있다.

```
from langchain.chains import LLMCheckerChain
from langchain.llms import OpenAI
```

```
llm = OpenAI(temperature=0.7)

text = "What type of mammal lays the biggest eggs?"

checker_chain = LLMCheckerChain.from_llm(llm, verbose=True)

checker_chain.run(text)
```

이 모델은 이 질문에 대해 서로 다른 결과를 반환할 수 있으며, 그중 일부는 틀린 것이며, 일부는 올바른 식별일 수 있다. 이를 테스트할 때 "어떤 유형의 포유동물이 가장 큰 알을 낳나요?"라는 질문에 대해 내가 얻은 결과로는 청색고래, 북미 비버, 멸종된 자이언트 모아^{Giant Moa} 등이 있었다. 다음은 올바른 답변이다.

```
Monotremes, a type of mammal found in Australia and parts of New Guinea,
lay the largest eggs in the mammalian world. The eggs of the American
echidna (spiny anteater) can grow as large as 10 cm in length, and
dunnarts (mouse-sized marsupials found in Australia) can have eggs that
exceed 5 cm in length.
• Monotremes can be found in Australia and New Guinea
• The largest eggs in the mammalian world are laid by monotremes
• The American echidna lays eggs that can grow to 10 cm in length
• Dunnarts lay eggs that can exceed 5 cm in length
• Monotremes can be found in Australia and New Guinea - True
• The largest eggs in the mammalian world are laid by monotremes - True
• The American echidna lays eggs that can grow to 10 cm in length - False,
the American echidna lays eggs that are usually between 1 to 4 cm in
length.
• Dunnarts lay eggs that can exceed 5 cm in length - False, dunnarts lay
eggs that are typically between 2 to 3 cm in length.

The largest eggs in the mammalian world are laid by monotremes, which can
be found in Australia and New Guinea. Monotreme eggs can grow to 10 cm in
length.

> Finished chain.
```

따라서 이 기술은 정확한 답변을 보장하진 않지만 일부 잘못된 결과를 방지할 수 있다.

팩트 체크 접근법은 주장을 더 작고 확인 가능한 쿼리로 분해하는 것을 포함하며, 이는 주로 질문 응답 작업으로 구성될 수 있다. 도메인 데이터셋을 검색하는 데 특화된 도구는 팩트 체커가 효과적으로 증거를 찾는 데 도움을 줄 수 있다. Google과 Bing 같은 상용 검색 엔진도 주장의 진실을 정확하게 포착하기 위해 주제와 근거에 관련된 내용을 검색할 수 있다. 이 접근법을 웹 검색 결과 및 4장의 다른 애플리케이션을 기반으로 결과를 반환하는 데 적용할 것이다.

다음 절에서는 텍스트와 연구 논문과 같은 긴 문서를 요약하는 프로세스를 자동화하는 방법에 대해 살펴볼 것이다.

⁝⁝▶ 정보 요약

빠르게 변화하는 요즘의 비즈니스와 연구 환경에서는 지속적으로 증가하는 정보 양에 대응하는 것은 어려운 과제일 수 있다. 컴퓨터 과학 및 AI와 같은 분야에서 활동하는 공학자와 연구자에게는 최신 개발 동향을 파악하는 것이 중요하다. 그러나 수많은 논문을 읽고 이해하는 것은 시간이 많이 소요되고 노동 집약적일 수 있다. 여기서 자동화가 중요한 역할을 한다. 공학자로서 빌드^{build}하고 혁신하는 욕망에 기반하고, 파이프라인과 프로세스를 통해 반복적인 작업은 자동화함으로써 더 복잡한 도전에 집중하고 기술을 더 효율적으로 활용할 수 있다. 이 접근법은 종종 게으름으로 오해되지만 엔지니어가 더 복잡한 과제에 집중하고 기술을 효과적으로 활용할 수 있도록 한다.

LLM은 강력한 언어 이해 능력을 통해 텍스트를 간추리는 데 뛰어나다. 여기서는 Lang Chain을 사용해 요약 기술을 더욱 정교한 수준으로 탐색해볼 것이다.

기본 프롬프팅

몇 문장을 요약할 때는 기본 프롬프팅이 잘 작동한다. 원하는 길이를 지정하고 텍스트를 제공하면 된다.

```
from langchain import OpenAI

prompt = """
Summarize this text in one sentence:

{text}
"""

llm = OpenAI()
summary = llm(prompt.format(text=text))
```

이는 3장에서 봤던 것과 유사하다. text는 요약하고자 하는 모든 텍스트가 될 수 있는 문자열 변수다.

또한 LangChain 데코레이터 구문을 사용할 수도 있다. 이는 LangChain의 decorators 라이브러리에 구현돼 있으며, 3장에서의 지침에 따라 다른 종속성과 함께 설치돼 있어야 한다.

LangChain Decorators는 기본 LangChain과 비교해 프롬프트를 정의하고 실행하는 데 더 파이썬 형식에 다운 인터페이스를 제공해 LLM의 강력함을 쉽게 활용할 수 있게 한다. 함수 데코레이터는 프롬프트 문서를 실행 가능한 코드로 변환해 여러 줄의 정의 와 자연스러운 코드 흐름을 가능하게 한다.

다음은 요약을 위한 데코레이터 예제다.

```
from langchain_decorators import llm_prompt
@llm_prompt
def summarize(text:str, length="short") -> str:
    """
    이 텍스트 {text}를 {length} 길이로 요약한다.

    {text}
    """
    return

summary = summarize(text="let me tell you a boring story from when I was
young...")
```

내가 출력으로 얻은 요약 변수의 값은 "스피커가 자신의 젊은 시절 이야기를 곧 공유하려고 합니다"이다. 자신만의 의미 있고 더 긴 요약 예시를 시도해보라.

@llm_prompt 데코레이터는 docstring을 프롬프트로 변환하고 실행을 처리한다. 매개변수가 깔끔하게 전달되고 출력이 구문 분석된다. 이 추상화를 통해 파이썬 스타일을 자연스럽게 사용하면서 뒷면의 복잡성을 처리해 효과적인 프롬프트를 만드는 데 집중하기 쉽다. 이 직관적인 인터페이스를 제공함으로써 LangChain Decorators는 개발자들에게 LLM의 능력을 해제한다.

프롬프트 템플릿

동적 입력에 대해 프롬프트 템플릿은 미리 정의된 프롬프트에 텍스트를 삽입할 수 있게 한다. 프롬프트 템플릿은 변수 길이 제한과 모듈식 프롬프트 디자인을 허용한다.

이를 LangChain 표현 언어LCEL, LangChain Expression Language에서 구현할 수 있다.

```python
from langchain import PromptTemplate, OpenAI
from langchain.schema import StrOutputParser
llm = OpenAI()
prompt = PromptTemplate.from_template(
  "Summarize this text: {text}?"
)
runnable = prompt | llm | StrOutputParser()
summary = runnable.invoke({"text": text})
```

LCEL은 코드를 직접 작성하는 것보다 직관적이고 생산적인 선언적인 체인 작성 방식을 제공한다. LCEL의 주요 이점에는 비동기 처리, 배치 처리, 스트리밍, 예외 처리, 병렬 처리에 대한 내장 지원 및 LangSmith 추적과의 원활한 통합이 포함된다.

이 경우에는 실행 가능한 체인이며 여기에 프롬프트 템플릿, LLM 및 출력 파서가 서로 연결돼 있다.

밀도 체인

세일즈포스^{Salesforce}의 여러 연구원_(애덤스Adams와 동료, 2023; From Sparse to Dense: GPT-4 Summarization with Chain of Density Prompting)은 GPT-4에서 생성된 요약의 정보 밀도를 점진적으로 높이면서 길이를 제어하기 위해 밀도 체인^{CoD, Chain of Density}이라는 프롬프트 지도^{prompt-guided} 기술을 개발했다.

다음은 CoD와 함께 사용할 프롬프트다.

```
template = """Article: { text }
You will generate increasingly concise, entity-dense summaries of the
above article.
Repeat the following 2 steps 5 times.
Step 1. Identify 1-3 informative entities (";" delimited) from the article
which are missing from the previously generated summary.
Step 2. Write a new, denser summary of identical length which covers every
entity and detail from the previous summary plus the missing entities.
A missing entity is:
- relevant to the main story,
- specific yet concise (5 words or fewer),
- novel (not in the previous summary),
- faithful (present in the article),
- anywhere (can be located anywhere in the article).
Guidelines:
- The first summary should be long (4-5 sentences, ~80 words) yet highly
non-specific, containing little information beyond the entities marked
as missing. Use overly verbose language and fillers (e.g., "this article
discusses") to reach ~80 words.
- Make every word count: rewrite the previous summary to improve flow and
make space for additional entities.
- Make space with fusion, compression, and removal of uninformative
phrases like "the article discusses".
- The summaries should become highly dense and concise yet self-contained,
i.e., easily understood without the article.
- Missing entities can appear anywhere in the new summary.
- Never drop entities from the previous summary. If space cannot be made,
add fewer new entities.
Remember, use the exact same number of words for each summary.
Answer in JSON. The JSON should be a list (length 5) of dictionaries whose
```

```
keys are "Missing_Entities" and "Denser_Summary".
"""
```

이를 어떤 종류의 콘텐츠에도 쉽게 적용하고 다른 애플리케이션에 맞는 다른 지침 집합을 제공할 수 있다는 점에 주목하자.

CoD 프롬프트는 GPT-4와 같은 강력한 언어 모델에게 기사의 초기 희소하고 상세한 요약을 생성하도록 지시한다. 이 요약은 몇 개의 개체만 포함한다. 그런 다음 반복적으로 1~3개의 누락된 개체를 식별하고 이를 이전 요약과 동일한 단어 수로 다시 작성한다.

이러한 길이 제한하에서 반복적인 재작성은 추상화의 증가, 세부 사항의 융합 그리고 각 단계에서 추가적인 개체에 공간을 만들기 위한 압축을 강제한다. 저자들은 개체 밀도와 소스 문장 정렬과 같은 통계를 측정해 밀도 증가 효과를 특징화한다. 5번의 반복적 단계를 통해 요약은 창의적인 재작성을 통해 토큰당 더 많은 개체가 포함된 고밀도로 압축된 형태가 된다. 우리는 인간의 선호도 연구와 GPT-4 스코어링을 모두 실시해 밀도 스펙트럼 전반에 걸친 전체 품질에 미치는 영향을 평가했다.

결과는 밀도를 통해 얻은 정보량과 과도한 압축으로 인한 일관성 감소 사이의 상충 관계를 낸다. 최적의 밀도는 간결함과 명확함에 균형 잡혀 있으며, 너무 많은 개체는 표현을 압도할 수 있다. 이 방법과 분석은 AI 텍스트 생성에서 정보 밀도를 제어하는 데 도움이 된다.

한번 직접 시도해보라!

맵 리듀스 파이프라인

LangChain은 문서를 처리하기 위한 LLM 사용에서 맵 리듀스 접근 방식을 지원하며, 이를 통해 문서의 효율적인 처리와 분석이 가능하다. 각 문서에 체인을 개별적으로 적용한 다음 출력을 하나의 문서로 결합할 수 있다.

긴 문서를 요약하기 위해 먼저 문서를 LLM의 토큰 컨텍스트 길이에 적합한 작은 부분 (청크chunk)으로 나눈 다음, 맵 리듀스 체인이 이러한 청크를 독립적으로 요약한 후 재결합할 수 있다. 이렇게 하면 텍스트의 어떤 길이로도 요약을 확장할 수 있으며 청크 크기를 제어할 수 있다.

주요 단계는 다음과 같다.

1. **맵**Map: 각 문서는 요약 체인(LLM 체인)을 통과한다.

2. **콜랩스**Collapse(선택 사항): 요약된 문서를 단일 문서로 결합한다.

3. **리듀스**Reduce: 축소된 문서는 최종 LLM 체인을 통과해 결과를 생성한다.

그래서 맵 단계는 각 문서에 체인을 병렬로 적용한다. 리듀스 단계는 맵된 출력을 집계하고 최종 결과를 생성한다. 선택적으로 콜랩스는 LLM을 활용할 수도 있으며 데이터가 시퀀스 길이 제한 내에 맞게 해준다. 이 콜랩스 단계는 필요한 경우 재귀적으로 수행될 수 있다. 이는 다음 그림에 설명돼 있다.

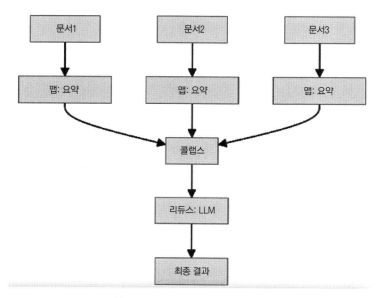

그림 4.2 LangChain에서 맵 리듀스 체인

이 접근 방식의 함의는 문서를 병렬로 처리하고 개별 문서를 추론, 생성 또는 분석하고 그 출력을 결합하는 데 LLM을 사용할 수 있다는 것이다.

다음은 PDF 문서를 로드하고 요약하는 간단한 예제다.

```python
from langchain.chains.summarize import load_summarize_chain
from langchain import OpenAI
from langchain.document_loaders import PyPDFLoader
pdf_file_path = "<pdf_file_path>"
pdf_loader = PyPDFLoader(pdf_file_path)
docs = pdf_loader.load_and_split()
llm = OpenAI()
chain = load_summarize_chain(llm, chain_type="map_reduce")
chain.run(docs)
```

pdf_file_path 변수는 PDF 파일의 경로를 나타내는 문자열이다. 파일 경로를 실제 PDF 문서의 경로로 바꾸라.

맵 및 리듀스 단계의 기본 프롬프트는 다음과 같다.

```
Write a concise summary of the following:


{text}


CONCISE SUMMARY:
```

각 단계에 원하는 프롬프트를 지정할 수 있다. 4장을 위해 개발된 텍스트 요약 애플리케이션을 깃허브에서 확인하면 다른 프롬프트를 전달하는 방법을 볼 수 있다. LangChain Hub에서는 다음과 같은 reduce/combine 프롬프트를 사용하는 question-answering-with-sources 프롬프트를 확인할 수 있다.

```
Given the following extracted parts of a long document and a question,
create a final answer with references (\"SOURCES\"). \nIf you don't know
the answer, just say that you don't know. Don't try to make up an answer.\
```

```
nALWAYS return a \"SOURCES\" part in your answer.\n\nQUESTION: {question}\
n=========\nContent: {text}
```

앞서 제시된 프롬프트에서는 구체적인 질문을 구성할 수 있을 뿐만 아니라, 더 추상적인 지시를 제공해 LLM에게 전제와 함축을 추출하도록 할 수 있다.

텍스트는 맵 단계에서 얻은 요약본일 것이다. 그런 지시는 환각에 대비하는 데 도움이 될 것이다. 다른 지시의 예로는 문서를 다른 언어로 번역하거나 특정한 스타일로 다시 표현하는 등이 있다.

프롬프트를 변경함으로써 이러한 문서에서 답할 모든 질문을 할 수 있다. 이는 긴 텍스트의 내용을 더욱 이해하기 쉬운 형식으로 빠르게 요약하는 자동화 도구로 확장될 수 있다. 이에 대한 예시로는 책의 깃허브 저장소에 있는 summarize 패키지를 참고할 수 있다. 이는 응답의 다양한 관점과 구조에 중점을 둘 수 있도록 하는 방법을 보여준다(데이비드 샤피로David Shapiro의 내용을 적용함).

깃허브의 도구는 논문의 핵심 주장, 함축, 및 구조를 더 간결하고 단순화된 방식으로 요약한다. 이 도구는 또한 논문에 관한 구체적인 질문에 답할 수 있어, 문헌 조사 및 과학 연구의 가속화에 유용한 자원이 된다. 전반적으로 이 접근 방식은 최신 연구 동향을 효율적이고 접근성 있게 파악할 수 있는 방법을 제공함으로써 여러 연구자에게 혜택을 주고자 한다.

TIP

LangChain을 사용한 신중한 **프롬프트** 엔지니어링은 LLM을 활용한 강력한 summarization 기능을 제공한다. 몇 가지 실용적인 팁은 다음과 같다.

- 더 간단한 접근법으로 시작하고 필요한 경우에는 맵 리듀스로 이동한다.
- 컨텍스트 제한과 병렬성을 균형잡기 위해 청크 크기를 조절한다.
- 최상의 결과를 위해 맵과 리듀스 프롬프트를 사용자 정의한다.
- 컨텍스트 제한에 맞게 청크를 압축하거나 재귀적으로 압축한다.

한 번에 많은 호출을 시작하면 특히 map 단계에서 클라우드 제공업체를 사용하는 경우 토큰 즉, 비용이 증가할 것이다. 이에 대한 좀 더 가시적인 정보를 알아보자!

토큰 사용량 모니터링

LLM을 사용할 때 특히 map 작업과 같은 긴 루프에서는 토큰 사용량을 추적하고 얼마나 많은 비용이 드는지 이해하는 것이 중요하다.

생성형 AI를 제대로 사용하기 위해서는 다양한 언어 모델의 기능, 가격 옵션, 사용 사례를 이해해야 한다. 모든 클라우드 제공업체는 다양한 NLP 요구에 대응하는 다양한 모델을 제공한다. 예를 들어 OpenAI는 NLP와 관련된 복잡한 문제를 해결하기에 적합한 강력한 언어 모델을 제공하며 사용된 토큰의 크기와 수에 기반한 유연한 가격 옵션을 제공한다.

예를 들어 ChatGPT 모델인 GPT-3.5-Turbo는 챗봇과 가상 비서와 같은 대화 애플리케이션에 특화돼 있다. 이 모델들은 정확성과 유창성을 갖춘 응답을 생성하는 데 뛰어나다. InstructGPT 패밀리 내의 다른 모델은 싱글-턴single-turn 명령을 따르기 위해 설계됐으며, 에이다Ada와 다빈치Davinci 같은 모델은 다양한 속도와 성능을 제공한다. Ada는 속도가 중요한 애플리케이션에 적합한 가장 빠른 모델이며, Davinci는 복잡한 명령을 처리할 수 있는 가장 강력한 모델이다. 모델의 기능에 따라 가격이 달라지며, Ada와 같은 저렴한 옵션부터 Davinci와 같은 더 비싼 옵션까지 다양하다.

OpenAI는 DALL·E, Whisper 그리고 이미지 생성, 음성 전사, 번역, 언어 모델에 대한 접근과 같은 다양한 애플리케이션을 위한 API 서비스를 제공한다. DALL·E는 AI 기반의 이미지 생성 모델로, 새로운 이미지와 아트를 생성하고 편집하는 데 앱에 원활하게 통합될 수 있다. OpenAI는 세 가지 해상도 계층을 제공해 사용자가 필요한 세부 수준을 선택할 수 있게 한다. 높은 해상도는 더 많은 복잡성과 세부 사항을 제공하며, 낮은 해상도는 더 추상적인 표현을 제공한다. 이미지당 가격은 해상도에 따라 다르다.

Whisper는 음성을 텍스트로 전사하고 여러 언어를 영어로 번역하는 AI 도구다. 이 도구는 대화를 기록하고 의사 소통을 촉진하며 언어 간의 이해를 향상시킨다. Whisper를 사용하는 비용은 분당 요금에 기반한다.

OpenAI 모델에서 토큰 사용량을 추적하는 방법은 OpenAI 콜백을 활용하는 것이다.

```python
from langchain import OpenAI, PromptTemplate
from langchain.callbacks import get_openai_callback

llm_chain = PromptTemplate.from_template("Tell me a joke about {topic}!")
| OpenAI()
with get_openai_callback() as cb:
  response = llm_chain.invoke(dict(topic="light bulbs"))
  print(response)
  print(f"Total Tokens: {cb.total_tokens}")
  print(f"Prompt Tokens: {cb.prompt_tokens}")
  print(f"Completion Tokens: {cb.completion_tokens}")
  print(f"Total Cost (USD): ${cb.total_cost}")
```

그 결과로 비용과 토큰에 관한 출력을 확인해야 한다. 다음은 이를 실행할 때 얻게 되는 출력이다.

```
Q: How many light bulbs does it take to change people's minds?
A: Depends on how stubborn they are!
Total Tokens: 36
Prompt Tokens: 8
Completion Tokens: 28
Total Cost (USD): $0.00072
```

모델 및 프롬프트의 매개변수를 변경하면 해당 변경에 따라 비용 및 토큰이 변경될 것이다.

토큰 사용량을 얻는 두 가지 다른 방법이 있다. OpenAI 콜백 대신 LLM 클래스의 `generate()` 메서드를 사용할 수 있다. 이 메서드는 문자열 대신 LLMResult 유형의 응답을 반환한다. 예를 들면 토큰 사용량과 완료 이유 등이 있다(LangChain 문서 참조).

```python
input_list = [
  {"product": "socks"},
```

```
    {"product": "computer"},
    {"product": "shoes"}
  ]
  llm_chain.generate(input_list)
```

결과는 다음과 유사할 것이다.

```
    LLMResult(generations=[[Generation(text='\n\nSocktastic!', generation_
    info={'finish_reason': 'stop', 'logprobs': None})], [Generation(text='\n\
    nTechCore Solutions.', generation_info={'finish_reason': 'stop',
    'logprobs': None})], [Generation(text='\n\nFootwear Factory.', generation_
    info={'finish_reason': 'stop', 'logprobs': None})]], llm_output={'token_
    usage': {'prompt_tokens': 36, 'total_tokens': 55, 'completion_tokens':
    19}, 'model_name': 'text-davinci-003'})
```

마지막으로, OpenAI API의 채팅 완성 응답 형식에는 토큰 정보가 포함된 usage 객체가 있다. 예를 들면 다음과 같다(일부 발췌).

```
  {
  "model": "gpt-3.5-turbo-0613",
  "object": "chat.completion",
  "usage": {
    "completion_tokens": 17,
    "prompt_tokens": 57,
    "total_tokens": 74
  }
}
```

이는 애플리케이션의 특정 부분에 얼마나 많은 비용이 들고 있는지 이해하는 데 큰 도움이 될 수 있다. 9장에서는 LangSmith와 유사한 도구를 살펴보며, 토큰 사용량을 포함한 LLM의 작동 상태를 추가로 확인하는 방법을 살펴볼 것이다. 다음으로, LangChain을 사용해 OpenAI 기능을 통해 문서에서 특정 정보를 추출하는 방법을 살펴보겠다.

⁞ 문서에서 정보 추출

2023년 6월에 OpenAI는 OpenAI API에 대한 업데이트를 발표했으며, 이는 함수 호출에 대한 새로운 기능을 포함해 기능을 향상시켰다. 함수 호출의 OpenAI 추가는 명령 튜닝instruction tuning을 기반으로 한다. 개발자는 스키마schema에 함수를 기술함으로써 LLM을 조절할 수 있다. 이를 통해 구조화된 출력을 반환하며 해당 스키마를 준수한다. 예를 들어 텍스트에서 개체를 추출해 미리 정의된 JSON 형식으로 출력하는 것이다.

함수 호출은 개발자가 외부 도구나 OpenAI 플러그인을 사용해 질문에 답하는 챗봇을 생성할 수 있게 한다. 또한 자연어 쿼리를 API 호출이나 데이터베이스 쿼리로 변환하고 텍스트에서 구조화된 데이터를 추출하는 것도 가능하다. 개발자는 이제 `gpt-4-0613`과 `gpt-3.5-turbo-0613` 모델에 함수를 설명하고 모델이 해당 함수를 호출하는 인수를 포함하는 JSON 객체를 지능적으로 생성할 수 있다. 이 기능은 GPT 모델과 외부 도구 그리고 API 간의 연결을 강화하며 모델에서 구조화된 데이터를 신뢰성 있게 검색하는 방법을 제공하는 것을 목표로 한다.

업데이트의 작동 방식은 새로운 API 매개변수, 즉 함수를 `/v1/chat/completions` 엔드포인트에서 사용하는 것을 포함한다. 함수 매개변수는 이름, 설명, 매개변수 및 호출할 함수 자체를 통해 정의된다. 개발자는 JSON 스키마를 사용해 모델에 함수를 설명하고 호출하고자 하는 원하는 함수를 지정할 수 있다.

LangChain에서는 이러한 OpenAI의 함수 호출을 정보 추출이나 플러그인 호출에 사용할 수 있다. 정보 추출의 경우 OpenAI 챗 모델을 사용해 텍스트나 문서에서 특정 개체와 그 속성을 추출할 수 있다. 예를 들어 이를 통해 텍스트에서 언급된 사람을 식별하는 데 도움이 될 수 있다. OpenAI 함수 매개변수를 사용하고 스키마를 지정함으로써 모델이 원하는 개체와 속성을 해당하는 유형과 함께 출력하도록 보장할 수 있다.

이 접근 방식의 함의는 원하는 속성과 그 유형을 가진 스키마를 정의함으로써 개체를 정확하게 추출할 수 있게 해준다는 것이다. 또한 어떤 속성이 필수이고 어떤 것이 선택 사항인지 지정할 수 있다.

스키마의 기본 형식은 딕셔너리^{dictionary}이지만 인기 있는 파싱 라이브러리 Pydantic에서도 속성과 그 유형을 정의할 수 있다. 이는 추출 프로세스에서 제어와 유연성을 제공한다. 이력서^{CV, Curriculum Vitae} 정보에 대한 원하는 스키마의 예시는 다음과 같다.

```python
from typing import Optional
from pydantic import BaseModel

class Experience(BaseModel):
  start_date: Optional[str]
  end_date: Optional[str]
  description: Optional[str]

class Study(Experience):
  degree: Optional[str]
  university: Optional[str]
  country: Optional[str]
  grade: Optional[str]

class WorkExperience(Experience):
  company: str
  job_title: str

class Resume(BaseModel):
  first_name: str
  last_name: str
  linkedin_url: Optional[str]
  email_address: Optional[str]
  nationality: Optional[str]
  skill: Optional[str]
  study: Optional[Study]
  work_experience: Optional[WorkExperience]
  hobby: Optional[str]
```

이것을 이력서에서 정보 추출에 사용할 수 있다.

주의해야 할 점은 3장의 지침에 따라 환경을 설정해야 한다는 것이다. 여기서는 `config` 모듈을 가져와 `setup_environment()`을 실행하는 것이 가장 편리하다고 생각했다. 이렇게 하면 코드의 처음에 두 줄이 추가된다.

```
from config import setup_environment
setup_environment()
```

나의 이 조언을 받아들이든지 아니면 무시하든지는 독자 여러분의 선택이다.

다음은 깃허브(https://github.com/xitanggg/open-resume)에서 가져온 예시 이력서다.

John Doe

Software engineer obsessed with building exceptional products that people love

✉ hello@openresume.com   📞 123-456-7890   📍 NYC, NY   in linkedin.com/in/john-doe

━━━ **WORK EXPERIENCE**

ABC Company

Software Engineer   May 2023 - Present
- Lead a cross-functional team of 5 engineers in developing a search bar, which enables thousands of daily active users to search content across the entire platform
- Create stunning home page product demo animations that drives up sign up rate by 20%
- Write clean code that is modular and easy to maintain while ensuring 100% test coverage

DEF Organization

Software Engineer Intern   Summer 2022
- Re-architected the existing content editor to be mobile responsive that led to a 10% increase in mobile user engagement
- Created a progress bar to help users track progress that drove up user retention by 15%
- Discovered and fixed 5 bugs in the existing codebase to enhance user experience

그림 4.3 예제 CV 추출

이 이력서에서 정보를 파싱해보려고 한다. LangChain의 create_extraction_chain_pydantic() 함수를 활용해 스키마를 입력으로 제공하면 해당 스키마를 준수하는 인스턴스화된 객체가 출력된다. 간단히 말하면 다음과 같은 코드 일부를 시도해볼 수 있다.

```
from langchain.chains import create_extraction_chain_pydantic
from langchain.chat_models import ChatOpenAI
from langchain.document_loaders import PyPDFLoader
pdf_file_path = "<pdf_file_path>"
pdf_loader = PyPDFLoader(pdf_file_path)
```

```
docs = pdf_loader.load_and_split()
# Please note that function calling is not enabled for all models!
llm = ChatOpenAI(model_name="gpt-3.5-turbo-0613")
chain = create_extraction_chain_pydantic(pydantic_schema=Resume, llm=llm)
chain.run(docs)
```

주의할 점은 `pdf_file_path` 변수는 pdf 파일의 상대 경로 또는 절대 경로여야 한다는 점이다. 다음과 같은 출력을 얻어야 한다.

```
[Resume(first_name='John', last_name='Doe', linkedin_url='linkedin.com/
in/john-doe', email_address='hello@openresume.com', nationality=None,
skill='React', study=None, work_experience=WorkExperience(start_date='May
2023', end_date='Present', description='Lead a cross-functional team of
5 engineers in developing a search bar, which enables thousands of daily
active users to search content across the entire platform. Create stunning
home page product demo animations that drives up sign up rate by 20%.
Write clean code that is modular and easy to maintain while ensuring 100%
test coverage.', company='ABC Company', job_title='Software Engineer'),
hobby=None)]
```

이 결과는 상당히 어설프다. 오직 하나의 경험만이 파싱됐다. 그러나 지금까지 투입한 노력을 감안하면 좋은 시작이다. 완전한 예제는 깃허브 저장소를 참조하라. 더 많은 기능을 추가할 수 있다. 예를 들어 성격이나 리더십 능력을 추측하는 기능을 추가할 수 있다.

OpenAI는 이러한 함수 호출을 특정 구문에 삽입하며, 그들의 모델은 이에 최적화돼 있다. 이는 함수가 컨텍스트 제한에 포함되며 그에 따라 입력 토큰으로 청구된다는 것을 의미한다.

LangChain은 기본적으로 함수 호출을 프롬프트로 삽입하는 기능을 갖고 있다. 이는 LLM 앱 내에서 OpenAI 이외의 공급자로부터 모델을 사용할 수 있음을 의미한다. 이제 이에 대해 살펴보고, Streamlit을 사용해 대화형 웹 앱으로 구축해보겠다.

지시 조절과 함수 호출을 통해 모델은 호출 가능한 코드를 생성할 수 있게 된다. 이로써 LLM 에이전트는 이러한 함수 호출을 실행해 LLM을 실시간 데이터, 서비스 및 실행 환경에 연결하는 도구 통합이 가능해진다. 다음 절에서는 도구가 외부 지식 소스를 검색해 이해를 향상시키는 방법에 대해 논의하겠다.

⁝⁝⁝ 툴을 사용한 질문 응답

LLM은 일반 말뭉치 데이터로 훈련돼 특정 도메인 지식이 필요한 작업에는 효과적이지 않을 수 있다. LLM 자체로는 환경과 외부 데이터 소스에 상호 작용할 수 없지만, LangChain은 실시간 정보에 접근하고 날씨 예보, 예약, 레시피 제안, 작업 관리 등과 같은 작업을 수행하는 도구를 생성하는 플랫폼을 제공한다. 에이전트와 체인의 프레임워크 내에서 도구들은 LLM으로 구동되는 데이터 인식 및 에이전트 같은 응용의 개발이 가능하며, 다양한 접근 방식을 통해 LLM을 사용해 문제를 해결하고 사용 사례를 확장해 더 다양하고 강력하게 만든다.

도구의 중요한 측면 중 하나는 특정 도메인 내에서 작동하거나 특정 입력을 처리할 수 있는 능력이다. 예를 들어 LLM은 내재된 수학 능력이 없다. 그러나 계산기와 같은 수학 도구는 수학 표현식이나 방정식을 입력으로 받아들이고 결과를 계산할 수 있다. LLM과 이러한 수학 도구를 결합하면 계산을 수행하고 정확한 답변을 제공할 수 있다.

도구는 사용자의 질문과 관련된 적절한 데이터 소스를 찾기 위해 문맥 대화 표현을 활용한다. 예를 들어 역사적인 사건에 관한 질문의 경우 도구는 위키피디아 기사를 검색해 문맥을 보강할 수 있다.

실시간 데이터에 기반한 응답을 통해 도구는 상상된 또는 부정확한 답변을 줄인다. 문맥적 도구 사용은 챗봇의 핵심 언어 능력을 보완해 응답을 더 유용하고 정확하며 실제 지식과 일치하도록 만든다. 도구는 문제에 대한 창의적인 해결책을 제공하고 다양한 도메인에서 LLM에 대한 새로운 가능성을 열어준다. 예를 들어 LLM이 고급 검색 작업을 수행하거나 특정 정보를 데이터베이스에 쿼리하거나 이메일 작성을 자동화하거나 심지어 전화를 처리할 수 있도록 하는 도구를 개발할 수 있다. 실제로 살펴보겠다!

툴을 사용한 정보 검색

LangChain에서는 다양한 도구를 사용할 수 있으며, 이게 충분하지 않다면 자체 도구를 만드는 것도 어렵지 않다. 몇 가지 도구를 포함한 에이전트를 설정해보겠다.

```python
from langchain.agents import (
  AgentExecutor, AgentType, initialize_agent, load_tools
)
from langchain.chat_models import ChatOpenAI

def load_agent() -> AgentExecutor:
  llm = ChatOpenAI(temperature=0, streaming=True)
  # DuckDuckGoSearchRun, wolfram alpha, arxiv search, wikipedia
  # TODO: try wolfram-alpha!
  tools = load_tools(
    tool_names=["ddg-search", "wolfram-alpha", "arxiv", "wikipedia"],
    llm=llm
  )
  return initialize_agent(
    tools=tools, llm=llm, agent=AgentType.ZERO_SHOT_REACT_DESCRIPTION,
verbose=True
  )
```

이 함수는 AgentExecutor를 반환하며, 이는 체인이다. 따라서 원한다면 이것을 더 큰 체인에 통합할 수 있다. 제로샷 에이전트는 일반적인 목적의 액션 에이전트로, 다음 절에서 논의할 것이다.

ChatOpenAI 생성자의 streaming 매개변수에 주목하라. 이는 True로 설정돼 있다. 이는 모든 텍스트가 완료될 때가 아니라 텍스트 응답이 도착할 때마다 업데이트되므로 더 나은 사용자 경험을 제공한다. 현재로서는 OpenAI, ChatOpenAI 그리고 ChatAnthropic 구현에서만 스트리밍을 지원한다.

언급된 모든 도구는 설명의 일부로 전달되는 특정 목적을 갖고 있다. 다음은 여기에 포함된 에이전트에 연결된 몇 가지 도구다.

- **DuckDuckGo**: 개인정보에 중점을 둔 검색 엔진. 개발자 등록이 필요하지 않는 것이 추가적인 이점이다.

- **Wolfram Alpha**: 자연어 이해와 수학 능력을 결합한 통합 도구로, "$2x + 5 = -3x + 7$" 과 같은 질문에 대한 답변을 제공한다.

- **arXiv**: 학술 전자 출판물 검색, 연구 중심의 질문에 유용하다.

- **Wikipedia**: 유명한 엔티티에 관한 모든 질문에 대해 사용된다.

울프람 알파^{Wolfram Alpha}를 사용하려면 계정을 설정하고 다음 웹 사이트(https://products.wolframalpha.com/api)에서 생성한 개발자 토큰으로 WOLFRAM_ALPHA_APPID 환경변수를 설정해야 한다. 웹 사이트는 때로는 다소 느릴 수 있으며 등록에는 인내가 필요할 수 있다.

DuckDuckGo 이외에도 LangChain에 통합된 다양한 검색 도구가 있다. 이를 통해 Google이나 Bing 검색 엔진을 활용하거나 메타 검색 엔진과 함께 작업할 수 있다. 날씨 정보를 얻기 위한 Open-Meteo 통합도 있다. 그러나 이 정보는 검색을 통해서도 이용 가능하다.

시각 인터페이스 구축

LangChain을 사용해 지능적인 에이전트를 개발한 후에는 이를 사용하기 쉬운 응용으로 배포하는 것이 자연스러운 다음 단계다. 이를 위한 이상적인 프레임워크 중 하나가 Streamlit이다. ML 워크플로우에 최적화된 오픈 소스 플랫폼으로, Streamlit을 사용하면 에이전트를 인터랙티브 웹 응용으로 간단히 래핑할 수 있다. 그러니 에이전트를 Streamlit 앱으로 만들어보자!

이 응용에는 Streamlit, unstructured, docx 라이브러리 등이 필요하다. 이들은 3장에서 설정한 환경에 있다.

방금 정의한 load_agent() 함수를 사용해 이에 대한 코드를 작성해보겠다.

```python
import streamlit as st
from langchain.callbacks import StreamlitCallbackHandler

chain = load_agent()
st_callback = StreamlitCallbackHandler(st.container())

if prompt := st.chat_input():
  st.chat_message("user").write(prompt)
  with st.chat_message("assistant"):
    st_callback = StreamlitCallbackHandler(st.container())
    response = chain.run(prompt, callbacks=[st_callback])
    st.write(response)
```

주목해야 할 점은 체인 호출에서 콜백 핸들러를 사용하고 있다는 것이다. 이는 모델에서 돌아오는 해당 응답을 볼 것이라는 의미이다. 다음과 같이 터미널에서 앱을 로컬로 시작할 수 있다.

```
PYTHONPATH=. streamlit run question_answering/app.py
```

브라우저에서 앱을 열 수 있다. 다음은 앱이 어떻게 보이는지를 보여주는 스크린샷이다.

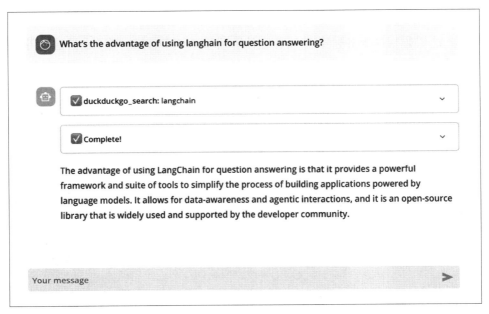

그림 4.4 Streamlit에서의 질문-응답 앱

NOTE

Streamlit 애플리케이션의 배포는 로컬이나 서버에서 이뤄질 수 있다. 또는 Streamlit Community Cloud나 Hugging Face Spaces에 배포할 수도 있다.

Streamlit Community Cloud에 배포하는 방법은 다음과 같다.

1. 깃허브 저장소를 만든다.
2. Streamlit Community Cloud로 이동해 **New app**을 클릭하고 새 저장소를 선택한다.
3. **Deploy!**를 클릭한다.

Hugging Face Spaces에 대한 방법은 다음과 같다.

1. 깃허브 저장소를 만든다.
2. https://huggingface.co/에서 Hugging Face 계정을 만든다.
3. Spaces로 이동하고 **Create new Space**를 클릭한다. 폼에서 이름, Space 유형을 **Streamlit**으로 설정하고 새 저장소를 선택한다.

검색은 상당히 잘 작동하지만 사용된 도구에 따라 여전히 잘못된 결과가 나올 수 있다. "가장 큰 알을 낳는 포유동물"에 대한 질문에 대해 DuckDuckGo를 사용하면 새와 포유동물의 알에 대한 결과가 나오고 때로는 타조가 가장 큰 알을 낳는 포유동물이라고 결론지을 때도 있다. 그러나 때로는 오스트레일리아 가시오리도 결과로 나올 수 있다.

올바른 추론에 대한 로그 출력(일부 생략)은 다음과 같다.

```
> Entering new AgentExecutor chain...
I'm not sure, but I think I can find the answer by searching online.
Action: duckduckgo_search
Action Input: "mammal that lays the biggest eggs"
Observation: Posnov / Getty Images. The western long-beaked echidna ...

Final Answer: The platypus is the mammal that lays the biggest eggs.

> Finished chain.
```

강력한 자동화 및 문제 해결 프레임워크를 사용하면 수백 시간이 걸릴 수 있는 작업을 몇 분 안에 압축할 수 있다. 여러 연구 질문을 시도해 도구가 어떻게 사용되는지 확인할 수 있다. 책의 저장소에서 실제로 구현된 내용을 사용하면 다양한 도구를 시도해볼 수 있으며 자체 검증 옵션도 제공된다.

NOTE

> Streamlit 앱을 구축하는 것은 여러 가지 핵심 장점을 제공한다.
>
> - 복잡한 프론트엔드를 구축하지 않고도 챗봇 주변에 직관적인 그래픽 인터페이스를 빠르게 생성할 수 있다. Streamlit은 입력 필드, 버튼, 대화형 위젯과 같은 요소를 자동으로 처리한다.
> - 특정 사용 사례에 맞게 조정된 앱 내에 에이전트의 능력을 신속하게 통합할 수 있다. 인터페이스는 도메인에 맞게 사용자 정의할 수 있다.
> - Streamlit 앱은 파이썬 코드를 실시간으로 실행해 추가된 지연 없이 에이전트의 백엔드 API에 신속하게 연결할 수 있다. LangChain 워크플로우는 원활하게 통합된다.
> - 오픈 소스 깃허브 저장소, 개인 Streamlit 공유 링크 그리고 Streamlit Community Cloud와 같은 쉬운 공유 및 배포 옵션이 있다. 이를 통해 앱을 즉시 게시하고 배포할 수 있다.
> - Streamlit은 모델과 데이터 워크플로우를 실행하는 데 최적화된 성능을 제공해 대규모 모델에서도 반응성을 보장한다. 챗봇은 우아하게 확장될 수 있다.

- 결과적으로 사용자가 LLM 기반 에이전트와 자연스럽게 상호 작용할 수 있는 우아한 웹 인터페이스가 만들어진다. Streamlit은 뒷면의 복잡성을 처리한다.

우리의 LLM 앱은 간단한 질문에 답할 수 있지만, 그 추론 능력은 여전히 제한적이다. 다음 절에서는 더 고급 유형의 에이전트를 구현해보겠다.

추론 전략 탐색

LLM은 데이터의 패턴 인식에는 뛰어나지만 복잡한 다단계 문제에 필요한 상징적 추론에서는 어려움을 겪을 수 있다.

더 고급 추론 전략을 구현하면 우리의 연구 비서는 훨씬 더 강력해질 수 있다. 신경망 패턴 완성과 의도적인 상징적 조작을 결합한 하이브리드 시스템은 다음과 같은 기술을 마스터할 수 있다.

- 사실들의 체인에서 결론을 도출하기 위한 다단계 연역 추론

- 방정식을 변형의 연속을 통해 풀이하는 수학적 추론

- 문제를 최적의 일련의 동작으로 분해하기 위한 계획 전술

순수 패턴 완성이 아니라 명시적인 추론 단계와 함께 도구를 통합함으로써, 에이전트는 추상화와 상상력이 필요한 문제에 대처할 수 있으며, 복잡한 세계에 대한 복잡한 이해를 얻어 더 의미 있는 대화를 나눌 수 있게 된다.

도구와 추론을 통한 LLM의 확장 예시는 여기에서 확인할 수 있다(출처 - https://github.com/billxbf/ReWOO, 「Decoupling Reasoning from Observations for Efficient Augmented Language Models Resources」 논문, 빈펑 쉬Binfeng Xu 및 연구진, 2023년 5월).

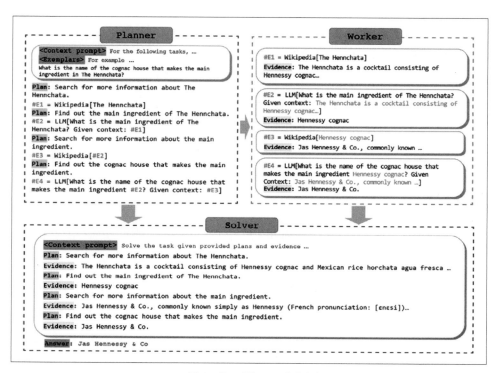

그림 4.5 툴-강화 LLM 패러다임

도구는 에이전트가 가용한 자원이다. 예를 들어 검색 엔진이나 데이터베이스와 같은 것들이 있다. **LLMChain**은 텍스트 프롬프트를 생성하고 출력을 파싱해 다음 동작을 결정하는 역할을 한다. 에이전트 클래스는 **LLMChain**의 출력을 사용해 어떤 동작을 취할지 결정한다.

도구를 활용한 언어 모델은 LLM을 검색 엔진이나 데이터베이스와 같은 외부 자원과 결합해 추론 능력을 향상시키지만, 이는 에이전트를 추가로 통합함으로써 더욱 향상될 수 있다.

LangChain에서는 이것이 세 가지 부분으로 구성된다.

- 도구
- LLMChain

- 에이전트 자체

두 가지 주요 에이전트 아키텍처가 있다.

- Action 에이전트는 각 동작 이후에 관찰을 기반으로 순환적으로 추론한다.
- Plan-and-execute 에이전트는 어떤 동작도 취하기 전에 완전히 계획한다.

관찰 종속적 추론observation-dependent reasoning에서 에이전트는 LLM에게 생각과 동작을 생성하기 위해 반복적으로 맥락과 예제를 제공한다. 도구로부터의 관찰은 다음 추론 단계를 알리기 위해 통합된다. 이 접근 방식은 Action 에이전트에서 사용된다.

대안으로는 먼저 완전한 계획을 작성한 다음 실행을 위한 증거를 수집하는 "Plan-and-execute" 에이전트가 있다. Planner LLM은 계획 목록(P)을 생성한다. 에이전트는 도구를 사용해 증거(E)를 수집한다. P와 E는 결합돼 Solver LLM에 공급돼 최종 출력을 생성한다.

Plan-and-execute는 계획과 실행을 분리한다. Planner 및 Solver 역할에는 더 작은 전문화된 모델을 사용할 수 있다. 이때의 트레이드오프는 Plan-and-execute가 더 많은 초기 계획을 필요로 한다는 것이다.

다음 다이어그램에서 관찰 패턴과 함께 추론을 볼 수 있다(출처 - https://arxiv.org/abs/2305.18323; 빈펑 수Binfeng Xu와 동료들, 2023년 5월).

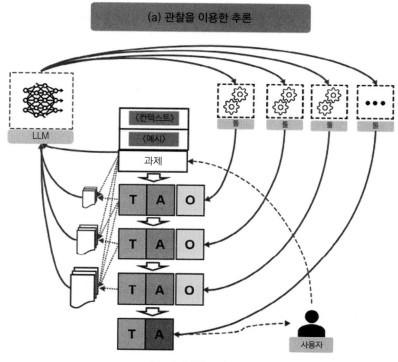

그림 4.6 관찰을 이용한 추론

관찰 종속적 추론은 지식의 현재 상태 또는 관찰을 통해 가져온 증거를 기반으로 판단, 예측 또는 선택을 하는 과정을 나타낸다. 각 반복에서 에이전트는 LLM에게 맥락과 예제를 제공한다. 사용자의 작업은 먼저 맥락과 예제와 결합돼 LLM에게 추론을 시작하도록 제공된다. LLM은 생각과 동작을 생성한 다음 도구로부터의 관찰을 기다린다. 관찰은 다음 LLM 호출을 시작하기 위해 프롬프트에 추가된다. LangChain에서는 이를 **Action** 에이전트(또한 Zero-Shot 에이전트, ZERO_SHOT_REACT_DESCRIPTION)로 나타낸다. 에이전트를 만들 때 이것이 기본 설정이다.

언급한 대로, 계획은 어떤 동작보다 앞서 만들 수도 있다. 이 전략(이를 LangChain에서 plan-and-execute 에이전트라고 부름)은 다음 그림에서 설명돼 있다(출처 - https://arxiv.org/abs/2305.18323, 빈펑 쉬 및 기타, 2023년 5월).

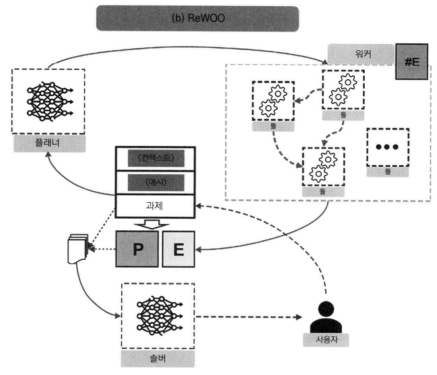

그림 4.7 추론과 관찰의 분리

플래너(LLM)는 계획 및 도구 사용에 대한 세부 조정이 가능하며, 계획 목록(P)을 생성하고 워커(여기서는 에이전트)를 호출해 도구를 사용해 증거(E)를 수집한다. P와 E는 작업과 결합돼 그 후에 솔버(LLM)로 전달돼 최종 답변을 생성한다. 다음과 같은 의사 알고리듬으로 설명할 수 있다.

1. 모든 단계를 계획한다(플래너).

2. 각 단계에 대해, 적절한 도구를 결정하고 실행한다.

플래너와 솔버는 서로 다른 언어 모델일 수 있다. 이는 플래너와 솔버에 더 작고 전문화된 모델을 사용하고 각 호출에 더 적은 토큰을 사용하는 가능성을 열어준다. 여기서의 연구 앱에서 plan-and-solve를 구현해보겠다. 먼저 load_agent() 함수에 strategy 변수를 추가해보겠다. 이 변수는 plan-and-solve 또는 zero-shot-react라는 두 가지 값 중 하나를 가질 수 있다. zero-shot-react의 경우 로직은 동일하다. plan-and-solve의 경우, 플래너와 실행기를 정의하고 PlanAndExecute 에이전트 실행기를 만들기 위해 사용할 것이다.

```python
from typing import Literal
from langchain.agents import initialize_agent, load_tools, AgentType
from langchain.chains.base import Chain
from langchain.chat_models import ChatOpenAI
from langchain_experimental.plan_and_execute import (
  load_chat_planner, load_agent_executor, PlanAndExecute
)

ReasoningStrategies = Literal["zero-shot-react", "plan-and-solve"]

def load_agent(
  tool_names: list[str],
  strategy: ReasoningStrategies = "zero-shot-react"
) -> Chain:
  llm = ChatOpenAI(temperature=0, streaming=True)
  tools = load_tools(
    tool_names=tool_names,
    llm=llm
  )

  if strategy == "plan-and-solve":
    planner = load_chat_planner(llm)
    executor = load_agent_executor(llm, tools, verbose=True)
    return PlanAndExecute(planner=planner, executor=executor,
verbose=True)

  return initialize_agent(
    tools=tools, llm=llm, agent=AgentType.ZERO_SHOT_REACT_DESCRIPTION,
verbose=True
  )
```

전체 버전은 깃허브 버전(question_answering 패키지 내)을 참조하라. 예를 들어 출력 구문 분석 오류를 만날 수 있다. 이러한 오류를 다루기 위해 initialize_agent() 메서드에서 handle_parsing_errors를 설정함으로써 처리할 수 있다.

Streamlit에서 라디오 버튼을 통해 설정되는 새로운 변수를 정의해 보겠다. 이 변수를 load_agent() 함수로 전달할 것이다.

```python
strategy = st.radio(
  "Reasoning strategy",
  ("plan-and-solve", "zero-shot-react")
)
```

load_agent() 메서드가 문자열 목록인 tool_names를 사용한다는 것을 알아챘을 것이다. 이것도 UI에서 선택할 수 있다.

```python
tool_names = st.multiselect(
  'Which tools do you want to use?',
  [
    "google-search", "ddg-search", "wolfram-alpha", "arxiv",
    "wikipedia", "python_repl", "pal-math", "llm-math"
  ],
  ["ddg-search", "wolfram-alpha", "wikipedia"])
```

마지막으로, 여전히 앱 내에서 에이전트는 다음과 같이 로드된다.

```python
agent_chain = load_agent(tool_names=tool_names, strategy=strategy)
```

이 에이전트를 Streamlit으로 실행할 수 있다. 터미널에서 다음 명령을 실행해야 한다.

```
PYTHONPATH=. streamlit run question_answering/app.py
```

Streamlit이 어떻게 응용을 시작하는지 확인해야 한다. 브라우저에서 지정된 URL(기본값으로 http://localhost:8501/)을 열면 다음과 같은 UI가 표시될 것이다.

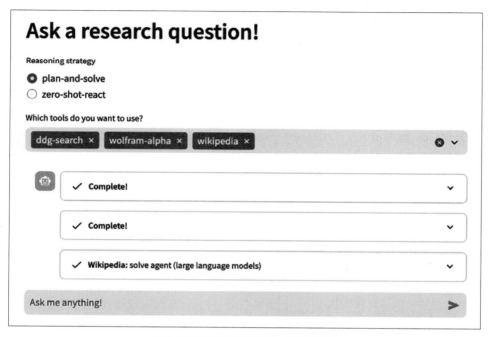

그림 4.8 연구 앱에서의 계획−실행의 구현

좀 더 알아보고자 브라우저에서 앱을 확인하고, "LLM 맥락에서 plan-and-solve 에이전트란 무엇인가?"라는 질문에 대한 다양한 단계를 살펴보자.

다음은 각 단계의 내용이다. 결과가 100% 정확하지 않을 수 있음을 유의하라. 에이전트가 제시한 내용이다.

1. **LLM 정의**: LLM은 방대한 양의 텍스트 데이터로 교육된 AI 모델로, 받은 입력에 기반해 인간과 유사한 텍스트를 생성할 수 있다.

2. **LLM 맥락에서 계획의 개념 이해**: LLM의 맥락에서, 계획이란 모델이 문제를 해결하거나 질문에 답하기 위해 생성하는 구조화된 개요 또는 단계 집합을 의미한다.

3. **LLM 맥락에서 솔브**solve **에이전트의 개념 이해**: 솔브 에이전트는 에이전트로 작동하는 LLM이다. 이는 문제를 해결하거나 질문에 답하기 위한 계획을 생성하는 역할을 담당한다.

4. **LLM에서의 계획과 solve 에이전트의 중요성 인식**: 계획과 솔브 에이전트는 모델의 사고 과정을 조직화하고 문제 해결 또는 질문 답변 작업에 구조화된 접근을 제공한다.

5. **위 단계를 고려해 사용자의 원래 질문에 답변**: LLM의 맥락에서, 계획은 solve 에이전트가 생성하는 구조화된 개요 또는 단계 집합으로, 문제를 해결하거나 질문에 답변하기 위한 것이다. solve 에이전트는 이러한 계획을 생성하는 데 책임을 지는 대형 언어 모델의 구성 요소다.

따라서 첫 번째 단계는 LLM들을 조회하는 것이다.

```
Action:
{
"action": "Wikipedia",
"action_input": "large language models"
}
```

이러한 단계에서 사용되는 질문 응답의 또 다른 측면을 논의하지는 않았는데, 그것은 이러한 단계에서 사용된 프롬프팅 전략이다. 프롬프팅 기술에 대해 자세히 다루는 8장에서 이야기할 것이지만, 매우 간략히 설명하면 다음과 같다.

- 퓨샷 사고 체인CoT, Chain-of-Thought 프롬프팅은 LLM을 사고 과정을 안내하기 위해 단계별 추론을 보여준다.

- 제로샷 CoT 프롬프팅은 예제 없이 추론 단계를 유도하기 위해 간단히 LLM에 "단계별로 생각하라"고 지시한다.

- CoT 프롬프팅은 예를 통해 추론 프로세스를 이해하는 데 도움을 주기 위해 목표를 두고 있다.

또한 plan-and-solve에서 복잡한 작업은 순차적으로 실행되는 하위 작업 계획으로 분해된다. 이는 핵심 변수와 상식을 강조하는 등 더 자세한 지침으로 확장될 수 있어 추론 품질을 향상시킬 수 있다.

LangChain을 사용한 증강 정보 검색의 고급 예시를 BlockAGI 프로젝트에서 찾을 수 있다. 이 프로젝트는 BabyAGI 및 AutoGPT에서 영감을 받았으며, 다음 깃허브(https://github.com/blockpipe/BlockAGI)에서 확인할 수 있다.

이로써 추론 전략 소개를 마친다. 모든 전략에는 계산 오류, 단계 누락 오류 및 의미론적 오해로 나타나는 문제점이 있을 수 있다. 그러나 이러한 전략은 생성된 추론 단계의 품질을 향상시키고 문제 해결 작업의 정확도를 높이며, LLM이 다양한 유형의 추론 문제를 다루는 능력을 향상시킨다.

⠿ 요약

4장에서는 먼저 환각 문제와 자동 팩트 체크에 대한 문제를 다뤘으며, LLM을 더 신뢰할 수 있게 만드는 방법에 대해 알아봤다. LLM 출력을 더 정확하게 만드는 몇 가지 간단한 접근 방법을 구현했다. 그런 다음 문서를 분해하고 요약하는 프롬프팅 전략을 살펴보고 구현했다. 이는 대규모 연구 논문이나 분석을 소화하는 데 매우 도움이 될 수 있다. LLM에 대량의 연속 호출을 수행하면 이로 인해 많은 비용이 발생할 수 있다. 따라서 토큰 사용에 대한 소목을 전용 절로 다루었다.

OpenAI API는 함수를 구현해 문서에서 정보 추출을 포함한 다양한 작업에 사용할 수 있다. CV 파서의 매우 간단한 버전을 구현해 이 기능이 어떻게 적용될 수 있는지 보여줬다. 그러나 도구와 함수 호출은 OpenAI에만 해당하는 것은 아니다. 지침 튜닝, 함수 호출 및 도구 사용의 발전을 통해 모델은 자유 형식의 텍스트 생성을 넘어 실제 시스템과 상호 작용해 작업을 견고하게 자동화할 수 있게 됐다. 이러한 접근 방식은 더 능숙하고 신뢰할 수 있는 AI 어시스턴트를 만들어낸다. LangChain을 사용하면 도구를 호출하는 다양한 에이전트를 구현할 수 있다. 외부 도구인 검색 엔진이나 위키피디아와 같은 외부 도구에 의존해 연구 문제에 답하는 데 도움이 되는 Streamlit 앱을 구현했다. 5장에서 논의할 RAG와 달리 도구는 의미적 유사성을 위해 벡터 검색을 사용하는 대신 데이터베이스, API 및 기타 구조화된 외부 소스를 직접 쿼리해 맥락을 보강한다. 도구에 의해 검색된 사실적인 정보는 챗봇의 내부 컨텍스트를 보완한다.

마지막으로, 에이전트가 의사 결정을 내리기 위해 사용하는 다양한 전략을 살펴봤다. 주요 차이점은 의사 결정의 시점이다. 여기서는 Streamlit 앱에서 plan-and-solve 및 zero-shot 에이전트를 구현했다.

4장에서는 능숙하고 신뢰할 수 있는 LLM을 개발하기 위한 많은 유망한 방향을 소개했지만, 후속 장에서는 여기서 개발한 기술을 확장할 것이다. 예를 들어 에이전트와 함께 추론하는 방법에 대해 더 자세히 다루는 6장과 7장 또한 8장에서 프롬프팅 기술을 개요로 제공할 것이다.

⁝⁝• 문제

다음 질문에 대한 답을 기억에서 떠올릴 수 있는지 확인해보라. 만약 어떤 부분이 불확실하다면 해당 장의 해당 절로 돌아가 보기를 추천한다.

1. LLM로 문서를 어떻게 요약할 수 있나?

2. 밀도 체인은 무엇인가?

3. LangChain 데코레이터는 무엇이며, LangChain 표현 언어는 무엇인가?

4. LangChain의 맵 리듀스는 무엇인가?

5. 어떻게 사용 중인 토큰을 세는가? (그리고 왜 해야 하나?)

6. 지시 튜닝은 함수 호출 및 도구 사용과 어떻게 관련돼 있나?

7. LangChain에서 사용 가능한 도구의 예시를 몇 가지 들어보라.

8. 두 가지 에이전트 패러다임을 정의해보라.

9. Streamlit은 무엇이며, 왜 사용하려고 하는가?

10. 자동 사실 확인은 어떻게 작동하나?

05

ChatGPT 같은 챗봇 구축

LLM을 기반으로 한 챗봇들이 고객 서비스와 같은 대화형 작업에서 보여준 유창함은 인상적이었다. 그러나 세계 지식이 부족하기 때문에 도메인별 질문에 대한 답변에는 유용성이 제한된다. 5장에서는 이러한 한계를 극복하기 위해 RAG를 통해 어떻게 해결할 수 있는지 탐구한다. RAG는 외부 증거 소스에 근거해 챗봇의 응답을 보완해 더 정확하고 유익한 답변을 제공한다. 이는 말뭉치에서 관련된 단편을 검색해 언어 모델의 생성 과정을 조건화함으로써 얻을 수 있다. 핵심 단계는 벡터 임베딩으로 말뭉치를 인코딩해 신속한 의미 검색을 가능하게 하고 검색 결과를 챗봇의 프롬프트에 통합하는 것이다.

또한 문서를 벡터로 표현하는 기초와 효율적인 유사성 조회를 위한 인덱싱 방법, 임베딩을 관리하는 벡터 데이터베이스를 제공한다. 이러한 핵심 기술을 기반으로 해 마일버스Milvus나 파인콘Pinecone과 같은 인기 있는 라이브러리를 사용해 실용적인 RAG 구현을 시연할 것이다. 엔드 투 엔드 예제를 통해 RAG가 챗봇의 추론과 사실적 정확성을 크게 향상시킬 수 있는 방법을 보여줄 것이다. 마지막으로 평판과 법률적 관점에서 중요한 주제 중 하나인 조정moderation에 대해 알아본다. LangChain을 사용하면 유해한 콘텐츠를 포함하고 있는지 여부를 확인하기 위해 어떤 텍스트든 조정 체인을 통과시킬 수 있다.

5장을 통해 Streamlit 인터페이스를 사용한 챗봇 구현에 관해 작업할 것이며, 이는 책의 깃허브(https://github.com/benman1/generative_ai_with_langchain)의 chat_with_retrieval 저장소에서 찾을 수 있다.

즉, 주요 주제는 다음과 같다.

- 챗봇이란 무엇인가?
- 검색과 벡터의 이해
- LangChain에서의 로딩 및 검색
- 챗봇 구현
- 응답 중재

5장에서는 챗봇과 그들 뒤의 최신 기술의 소개부터 시작하겠다.

⁂ 챗봇이란 무엇인가?

챗봇은 텍스트 또는 음성을 통한 대화 상호 작용을 시뮬레이션하는 AI 프로그램이다. 엘리자ELIZA(1966)와 패리PARRY(1972) 같은 초기 챗봇은 패턴 매칭을 사용했다. 최근의 발전, 특히 LLM은 ChatGPT(2022)와 같은 시스템에서 볼 수 있듯 좀 더 자연스러운 대화가 가능토록 해준다. 그러나 인간 수준의 담화를 달성하는 데는 여전히 과제가 남아 있다.

1950년 제안된 튜링 테스트는 컴퓨터가 인간 대화를 흉내 내는 능력을 통해 지능을 평가하는 기준을 제시했다. 그러한 제약에도 불구하고 이는 AI에 대한 철학적 기반을 마련했다. 그러나 ELIZA와 같은 초기 시스템은 진정한 이해 없이 스크립트된 응답을 사용해 테스트를 통과했으며, 이는 테스트의 유효성을 의문케 했다. 또한 테스트는 속임수에 의존하고 질문의 복잡성을 제한하는 형식적인 한계로 인해 비판을 받았다. 존 설 John Searle과 같은 철학자는 상징적 조작만으로는 인간 수준의 지능과 동등하지 않다고 주장했다. 그럼에도 불구하고 튜링 테스트는 AI 대화 능력에 영향을 미쳤다.

최근에는 더 발전한 자연어 처리 기술을 갖춘 최신 챗봇들이 대화의 깊이를 더 잘 시뮬레이션할 수 있다. IBM 왓슨(2011)은 복잡한 질문에 답해 〈제퍼디Jeopardy!〉 챔피언을 이겼다. 시리Siri(2011)는 음성 기반 비서로서, 일상적인 기기에 챗봇을 통합하는 데 선도적인 역할을 했다. 구글 듀플렉스Google Duplex(2018)와 같은 시스템은 전화 대화를 통해 예약을 수행한다.

GPT-3와 같은 LLM의 출현은 ChatGPT(2022)와 같은 더 인간적인 챗봇 시스템을 가능케 했다. 그러나 그 능력은 여전히 상당히 제한적이다. 진정한 인간의 대화에는 복잡한 추론, 화용론pragmatics, 상식과 폭넓은 맥락 지식이 필요하다.

요즘의 벤치마크는 주로 GPT-4와 같은 LLM의 한계를 탐구하기 위해 특정 작업 성능을 테스트하는 데 중점을 둔다. ChatGPT는 주목할 만한 일관성을 보여주지만, 그 기반이 부족할 경우 실제와 다른 응답이 나올 수 있다. 이러한 경계를 이해하는 것은 안전하고 유익한 애플리케이션을 개발하는 데 중요하다. 목표는 단순히 모방하는 것이 아니라 적응 학습 시스템의 내부 작동에 대한 깊은 이해와 함께 유용한 AI를 개발하는 것이다.

챗봇은 사용자 입력을 분석하고 그 의도를 이해해 적절한 응답을 생성한다. 텍스트 기반 메시징 플랫폼이나 음성 기반 애플리케이션과 함께 작동하도록 설계될 수 있다.

고객 서비스 차원에서 챗봇의 몇 가지 사용례에는 24/7 지원 제공, 자주 하는 질문 처리, 제품 추천 지원, 주문 및 결제 처리, 간단한 고객 문제 해결 등이 있다.

챗봇의 몇 가지 추가적인 사용례는 다음과 같다.

- **일정 예약**: 약속을 잡고 예약을 예약하며 캘린더를 관리하는 데 도움을 줄 수 있다.

- **정보 검색**: 날씨 업데이트, 뉴스 기사 또는 주식 가격과 같은 구체적인 정보를 제공할 수 있다.

- **가상 비서**: 개인 비서 역할을 할 수 있으며 사용자의 알림 설정, 메시지 보내기 또는 전화 걸기와 같은 작업을 지원한다.

- **언어 학습**: 상호 작용 대화와 언어 연습을 제공해 언어 학습을 지원할 수 있다.

- **정신 건강 지원**: 정서적 지원을 제공하고 자원을 제공하며 정신 건강 목적으로 치료적인 대화에 참여할 수 있다.

- **교육**: 가상 튜터로 활용돼 학생들이 학습하고 지식을 평가하며 질문에 답하며 개인화된 학습 경험을 제공하는 데 사용된다.

- **인사 및 채용**: 후보자를 스크리닝하고 면접 일정을 예약하며 채용 정보를 제공함으로써 채용 프로세스를 지원할 수 있다.

- **엔터테인먼트**: 사용자를 대화형 게임, 퀴즈 및 스토리텔링 체험에 참여시키는 데 사용될 수 있다.

- **법률**: 기본 법률 정보를 제공하고 일반적인 법률 질문에 답하며 법률 연구를 지원하고 사용자가 법률 절차를 탐색하는 데 도움을 줄 수 있다. 또한 계약 작성이나 법적 서류 작성과 같은 문서 작성을 지원할 수 있다.

- **의학**: 증상 확인, 기본 의료 조언 제공 및 정신 건강 지원을 지원할 수 있다. 챗봇은 관련 정보와 건강 전문가에게 권장 사항을 제공함으로써 임상 결정을 개선할 수 있다.

이는 단지 몇 가지 예시에 불과하며, 챗봇의 사용례는 다양한 산업 분야를 넘어 계속 확장되고 있다. 어떤 분야에서도 채팅 기술은 정보를 더 쉽게 접근 가능하게 하고 지원을 필요로 하는 개인에게 초기 지원을 제공할 수 있다. 그러나 챗봇의 이성이나 분석 능력의 부족은 진정한 지능이 필요한 역할을 제한한다. 책임감 있는 개발을 통해 챗봇은 인간 수준의 언어 숙달이 여전히 어렵더라도 고객 서비스 및 기타 영역에서 직관적인 인터페이스를 제공할 수 있는 가능성을 제시한다. 현재 진행 중인 연구는 안전하고 유용한 챗봇 기능을 개발하는 것을 목표로 하고 있다.

사용자의 명시적인 요청에만 응답하는 챗봇과 더 진보된 능력을 가진 챗봇 간에 중요한 차이가 있다. 의도적인 챗봇은 특정 사용자 요청과 의도를 직접 이해하고 충족시키도록 설계돼 있다. 그러나 능동적 챗봇은 이전 상호 작용과 문맥적 단서를 기반으로 요구 사항과 선호도를 예측해 잠재적인 사용자 질문을 선제적으로 해결하기 위해 대화 주도권을 잡는 것을 목표로 한다.

반응형 의도적 챗봇은 정확한 사용자 지시를 효과적으로 충족할 수 있지만, 능동적 능력은 예측적인 서비스를 통해 충성도와 신뢰를 구축해 더 자연스럽고 효율적인 인간-AI 상호 작용의 가능성을 제공한다. 그러나 문맥과 추론의 숙달은 선제적이면서도 조절 가능한 비서를 만들기 위한 AI의 과제로 남아 있다. 현재 연구는 두 가지 측면에서 챗봇 능력을 향상시키고 있으며, 사용자 의도에 대한 적극적인 대화와 유연하고 목적 있는 대화에서의 응답을 균형 있게 유지하는 것을 목표로 하고 있다.

검색과 벡터의 이해

RAG는 외부 지식을 검색하고 통합함으로써 텍스트 생성을 향상시키는 기술이다. 이는 언어 모델의 매개변수에 인코딩된 지식에만 의존하는 것이 아니라 사실적인 정보에 근거해 출력물을 구성한다. 검색 증강 언어 모델RALM, Retrieval-Augmented Language Models은 특히 훈련과 추론 과정에 검색을 통합하는 검색 증강 언어 모델을 의미한다.

전통적인 언어 모델은 프롬프트를 기반으로 자기회귀적으로 텍스트를 생성한다. RALM은 이를 보완하기 위해 문맥 검색 알고리듬을 사용해 외부 말뭉치에서 관련 있는 문맥을 먼저 검색한다. 문맥 검색은 일반적으로 문서를 벡터 임베딩으로 색인화해 근사 최근접 이웃 검색을 통해 빠른 유사성 조회를 가능하게 한다.

검색된 증거는 그 후 언어 모델을 더 정확하고 맥락적으로 관련성 있는 텍스트를 생성하도록 조건화한다. 이 주기는 RALM이 동적으로 쿼리를 작성하고 생성 중에 필요에 따라 정보를 검색하면서 반복된다. 활동적인 RALM은 검색과 텍스트 생성을 교차로 진행하며, 불확실한 부분을 다시 생성해 명확한 지식을 가져온다.

전반적으로 RAG와 RALM은 언어 모델의 기억 한계를 극복하기 위해 외부 정보에 기반한 응답을 생성한다. 나중에 자세히 살펴보겠지만 벡터 임베딩의 효율적인 저장 및 색인화는 대량의 문서 모음에서 실시간 의미 검색을 활성화하는 데 중요하다. 외부 지식을 통합함으로써 RALM은 보다 유용하고 세밀하며 사실적으로 올바른 텍스트를 생성한다. 그들의 능력은 색인화 방법의 최적화, 검색 타이밍에 대한 추론, 내부 및 외부 컨텍스트 통합을 통해 계속 발전하고 있다.

RAG를 통해 사용례에 특화된 정보로 LLM을 뒷받침함으로써 응답의 품질과 정확도가 향상된다. 관련 데이터를 검색함으로써 RAG는 LLM의 환각적인 응답을 줄이는 데 도움을 준다. 예를 들어 의료 애플리케이션에서 사용되는 LLM은 추론 중에 의학 문헌이나 데이터베이스와 같은 외부 소스에서 관련 의료 정보를 검색할 수 있다. 이 검색된 데이터는 그 후에 문맥에 통합돼 생성된 응답을 향상시키고 도메인별 지식과 일치하도록 보장한다.

벡터 저장에 대해 이야기하고 있으므로 벡터 검색에 대해 논의해야 한다. 벡터 검색은 쿼리 벡터와의 유사성을 기반으로 벡터(또는 임베딩)를 검색하고 추출하는 기술로서, 추천 시스템, 이미지 및 텍스트 검색, 이상 징후 감지와 같은 애플리케이션에서 일반적으로 사용된다. 이제 임베딩의 기본 개념부터 시작하겠다. 임베딩을 이해하면 검색 엔진에서부터 챗봇까지 모든 것을 구축할 수 있을 것이다.

임베딩

임베딩은 기계가 처리하고 이해할 수 있는 방식으로 내용을 수치적으로 표현한 것이다. 이 과정의 본질은 이미지나 텍스트와 같은 객체에서 그와 관련없는 세부 사항을 최대한 제거하면서 의미적 내용을 캡슐화하는 벡터로 변환하는 것이다. 임베딩은 단어, 문장 또는 이미지와 같은 콘텐츠 조각을 다차원 벡터 공간으로 매핑한다. 두 임베딩 간의 거리는 해당 개념(원본 콘텐츠) 간의 의미적 유사성을 나타낸다.

임베딩은 ML 모델에 의해 생성된 데이터 객체의 표현이다. 단어나 문장을 수치 벡터(부동소수점 숫자 목록)로 나타낼 수 있다. OpenAI 언어 임베딩 모델의 경우, 임베딩은 텍스트를 나타내는 1,536개의 부동소수점 숫자로 이뤄진 벡터다. 이 숫자들은 의미적 콘텐츠를 포착하는 정교한 언어 모델에서 파생된다.

고양이와 개라는 단어가 있다고 가정해보자. 이들은 어휘 내의 다른 모든 단어와 함께 수치적으로 나타낼 수 있다. 만약 이 공간이 3차원인 경우, 고양이와 개에 대한 벡터는 각각 [0.5, 0.2, −0.1]과 [0.8, −0.3, 0.6]과 같을 수 있다. 이러한 벡터는 이 개념들이 다른 단어들과의 관계에 대한 정보를 인코딩한다. 대략적으로 말하면 고양이와 개라는 개념은 컴퓨터나 임베딩의 개념보다는 동물이라는 개념에 더 가깝다(더 유사하다)고 기대할 수 있을 것이다.

임베딩은 다양한 방법으로 생성될 수 있다. 텍스트의 경우 간단한 방법 중 하나는 단어 주머니bag-of-words 접근법이다. 단어 주머니에서 각 단어는 텍스트에서 나타나는 횟수로 나타낼 수 있다. 이 접근법은 사이킷런scikit-learn 라이브러리에서 CountVectorizer로 구현돼 있으며, word2vec이 등장하기 전까지 널리 사용됐다. Word2vec은 간단히 말하면 문장 내에서 다른 주변 단어를 기반으로 단어를 예측해 선형 모델에서 단어 순서를 무시하고 임베딩을 학습한다.

이러한 벡터를 사용하면 간단한 벡터 산술 연산을 수행할 수 있다. 예를 들어 King의 벡터에서 Man의 벡터를 빼고 Woman의 벡터를 더하면 Queen에 가까운 벡터를 얻을 수 있다. 임베딩의 일반적인 개념은 다음 그림에 설명돼 있다(출처 - 「Analogies Explained: Towards Understanding Word Embeddings」, 칼 알렌Carl Allen과 티모시 호스피달스Timothy Hospedales, 2019; https://arxiv.org/abs/1901.09813).

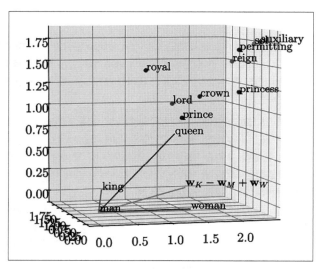

그림 5.1 Word2Vec 단어 임베딩을 3D 공간에 표현한 것

이미지의 경우 임베딩은 가장자리 감지, 질감 분석 및 색상 구성과 같은 특징 추출 단계에서 나올 수 있다. 이러한 기능은 서로 다른 윈도우 크기에서 추출될 수 있어야 한다. 이렇게 하면 표현은 크기와 이동에 대해 불변이 된다(크기 및 이동 불변의 스케일 스페이스 표현). 요즘에는 합성곱 신경망(CNN, Convolutional Neural Network)이 종종 대형 데이터셋(예: ImageNet)에서 사전 훈련돼 이미지의 특성을 잘 학습한다. 합성곱 계층은 입력 이미지에 일련의 필터(또는 커널)를 적용해 특징 맵을 생성한다. 개념적으로 이것은 스케일 스페이스와 유사하다. 그런 다음 사전 훈련된 CNN이 새 이미지에서 실행될 때 임베딩 벡터를 출력할 수 있다.

(텍스트와 이미지를 포함해) 오늘날 도메인에서는 대부분 트랜스포머 기반 모델에서 임베딩이 나온다. 이러한 모델은 문장 및 단락에서 단어의 맥락과 순서를 고려한다. 모델 아키텍처에 기반해(가장 중요한 것은 매개변수의 수), 이러한 모델은 매우 복잡한 관계를 포착할 수 있다. 이러한 모든 모델은 개념과 그들의 관계를 수립하기 위해 대규모 데이터셋에서 훈련된다.

이러한 임베딩은 다양한 작업에 사용할 수 있다. 데이터 객체를 숫자 벡터로 표현함으로써 이들에 대한 수학적 연산을 수행하고 유사성을 측정하거나 다른 ML 모델에 입력으로 사용할 수 있다. 임베딩 간의 거리를 계산함으로써 검색 및 유사성 점수 매기기와 같은 작업을 수행하거나 주제나 범주별로 객체를 분류하는 등의 작업을 수행할 수 있다. 예를 들어 제품 리뷰를 임베딩한 것이 긍정 또는 부정 개념 중 어느 것에 더 가까운지를 확인해 간단한 감정 분류기를 수행할 수 있다.

LangChain에서는 OpenAIEmbeddings 클래스와 같은 임베딩 클래스에서 embed_query() 메서드를 사용해 임베딩을 얻을 수 있다. 다음은 코드 예시의 일부다.

```
from langchain.embeddings.openai import OpenAIEmbeddings

embeddings = OpenAIEmbeddings()
text = "This is a sample query."
query_result = embeddings.embed_query(text)
print(query_result)
print(len(query_result))
```

이 코드는 embed_query 메서드에 단일 문자열 입력을 전달하고 해당 텍스트 임베딩을 검색한다. 결과는 query_result 변수에 저장된다. 임베딩의 길이(차원 수)는 len() 함수를 사용해 얻을 수 있다. 3장에서 권장한 대로 API 키를 환경변수로 설정했다고 가정한다.

embed_documents() 메서드를 사용해 여러 문서 입력에 대한 임베딩도 얻을 수 있다. 다음은 예시다.

```
from langchain.embeddings.openai import OpenAIEmbeddings

words = ["cat", "dog", "computer", "animal"]
embeddings = OpenAIEmbeddings()
doc_vectors = embeddings.embed_documents(words)
```

이 경우에는 embed_documents() 메서드를 사용해 여러 텍스트 입력에 대한 임베딩을 검색한다. 결과는 doc_vectors 변수에 저장된다. 여기서는 장문 문서에 대한 임베딩을 검색할 수도 있었지만, 대신 각 단어에 대한 벡터만 검색했다.

또한 이러한 임베딩 간에 산술 연산도 수행할 수 있다. 예를 들어 이들 간의 거리를 계산할 수 있다.

```
from scipy.spatial.distance import pdist, squareform
import numpy as np
import pandas as pd
X = np.array(doc_vectors)
dists = squareform(pdist(X))
```

이를 통해 단어 간의 유클리드 거리를 정방 행렬로 제공한다. 이를 도식화해보자.

```
import pandas as pd

df = pd.DataFrame(
    data=dists,
    index=words,
    columns=words
)
df.style.background_gradient(cmap='coolwarm')
```

거리 도식은 다음과 유사하다.

	고양이	개	컴퓨터	동물
고양이	0.000000	0.522352	0.575285	0.521214
개	0.522352	0.000000	0.581203	0.478794
컴퓨터	0.575285	0.581203	0.000000	0.591435
동물	0.521214	0.478794	0.591435	0.000000

그림 5.2 고양이, 개, 컴퓨터 그리고 동물이라는 단어 사이의 임베딩 간 유클리드 거리

이 결과로 다음을 확인할 수 있다. 고양이와 개는 실제로 컴퓨터보다는 동물에 더 가까워 보인다. 여기에는 여러 가지 의문점이 있을 수 있다. 예를 들어 개가 고양이보다 동물에 더 가깝다면 어떻게 될까? 혹은 왜 개와 고양이는 동물에 비해 컴퓨터에 더 가깝다는 걸까? 하지만 이러한 의문점은 특정 응용 분야에서 중요할 수 있지만, 이는 단순한 예제임을 명심하라.

이 예제에서는 OpenAI 임베딩을 사용했다. 이후 예제에서는 Hugging Face에서 제공하는 모델의 임베딩을 사용할 것이다. LangChain에는 이 프로세스를 돕기 위한 몇 가지 통합 및 도구가 있다. 그중 일부는 5장에서 더 자세히 살펴볼 것이다.

또한 LangChain은 실제 임베딩 제공자에 대한 호출을 만들지 않고 파이프라인을 테스트하는 데 사용할 수 있는 FakeEmbeddings 클래스를 제공한다.

5장에서는 이들을 주로 관련 정보를 검색하기 위해 사용할 것이다(문맥 검색). 그러나 여전히 이러한 임베딩을 앱이나 더 넓은 시스템에 통합하는 방법에 대해 이야기해야 한다. 이쯤에서 벡터 저장소Vector Storage가 등장한다.

벡터 저장소

언급한 바와 같이 벡터 검색에서 각 데이터 포인트는 고차원 공간에서 벡터로 나타낼 수 있다. 이러한 벡터는 데이터 포인트의 특징이나 특성을 포착한다. 목표는 주어진 쿼리 벡터에 가장 유사한 벡터를 찾는 것이다.

벡터 검색에서 데이터셋의 모든 데이터 객체에는 벡터 임베딩이 할당된다. 이러한 임베딩은 고차원 공간에서 좌표로 사용될 수 있는 숫자 배열이다. 벡터 간의 거리는 코사인 유사성이나 유클리드 거리와 같은 거리 측정 방법을 사용해 계산될 수 있다. 벡터 검색을 수행하려면 쿼리 벡터(검색 쿼리를 나타냄)를 모음의 각 벡터와 비교한다. 쿼리 벡터와 모음의 각 벡터 간의 거리가 계산되고, 거리가 작은 객체는 더 유사하다고 간주된다.

벡터 검색을 효율적으로 수행하기 위해 벡터 저장 메커니즘으로는 벡터 데이터베이스 등이 사용된다.

NOTE

> 벡터 검색은 특정 쿼리 벡터와의 유사성을 기반으로 다른 저장된 벡터 가운데 유사한 벡터를 찾는 과정을 나타낸다. 벡터 검색은 주로 추천 시스템, 이미지 및 텍스트 검색, 유사성 기반 검색과 같은 다양한 애플리케이션에서 사용된다. 벡터 검색의 목표는 일반적으로 점곱이나 코사인 유사성과 같은 유사도 측정 방법을 사용해 쿼리 벡터와 가장 유사한 벡터를 효과적이고 정확하게 검색하는 것이다.

벡터 저장소는 벡터 임베딩을 저장하고 검색하는 데 사용되는 메커니즘을 나타낸다. 벡터 저장소는 벡터 임베딩을 효율적으로 저장하고 검색하기 위해 특별히 설계된 독립적인 솔루션일 수 있다. 반면 벡터 데이터베이스는 벡터 임베딩을 관리하고 Faiss[1]와 같은 독립적인 벡터 인덱스를 사용하는 것보다 여러 이점을 제공하기 위해 특별히 설계됐다.

이러한 개념을 조금 더 자세히 살펴보자. 세 가지 수준이 있다.

1. 인덱싱은 벡터를 조직화해 벡터를 빠르게 검색할 수 있도록 구조화한다. 여기에는 k-d 트리나 Annoy[Approximate nearest neighbors oh yeah]와 같은 다양한 알고리듬이 있다.

2. 벡터 라이브러리는 점곱 및 벡터 인덱싱과 같은 벡터 작업을 수행하는 기능을 제공한다.

3. Milvus나 Pinecone과 같은 벡터 데이터베이스는 대규모 벡터 집합을 저장, 관리 및 검색하기 위해 설계됐다. 이러한 벡터에 대한 효율적인 유사성 검색을 용이하게 하기 위해 인덱싱 메커니즘을 사용한다.

이러한 구성 요소는 벡터 임베딩의 생성, 조작, 저장 및 효율적인 검색을 위해 함께 작동한다. 이를 차례로 살펴보면 임베딩 작업의 기본 원리를 이해할 수 있다. 이러한 기본 원리를 이해하면 RAG로 작업하는 데 직관적으로 도움이 될 것이다.

벡터 인덱싱

임베딩의 맥락에서 인덱싱은 데이터를 검색 또는 저장을 최적화하기 위한 방법이다. 이는 전통적인 데이터베이스 시스템의 개념과 유사하며, 인덱싱을 통해 데이터 레코드에 빠르게 접근할 수 있다. 벡터 임베딩의 경우의 인덱싱은 대략적으로 말하면 비슷한 벡터가 서로 인접하게 저장돼 빠른 근접 또는 유사성 검색이 가능하도록 하는 것을 목표로 한다.

---

1   Faiss는 Facebook AI에서 개발한 라이브러리로, 대규모 데이터셋에 대한 빠른 유사도 검색을 할 수 있게 해준다.
    – 옮긴이

이러한 맥락에서 일반적으로 적용되는 알고리듬은 k차원 트리이다. 그러나 고차원 벡터의 경우 전통적인 방법이 어려울 수 있기 때문에 ball trees, Annoy, Faiss와 같은 많은 다른 알고리듬이 구현돼 사용된다.

유사성 검색 인덱싱에 일반적으로 사용되는 여러 유형의 알고리듬이 있다. 몇 가지 예로는 다음과 같다.

- **제품 양자화**^{PQ, Product Quantization}: PQ는 벡터 공간을 작은 하위 공간으로 나누고 각 하위 공간을 따로 양자화하는 기술이다. 이를 통해 벡터의 차원을 줄이고 효율적인 저장과 검색이 가능하다. PQ는 빠른 검색 속도로 알려져 있지만 일부 정확성이 희생될 수 있다. PQ의 예로는 k-d 트리와 ball 트리가 있다. k-d 트리에서는 데이터 점을 특징 값에 따라 분할하는 이진 트리 구조가 구축된다. 저차원의 데이터에 대해서는 효율적이지만 차원이 증가함에 따라 효과가 감소한다. ball 트리에서는 데이터 포인트를 중첩된 초구^{hypersphere}로 분할하는 트리 구조다. 고차원 데이터에 적합하지만 낮은 차원의 데이터에 대해서는 k-d 트리보다 느릴 수 있다.

- **지역 민감 해싱**^{LSH, Locality Sensitive Hashing}: 유사한 데이터 점을 동일한 해시 버킷에 매핑하는 해싱 기반 방법이다. 고차원 데이터에 효과적이지만 잘못된 양성 및 음성의 확률이 높아질 수 있다. Annoy 알고리듬은 랜덤 투영 트리를 사용해 벡터를 인덱싱하는 인기 있는 LSH 알고리듬이다. 각 노드가 랜덤 초평면을 나타내는 이진 트리 구조를 구성한다. Annoy는 사용이 간단하고 빠른 근사 최근접 이웃 검색을 제공한다.

- **HNSW**^{Hierarchical Navigable Small World}: HNSW는 벡터를 조직하는 계층적 그래프 구조를 구성하는 그래프 기반 인덱싱 알고리듬으로, 랜덤화와 그리디^{greedy} 검색의 조합을 사용해 탐색 가능한 네트워크를 구축해 효율적인 최근접 이웃 검색이 가능하게 한다. HNSW는 높은 검색 정확도와 확장성으로 알려져 있다.

- HNSW 및 KNN 외에도 그래프 신경망^{GNN, Graph Neural Network}과 그래프 합성곱망^{GCN, Graph Convolutional Network} 등 그래프 기반 방법이 있으며, 이들은 유사성 검색을 위해 그래프 구조를 활용한다.

이러한 인덱싱 알고리듬은 검색 속도, 정확도 그리고 메모리 사용량 측면에서 서로 다른 트레이드오프를 갖고 있다. 알고리듬을 선택할 때는 애플리케이션의 구체적 요구 사항과 벡터 데이터의 특성에 따라 달리해야 한다.

벡터 라이브러리

Facebook^(현 Meta) Faiss나 Spotify Annoy와 같은 벡터 라이브러리는 벡터 데이터를 처리하는 데 사용되는 기능을 제공한다. 벡터 라이브러리는 벡터 검색의 맥락에서 특히 벡터 임베딩을 저장하고 유사도 검색 수행을 위해 설계됐다. 이러한 라이브러리들은 효율적으로 벡터를 검색하고 가장 유사한 벡터를 찾기 위해 ANN 알고리듬을 사용한다. 일반적으로 이러한 라이브러리는 클러스터링이나 트리 기반 방법과 같은 다양한 ANN 알고리듬 구현을 제공하며 다양한 애플리케이션에서 벡터 유사성 검색을 수행할 수 있도록 한다.

다음은 깃허브 별 개수를 기반으로 한 오픈 소스 벡터 저장 라이브러리에 대한 간략한 개요다. 시간에 따른 인기 변화를 볼 수 있다_(출처 - star-history.com).

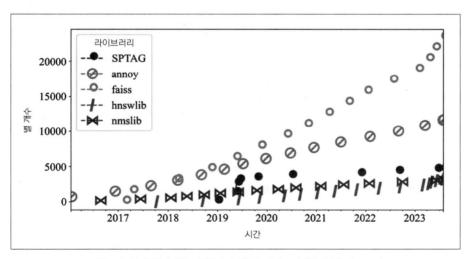

그림 5.3 여러 인기 있는 오픈 소스 벡터 라이브러리들의 별 히스토리

Faiss가 깃허브 사용자에게 가장 많은 별을 받았음을 볼 수 있고, Annoy가 두 번째다. 다른 라이브러리들은 아직 비슷한 인기를 얻지 못했다.

빠르게 살펴보자.

- Faiss는 Facebook(현 Meta)에서 개발한 라이브러리로, 밀도가 높은 벡터의 효율적인 유사성 검색과 클러스터링을 제공한다. PQ, LSH, HNSW를 비롯한 다양한 인덱싱 알고리듬을 지원하며, 대규모 벡터 검색 작업에 널리 사용되고 CPU 및 GPU 가속을 지원한다.

- Annoy는 Spotify에서 유지 및 개발되는 고차원 공간에서의 근사 최근접 이웃 검색을 위한 C++ 라이브러리로, Annoy 알고리듬을 구현한다. 효율적이고 확장 가능하도록 설계돼 대규모 벡터 데이터에 적합하다. 여러 개의 무작위 투영 트리로 작동한다.

- hnswlib은 HNSW 알고리듬을 사용한 근사 최근접 이웃 검색을 위한 C++ 라이브러리로, 고차원 벡터 데이터에 대한 빠르고 메모리 효율적인 인덱싱 및 검색 기능을 제공한다.

- nmslib^Non-Metric Space Library은 비측정non-metric 공간에서 효율적인 유사성 검색을 제공하는 오픈 소스 라이브러리이다. HNSW, SW-graph, SPTAG와 같은 다양한 인덱싱 알고리듬을 지원한다.

- Microsoft의 SPTAG은 분산 ANN을 구현한 것으로, k-d 트리 및 상대 이웃 그래프 (SPTAG-KDT)와 균형 잡힌 k-평균 트리 및 상대 이웃 그래프(SPTAG-BKT)를 포함하고 있다.

nmslib과 hnswlib은 아마존^Amazon의 선임 연구 과학자 레오 보이트소프^Leo Boytsov 및 유리 말코프^Yury Malkov가 유지 관리하고 있다. 더 많은 라이브러리 개요는 다음 깃허브 (https://github.com/erikbern/ann-benchmarks)에서 확인할 수 있다.

벡터 데이터베이스

벡터 데이터베이스는 벡터 임베딩을 처리하도록 설계돼 데이터 객체를 검색하고 쿼리하기가 더 쉬워진다. 데이터 관리, 메타데이터 저장 및 필터링, 확장성과 같은 추가 기능을 제공한다. 벡터 저장은 주로 벡터 임베딩을 저장하고 검색하는 데 중점을 둔다. 하지만 벡터 데이터베이스는 벡터 데이터를 관리하고 쿼리하기 위한 더 포괄적인 솔루션을 제공한다. 벡터 데이터베이스는 텍스트, 이미지, 오디오, 비디오 등 여러 유형의 벡터화된 데이터에 걸쳐 유연하고 효과적인 검색 기능이 필요한 대량의 데이터를 다루는 애플리케이션에 특히 유용할 수 있다.

벡터 데이터베이스는 ML 모델과 해당 임베딩을 저장하고 제공하는 데 사용될 수 있다. 주요 응용 분야는 유사도 검색(또는 의미 검색)으로, 벡터 표현을 기반으로 쿼리와 일치하는 객체를 식별해 대량의 텍스트, 이미지 또는 비디오를 효과적으로 검색할 수 있다. 이는 문서 검색, 역이미지 검색 및 추천 시스템과 같은 애플리케이션에서 특히 유용하다.

벡터 데이터베이스의 다른 사용례는 기술의 진화에 따라 계속 확장되고 있다. 그러나 벡터 데이터베이스의 일반적인 사용례는 다음과 같은 것이 있다.

- **이상 감지**: 벡터 데이터베이스는 데이터 포인트의 벡터 임베딩을 비교해 대규모 데이터셋에서 이상 현상을 감지하는 데 사용될 수 있다. 이는 사기 탐지, 네트워크 보안 또는 모니터링 시스템과 같이 이상한 패턴이나 행동을 식별하는 데 중요할 수 있다.

- **개인화**: 벡터 데이터베이스를 사용해 사용자 선호도나 행동을 기반으로 유사한 벡터를 찾아 개인화된 추천 시스템을 만들 수 있다.

- **자연어 처리**: 벡터 데이터베이스는 감정 분석, 텍스트 분류 및 의미 검색과 같은 자연어 처리 작업에서 널리 사용된다. 텍스트를 벡터 임베딩으로 표현하면 텍스트 데이터를 비교하고 분석하기가 더 쉬워진다.

이러한 데이터베이스는 확장성 및 고차원 벡터 공간에서 데이터를 효율적으로 표현하고 검색하기 위해 최적화돼 있기 때문에 인기가 많다. 기존의 데이터베이스는 이미지나 텍스트 임베딩을 나타내는 데 사용되는 것과 같은 대규모 고차원 벡터를 효과적으로 처리하도록 설계되지 않았다.

벡터 데이터베이스의 특징은 다음과 같다.

- **유사한 벡터의 효율적인 검색**: 고차원 공간에서 가까운 임베딩이나 유사한 점을 효과적으로 찾는 데 능숙하다. 이로써 역이미지 검색이나 유사도 기반 추천과 같은 작업에 이상적이다.

- **특정 작업에 특화된 기능**: 특정 작업, 예를 들면 가까운 임베딩 찾기와 같은 작업을 수행하도록 설계됐다. 이들은 범용 데이터베이스가 아니며 대량의 벡터 데이터를 효과적으로 처리할 수 있도록 조정돼 있다.

- **고차원 공간 지원**: 수천 차원의 벡터를 처리할 수 있으며 데이터의 복잡한 표현이 가능하다. 자연어 처리나 이미지 인식과 같은 작업에 중요하다.

- **고급 검색 기능 활성화**: 유사한 벡터나 임베딩을 검색할 수 있는 강력한 검색 엔진을 구축할 수 있다. 이를 통해 콘텐츠 추천 시스템이나 의미 기반 검색과 같은 애플리케이션이 가능해진다.

전반적으로 벡터 데이터베이스는 대규모 고차원 벡터 데이터를 처리하기 위한 특화된 효과적인 솔루션을 제공해 유사성 검색 및 고급 검색 기능과 같은 작업을 가능케 한다.

오픈 소스 소프트웨어와 데이터베이스 시장은 현재 AI와 데이터 관리가 기업에 중요해지면서 고급 데이터베이스 솔루션에 대한 높은 수요로 인해 번성하고 있다.

데이터베이스 시장에서는 새로운 유형의 데이터베이스가 등장해 새로운 시장 범주를 창출한 역사가 있다. 이러한 시장 창조자들은 종종 산업을 주도하며, 벤처 투자가로부터 상당한 투자를 유치한다. MongoDB, Cockroach, Neo4J 그리고 Influx는 모두 혁신적인 데이터베이스 기술을 도입하고 상당한 시장 점유율을 달성한 성공적인 기업의 예다. 인기 있는 Postgres는 효율적인 벡터 검색을 위한 확장 기능 `pg_embedding`을 갖추고 있다. HNSW는 IVFFlat 인덱싱을 통해 pgvector 확장에 대한 더 빠르고 효율적인 대안을 제공한다.

표 5.1에는 몇 가지 벡터 데이터베이스의 예가 나열돼 있다. 개인적으로 각 검색 엔진에 대해 다음과 같은 관점을 강조했다.

- **가치 제안**: 이 벡터 검색 엔진을 다른 것과 구별 짓는 독특한 기능은 무엇인가?
- **비즈니스 모델**: 이 엔진의 일반적인 유형, 즉 벡터 데이터베이스, 빅데이터 플랫폼 또는 관리/셀프 호스팅인가?
- **인덱싱**: 이 검색 엔진이 채택한 유사성/벡터 검색에 대한 알고리듬적 접근과 그 독특한 기능은 무엇인가?
- **라이선스**: 오픈 소스인지 폐쇄형 소스인지 여부는?

표 5.1 벡터 데이터베이스

데이터 베이스 공급자	설명	비즈 니스 모델	최초 출시	라이선스	인덱싱	조직
Chroma	상업용 오픈 소스 임 베딩 스토어	(부분 공개) SaaS	2022	Apache −2.0	HNSW	Chroma Inc
Qdrant	관리형/셀프호스팅 벡터 검색 엔진 및 데 이터베이스로 확장된 필터링 지원	(부분 공개) SaaS	2021	Apache 2.0	HNSW	Qdrant Solutions GmbH
Milvus	확장 가능한 유사성 검색을 위해 구축된 벡터 데이터베이스	(부분 공개) SaaS	2019	BSD	IVF, HNSW, PQ 등	Zilliz
Weaviate	객체와 벡터를 모두 저장하는 클라우드 네 이티브 벡터 데이터 베이스	공개 SaaS	2018년에 전통적인 그 래프 데이터베이스로 시작돼 2019년에 처음 출시	BSD	CRUD를 지원하는 맞춤형 HNSW	SeMI Technolo- gies
Pinecone	AI 모델의 임베딩을 사용한 빠르고 확장 가능한 애플리케이션	공개 SaaS	2019 최초 출시	독점	Faiss 기 반으로 구축	Pinecone Systems Inc

데이터 베이스 공급자	설명	비즈 니스 모델	최초 출시	라이선스	인덱싱	조직
Vespa	벡터 검색, 어휘 검색 및 검색을 지원하는 상업용 오픈 소스 벡터 데이터베이스	공개 SaaS	원래는 웹 검색 엔진 (alltheweb)으로 출발해 2003년에 Yahoo!에 인수됐으며, 2017년에 Vespa로 개발돼 오픈 소스로 공개	Apache 2.0	HNSW, BM25	Yahoo!
Marqo	클라우드 네이티브 상업용 오픈 소스 검색 및 분석 엔진	공개 SaaS	2022	Apache 2.0	HNSW	S2Search Australia Pty Ltd

위의 표에서는 아키텍처, 샤딩 지원 및 인메모리 처리와 같은 다른 측면을 제외했다. 다양한 벡터 데이터베이스 공급업체가 있다. FaissDB 및 Hasty.ai와 같은 많은 솔루션은 생략됐으며, LangChain에 통합된 몇 가지 솔루션에 중점을 뒀다. 오픈 소스 데이터베이스의 경우 깃허브 별 개수 기록은 인기와 추이에 대한 좋은 아이디어를 제공한다. 다음은 시간에 따른 도면이다(출처 - star-history.com).

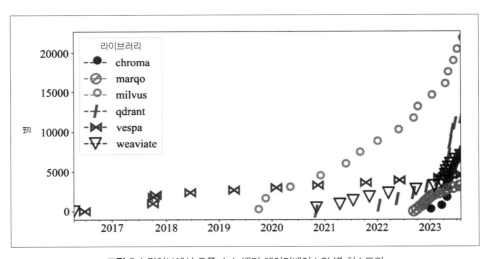

그림 5.4 깃허브에서 오픈 소스 벡터 데이터베이스의 별 히스토리

LangChain에서 milvus가 매우 인기 있음을 알 수 있다. 그러나 qdrant, weviate, chroma와 같은 다른 라이브러리도 따라잡고 있다. LangChain에서는 vectorstores 모듈을 사용해 벡터 저장소를 구현할 수 있다. 이 모듈은 벡터를 저장하고 쿼리하는 데 사용되는 다양한 클래스와 메서드를 제공한다. LangChain에서 벡터 저장소 구현의 예를 살펴보겠다!

Chroma

이 벡터 저장소는 Chroma를 백엔드로 사용해 벡터를 저장하고 쿼리하는 데 최적화됐다. Chroma는 벡터를 각도 유사도를 기반으로 인코딩하고 비교한다.

LangChain에서 Chroma를 사용하려면 다음 단계를 따라야 한다.

1. 필요한 모듈 임포트

```
from langchain.vectorstores import Chroma
from langchain.embeddings import OpenAIEmbeddings
```

2. Chroma의 인스턴스를 생성하고 문서(분할) 및 임베딩 방법을 제공한다.

```
vectorstore = Chroma.from_documents(documents=docs,
embedding=OpenAIEmbeddings())
```

NOTE

문서(또는 5장에서 본 splits)는 Chroma 벡터 데이터베이스에 임베딩되고 저장된다. 문서 로더에 대해서는 5장의 다른 절에서 설명한다. 그러나 완결성을 위해 이전 Chroma 벡터 저장소에 대한 docs 인자를 다음과 같이 얻을 수 있다.

```
from langchain.document_loaders import ArxivLoader
from langchain.text_splitter import
CharacterTextSplitter
```

```
loader = ArxivLoader(query="2310.06825")
documents = loader.load()
text_splitter = CharacterTextSplitter(chunk_size=1000,

chunk_overlap=0)
docs = text_splitter.split_documents(documents)
```

이렇게 하면 Mistal 7B에 관한 논문을 로드하고 나눌 것이다. 다운로드는 PDF 형식이며, pymupdf
라이브러리가 설치돼 있어야 한다.

3. 벡터 저장소에 쿼리해 유사한 벡터를 검색할 수 있다.

```
similar_vectors = vector_store.query(query_vector, k)
```

여기서 query_vector는 유사한 벡터를 찾고자 하는 벡터이며, k는 검색하려는 유사한
벡터의 수다.

이 절에서는 임베딩과 벡터 저장소의 기본 개념에 대해 많이 배웠다. 또한 벡터 저장소
와 벡터 데이터베이스에서 임베딩과 문서를 다루는 방법도 살펴봤다. 실제로 챗봇을 만
들려면 두 가지 중요한 요소인 문서 로더와 검색기가 있다. 이제 두 가지를 자세히 살펴
보겠다.

⁝⁝ LangChain에서의 로딩 및 검색

LangChain은 검색 시스템을 구축하기 위한 여러 구성 요소의 도구 체인을 구현한다.
이 절에서는 데이터 로더, 문서 변환기, 임베딩 모델, 벡터 저장소 및 검색기를 함께 조
합해 RAG를 사용한 챗봇을 구축하는 방법을 살펴볼 것이다.

그 관계는 다음 그림에서 볼 수 있다(출처 - LangChain 문서).

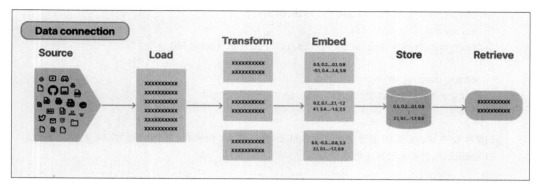

그림 5.5 벡터 저장소와 데이터 로더

LangChain에서는 먼저 데이터 로더를 통해 문서를 로드한다. 그런 다음 이 문서를 변환하고 임베딩으로 사용할 수 있도록 벡터 저장소에 전달할 수 있다. 그런 다음 벡터 저장소나 벡터 저장소와 관련된 검색기retriever를 쿼리할 수 있다. LangChain에서는 검색기가 로딩 및 벡터 저장을 하나의 단계로 묶을 수 있다. 5장에서는 변환을 대부분 건너뛰겠지만 데이터 로더, 임베딩, 저장 메커니즘 및 검색기의 설명과 예제를 찾을 수 있다.

LangChain에서는 통합 문서 로더를 통해 다양한 소스 및 형식에서 문서를 로드할 수 있다. LangChain 통합 허브를 사용해 데이터 원본에 적합한 로더를 찾아 선택할 수 있다. 로더를 선택한 후 지정된 로더를 사용해 문서를 로드할 수 있다.

LangChain의 문서 로더를 살펴보겠다! 실제 RAG를 구현하는 파이프라인에서 이들은 첫 번째 단계로 나타난다.

문서 로더

문서 로더는 데이터를 소스에서 Document 객체로 로드하는 데 사용된다. Document 객체는 텍스트와 관련된 메타데이터로 구성된다. 가용한 다양한 유형의 통합이 있는데 예컨대 간단한 .txt 파일을 로드하는 경우(TextLoader), 웹 페이지의 텍스트 내용을 로드하는 경우(WebBaseLoader), Arxiv에서 기사를 로드하는 경우(ArxivLoader) 또는 유튜브^{YouTube} 비디오의 대본을 로드하는 경우(YoutubeLoader) 등이 있다. 웹 페이지의 경우, Diffbot 통합을 사용하면 내용을 깔끔하게 추출할 수 있다. ImageCaptionLoader와 같이 이미지에 대한 캡션을 제공하는 이미지와 관련된 다른 통합도 있다.

문서 로더에는 설정된 소스에서 데이터를 로드하고 문서로 반환하는 load() 메서드를 갖고 있다. 필요할 때 메모리로 데이터를 로드하기 위해 lazy_load() 메서드도 있을 수 있다.

다음은 텍스트 파일에서 데이터를 로드하는 문서 로더의 예시다.

```
from langchain.document_loaders import TextLoader

loader = TextLoader(file_path="path/to/file.txt")
documents = loader.load()
```

다음은 로드된 문서를 포함하는 documents 변수다. 이 변수는 추가 처리를 위해 접근할 수 있다. 각 문서는 page_content(문서의 텍스트 내용)와 metadata(소스 URL이나 제목과 같은 관련 메타데이터)로 구성돼 있다.

비슷하게 위키피디아에서 문서를 로드할 수 있다.

```
from langchain.document_loaders import WikipediaLoader
loader = WikipediaLoader("LangChain")
documents = loader.load()
```

문서 로더의 구체적인 구현은 사용되는 프로그래밍 언어나 프레임워크에 따라 다를 수 있다는 점에 유의하라. LangChain에서는 에이전트나 체인에서 벡터 검색을 하는 것이 검색기를 통해 이뤄지며, 이는 벡터 저장소에 접근한다. 이제 검색기가 어떻게 작동하는지 살펴보자.

LangChain에서 검색기

LangChain에서의 검색기는 벡터 저장소를 백엔드로 사용해 주어진 인덱스에서 정보를 탐색하고 검색할 때 사용되는 구성 요소 유형이다. 이 벡터 저장소는 Chroma와 같은 것으로, 임베딩을 인덱싱하고 검색하는 데 사용된다. 검색기는 문서에 대한 질문에 답할 때 중요한 역할을 한다. 주어진 쿼리를 기반으로 관련 정보를 검색하는 역할을 수행한다.

여기 몇 가지 검색기의 예시다.

- **BM25 검색기**: BM25 알고리듬을 사용해 주어진 쿼리와의 관련성에 따라 문서를 순위화한다. 이는 단어 빈도와 문서 길이를 고려하는 인기 있는 정보 검색 알고리듬이다.

- **TF-IDF 검색기**: TF-IDF^{Term Frequency-Inverse Document Frequency, 단어 빈도-역문서 빈도} 알고리듬을 사용해 문서 모음 내에서 용어의 중요성에 따라 문서를 순위화한다. 이는 모음에서 희귀한 용어에 더 높은 가중치를 할당하지만 특정 문서에서 자주 발생하는 용어에는 낮은 가중치를 할당한다.

- **Dense 검색기**: 밀집 임베딩을 사용해 문서를 검색한다. 문서와 쿼리를 밀집 벡터로 인코딩하고, 코사인 유사도나 다른 거리 측도를 사용해 그들 간의 유사도를 계산한다.

- **kNN 검색기**: k-최근접 이웃 알고리듬을 활용해 주어진 쿼리와의 유사도에 따라 관련된 문서를 검색한다.

이들은 LangChain에서 제공되는 검색기의 몇 가지 예시에 불과하다. 각 검색기는 각자 강점과 약점이 있으며, 검색기의 선택은 특정 사용례와 요구 사항에 따라 다르다. 예를 들어 Arxiv 검색기의 목적은 Arxiv.org 아카이브에서 과학 논문을 검색하는 것이다. 이는 사용자가 물리학, 수학, 컴퓨터 과학 등 다양한 분야의 학술 논문을 검색하고 다운로드할 수 있는 도구다.

Arxiv 검색기의 기능에는 다운로드할 최대 문서 수 지정, 쿼리를 기반으로 관련 문서 검색, 검색된 문서의 메타데이터 정보에 액세스하는 것 등이 있다.

위키피디아 검색기는 사용자가 웹 사이트 위키피디아에서 위키피디아 페이지나 문서를 검색할 수 있게 한다. 위키피디아 검색기의 목적은 위키피디아에 있는 방대한 양의 정보에 쉽게 접근하고 사용자가 특정 정보나 지식을 추출할 수 있도록 하는 것이다.

이제 몇 가지 검색기를 살펴보고 그들이 어떤 용도로 좋은지, 검색기를 어떻게 사용자 정의할 수 있는지 알아보겠다.

kNN 검색기

kNN 검색기를 사용하려면 검색기의 새 인스턴스를 생성하고 텍스트 목록을 제공해야 한다. 아래는 OpenAI의 임베딩을 사용해 kNN 검색기를 생성하는 예시다.

```
from langchain.retrievers import KNNRetriever
from langchain.embeddings import OpenAIEmbeddings

words = ["cat", "dog", "computer", "animal"]
retriever = KNNRetriever.from_texts(words, OpenAIEmbeddings())
```

검색기를 생성한 후에는 get_relevant_documents() 메소드를 호출하고 쿼리 문자열을 전달해 관련 문서를 검색하는 데 사용할 수 있다. 검색기는 쿼리에 가장 관련된 문서 목록을 반환한다.

다음은 kNN 검색기를 사용하는 예시다.

```
result = retriever.get_relevant_documents("dog")
print(result)
```

이는 쿼리와 관련된 문서 목록을 출력할 것이다. 각 문서에는 페이지 내용과 메타데이터가 포함돼 있다.

```
[Document(page_content='dog', metadata={}),
 Document(page_content='animal', metadata={}),
 Document(page_content='cat', metadata={}),
 Document(page_content='computer', metadata={})]
```

PubMed 검색기

LangChain에서는 PubMed와 같이 몇 가지 더 특화된 검색기가 있다. PubMed 검색기
는 LangChain의 구성 요소로, 생체 의학 문헌 검색을 언어 모델 애플리케이션에 통합
하는 데 도움을 준다. PubMed는 다양한 출처의 생체 의학 문헌에 대한 수백만 건의 인
용을 포함하고 있다.

LangChain에서는 PubMed 데이터베이스와 상호 작용하고 주어진 쿼리에 따라 관련
문서를 검색하기 위해 `PubMedRetriever` 클래스를 사용한다. 클래스의 `get_relevant_`
`documents()` 메서드는 쿼리를 입력으로 받아 PubMed에서 관련 문서의 목록을 반환
한다.

다음은 LangChain에서 PubMed 검색기를 사용하는 예시다.

```
from langchain.retrievers import PubMedRetriever
retriever = PubMedRetriever()
documents = retriever.get_relevant_documents("COVID")
for document in documents:
  print(document.metadata["Title"])
```

이 예시에서는 "COVID" 쿼리로 `get_relevant_documents()` 메서드를 호출한다. 그런 다
음 메서드는 PubMed에서 쿼리와 관련된 관련 문서를 검색하고 그것들을 목록으로 반
환한다. 내 경우는 출력으로 다음과 같은 제목들을 얻었다.

```
The COVID-19 pandemic highlights the need for a psychological support in
systemic sclerosis patients.
Host genetic polymorphisms involved in long-term symptoms of COVID-19.
Association Between COVID-19 Vaccination and Mortality after Major
```

맞춤형 검색기

LangChain에서는 BaseRetriever 추상 클래스를 상속받은 클래스를 생성함으로써 사용자 정의 검색기를 구현할 수 있다. 해당 클래스는 get_relevant_documents() 메서드를 구현해야 하며, 이 메서드는 쿼리 문자열을 입력으로 받아 관련 문서 목록을 반환해야 한다. 검색기를 구현하는 예시는 다음과 같다.

```python
from langchain.schema import Document, BaseRetriever

class MyRetriever(BaseRetriever):
  def get_relevant_documents(self, query: str, kwargs) ->
list[Document]:
      # 여기서 본인의 검색 로직을 구현한다.
      # 쿼리에 기반한 문서 검색과 프로세스
      # 연관된 문서의 리스트 반환

      relevant_documents = []

      # 여기에 본인의 검색 로직이 있음

      return relevant_documents
```

이 메서드를 사용해 데이터베이스 쿼리 또는 인덱스화된 문서 검색과 같은 필요한 모든 검색 작업을 수행하도록 사용자 정의할 수 있다.

검색기 클래스를 구현한 후에는 해당 클래스의 인스턴스를 생성하고 get_relevant_documents() 메서드를 호출해 쿼리를 기반으로 관련 문서를 검색할 수 있다.

이제 벡터 저장소와 검색기에 대해 학습했으니 이 지식을 활용해보겠다. 검색기를 활용한 챗봇을 구현해보자! 만약 챗봇과 검색기를 함께 구현하는 데 구체적인 요구 사항이나 질문이 있어 이를 알려준다면 더 도움을 주겠다.

⫶⊱ 챗봇 구현

이제 챗봇을 구현해보자. 3장의 지침에 따라 환경이 필요한 라이브러리와 API 키로 구성돼 있다고 가정하겠다. 만약 구현 중에 문제가 발생하거나 구체적인 질문이 있다면 언제든 도움을 요청하라.

간단한 챗봇을 LangChain에서 구현하려면 다음 레시피를 따를 수 있다.

1. 문서 로더 설정

2. 문서를 벡터 저장소에 저장

3. 벡터 저장소에서 정보를 검색하는 챗봇 설정

이를 여러 형식으로 일반화하고 Streamlit을 통한 웹 브라우저 인터페이스를 통해 사용 가능하게 만들 것이다. 문서를 끌어다 놓고 질문을 시작할 수 있게 될 것이다. 실제 운영에서는 기업 배포 및 고객 참여를 위해 이러한 문서가 이미 로드돼 있고 벡터 저장소가 정적일 수 있다고 생각할 수 있다.

문서 로더부터 시작해보자.

문서 로더

언급한 것처럼 서로 다른 형식을 읽고자 한다.

```python
from typing import Any
from langchain.document_loaders import (
  PyPDFLoader, TextLoader,
  UnstructuredWordDocumentLoader,
  UnstructuredEPubLoader
)

class EpubReader(UnstructuredEPubLoader):
  def __init__(self, file_path: str | list[str],  kwargs: Any):
```

```python
        super().__init__(file_path, kwargs, mode="elements",
strategy="fast")

class DocumentLoaderException(Exception):
    pass

class DocumentLoader(object):
    """Loads in a document with a supported extension."""
    supported_extentions = {
        ".pdf": PyPDFLoader,
        ".txt": TextLoader,
        ".epub": EpubReader,
        ".docx": UnstructuredWordDocumentLoader,
        ".doc": UnstructuredWordDocumentLoader
    }
```

이로써 우리는 PDF, 텍스트, EPUB 그리고 Word 문서와 같은 다양한 확장자의 문서를 읽을 수 있는 인터페이스를 얻게 된다. 이제 로더 로직을 구현해보겠다.

```python
import logging
import pathlib
from langchain.schema import Document

def load_document(temp_filepath: str) -> list[Document]:
    """Load a file and return it as a list of documents."""
    ext = pathlib.Path(temp_filepath).suffix
    loader = DocumentLoader.supported_extentions.get(ext)
    if not loader:
        raise DocumentLoaderException(
            f"Invalid extension type {ext}, cannot load this type of file"
        )

    loader = loader(temp_filepath)
    docs = loader.load()
    logging.info(docs)
    return docs
```

지금은 많은 오류를 처리하지 않았지만, 필요에 따라 확장할 수 있다. 이제 이 로더를 인터페이스에서 사용 가능하게 하고 벡터 저장소에 연결할 수 있다.

벡터 저장소

이 단계에는 임베딩 메커니즘, 벡터 저장소 그리고 문서를 통과시킬 파이프라인을 설정하는 것이 포함된다.

```python
from langchain.embeddings import HuggingFaceEmbeddings
from langchain.text_splitter import RecursiveCharacterTextSplitter
from langchain.vectorstores import DocArrayInMemorySearch
from langchain.schema import Document, BaseRetriever

def configure_retriever(docs: list[Document]) -> BaseRetriever:
  """사용할 검색기"""
  text_splitter = RecursiveCharacterTextSplitter(chunk_size=1500, chunk_
overlap=200)
  splits = text_splitter.split_documents(docs)
  embeddings = HuggingFaceEmbeddings(model_name="all-MiniLM-L6-v2")
  vectordb = DocArrayInMemorySearch.from_documents(splits, embeddings)
  return vectordb.as_retriever(search_type="mmr", search_kwargs={"k": 2,
"fetch_k": 4})
```

여기서는 문서를 청크로 나누고 있다. 그런 다음 Hugging Face에서 제공하는 작은 모델을 임베딩에 사용하고, DocArray에 대한 인터페이스를 설정해 청크를 받아들이고 임베딩을 생성하며 이를 저장한다. 마지막으로, 최대 마진 관련성을 사용해 검색기가 문서를 조회하고 있다.

그리고 인메모리 벡터 저장소로 DocArray를 사용하고 있다. DocArray는 고급 인덱싱, 포괄적인 직렬화 프로토콜, 통합된 파이썬 스타일 인터페이스 등 다양한 기능을 제공한다. 더불어 자연어 처리, 컴퓨터 비전, 음성 처리와 같은 다중 모달 데이터에 대한 효과적이고 직관적인 처리를 제공한다.

DocArray를 코사인 및 유클리드와 같은 다양한 거리 측정 기준으로 초기화할 수 있으며, 코사인이 기본값이다.

검색기에 대해서는 두 가지 주요 옵션이 있다.

- **유사도 검색**: 유사도에 따라 문서를 검색할 수 있다.

- **최대 마진 관련성**: 문서 검색 중에 다양성 기반의 재순위화를 적용해 지금까지 검색된 문서들로부터 다양한 관점이나 시각을 포함하는 결과를 얻을 수 있다.

유사도 검색에서는 유사도 점수 임곗값을 설정할 수 있다. 그러나 여기서는 최대 마진 관련성 즉, MMR^{Maximum Marginal Relevance}을 선택했다. 이 선택은 단순히 반복되고 중복된 결과가 아니라 다양한 관점에서 더 넓은 범위의 관련 정보를 검색하는 데 도움이 된다. MMR은 검색 중복성을 완화하고 문서 모음에 내재된 편향을 완화하는 데 효과적이다. 또한 k 매개변수를 2로 설정했으며, 이는 검색 중에 2개의 문서를 가져올 것을 의미한다.

검색은 문맥적 압축을 통해 향상될 수 있다. 이는 검색된 문서를 압축하고 관련 없는 정보를 걸러내는 기술이다. 문맥적 압축은 전체 문서를 그대로 반환하는 대신 주어진 쿼리의 문맥을 활용해 관련 정보만 추출해 반환한다. 이러한 방식은 처리 비용을 줄이고 검색 시스템의 응답 품질을 향상시키는 데 도움이 된다.

기본 압축기^{compressor}는 주어진 쿼리의 문맥을 기반으로 개별 문서의 내용을 압축하는 역할을 담당한다. 이는 GPT-3와 같은 언어 모델을 사용해 압축을 수행한다. 압축기는 관련 없는 정보를 걸러내고 문서의 관련 부분만 반환할 수 있다.

기본 검색기는 쿼리에 기반해 문서를 검색하는 문서 저장 시스템이다. 이는 검색 엔진이나 데이터베이스와 같은 어떤 검색기 시스템이든 될 수 있다. 문맥적 압축 검색기에 쿼리가 제출되면 먼저 기본 검색기에 쿼리를 전달해 관련 문서를 검색한다. 그런 다음 쿼리의 문맥을 기반으로 기본 압축기를 사용해 이러한 문서의 내용을 압축한다. 마지막으로 관련 정보만을 포함하는 압축된 문서가 응답으로 반환된다.

문맥적 압축에는 몇 가지 옵션이 있다.

- LLMChainExtractor: 반환된 문서를 훑어가며 각 문서에서 관련 있는 내용만 추출한다.

- LLMChainFilter: 약간 더 간단하다. 문서의 내용이 아닌 관련 있는 문서만을 필터링한다.

- **EmbeddingsFilter**: 임베딩을 기반으로 문서와 쿼리 간의 유사성 필터를 적용한다.

첫 번째 두 개의 압축기는 호출에 LLM이 필요하기 때문에 느릴 수 있고 비용이 많이 들 수 있다. 따라서 EmbeddingsFilter는 더 효율적인 대안이 될 수 있다. 여기서는 간단한 switch 문을 통해 (return 문을 대체해) 압축을 통합할 수 있다.

```python
if not use_compression:
    return retriever

embeddings_filter = EmbeddingsFilter(
    embeddings=embeddings, similarity_threshold=0.76
)
return ContextualCompressionRetriever(
    base_compressor=embeddings_filter,
    base_retriever=retriever
)
```

여기서는 새로운 변수 use_compression을 만들었다는 점에 주목하자. use_compression 매개변수를 configure_qa_chain()`을 통해 configure_retriever() 메서드에 전달할 수 있다(여기에는 표시되지 않음).

선택한 압축기인 EmbeddingsFilter에는 두 가지 추가적인 임포트[import]가 필요하다.

```python
from langchain.retrievers.document_compressors import EmbeddingsFilter
from langchain.retrievers import ContextualCompressionRetriever
```

이제 검색기를 만들기 위한 메커니즘이 준비됐다. 챗 체인을 설정할 수 있다.

```python
from langchain.chains import ConversationalRetrievalChain
from langchain.chains.base import Chain
from langchain.chat_models import ChatOpenAI
from langchain.memory import ConversationBufferMemory

def configure_chain(retriever: BaseRetriever) -> Chain:
    """ 검색기로 체인 설정 """
    # 문맥적 대화를 위한 메모리 설정
```

```
    memory = ConversationBufferMemory(memory_key="chat_history", return_
messages=True)

    # LLM과 QA 체인 설정; temperature를 낮게 설정해 환각을 계속 검사
    llm = ChatOpenAI(
      model_name="gpt-3.5-turbo", temperature=0, streaming=True
    )
    # max_tokens_limit를 전달하면, 설정 한도 이상의 프롬프트 토큰은 자동 절사한다.
    truncates the tokens when prompting your llm!
    return ConversationalRetrievalChain.from_llm(
      llm, retriever=retriever, memory=memory, verbose=True, max_tokens_
limit=4000
    )
```

검색 로직의 마지막 단계는 문서를 가져와서 검색기 설정에 전달하는 것이다.

```
import os
import tempfile
def configure_qa_chain(uploaded_files):
""" 문서를 읽고 검색기와 체인을 설정 """
docs = []
temp_dir = tempfile.TemporaryDirectory()
for file in uploaded_files:
  temp_filepath = os.path.join(temp_dir.name, file.name)
  with open(temp_filepath, "wb") as f:
    f.write(file.getvalue())
  docs.extend(load_document(temp_filepath))

retriever = configure_retriever(docs=docs)
return configure_chain(retriever=retriever)
```

이제 챗봇의 로직이 갖춰졌으니 인터페이스를 설정해야 한다. 언급한 대로 다시 Stream
lit을 사용할 것이다.

```
import streamlit as st
from langchain.callbacks import StreamlitCallbackHandler

st.set_page_config(page_title="LangChain: Chat with Documents", page_
```

```
  icon="🦜")
st.title("🦜 LangChain: Chat with Documents")

uploaded_files = st.sidebar.file_uploader(
  label="Upload files",
  type=list(DocumentLoader.supported_extentions.keys()),
  accept_multiple_files=True
)
if not uploaded_files:
  st.info("Please upload documents to continue.")
  st.stop()

qa_chain = configure_qa_chain(uploaded_files)
assistant = st.chat_message("assistant")
user_query = st.chat_input(placeholder="Ask me anything!")

if user_query:
  stream_handler = StreamlitCallbackHandler(assistant)
  response = qa_chain.run(user_query, callbacks=[stream_handler])
  st.markdown(response)
```

이렇게 하면 시각적 인터페이스를 통해 사용 가능한 검색기가 있는 챗봇을 얻을 수 있으며, 또한 질문을 할 사용자 정의 문서를 간편하게 삽입할 수 있는 기능이 제공된다.

그림 5.6 챗봇 인터페이스와 다양한 형식의 문서 로더를 갖춘 챗봇

깃허브에서 전체 구현을 확인할 수 있다. 챗봇을 사용해 어떻게 작동하는지 확인하고 동작하지 않을 때 어떻게 처리하는지 알아볼 수 있다.

214

LangChain은 입력 크기와 비용에 제약이 있다. 더 큰 지식 베이스를 처리하거나 API 사용 비용을 최적화하기 위한 해결책을 고려해야 할 수 있다. 또한 모델을 미세 조정하거나 LLM을 자체 호스팅하는 것은 상업적인 솔루션 사용에 비해 더 복잡하고 정확도가 낮을 수 있다. 이러한 사용례를 8장에서 살펴볼 것이다.

메모리는 LangChain 프레임워크의 구성 요소로, 챗봇과 언어 모델이 이전 상호 작용과 정보를 기억할 수 있게 한다. 챗봇과 같은 애플리케이션에서 메모리는 매우 중요하며 대화의 맥락과 연속성을 유지할 수 있도록 시스템에 기능을 제공한다. 이제 LangChain에서의 메모리와 그 메커니즘을 살펴보겠다.

메모리

메모리는 챗봇이 이전 상호 작용에서 정보를 유지하고 대화의 연속성과 문맥을 유지할 수 있게 한다. 이는 인간의 기억과 유사하며 일관된 의미 있는 대화를 가능하게 한다. 메모리가 없으면 챗봇은 이전 교환이나 참조를 이해하기 어려워 연결이 끊어지고 만족스럽지 않은 대화로 이어질 수 있다.

구체적으로 말해 메모리는 전체 대화에 걸친 문맥 이해를 유지함으로써 정확성을 촉진한다. 챗봇은 대화의 전체적인 시각을 참조해 적절하게 응답할 수 있다. 메모리는 또한 지속적으로 이전 상호 작용에서 사실과 세부 정보를 인식함으로써 개인화와 충실도를 향상시킨다.

메모리는 메시지 시퀀스에서 지식을 저장함으로써 성능을 시간이 지남에 따라 향상시킬 수 있도록 한다. LangChain과 같은 아키텍처는 메모리를 구현해 챗봇이 이전 교환을 기반으로 새로운 질문에 답하고 자연스럽고 논리적인 대화를 유지할 수 있도록 한다.

전반적으로 메모리는 정교한 챗봇에게 필수적인 구성 요소로서, 대화에서 학습하고 인간 상대방이 당연하게 갖고 있는 회상 및 문맥 인식을 모방할 수 있게 한다. 장기 기억으로의 좀 더 의미 있는 상태 유지 및 추론의 추가 발전은 더 의미 있는 및 생산적인 인간-AI 상호 작용으로 이어질 수 있다.

대화 버퍼

여기 LangChain 메모리 기능을 사용하는 방법을 보여주는 파이썬에서의 실제 예제가 있다.

```python
from langchain.memory import ConversationBufferMemory
from langchain.chains import ConversationChain

# 메모리로 대화 체인 생성
memory = ConversationBufferMemory()
llm = ChatOpenAI(
  model_name="gpt-3.5-turbo", temperature=0, streaming=True
)

chain = ConversationChain(llm=llm, memory=memory)
# 사용자가 메시지 입력
user_input = "Hi, how are you?"
# 사용자 입력을 대화 체인에서 처리
response = chain.predict(input=user_input)
# 응답 출력
print(response)
# 사용자가 다른 메시지 입력
user_input = "What's the weather like today?"
# 사용자 입력을 대화 체인에서 처리
response = chain.predict(input=user_input)
# 응답 출력
print(response)
# 메모리에 저장된 대화 히스토리 출력
print(memory.chat_memory.messages)
```

이 예제에서는 메모리를 사용한 대화 체인을 만들기 위해 ConversationBufferMemory를 사용한다. 이는 메시지를 변수에 저장하는 간단한 래퍼다. 사용자의 입력은 대화 체인의 predict() 메서드를 사용해 처리된다. 대화 체인은 이전 상호 작용의 메모리를 유지해 문맥에 따른 응답을 제공할 수 있다.

체인에서 메모리를 별도로 구성하는 대신 간단하게 작업을 단순화할 수 있다.

```python
conversation = ConversationChain(
```

```
    llm=llm,
    verbose=True,
    memory=ConversationBufferMemory()
)
```

여기서는 프롬프트를 확인하기 위해 verbose를 True로 설정하고 있다.

사용자 입력을 처리한 후, 대화 체인에 의해 생성된 응답을 출력한다. 추가로, 메모리에 저장된 대화 기록을 memory.chat_memory.messages를 통해 출력한다. save_context() 메서드를 사용해 입력과 출력을 저장한다. 저장된 내용을 확인하려면 load_memory_variables() 메서드를 사용할 수 있다. 히스토리를 메시지 목록으로 얻으려면 return_messages 매개변수를 True로 설정한다. 이에 대한 예제를 이 절에서 살펴보겠다.

ConversationBufferWindowMemory는 대화의 상호 작용을 시간에 따라 추적하는 Lang Chain에서 제공하는 메모리 유형이다. ConversationBufferMemory와 달리 ConversationBufferWindowMemory는 이전 모든 상호 작용을 유지하는 대신 마지막 k 상호 작용만 유지하며, 여기서 k는 창 크기로 지정된다. LangChain에서 ConversationBufferWindowMemory를 사용하는 간단한 예제를 살펴보겠다.

```
from langchain.memory import ConversationBufferWindowMemory
memory = ConversationBufferWindowMemory(k=1)
```

이 예제에서는 창 크기가 1로 설정돼 마지막 상호 작용만 메모리에 저장된다.

save_context() 메서드를 사용해 각 상호 작용의 컨텍스트를 저장할 수 있다. 이 메서드는 두 개의 인수를 사용하는데, user_input과 model_output이다. 이는 사용자의 입력과 해당 상호 작용에 대한 모델의 출력을 나타낸다.

```
memory.save_context({"input": "hi"}, {"output": "whats up"})
memory.save_context({"input": "not much you"}, {"output": "not much"})
```

memory.load_memory_variables({})를 사용해 메시지를 확인할 수 있다.

또한 LangChain에서 대화 기억을 사용자 정의할 수 있으며, 이는 AI 및 사용자 메시지에 사용되는 접두사를 수정하고 이러한 변경 사항을 반영하기 위해 프롬프트 템플릿을 업데이트하는 것 등이 있다.

대화 기억을 사용자 정의하려면 다음 단계를 따를 수 있다.

1. LangChain에서 필요한 클래스와 모듈을 임포트한다.

```python
from langchain.llms import OpenAI
from langchain.chains import ConversationChain
from langchain.memory import ConversationBufferMemory
from langchain.prompts.prompt import PromptTemplate
llm = OpenAI(temperature=0)
```

2. 사용자 정의된 접두사를 포함하는 새 프롬프트 템플릿을 정의하라. 이를 위해 원하는 템플릿 문자열로 PromptTemplate 객체를 생성할 수 있다.

```python
template = """ 다음은 인간과 AI 간의 친근한 대화다. AI는 수다스럽고
컨텍스트에서 많은 구체적인 세부 정보를 제공한다. AI이 질문에 대한 답을 모르는 경우에는
솔직하게 모르다고 말한다.

현재 대화:
{history}
사람: {input}
AI 비서:"""
PROMPT = PromptTemplate(input_variables=["history", "input"],
template=template)
conversation = ConversationChain(
  prompt=PROMPT,
  llm=llm,
  verbose=True,
  memory=ConversationBufferMemory(ai_prefix="AI Assistant"),
)
```

이 예제에서는 ai_prefix에 기본 AI 대신 AI Assistant로 설정했다.

대화 요약 기억

ConversationSummaryMemory는 LangChain의 메모리 유형 중 하나로, 대화가 진행됨에 따라 대화 내용을 요약 생성한다. 모든 메시지를 말 그대로 저장하는 대신 정보를 압축해 대화의 간략화된 버전을 제공한다. 이는 모든 이전 메시지를 포함하는 것이 토큰 제한을 초과할 수 있는 긴 대화에 특히 유용하다.

ConversationSummaryMemory를 사용하려면 먼저 언어 모델(llm)을 인수로 전달해 해당 인스턴스를 만든다. 그런 다음 save_context() 메서드를 사용해 상호 작용 컨텍스트(사용자 입력 및 AI 출력 포함)를 저장한다. 간략화된 대화 기록을 검색하려면 load_memory_variables() 메서드를 사용한다.

다음은 예제다.

```
from langchain.memory import ConversationSummaryMemory
from langchain.llms import OpenAI

# 요약 메모리와 언어 모델을 초기화한다.
memory = ConversationSummaryMemory(llm=OpenAI(temperature=0))
# 상호작용 문맥 저장
memory.save_context({"input": "hi"}, {"output": "whats up"})
# 요약된 메모리 로드
memory.load_memory_variables({})
```

지식 그래프 저장

LangChain에서는 대화에서 정보를 추출해 사실로 저장하고, 메모리로 지식 그래프를 통합함으로써 이를 수행할 수 있다. 이는 언어 모델의 능력을 향상시키고 텍스트 생성 및 추론 중에 구조화된 지식을 활용할 수 있도록 한다.

지식 그래프는 개체entity, 속성attribute, 관계relationship 형식으로 정보를 구조화한 지식 표현 모델이다. 개체는 노드로, 개체 간의 관계는 간선으로 표현된 그래프로 지식을 나타낸다. 지식 그래프에서 개체는 세계의 개념, 객체 또는 사물이 될 수 있으며, 속성은 이러한 개체의 속성이나 특성을 설명한다. 관계는 개체 간의 연결과 연관을 포착해 문맥 정보를 제공하고 의미적 추론을 가능하게 한다.

LangChain에는 검색을 위한 지식 그래프의 기능이 있지만, LangChain은 또한 대화 메시지를 기반으로 자동으로 지식 그래프를 생성하는 메모리 구성 요소도 제공한다.

ConversationKGMemory 클래스를 인스턴스화하고 llm 매개변수로 LLM 인스턴스를 전달한다.

```
from langchain.memory import ConversationKGMemory
from langchain.llms import OpenAI

llm = OpenAI(temperature=0)
memory = ConversationKGMemory(llm=llm)
```

대화가 진행됨에 따라 지식 그래프에서 관련 정보를 ConversationKGMemory의 save_context() 함수를 사용해 메모리에 저장할 수 있다.

여러 메모리 메커니즘의 병합

LangChain은 CombinedMemory 클래스를 사용해 여러 메모리 전략을 결합할 수도 있다. 이는 대화 기록의 여러 측면을 유지하고 싶을 때 유용하다. 예를 들어 하나의 메모리는 전체 대화 로그를 저장하는 데 사용될 수 있다.

```
from langchain.llms import OpenAI
from langchain.prompts import PromptTemplate
from langchain.chains import ConversationChain
from langchain.memory import ConversationBufferMemory, CombinedMemory,
ConversationSummaryMemory

# 언어 모델 초기화(원하는 temperature 매개변수로 설정)
llm = OpenAI(temperature=0)
# 대화 버퍼 메모리 정의(모든 과거 메시지 저장용)
conv_memory = ConversationBufferMemory(memory_key="chat_history_lines",
input_key="input")
```

```
# 대화 요약 메모리 정의(대화 요약용)
summary_memory = ConversationSummaryMemory(llm=llm, input_key="input")
# 두 메모리 유형 병합
memory = CombinedMemory(memories=[conv_memory, summary_memory])
# 프롬프트 템플릿 정의
_DEFAULT_TEMPLATE = """The following is a friendly conversation between a
human and an AI. The AI is talkative and provides lots of specific details
from its context. If the AI does not know the answer to a question, it
truthfully says it does not know.
Summary of conversation:
{history}
Current conversation:
{chat_history_lines}
Human: {input}
AI:"""
PROMPT = PromptTemplate(input_variables=["history", "input", "chat_
history_lines"], template=_DEFAULT_TEMPLATE)
# 대화 체인 초기화
conversation = ConversationChain(llm=llm, verbose=True, memory=memory,
prompt=PROMPT)
# 대화 시작
conversation.run("Hi!")
```

이 예제에서는 먼저 언어 모델 및 사용 중인 여러 종류의 메모리, 다시 말해 전체 대화 기록을 보유하기 위한 ConversationBufferMemory 및 대화 요약 생성을 위한 ConversationSummaryMemory를 인스턴스화한다. 그런 다음 CombinedMemory를 사용해 이러한 메모리를 결합한다. 또한 메모리 사용에 맞는 프롬프트 템플릿을 정의하고, 마지막으로 언어 모델, 메모리 및 프롬프트를 ConversationChain에 제공해 생성하고 실행한다.

ConversationSummaryBufferMemory는 최근 상호 작용의 메모리 버퍼를 유지하고 이전 상호 작용을 완전히 삭제하는 대신 요약 통합한다. 상호 작용을 삭제하는 임곗값은 상호 작용의 수가 아니라 토큰 길이에 따라 결정된다. 이를 사용하려면 LLM 및 max_token_limit으로 메모리 버퍼를 인스턴스화해야 한다. ConversationSummaryBufferMemory는 predict_new_summary()라는 메서드를 제공하며 이를 사용해 대화 요약을 직접 생성할 수 있다.

장기 일관성

대화를 전용 백엔드에 저장하는 다양한 방법도 있다. Zep은 이러한 예 중 하나로, 벡터 임베딩과 자동 토큰 카운팅을 사용해 채팅 기록을 저장, 요약 및 검색하는 지속적인 백엔드를 제공한다. 빠른 벡터 검색 및 구성 가능한 요약을 갖춘 이 장기 메모리는 컨텍스트 인식을 통한 더 강력한 대화형 AI를 가능하게 한다.

Zep을 사용하는 실제 예시는 Zep을 챗봇이나 AI 앱의 장기 메모리로 통합하는 것이다. 개발자는 ZepMemory 클래스를 사용해 Zep 서버 URL, API 키 및 사용자에 대한 고유한 세션 식별자로 ZepMemory 인스턴스를 초기화할 수 있다. 이를 통해 챗봇이나 AI 앱은 채팅 기록이나 기타 관련 정보를 저장하고 검색할 수 있다.

예를 들어 파이썬에서는 다음과 같이 ZepMemory 인스턴스를 초기화할 수 있다.

```python
from langchain.memory import ZepMemory
ZEP_API_URL = "http://localhost:8000"
ZEP_API_KEY = "<your JWT token>"
session_id = str(uuid4())

memory = ZepMemory(
  session_id=session_id,
  url=ZEP_API_URL,
  api_key=ZEP_API_KEY,
  memory_key="chat_history",
)
```

이렇게 하면 체인에서 사용할 수 있는 ZepMemory 인스턴스가 설정된다. URL과 API 키는 설정에 맞춰 설정해야 한다. 언급한 대로 한번 메모리가 설정되면 챗봇의 체인이나 AI 에이전트에서 채팅 기록이나 기타 관련 정보를 저장하고 검색하는 데 사용할 수 있다. 전반적으로 Zep은 챗봇이나 AI 앱 히스토리를 지속하고 검색하며 보강하는 프로세스를 단순화해 개발자가 AI 애플리케이션을 개발하는 데 메모리 인프라를 구축하는 대신에 집중할 수 있게 한다. 다음 절에서는 응답이 적절한지 확인하기 위해 중재를 사용하는 방법을 살펴보겠다. 중재는 사용자에게 안전하고 존경받고 포용적인 환경을 만들며 브랜드 평판을 보호하고 법적 의무를 준수하는 데 있어 중요하다.

∷ 응답 중재

챗봇에서 중재의 역할은 봇의 응답과 대화가 적절하고 윤리적이며 예의 바르게 이뤄지도록 하는 것이다. 이는 노출되면 안 되는 노골적이거나 부적절한 콘텐츠를 걸러내고 사용자의 공격적인 행동을 억제하는 메커니즘을 구현하는 것을 포함한다. 이는 고객을 위해 배포하려는 모든 애플리케이션에서 중요한 부분이다.

중재의 맥락에서 헌법은 챗봇의 행동과 응답을 규제하는 일련의 지침이나 규칙을 의미한다. 이는 챗봇이 따라야 하는 표준과 원칙을 개요로 제시하며, 모욕적인 언어 사용을 피하고 예의 바른 상호 작용을 촉진하며 윤리적 기준을 유지해야 한다는 내용을 담고 있다. 헌법은 챗봇이 원하는 범위 내에서 운영되고 긍정적인 사용자 경험을 제공하기 위한 프레임워크로 작용한다.

챗봇에서 중재와 헌법을 갖는 일은 여러 이유로 중요하다.

- **윤리적인 행동 보장**: 챗봇은 취약한 개인을 포함한 다양한 사용자와 상호 작용할 수 있다. 중재는 챗봇의 응답이 윤리적이고 예의 바르며 해롭거나 모욕적인 콘텐츠를 홍보하지 않도록 보장하는 데 도움이 된다.

- **부적절한 콘텐츠로부터 사용자 보호**: 중재는 부적절하거나 모욕적인 언어, 혐오 발언 또는 사용자에게 해로울 수 있는 콘텐츠의 전파를 방지하는 데 도움이 된다. 이는 사용자가 챗봇과 상호 작용하는 안전하고 포용적인 환경을 만든다.

- **브랜드 평판 유지**: 챗봇은 종종 브랜드나 기관을 대표한다. 중재를 구현함으로써 개발자는 챗봇의 응답이 브랜드의 가치와 일치하며 긍정적인 평판을 유지할 수 있도록 할 수 있다.

- **학대 행동 방지**: 중재는 사용자가 학대적이거나 부적절한 행동에 참여하는 것을 억제할 수 있다. 예를 들어 "두 번의 경고" 규칙과 같은 규칙과 결과를 도입함으로써 개발자는 사용자가 도발적인 언어를 사용하거나 학대 행동을 하는 것을 억제할 수 있다.

- **법적 준수**: 관할 지역에 따라 콘텐츠를 중재하고 법과 규정을 준수하는 법적 요건이

있을 수 있다. 헌법이나 지침 집합을 갖는 것은 개발자가 이러한 법적 요건을 준수하는 데 도움이 된다.

LLMChain 인스턴스 또는 Runnable 인스턴스에 중재 체인을 추가해 언어 모델에서 생성된 출력이 해로울 수 없도록 할 수 있다.

중재 체인에 전달된 콘텐츠가 해로운 것으로 판단되면 처리 방법이 몇 가지 있다. 체인에서 오류를 통과시킨 뒤 애플리케이션에서 처리하거나 텍스트가 해로웠음을 사용자에게 설명하는 메시지를 반환할 수 있다. 구체적인 처리 방법은 애플리케이션의 요구 사항에 따라 다르다.

LangChain에서 먼저 OpenAIModerationChain 클래스의 인스턴스를 만들어야 한다. 이 클래스는 해로운 콘텐츠를 감지하고 걸러내기 위해 LangChain에서 제공하는 사전 구축된 중재 체인이다.

```python
from langchain.chains import OpenAIModerationChain
moderation_chain = OpenAIModerationChain()
```

다음으로 LLMChain 클래스 또는 Runnable 인스턴스의 인스턴스를 만들어야 한다. 이는 언어 모델 체인을 나타낸다. 여기에서 프롬프트를 정의하고 언어 모델과 상호 작용한다. 여기서는 4장에서 소개한 LCEL 구문을 사용할 수 있다.

```python
from langchain.prompts import PromptTemplate
from langchain.chat_models import ChatOpenAI
from langchain.schema import StrOutputParser

cot_prompt = PromptTemplate.from_template(
  "{question} \nLet's think step by step!"
)
llm_chain = cot_prompt | ChatOpenAI() | StrOutputParser()
```

이것은 각 단계별로 생각하는 지침을 포함하는 사고 체인 프롬프트를 가진 체인이다.

중재 체인을 언어 모델 체인에 추가하려면 SequentialChain 클래스 또는 LCEL(권장됨)을 사용할 수 있다. 이를 통해 여러 체인을 순차적으로 연결할 수 있다.

```
chain = llm_chain | moderation_chain
```

이제 언어 모델을 사용해 텍스트를 생성하려면 입력 텍스트를 먼저 중재 체인을 통과시 킨 다음 언어 모델 체인을 통과시킨다.

```
response = chain.invoke({"question": "What is the future of programming?"})
```

첫 번째 체인은 예비 답변을 생성한다. 그런 다음 중재 체인은 이 답변을 평가하고 해로 운 콘텐츠를 걸러낸다. 입력 텍스트가 해로운 것으로 간주되면 중재 체인은 오류를 발 생시키거나 해당 텍스트가 허용되지 않음을 나타내는 메시지를 반환할 수 있다. 나의 경우 깃허브의 챗봇 앱에 중재에 대한 예제를 추가했다. 더 나아가 가드레일guardrail은 언어 모델이 특정 주제에 대해 어떻게 행동해야 하는지 정의하고 원치 않는 주제에 대 한 토론 참여를 방지하며, 대화를 미리 정의된 경로로 안내하고 특정 언어 스타일을 강 제하며 구조화된 데이터를 추출하는 등 다양한 기능을 제공할 수 있다.

LLM의 맥락에서 가드레일(레일rail로 줄여 부르기도 한다)은 모델의 출력을 특정 방식으로 제어하 는 메커니즘을 나타낸다. 이들은 프로그래밍 가능한 제약과 지침을 추가해 언어 모델의 출력이 원하는 기준과 일치하도록 보장하는 수단을 제공한다.

다음처럼 가드레일을 활용하는 몇 가지 방법이 있다.

- **주제 제어**: 특정 주제에 대한 언어 모델이나 챗봇의 동작을 정의할 수 있다. 이를 통해 정치와 같은 원치 않는 또는 민감한 주제에 대한 토론에 참여하지 못하게 할 수 있다.

- **미리 정의된 대화 경로**: 대화에 미리 정의된 경로를 정의할 수 있다. 이는 언어 모델이 나 챗봇이 특정 흐름을 따르고 일관된 응답을 제공하도록 보장한다.

- **언어 스타일**: 언어 모델이나 챗봇이 사용해야 하는 언어 스타일을 지정할 수 있다. 이

를 통해 출력이 원하는 어조, 정형성 또는 특정 언어 요구 사항과 일치하도록 보장할 수 있다.

- **구조화된 데이터 추출**: 대화에서 구조화된 데이터를 추출할 수 있다. 이는 특정 정보를 포착하거나 사용자 입력을 기반으로 동작을 수행하는 데 유용할 수 있다.

전반적으로 경계는 LLM과 챗봇에 프로그래밍 가능한 규칙과 제약을 추가해 사용자와의 상호 작용에서 더 신뢰할 수 있고 안전하며 보안이 강화된 결과를 제공한다. 모델 체인에 중재 체인을 추가함으로써 생성된 텍스트가 조절되고 애플리케이션에서 안전하게 사용됨을 보장할 수 있다.

⦂⦂ 요약

4장에서는 외부 도구나 문서 말뭉치와 같은 지식 자원을 활용한 도구 보강 LLM에 대해 논의했다. 5장에서는 벡터 검색을 통해 소스에서 관련 데이터를 검색하고 컨텍스트에 주입하는 데 초점을 맞췄다. 이러한 검색된 데이터는 LLM에 제공되는 프롬프트를 보강하는 추가 정보로 기능한다. 또한 검색 및 벡터 메커니즘을 소개하고 챗봇을 구현하는 방법, 메모리 메커니즘의 중요성, 적절한 응답의 중요성에 관해 논의했다.

5장은 챗봇의 개요, 그들의 진화 및 현재 챗봇 기술 상태에 대한 개요로 시작해 현재 기술의 실용적인 측면과 기능 향상을 강조했다. 여기서는 적극적인 커뮤니케이션의 중요성에 대해 논의했다. 벡터 저장소를 포함해 정보를 검색하는 메커니즘에 대해 살펴보며 챗봇 응답의 정확도를 향상시키는 것을 목표로 했다. 문서와 정보를 로딩하는 방법에 대한 세부적인 내용을 다뤘으며 그에는 벡터 저장소와 임베딩 등이 있었다.

추가적으로, 지식과 계속되는 대화 상태를 유지하기 위한 메모리 메커니즘에 대해 논의했다. 5장은 중용에 대한 토론으로 마무리되며, 응답이 서로를 존중하고 조직의 가치에 부합하도록 하는 것이 중요하다는 점을 강조한다. 여기서 논의된 기능들은 메모리, 맥락 및 언어의 중요한 문제를 조사하는 데 출발점을 제공하지만 환각과 같은 문제에 대해서도 흥미롭게 적용할 수 있다.

⁑ 문제

각 질문에 대한 답을 기억에서 꺼낼 수 있는지 확인해보라. 이 가운데 어떤 부분이라도 확신이 없다면 해당 장의 내용을 다시 확인하는 것이 좋다.

1. 5개의 다른 챗봇을 말해보라!

2. 챗봇을 개발하는 중요한 측면은 어떤 것들이 있는가?

3. RAG는 무엇의 약자인가?

4. 임베딩이란 무엇인가?

5. 벡터 검색이란 무엇인가?

6. 벡터 데이터베이스란 무엇인가?

7. 5개의 다른 벡터 데이터베이스를 말해보라!

8. LangChain에서 검색기는 무엇인가?

9. 메모리는 무엇이며, LangChain의 메모리 옵션은 무엇인가?

10. 중재는 무엇이며, 헌법은 어떻게 작동하는가?

06

생성형 AI를 이용한 소프트웨어 개발

이 책은 특히 LLM을 소프트웨어 애플리케이션에 통합하는 일에 관한 것이지만, 6장에서는 LLM을 활용해 소프트웨어 개발을 어떻게 지원할 수 있는지에 대해 이야기하겠다. 이는 큰 주제이며, KPMG와 맥킨지^{McKinsey}와 같은 여러 컨설팅 기관의 보고서에서는 소프트웨어 개발이 LLM에 가장 영향을 받는 분야 중 하나로 강조됐다.

먼저 코딩 작업에 LLM이 어떻게 도움이 될 수 있는지 알아보고, 소프트웨어 개발을 자동화하는 데 어떤 진전이 있었는지 개요를 살펴보자. 그런 다음 몇 가지 모델을 사용해 생성된 코드를 질적으로 평가해보자. 그 후 소프트웨어 개발 작업에 완전히 자동화된 에이전트를 구현할 것이다. 설계 선택 사항을 살펴보고 LangChain을 사용해 몇 줄의 파이썬 코드로만 에이전트를 구현한 결과를 보여준다. 이 접근 방식에 대한 여러 가능한 확장 사항을 언급하겠다.

6장 전반에 걸쳐 자동 소프트웨어 개발에 대한 다양한 실용적인 접근 방법을 다룬다. 이 내용은 다음 깃허브(https://github.com/benman1/generative_ai_with_langchain)의 software_development 디렉터리에서 찾을 수 있다.

6장의 주요 절은 다음과 같다.

- 소프트웨어 개발과 AI
- LLM을 사용한 코드 작성
- 소프트웨어 개발 자동화

6장은 현재 AI를 소프트웨어 개발에 활용하는 상황에 대한 폭넓은 개요부터 시작한다.

⠿ 소프트웨어 개발과 AI

ChatGPT와 같은 강력한 AI 시스템의 등장은 AI를 소프트웨어 개발자를 지원하는 도구로 사용하는 데 큰 관심을 불러일으켰다. KPMG의 2023년 6월 보고서에 따르면, 소프트웨어 개발 작업의 약 25%가 자동화될 수 있다고 추정됐다. 같은 달 McKinsey 보고서는 소프트웨어 개발을 비용 절감과 효율 향상 측면에서 중요한 영향을 미칠 수 있는 기능으로 강조했다.

소프트웨어 개발의 역사는 기계 코드에서의 추상화를 높이는 노력으로 특징지을 수 있다. 초기의 절차적 언어인 포트란FORTRAN과 코볼COBOL은 1950년대에 이를 가능하게 하며 제어 구조, 변수 및 기타 고수준 구조를 도입했다. 프로그램이 커짐에 따라 구조적 프로그래밍 개념이 등장하고 모듈성, 캡슐화와 단계적인 정제를 통해 코드 구조를 개선했다. 1960~1970년대의 시뮬라Simula와 스몰토크Smalltalk와 같은 객체지향 언어는 객체와 클래스를 통한 모듈성에 새로운 패러다임을 도입했다.

코드 베이스가 확장되면서 품질 유지가 더 어려워져 반복 주기와 지속적인 통합을 통한 민첩한 개발 등의 방법론이 등장했다. 통합 개발 환경은 코딩, 테스트 및 디버깅에 대한 지능적인 지원을 제공하도록 진화했다. 정적과 동적 프로그램 분석 도구는 코드에서 문제를 식별하는 데 도움이 됐다. 1990년대와 2000년대에는 신경망과 DL이 발전함에 따라 ML 기법이 프로그램 합성, 버그 검출, 취약성 발견 및 다른 프로그래밍 작업 자동화를 위해 적용되기 시작했다.

오늘날의 AI 비서는 예측 타이핑, 구문 검사, 코드 생성 및 기타 기능을 통합해 프로그래밍 자체를 자동화하려는 초기 포부를 실현하고자 한다.

ChatGPT와 Microsoft의 코파일럿^{Copilot}과 같은 새로운 코드 LLM은 수백만 명의 사용자를 보유하고 있으며 상당한 생산성 향상 기능을 제공하는 매우 인기 있는 생성형 AI 모델이다. LLM이 처리할 수 있는 프로그래밍과 관련된 다양한 작업이 있는데, 그 중 몇 가지는 다음과 같다.

- **코드 완성**: 주변 코드를 기반으로 다음 코드 요소를 예측하는 작업을 포함한다. 개발자가 코드를 작성하는 데 도움이 되기 위해 통합 개발 환경^{IDE, Integrated Development Environment}에서 일반적으로 사용된다.

- **코드 요약/문서화**: 주어진 소스 코드 블록에 대한 자연어 요약 또는 문서를 생성하는 것을 목표로 한다. 이 요약은 실제 코드를 읽지 않고도 개발자가 코드의 목적과 기능을 이해하는 데 도움이 된다.

- **코드 검색**: 코드 검색의 목적은 주어진 자연어 쿼리를 기반으로 가장 관련성 있는 코드 조각을 찾는 것이다. 이 작업은 쿼리와 코드 조각의 결합 임베딩을 학습해 코드 조각의 예상 순위를 반환하는 것을 포함한다.

- **버그 찾기/수정**: AI 시스템은 수동 디버깅 노력을 줄이고 소프트웨어 신뢰성 및 보안을 향상시킬 수 있다. 많은 버그와 취약점을 프로그래머가 찾긴 힘들 수 있지만 코드 유효성 검사 도구에는 해당 문제를 찾기 위한 전형적인 패턴이 있다. 따라서 이러한 시스템은 수동 디버깅 노력을 줄이고 소프트웨어 신뢰성과 보안을 향상시킬 수 있다.

- **테스트 생성**: 코드 완성과 유사하게, LLM은 코드베이스의 유지 관리를 향상시키는 단위 테스트(「Codet: Code Generation with Generated Tests^{Codet: 생성된 테스트를 사용한 코드 생성}」, 베이 첸^{Bei Chen} 등, 2022) 및 기타 유형의 테스트를 생성할 수 있다.

AI 프로그래밍 비서는 초기 시스템의 상호 작용성을 혁신적인 자연어 처리와 결합한다. 개발자라면 평문 영어로 프로그래밍 문제를 쿼리하거나 원하는 기능을 설명해 생성된 코드나 디버깅 팁을 받을 수 있다. 그러나 코드 품질, 보안 및 과도한 의존에 대한 위험은 여전히 남아 있다. 컴퓨터 보조 기능과 인간 감독을 유지하는 적절한 균형을 찾는 것은 계속 이어지는 과제다.

현재의 AI 시스템, 특히 코드 LLM의 성능을 살펴보자.

코드 LLM

많은 AI 모델이 등장했으며, 각각은 강점과 약점을 가지고 있고 지속적으로 향상돼 더 나은 결과를 제공하려고 경쟁하고 있다. StarCoder와 같은 모델을 사용하면 성능이 계속해서 향상되지만, 데이터 품질도 중요한 역할을 할 수 있다. 연구 결과에 따르면 LLM은 작업 효율성을 향상시키지만 좀 더 견고한 통합 및 의사 소통 능력이 필요하다.

> **NOTE**
>
> **최근의 주요 이정표**
> - OpenAI의 Codex 모델(2021년)은 자연어 설명에서 코드 조각을 생성할 수 있어 프로그래머를 지원하는 데 유망함을 보여줬다.
> - 깃허브의 Copilot(2021년 출시)는 LLM을 IDE에 통합해 자동 완성을 제공하며 신속하게 채택되고 있다.
> - DeepMind의 AlphaCode(2022년)는 인간의 프로그래밍 속도와 맞먹는 능력을 드러내 전체 프로그램을 생성할 수 있는 능력을 보였다.
> - OpenAI의 ChatGPT(2022년)는 코딩에 관한 매우 일관된 자연어 대화를 보여줬다.
> - DeepMind의 AlphaTensor 및 AlphaDev(2022년)는 AI가 혁신적이고 인간과 경쟁 가능한 알고리듬을 발견하는 능력을 보여주며 성능 최적화를 가능케 했다.

Microsoft의 GitHub Copilot은 OpenAI의 코덱스^{Codex}를 기반으로 하며 오픈 소스 코드를 활용해 실시간으로 완전한 코드 블록을 제시한다. 2023년 6월 깃허브 보고서에 따르면 개발자는 작업 시간의 약 30% 정도에서 AI 비서의 제안을 수용했다고 한다. 이는 이 도구가 유용한 제안을 제공할 수 있음을 시사하며, 비숙련 개발자가 가장 큰 이익을 본 것으로 나타났다.

Codex는 OpenAI에서 개발한 모델로, 자연어를 구문 분석하고 코드를 생성할 수 있으며, GitHub Copilot을 구동한다. GPT-3 모델의 후속으로, 깃허브의 5400만 개 저장소에서 수집된 파이썬 코드 159GB를 사용해 프로그래밍 애플리케이션에 대해 미세 조정됐다.

소프트웨어 개발의 진전을 보기 위해, 벤치마크에서 얻은 양적인 결과를 살펴보자. Codex 논문(「Evaluating Large Language Models Trained on Code코드에서 학습된 대규모 언어 모델 평가하기」, 2021)에서 소개된 HumanEval 데이터셋은 LLM 기능을 테스트하기 위해 설계됐다. 이 데이터셋은 시그니처signature와 독스트링docstring을 기반으로, 프로그램을 완성하는 LLM의 능력을 평가한다. 이 데이터셋은 언어 이해, 알고리듬, 간단한 수학과 같은 여러 측면을 다루는 164개의 프로그래밍 문제를 포함하고 있다. 일부 문제는 간단한 소프트웨어 면접 질문과 유사하다. HumanEval에서의 일반적인 측량은 pass@k(pass@1)인데, 이는 문제당 k개의 코드 샘플을 생성할 때의 올바른 샘플 비율을 나타낸다.

다음 차트는 HumanEval 작업에서 AI 모델의 성능을 정리한 것이다(매개변수 수에 따른 HumanEval의 pass@1 성능). 몇 가지 성능 측량은 자체 보고된 것이다.

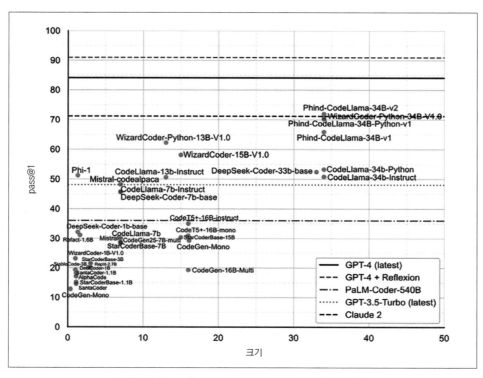

그림 6.1 HumanEval 코딩 작업 벤치마크에서의 모델 비교

GPT-4, 리플렉션reflection이 있는 GPT-4, PaLM-Coder 540B, GPT-3.5 그리고 Claude 2와 같은 폐쇄 소스 모델의 성능을 나타내는 각각의 선을 볼 수 있다. 이는 주로 Hugging Face에서 호스팅되는 Big Code Models Leaderboard를 기반으로 하지만, 비교를 위해 몇 가지 모델을 추가했으며 70억 개 이상의 매개변수를 가진 모델은 제외했다. 일부 모델은 자체 성능을 보고했으므로 이를 경계하고 이해해야 한다.

모든 모델은 어느 정도 코딩을 수행할 수 있다. 대부분의 LLM 훈련 데이터에는 어느 정도의 소스 코드가 포함돼 있기 때문이다. 예를 들어 엘레우테르AIEleutherAI의 GPT-Neo가 GPT 모델의 오픈 소스 대안을 훈련시키기 위해 구축한 The Pile 데이터셋의 코드 중 최소 11%는 깃허브에서 가져온 것이다(102.18GB). The Pile은 Meta의 라마Llama, 얀덱스Yandex의 YaLM 100B 및 기타 많은 모델의 훈련에 사용됐다.

HumanEval이 코드 LLM의 벤치마크로 널리 사용됐지만 프로그래밍에 대한 다양한 벤치마크가 있다. 여기에는 Codex에게 주어진 고급 컴퓨터 과학 시험의 예시 질문과 응답이 있다(출처 - 「My AI Wants to Know if This Will Be on the Exam: Testing OpenAI's Codex on CS2 Programming Exercises」, 제임스 피니-앤슬리James Finnie-Ansley 외, 2023).

```
Write a recursive function, called biggest_last(), that takes a list of
integers as input, where the list elements can be in any order.
if the input list is empty or only contains one integer, then it returns
the input. Otherwise the function proceeds by starting with the first
two elements and checking whether the larger one is the second one.
If it is not then the two values should be exchanged, i.e., the smaller
value put into the first location and the larger value into the
subsequent location. Once this check is performed then the function
moves on by one location and repeats this until it has processed the
entire list. The function outputs that list with the largest integer in the
last location of the list. The output order of the other integers may be
different than their input order.
Remember a recursive function is one than calls itself to assist in
performing its task.
```

```python
def biggest_last(values):
    if len(values) < 2:
        return values
    else:
        if values[0] > values[1]:
            values[0], values[1] = values[1],values[0]
        return [values[0]] + biggest_last(values[1:])
```

그림 6.2 CS2 시험에서 제시된 질문(왼쪽)과 Codex 응답(오른쪽)

최근에는 Microsoft Research에서 수리야 구나세카르Suriya Gunasekar 등이 공동 저술한 「Textbooks Are All You Need」(2023) 논문에서 phi-1이라는 13억 개 매개변수의 트랜스포머 기반 언어 모델을 소개했다. 이 논문은 고품질 데이터로 작은 모델이 코드 작업에서 더 큰 모델과 일치하도록 할 수 있음을 보여줬다. 저자들은 3TB 규모의 The Stack과 Stack Overflow에서 수집한 코드 말뭉치를 기반으로 시작했다. LLM은 이를 사용해 60억 개의 고품질 토큰을 선택한다. 별도로 GPT-3.5는 교과서 스타일을 모방하는 10억 개 토큰을 생성한다. 13억이라는 적은 매개변수를 가진 phi-1 모델은 이 필터링된 데이터로 훈련된다. 그런 다음 phi-1은 GPT-3.5가 합성한 연습 문제에 대해 미세 조정된다. 결과는 phi-1이 HumanEval 및 MBPP와 같은 벤치마크에서 크기가 10배 이상인 모델의 성능을 맞서거나 뛰어넘는 것을 보여준다.

핵심 결론은 고품질 데이터가 모델 성능에 상당한 영향을 미칠 수 있으며, 이는 규모의 법칙을 변경할 수 있음을 의미한다. 무차별적인 확장 대신 데이터 품질이 우선돼야 한다. 저자들은 고가의 완전한 데이터 평가보다 작은 LLM을 사용해 데이터를 선택함으로써 비용을 줄인다. 선택된 데이터에 대한 반복적인 필터링 및 재훈련은 더 나은 결과를 가능케 할 수 있다.

문제에 대한 심층적인 이해와 계획을 보여주는 완전한 프로그램을 생성하는 것은 주로 명세를 직접 API 호출로 번역하는 짧은 코드 조각을 생성하는 것과는 근본적으로 다른 능력이 필요하다. 최근 모델은 코드 조각 생성에서 인상적인 성능을 달성할 수 있지만, 전체 프로그램을 생성하는 데는 여전히 많은 어려움이 남아 있다.

그러나 Reflexion 프레임워크(Reflexion: Language Agents with Verbal Reinforcement Learning, 노아 신Noah Shinn 외, 2023)와 같은 혁신적인 추론 중심 전략은 짧은 코드 조각에 대해서도 엄청난 개선을 이끌어낼 수 있다. Reflexion은 시행착오 기반 학습을 가능하게 하며, 언어 에이전트는 작업 피드백에 대해 언어적으로 반성하고 이 경험을 에피소드 메모리 버퍼에 저장할 수 있다.

이 Reflexion과 과거 결과의 기억은 미래의 결정을 더 잘 지도한다. 코딩 작업에서 Reflexion은 이전의 최첨단 모델을 크게 능가해 HumanEval 벤치마크에서 91%의 pass@1 정확도를 달성했다. 이에 비해 OpenAI에서 원래 보고한 GPT-4의 경우 67%에 불과했지만 그 이후에는 해당 지표를 능가하는 모습을 그래프에서 확인할 수 있다.

이것은 패턴 인식에만 의존하는 대신 모델 아키텍처와 훈련에 상징적 추론을 통합하는 것이 GPT-4 같은 언어 모델의 프로그래밍에 대한 성능을 향상시키고 한계를 극복하는 데 상당한 잠재력을 보여준다. 미래에 완전한 프로그램을 생성하기 위한, 인간과 유사한 의미적 이해와 계획 능력으로의 길을 제공할 수 있다.

LLM을 프로그래밍 작업 자동화에 적용하는 진전이 신속히 이뤄지는 것은 고무적이지만 특히 견고성, 일반화 그리고 실제 의미 이해에서는 여전히 여러 제약 사항이 존재한다. 더 강력한 모델이 나타날수록 AI 지원을 개발자 워크플로우에 신중하게 통합하는 것은 인간-AI 협력, 신뢰 구축과 윤리적 사용에 관련된 중요한 고려 사항을 제기한다. 계속되는 연구는 이러한 모델을 더 정확하고 안전하며 개발자와 사회 전반에 이익이 되도록 만들기 위한 접근 방법을 적극적으로 탐색하고 있다. 신뢰성과 투명성을 보장하기 위한 주의 깊은 감독과 추가적 기술 개발을 통해 AI 프로그래밍 비서는 지루한 작업을 자동화함으로써 생산성을 크게 향상시킬 뿐만 아니라 인간 개발자가 복잡한 문제를 해결하는 데 창의성을 집중할 수 있는 엄청난 잠재력을 지닌다. 그러나 이 잠재력을 완전히 실현하기 위해서는 기술적 도전에 대한 계속되는 진전, 표준과 모범 사례의 발전, 이러한 신흥 기술을 둘러싼 법적 및 윤리적 문제에 대한 적극적인 대응이 필요하다.

다음 절에서는 LLM을 사용해 소프트웨어 코드를 생성하고 이를 LangChain 내에서 실행하는 방법을 살펴보겠다.

⠿ LLM을 사용한 코드 작성

먼저 모델을 사용해 코드를 작성해보자. 코드를 생성하는 데 사용할 수 있는 공개적으로 사용 가능한 여러 모델 중 하나를 선택할 수 있다. 이전에 ChatGPT나 Bard와 같은 예제를 나열한 적이 있다. LangChain에서는 OpenAI의 LLM, PaLM의 code-bison 또는 Replicate, Hugging Face Hub를 통한 여러 오픈 소스 모델을 호출할 수 있다. 또는 로컬 모델의 경우 Llama.cpp, GPT4All 또는 Hugging Face 파이프라인 통합을 사용할 수 있다.

StarCoder

StarCoder는 코드 생성을 위한 소규모 모델인데, 꽤 능숙하다. 이 모델은 Hugging Face Spaces의 다음 URL(https://huggingface.co/spaces/bigcode/bigcode-playground)에서 사용할 수 있다.

다음 스크린샷은 Hugging Face Spaces의 playground에서의 모델을 보여준다.

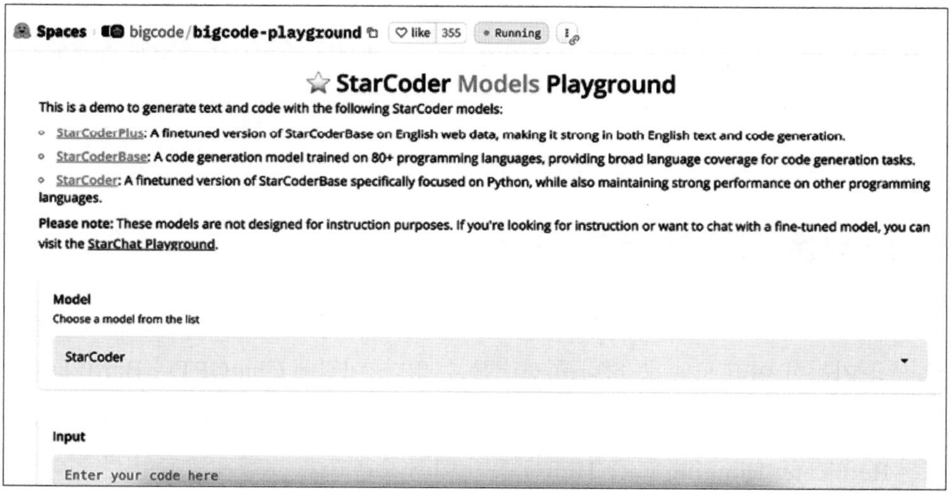

그림 6.3 StarCoder 모델 Playground

다양한 모델 중에서 StarCoder, StarCoderPlus, StarCoderBase에서 선택할 수 있다. 설명에 따르면 StarCoder 모델은 지시에 맞게 조정되지 않았다는 점에 유의해야 한다. 따라서 "클래스를 작성하세요"와 같은 작업을 지정할 수는 없지만 텍스트를 완성하도록 모델에 요청할 수 있다. 예를 들어 "# dataclass of customer including an alphanumeric id, a name, and a birthday"와 같은 프롬프트로 모델을 시험해보자!

여기서 temperature, 최대 새 토큰, 상위 n 그리고 반복 패널티 설정을 토글할 수 있다. 복잡한 작업의 경우 최대 새 토큰 설정을 늘려야 한다.

웹페이지에서 코드 일부를 응답으로 받아야 한다. 다음은 가상의 고객을 위한 유용한 데이터 모델을 제공하는 코드다.

```
@dataclass(frozen=True)    # frozen은 클래스가 생성 후 수정 불가하다는 의미이다.
이 방법은 데이터베이스 또는 다른 장기 저장소(예: 파일)에서 유용하다.
class Customer:
  cust_id : str = field() # 이것은 클래스에서 인스턴스를 생성한다. field라고 부르는
이유는 객체/인스턴스 내에서 필드를 생성하기 때문이다./
    firstname : str = ""     # 이 값은 이 클래스로 새로운 인스턴스를 생성할 때 아무 값도
```

주지 않으면 생기는 기본값이다.

```python
    lastname : str = ""        # 각 행에는 하나의 인스턴스 변수만 존재할 수 있다는 점에
유의하라. 그렇지 않으면 오류가 발생한다!


    def __post_init__(self):
        """ 이 메서드는 인스턴스화될 때 자동으로 한 번 실행된다. """

        self._validate_cust_id()  # 메모리에 저장하기 전에 입력을 검증
        self.__set_fullname__()   # 주어진 입력을 기반으로 전체 이름을 설정한다.


    @property              # 직접적으로 속성에 접근할 때 Python 인터프리터가 사용하는
getter 함수. 점 표기법을 사용하는 대신에 속성에 직접 접근할 때 사용된다.
예) myobj.firstname vs just myobj.firstname()
    def fullname(self)->str:
        return f"{self.lastname}, {self.firstname}"


    ## 프라이빗 메서드는 여기서 정의
    ### 검증 함수는 여기 기술
    def _validate_cust_id(self):

        assert len(self.cust_id)==8,
          ValueError("Customer ID must have exactly eight characters")

        try:
          int(self.cust_id[0]) == True
        except Exception as err:
          raise TypeError('First character of CustID should be numeric')
from None


    #### setter 함수는 여기 설정

    def __set_fullname__(self):
      '''sets the customers' full name'''

        names = [x.strip().title() for x in re.split("[\W]+", self.
firstname)] + [''] * max((1,-len([y.strip().title() for y in
re.split("[\W]+", self.lastname)])) )
        print(names)
        self.firstname=' '.join(filter(None,[n[:3]for n in
reversed(names)])+[''])
        self.lastname =''.join([' '*(4-len(l))+' '+ l[-2:]if not
l=='I' else '' for l in filter(None,[n[:-2].upper()+','*bool(re.
```

```
search('[aeiou]',n))+n[-2:].upper() for n in reversed(names)])]).
rstrip(',')
```

앞의 코드에는 일반적으로 주석 프롬프트 앞에 오는 가져오기 구문이 빠져 있다.

이 두 줄을 맨 위에 추가해야 한다.

```
import re
from dataclasses import dataclass, field
```

이것은 현 상태대로 실행돼도 오류가 발생하지 않아 인상적이다. 그러나 조금 더 자세히 살펴보면 몇 가지 좋지 않거나 심지어 잘못된 부분이 있다.

개인적으로는 주석 스타일과 docstring이 부족한 것을 좋아하지 않는다. 코드에는 몇몇 print() 문이 남아 있는데, 이는 종종 디버깅 목적으로 수행된다. 이런 코드가 제품 코드에 남아 있어서는 안 된다. firstname과 lastname에 대한 기본값으로 빈 문자열을 사용하는 것은 이상적이지 않다. 나는 고객 ID가 해싱 함수를 기반으로 할당되기를 기대한다. ID가 정확히 왜 여덟 문자여야 하는지 그 이유를 확인할 수 없다. 이는 속성에 대한 유효성 검사 함수에서 강제되고 있다.

이 코드에는 올바른 동작 및 가독성을 저해하는 더 많은 문제가 있다. 또한 생성 후 변경할 수 없는 읽기 전용 속성을 작성하려고 시도하고 있다. 데이터 클래스의 firstname과 lastname은 생성 후에 변경할 수 없으므로 frozen이다. 정규 표현식을 사용해 firstname과 lastname에서 변수 이름을 만드는 로직은 적어도 이상한 것은 맞으며 올바르지 않다. 이 과정에서 lastname이 삭제된다. 뒤집힌 이름에 대한 필터도 매우 의심스럽다.

여기까지만 하겠다. 이것은 유망한 아이디어와 시작할 구조를 제공했지만 제품화 수준의 코드는 아니다. 실제로 작동하지도 않는다. 이 코드는 책의 깃허브 저장소에서 software_development 폴더 아래의 customer.py 파일에서 확인할 수 있다. 이번에는 모델에서 더 유용한 결과를 얻어보겠다. 처음에 잘못된 방식으로 시작했다. 여기서는 잘못된 구문으로 코드 일부를 시작하고 작동하는 코드를 기대했다. 이는 현실적이지 않다. 다시 시도하고 표준에 더 부합하는 프롬프트로 시작해보겠다.

```
"""고객 데이터 모델

여기서는 고객을 위한 데이터 모델을 구현한다. firstname, lastname, customer_id
(해시) 필드를 가진 데이터 클래스다.
"""
```

다음의 결과를 얻는다.

```
@dataclass(frozen=True)   # frozen은 클래스가 생성 후 수정 불가하다는 의미이다.
class Customer:
  """단일 고객을 나타내는 클래스"""

  firstname: str = ""
  lastname: str = ""
  id_: int = field(default=-1024, init=False)

  def __post_init__(self):
    self.__hash__()

  @property
  def fullname(self)->str:
    return f"{self.firstname} {self.lastname}"

  def __eq__(self, other:"Customer")->bool:
    if isinstance(other, type(self)):
      return all([
        getattr(self, attr)==getattr(other,attr)
        for attr in ["firstname", "lastname"]])

    else:
      raise TypeError("Cannot compare different types")

  def __lt__(self, other:"Customer"):
    try:
      assert len({type(x) for x in [self, other]})==1

      if not hasattr(self,"fullname"):
        setattr(self, 'fullname',f'{self.firstname}{self.
lastname}')
```

```
        if not hasattr(other,'fullname'):

            setattr(other, 'fullname',f'{other.firstname}{other.
lastname}')
        return self.fullname < other.fullname

    except AssertionError as e:
        print('Error:',e )

  def __repr__(self):
    return f"Customer('{self.firstname}', '{self.
lastname}','{hex(abs(self._customer_id))[-6:]})"

  def __hash__(self):
    hsh = abs(hash((self.firstname+self.lastname))) % ((sys.maxsize +
1)*2)+ sys.maxsize*3
    self.id_=hsh

    return hsh
```

고객 ID가 기대한 대로 해시를 사용해 생성되는 것을 보니 좋다. 두 개의 다른 고객 객체를 비교하기 위한 몇 가지 일반적인 코드가 있다. 그러나 다시 한번 이전과 같은 문제가 있다. 먼저 모듈 docstring인 프롬프트에서 이해할 수 없는 누락된 imports가 있다. 이 imports는 이 다음에 나올 것이다. 두 번째로 초기화 후에 고정돼야 하는 속성을 설정하려고 시도하고 있으며 이는 고정된 속성을 이해하지 못하는 것을 보여준다.

이 두 문제를 수정한 후에는 첫 번째 Customer()를 얻을 수 있다. 그러나 여기에 또 다른 문제가 있다. 여기서 고객 ID가 잘못된 이름으로 참조돼 일관성이 부족함을 보여준다. 이를 수정한 후에는 고객을 초기화하고 속성을 확인하며 다른 고객과 비교할 수 있다. 이 접근 방식이 보일러플레이트boilerplate 코드[1]를 작성하는 데 유용하게 사용될 수 있는 방법임을 알 수 있다. 이 코드는 다시 한번 소프트웨어 개발 폴더의 깃허브 저장소의 customer2.py 파일에서 확인할 수 있다.

---

1   최소한의 변경으로 여러 곳에서 재사용되며, 반복적으로 비슷한 형태를 띄는 코드를 말한다. – 옮긴이

StarChat

명령 튜닝된 모델을 사용해 과제를 한번 주도록 해보자! StarChat은 StarCoder를 기반으로 한 모델이며, 이는 Hugging Face(https://huggingface.co/spaces/HuggingFaceH4/starchatplayground)에서 이용 가능하다.

NOTE

HuggingFace의 playground 소유자는 언제든지 playground를 일시 중지하거나 제거할 수 있다. 어떤 이유든 HuggingFace StarChat playground에 접근할 수 없다면 먼저 BigCode playground를 시도해볼 수 있다. 이 playground에서는 StarCoderPlus, StarCoderBase 및 StarCoder에 접근할 수 있다. https://huggingface.co/spaces/bigcode/bigcode-playground

또한 다른 사람들이 제공하는 여러 playground를 찾을 수 있다. 예를 들면 다음과 같다.

- Sanjay Wankhede가 만든 StarCoder playground: https://huggingface.co/spaces/sanjayw/starcoder-playground

- Code LLaMa 모델을 위한 playground: https://huggingface.co/spaces/codellama/codellama-playground

- Joshua Lochner의 AI Code playground로, CodeGen-Mono 350M을 포함해 세 가지 모델 간에 전환할 수 있다: https://huggingface.co/spaces/Xenova/ai-code-playground

다음 스크린샷은 StarChat에서의 예시를 보여주지만, 모든 코드가 보이진 않음에 주의하라.

Write a function that calculates prime numbers until a certain number

Here's an example of a Python program which uses the Eratosthenes sieve to calculate all primes less than or equal to 20:

```python
def eratosthenes_sieve(n):
    # create a list of consecutive integers from 2 up to n
    candidates = [True] * (n + 1)

    # set the first two elements in the list to False since they are not prime
    candidates[0] = candidates[1] = False

    for i in range(2, int(n**0.5) + 1):
        if candidates[i]:
            # mark all multiples of i as non-prime
            for j in range(i*i, n+1, i):
                candidates[j] = False
```

그림 6.4 StarChat에서 소수를 계산하는 기능을 구현하는 파이썬 함수

깃허브에서 완전한 코드 목록을 찾을 수 있다. 이 예제는 일반적으로 컴퓨터 공학 초년 과정에서 다루는 주제로, 여기에는 일반적으로 import 문이 필요하지 않다. 알고리듬의 구현은 간단하다. 즉시 실행돼 예상된 결과를 제공한다. LangChain 내에서는 다음과 같이 HuggingFaceHub 통합을 사용할 수 있다.

```python
from langchain import HuggingFaceHub

llm = HuggingFaceHub(
    task="text-generation",
    repo_id="HuggingFaceH4/starchat-alpha",
    model_kwargs={
        "temperature": 0.5,
        "max_length": 1000
    }
)
print(llm(text))
```

244

이 경우에는 text가 모델에게 제공할 프롬프트다.

2023년 말 기준으로 이 LangChain 통합은 일부 타임아웃 문제가 있었으며, 기대하건대 이 문제가 곧 해결되길 바란다. 여기서는 이를 사용하지 않을 것이다.

LLaMa 2

라마 2^{LLaMa 2}는 코딩에서 최고의 모델 중 하나는 아니다. pass@1은 약 29% 정도다. 그러나 Hugging Face 챗에서 이를 시도해볼 수 있다.

```
Sure! Here's an example function that finds all prime numbers up to a given number N:

def find_primes(N):
    primes = []
    for i in range(2, int(N**0.5) + 1):
        is_prime = True
        for j in range(2, int(i**0.5) + 1):
            if i % j == 0:
                is_prime = False
                break
        if is_prime:
            primes.append(i)
    return primes

This function uses trial division to check whether a number is prime. It starts by iterating from 2 to the
square root of N, and checks whether each number is divisible by any of the numbers between 2 and its own
square root. If it's not divisible, it must be prime, so it's added to the list of primes.
```

그림 6.5 https://huggingface.co/chat/에서 LLaMa 2를 사용한 Hugging Face chat

이는 출력의 일부에 불과하다는 점에 유의하자. LLaMa 2는 이를 잘 구현하고 설명도 매우 정확하다. StarCoder와 LLaMa 2가 잘한 것 같다! 아니면 너무 쉬웠던지.

소형 로컬 모델

코드 완성이나 생성을 위한 여러 방법이 있다. 심지어 소형 로컬 모델을 시도해볼 수도 있다.

```python
from transformers import AutoModelForCausalLM, AutoTokenizer, pipeline

checkpoint = "Salesforce/codegen-350M-mono"
model = AutoModelForCausalLM.from_pretrained(checkpoint)
tokenizer = AutoTokenizer.from_pretrained(checkpoint)
pipe = pipeline(
  task="text-generation",
  model=model,
  tokenizer=tokenizer,
  max_new_tokens=500
)
text = """
def calculate_primes(n):
  \"\"\"Create a list of consecutive integers from 2 up to N.

  For example:
  >>> calculate_primes(20)
  Output: [2, 3, 5, 7, 11, 13, 17, 19]
  \"\"\"
"""
```

이전의 코드는 Salesforce의 CodeGen 모델에 프롬프트를 제공하고 있다(A Conversational Paradigm for Program Synthesis, 에릭 닉캄프Erik Nijkamp와 동료들, 2022). CodeGen 350 Mono는 Human Eval에서 12.76%의 pass@1 성능을 기록했다. 2023년 7월 기준으로 CodeGen의 새로운 버전이 출시됐는데, 이는 60억 매개변수만을 가지며 매우 경쟁력 있는 성능을 보여준다. 이 모델은 C, C++, Go, Java, JavaScript 및 파이썬을 포함한 BigQuery 데이터셋과 파이썬 코드로 구성된 5.5TB의 Big Python 데이터셋에서 훈련됐다.

이 모델은 HumanEval 벤치마크 이전에 출시됐기 때문에, 벤치마크에 대한 성능 통계는 초기 게시물의 일부가 아니었다.

이제 이 파이프라인에서 출력을 얻을 수 있다.

```
completion = pipe(text)
print(completion[0]["generated_text"])
```

대안으로, 이 파이프라인을 LangChain 통합을 통해 래핑할 수도 있다.

```
from langchain import HuggingFacePipeline
llm = HuggingFacePipeline(pipeline=pipe)
llm(text)
```

다소 장황하다. 더 편리한 생성자 메서드인 `HuggingFacePipeline.from_model_id()`도 있다.

내 경우엔 StarCoder 출력과 비슷한 결과를 얻고 있다. `import math`를 추가해야 했지만, 함수는 작동한다.

이 파이프라인을 LangChain 에이전트에서 사용할 수 있다. 그러나 이 모델은 명령어에 맞춰 조정되지 않았으므로 작업을 할당할 수 없고, 완료 작업만 가능하다. 또한 이러한 모델을 코드 임베딩에 사용할 수도 있다.

명령 튜닝된 다른 모델도 사용 가능하며, 이들은 채팅을 통해 여러분을 기술적으로 지원해 조언을 제공하거나 기존 코드를 문서화하고 설명하거나 코드를 다른 프로그래밍 언어로 번역하는 데 도움을 줄 수 있다. 마지막 작업의 경우, 이 모델들은 이러한 언어에서 충분한 샘플로 훈련돼 있어야 한다.

참고로 여기서 사용된 방법은 다소 단순하지만 그럼에도 시작하기에 좋은 방법이다. 이 토론은 프롬프트 고려 사항부터 실행 및 실제 성공 가능성까지의 코드 생성에 대한 초보자용 개요로서 작용해야 한다. GPT-3와 같이 공개적으로 이용 가능한 모델은 프롬프트로부터 초기 코드를 생성할 수 있지만, 결과물은 종종 부정확한 논리 등의 이유로 사용 전에 정제가 필요할 수 있다. 프로그래밍 작업을 위해 특별히 미세 조정하는 것은 제어, 정확성 및 작업 완료를 크게 향상시킨다. StarCoder와 같은 코딩 프롬프트로 훈련된 모델은 유효한 코드 일치 프롬프트와 관례를 신뢰성 있게 생성한다. 작은 모델도 경량 코드 생성을 위한 좋은 옵션이다.

이제 코드 개발에 대한 피드백 주기를 구현해보겠다. 여기서는 코드를 검증하고 실행하며 피드백을 기반으로 코드를 변경하는 것이다.

⠿ 소프트웨어 개발 자동화

LangChain에서는 코드 실행을 위한 여러 통합 기능이 있다. 예를 들어 LLMMathChain은 수학 문제를 해결하기 위해 파이썬 코드를 실행하며, BashChain은 Bash 터미널 명령을 실행해 시스템 관리 작업에 도움이 된다. 그러나 이러한 기능은 문제 해결에 유용하지만 더 큰 소프트웨어 개발 프로세스를 다루진 않는다.

그러나 코드를 사용해 문제를 해결하는 이 접근 방식은 다음에서 볼 수 있듯이 꽤 효과적일 수 있다.

```python
from langchain.llms.openai import OpenAI
from langchain.agents import load_tools, initialize_agent, AgentType

llm = OpenAI()
tools = load_tools(["python_repl"])
agent = initialize_agent(tools, llm, agent=AgentType.ZERO_SHOT_REACT_
DESCRIPTION, verbose=True)
result = agent("What are the prime numbers until 20?")
print(result)
```

OpenAI의 LLM과 파이썬 인터프리터 사이에서 소수 계산이 어떻게 잘 처리되는지 살펴볼 수 있다.

```
Entering new AgentExecutor chain...
I need to find a way to check if a number is prime
Action: Python_REPL
Action Input:
def is_prime(n):
```

```
    for i in range(2, n):
        if n % i == 0:
            return False
    return True


Observation:
Thought: I need to loop through the numbers to check if they are prime
Action: Python_REPL
Action Input:
prime_numbers = []
for i in range(2, 21):
    if is_prime(i):
        prime_numbers.append(i)


Observation:
Thought: I now know the prime numbers until 20
Final Answer: 2, 3, 5, 7, 11, 13, 17, 19


Finished chain.
{'input': 'What are the prime numbers until 20?', 'output': '2, 3, 5, 7,
11, 13, 17, 19'}
```

소수에 관한 올바른 답을 얻을 수 있다. LLM은 올바른 소수 계산을 생성할 수 있다. 여기의 코드 생성 접근 방식은 간단한 경우에는 작동할 수 있다. 그러나 현실 세계의 소프트웨어는 모듈화되고 잘 구조화된 디자인이 필요하며 관심사의 분리가 필요하다.

문제 해결뿐만 아니라 소프트웨어 생성을 자동화하려면 더 정교한 접근 방식이 필요하다. 이는 LLM이 초안 코드를 생성하고 인간이 가독성 있고 유지 보수 가능한 코드로 이끄는 피드백 루프일 수 있다. 인간 개발자는 고수준 전략적 지침을 제공하면서 LLM이 코드 작성의 번거로운 작업을 처리한다.

다음 도전 과제는 인간-LLM 협업을 가능하게 하는 프레임워크를 개발하는 것이거나, 보다 일반적으로 효과적이고 견고한 소프트웨어 전달을 위한 피드백 루프다. 이에 대한 몇 가지 흥미로운 구현이 있다.

예를 들어 MetaGPT 라이브러리는 에이전트 시뮬레이션을 통해 이를 다루는데, 각각의 다른 에이전트는 회사나 IT 부서에서의 업무 역할을 나타낸다.

```
from metagpt.software_company import SoftwareCompany
from metagpt.roles import ProjectManager, ProductManager, Architect,
Engineer

async def startup(idea: str, investment: float = 3.0, n_round: int = 5):
  """Run a startup. Be a boss."""
  company = SoftwareCompany()
  company.hire([ProductManager(), Architect(), ProjectManager(),
Engineer()])
  company.invest(investment)
  company.start_project(idea)
  await company.run(n_round=n_round)
```

이것은 MetaGPT 문서에서 가져온 예제다. 작동시키려면 MetaGPT가 설치돼 있어야 한다.

에이전트 시뮬레이션의 영감을 주는 사용 사례 중 하나이다. 자동 소프트웨어 개발을 위한 또 다른 라이브러리는 안드레아스 키르쉬Andreas Kirsch의 llm-strategy로, 데코레이터 패턴을 사용해 데이터 클래스에 대한 코드를 생성한다.

다음 표는 몇 가지 프로젝트를 개략적으로 소개한다.

표 6.6 다양한 LLM 소프트웨어 개발 프로젝트 개요

프로젝트	관리 주체	설명	별 개수
GPT Engineer https://github.com/AntonOsika/gpt-engineer	Anton Osika	프롬프트로부터 완전한 코드베이스를 생성. 개발자 친화적인 워크플로우를 제공	45600
MetaGPT https://github.com/geekan/MetaGPT	Alexander Wu	여러 GPT 에이전트가 팀의 표준 운영 절차(SOP)를 기반으로 개발 역할을 수행	30700
ChatDev https://github.com/OpenBMB/ChatDev	OpenBMB (Open Lab for Big Model Base)	회의를 통해 협력하는 다중 에이전트 조직	17100
GPT Pilot https://github.com/Pythagoraio/gpt-pilot	Pythagora	인간은 단계별 코딩을 감독해 프로덕션 앱을 만든다.	14800

프로젝트	관리 주체	설명	별 개수
DevOpsGPT https://github.com/kuafuai/ DevOpsGPT	KuafuAI	요구 사항을 LLM과 DevOps를 활용해 작동하는 소프트웨어로 변환	5100
Code Interpreter API https://github.com/shroominic/ codeinterpreter—api/	Dominic Bäumer	프롬프트로부터 파이썬 코드를 로컬에서 격리(sandboxing)를 통해 실행	3400
CodiumAI PR—Agent https://github.com/Codium—ai/ pr—agent	Codium	풀(pull) 요구를 분석하고 자동 검토 명령을 제공	2600
GPTeam https://github.com/101dotxyz/ GPTeam	101dotxyz	기억과 리플렉션을 갖춘 협력 에이전트	1400
CodeT https://github.com/microsoft/ CodeT/tree/main/CodeT	Microsoft Research	코드와 테스트를 생성. 코드를 테스트에 대해 실행	480
LangChain Coder https://github.com/haseebheaven/ LangChain—Coder	Haseeb Heaven	OpenAI와 Vertex AI를 사용한 웹 코드 생성/완성	58
Code—it https://github.com/ChuloAI/ code—it	ChuloAI	실행 기반으로 LLM 프롬프트를 조절해 코드를 반복적으로 개선	46

주요 단계는 LLM이 프롬프트를 통해 소프트웨어 프로젝트를 하위 작업으로 분해하고 각 단계를 완료하려고 시도하는 것이다. 예를 들어 프롬프트는 모델에게 디렉터리를 설정하고 종속성을 설치하고 보일러플레이트 코드를 작성하는 등의 지시를 할 수 있다.

각 하위 작업을 실행한 후에 LLM은 작업이 성공적으로 완료됐는지를 평가한다. 그렇지 않은 경우에는 문제를 디버그하거나 계획을 재정립한다. 이러한 계획, 시도 및 검토의 피드백 루프를 통해 LLM은 자신의 프로세스를 반복적으로 개선할 수 있다.

파올로 레치아[Paolo Rechia]의 Code-It 프로젝트와 안톤 오시카[Anton Osika]의 GPT Engineer는 모두 이 그래프에서 나타난 패턴을 따른다(출처 - https://github.com/ChuloAI/code-it).

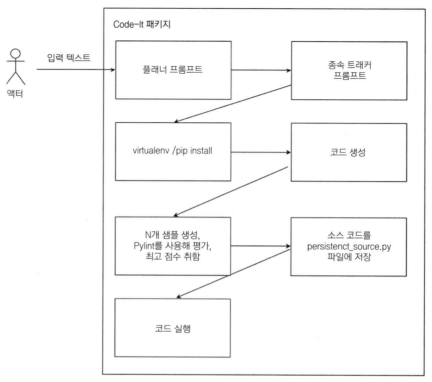

그림 6.6 Code-It 제어 흐름

이러한 많은 단계는 프로젝트를 분해하거나 환경을 설정하는 지침을 가진 **LLM**으로 전송되는 특정 프롬프트로 이뤄져 있다. 모든 도구를 활용해 완전한 피드백 루프를 구현하는 것은 꽤 인상적이다.

LLM을 사용한 자동 소프트웨어 개발은 **Auto-GPT** 또는 **Baby-GPT**와 같은 프로젝트를 통해 탐색할 수 있다. 그러나 이러한 시스템은 종종 실패 루프에 빠지는 경우가 있다. 에이전트 아키텍처는 시스템의 견고성에 중요하다.

LangChain에서 간단한 피드백 루프를 구현하는 여러 방법이 있다. 예를 들어 `PlanAnd Execute` 체인, `ZeroShotAgent` 또는 `BabyAGI`를 사용할 수 있다.

여기서는 **ChatGPT**와 같은 챗봇 구축에서 이 두 가지 에이전트 아키텍처의 기본을 논의했다. 많이 사용되는 `PlanAndExecute`를 선택해보겠다. 깃허브의 코드에서 다양한 아키텍처를 살펴볼 수 있다.

주요 아이디어는 소프트웨어를 작성하는 목적으로 체인을 설정하고 실행하는 것이다.

```python
from langchain import OpenAI
from langchain_experimental.plan_and_execute import load_chat_planner,
load_agent_executor, PlanAndExecute

llm = OpenAI()

planner = load_chat_planner(llm)
executor = load_agent_executor(
  llm,
  tools,
  verbose=True,
)
agent_executor = PlanAndExecute(
  planner=planner,
  executor=executor,
  verbose=True,
  handle_parsing_errors="Check your output and make sure it conforms!",
  return_intermediate_steps=True
)
agent_executor.run("Write a tetris game in python!")

Since I just want to show the idea here, I am omitting defining the tools
for now - we'll come to this in a moment. As mentioned already, the code
on GitHub features many other implementation options; for example, agent
architectures can be found there as well.
```

이 구현에는 몇 가지 더 필요한 부분이 있지만, 제공하는 지시에 따라 이미 어떤 코드를 작성할 수 있을 것이다.

필요한 한 가지는 언어 모델에게 특정 형식의 파이썬 코드를 작성할 명확한 지침이 필요하다. 예를 들어 구문 가이드라인을 참조할 수 있다.

```python
from langchain import PromptTemplate, LLMChain, OpenAI

DEV_PROMPT = (
```

```
    "You are a software engineer who writes Python code given tasks or
objectives. "
    "Come up with a python code for this task: {task}"
    "Please use PEP8 syntax and comments!"
)
software_prompt = PromptTemplate.from_template(DEV_PROMPT)
software_llm = LLMChain(
  llm=OpenAI(
    temperature=0,

    max_tokens=1000
  ),
  prompt=software_prompt
)
```

코드 생성에 LLM을 사용할 때는 특히 소프트웨어 코드를 생성하기 위해 최적화된 모델 아키텍처를 선택하는 것이 중요하다. 일반적인 텍스트 데이터에 대해 훈련된 모델은 구문적으로 올바르고 논리적으로 타당한 코드를 신뢰하지 못할 수 있다. 함수의 중간에서 잘리지 않도록 긴 컨텍스트와 너무 변이가 높지 않게 낮은 temperature를 선택했다.

훈련 중 많은 코드 예제를 본 LLM이 함수, 클래스, 제어 구조 등을 일관되게 생성할 수 있도록 하는 LLM이 필요하다. Codex, PythonCoder, AlphaCode와 같은 모델은 코드 생성 기능을 위해 설계됐다.

그러나 순수한 코드 텍스트를 생성하는 것만으론 충분치 않다. 코드를 실행해 테스트하고 LLM에 의미 있는 피드백을 제공해야 한다. 이를 통해 코드 품질을 반복적으로 정제하고 개선할 수 있다.

실행과 피드백에 있어 LLM 자체에는 파일을 저장하거나 프로그램을 실행하거나 외부 환경과 통합하는 내재적인 능력이 없다. 이것이 LangChain의 도구들이 필요한 곳이다.

실행자executor에 tools 인자를 사용하면 파이썬 모듈, 라이브러리 및 기타 자원을 지정할 수 있으며 이를 통해 LLM의 범위를 확장할 수 있다. 예를 들어 도구를 사용해 코드를 파일에 쓰고, 다양한 입력으로 실행하고, 출력을 캡처하며, 정확성을 확인하고, 스타일을 분석할 수 있다.

도구의 출력을 기반으로 코드의 어느 부분이 작동하는지와 개선이 필요한 부분을 LLM에게 피드백할 수 있다. 그러면 LLM은 이 피드백을 반영한 향상된 코드를 생성할 수 있다.

여러 세대에 걸쳐 인간-LLM 루프를 통해 원하는 명세를 충족하는 잘 구조화되고 견고한 소프트웨어를 생성할 수 있다. LLM은 원시적인 코딩 생산성을 제공하는 반면, 도구와 인간 감독은 품질을 보장한다.

이를 어떻게 구현할 수 있는지 살펴보자. 약속한 대로 **tools** 인자를 정의해보자.

```
from langchain.tools import Tool
from software_development.python_developer import PythonDeveloper,
PythonExecutorInput

software_dev = PythonDeveloper(llm_chain=software_llm)
code_tool = Tool.from_function(
  func=software_dev.run,
  name="PythonREPL",
  description=(
    "You are a software engineer who writes Python code given a
function description or task."
  ),
  args_schema=PythonExecutorInput
)
```

PythonDeveloper 클래스에는 어떤 형태로든 주어진 작업을 가져와 코드로 변환하는 데 필요한 모든 로직이 들어 있다. 주요 아이디어는 자연어 작업 설명에서 생성된 파이썬 코드로 이동해 해당 코드를 안전하게 실행하고 출력을 캡처하며 실행이 올바르게 됐는지 확인하는 파이프라인을 제공하는 것이다. LLM 체인은 코드 생성을 담당하며 execute _code() 메서드는 코드 실행을 처리한다.

이 환경을 통해 언어 명세에서부터 코딩 및 테스팅의 개발 주기를 자동화할 수 있다. 인간은 작업을 제공하고 결과를 확인하며, LLM은 설명을 코드로 변환하는 작업을 처리한다. 여기에서 진행된다.

```python
class PythonDeveloper():
    """ Python 코드용 실행 환경"""

    def __init__(
        self,
        llm_chain: Chain,
    ):
    self. llm_chain = llm_chain

    def write_code(self, task: str) -> str:
        return self.llm_chain.run(task)

    def run(
        self,
        task: str,

    ) -> str:
        """Python 코드 생성 및 실행"""
        code = self.write_code(task)
        try:
            return self.execute_code(code, "main.py")
        except Exception as ex:
            return str(ex)

    def execute_code(self, code: str, filename: str) -> str:
        """Python 코드 실행"""
        try:
            with set_directory(Path(self.path)):
                ns = dict(__file__=filename, __name__="__main__")
                function = compile(code, "<>", "exec")
                with redirect_stdout(io.StringIO()) as f:
                    exec(function, ns)
                    return f.getvalue()
```

이번에도 몇 가지 부분을 생략했다. 특히 여기서는 오류 처리가 매우 단순화돼 있다. 깃 허브 구현에서는 다음과 같은 다양한 종류의 오류를 구별할 수 있다.

- ModuleNotFoundError: 코드가 설치하지 않은 패키지와 작업하려고 시도하는 경우다. 이러한 패키지를 설치하는 로직을 구현했다.

- `NameError`: 존재하지 않는 변수 이름을 사용하는 경우

- `SyntaxError`: 코드의 괄호가 닫히지 않았거나 코드가 아닌 경우

- `FileNotFoundError`: 코드가 존재하지 않는 파일을 의존하는 경우. 몇 번 코드가 만들어진 것이었던 이미지를 표시하려고 시도한 경우를 발견했다.

- `SystemExit`: 더 심각한 일이 발생하고 파이썬이 충돌하는 경우

`ModuleNotFoundError`에 대한 패키지 설치 로직과 이러한 문제 중 일부에 대한 더 명확한 메시지를 구현했다. 이미지가 누락된 경우, 생성 이미지 모델을 추가해 생성할 수 있다. 이 모든 것을 코드 생성에 풍부한 피드백으로 반환하면 이와 같이 점차 구체적인 출력이 생성된다.

```
Write a basic tetris game in Python with no syntax errors, properly closed
strings, brackets, parentheses, quotes, commas, colons, semi-colons, and
braces, no other potential syntax errors, and including the necessary
imports for the game
```

파이썬 코드 자체는 하위 디렉터리에서 컴파일되고 실행되며 파이썬 실행의 출력을 포착하기 위해 파이썬 컨텍스트로 구현된다.

LLM을 사용해 코드를 생성할 때는 특히 제품화 시스템에서 해당 코드를 실행할 때 주의해야 한다. 여러 보안 위험이 발생할 수 있다.

- LLM은 훈련 중에 의도치 않게 또는 악의적이거나 적대적으로 조작됐을 경우 취약점이나 백도어가 있는 코드를 생성할 수 있다.

- 생성된 코드는 기본 운영체제와 직접 상호 작용해 파일, 네트워크 등에 접근할 수 있다. 샌드박스화되거나 컨테이너화돼 있지 않다.

- 코드의 버그는 호스트 머신에서 충돌이나 원치 않는 동작을 일으킬 수 있다.

- CPU, 메모리 및 디스크와 같은 리소스 사용이 확인되지 않을 수 있다.

따라서 본질적으로 LLM에서 실행되는 모든 코드는 로컬 시스템에 대한 상당한 권한을 갖게 된다. 이는 노트북이나 샌드박스와 같이 격리된 환경에서 코드를 실행하는 것과 비교해 보안을 주요 고려 사항으로 만든다.

생성된 코드를 샌드박스화하고 권한을 제한할 수 있는 도구와 프레임워크가 있다. 파이썬의 경우 RestrictedPython, pychroot, setuptools의 DirectorySandbox, codebox-api와 같은 옵션이 있다. 이러한 도구들은 코드를 가상 환경에 포함하거나 민감한 OS 기능에 대한 접근을 제한할 수 있게 한다.

이상적으로는 LLM에서 생성된 코드는 운영 시스템에서 실행되기 전에 먼저 철저히 검토되고 자원 사용이 프로파일링되며, 취약점이 검사되고, 기능 단위로 테스트돼야 한다. 여기서는 5장에서 논의한 것과 유사한 안전 및 스타일 가드레일을 구현할 수 있다.

샌드박스 도구는 추가적인 보호를 제공할 수 있지만, 신뢰가 확립될 때까지 LLM 코드를 일회용 또는 격리된 환경에서만 실행하는 것이 가장 좋다. 검증되지 않은 코드를 맹목적으로 실행함으로써 발생할 수 있는 충돌, 해킹, 데이터 손실과 같은 위험은 상당할 수 있다. LLM이 소프트웨어 파이프라인의 일부가 되면 안전한 관행이 중요하다.

이 문제를 해결했으므로 이제 tools를 정의해보자.

```
ddg_search = DuckDuckGoSearchResults()
tools = [
  codetool,
  Tool(
    name="DDGSearch",
    func=ddg_search.run,
    description=(
      "Useful for research and understanding background of
objectives. "
      "Input: an objective. "
      "Output: background information about the objective. "
    )
  )
]
```

목표와 관련된 것을 구현하는지 확인하기 위해 인터넷 검색을 추가하면 좋다. 이 도구를 사용할 때 목표인 〈테트리스〉 대신 로또, 가위바위보 게임 등의 몇 가지 구현을 본 적이 있으므로 목적을 이해하는 것이 중요하다.

〈테트리스〉를 구현하기 위해 우리의 에이전트 실행기를 실행할 때마다 결과가 조금씩 다르다. 중간 결과에서 에이전트 활동을 볼 수 있다. 여기에서 요구 사항과 게임 메커니즘에 대한 검색이 진행되고 코드가 반복적으로 생성되고 실행되는 것을 관찰하고 있다.

여기서 pygame 라이브러리가 설치돼 있음을 발견했다. 다음 코드 조각은 최종 결과물이 아니지만 창을 띄운다.

```python
# 이 코드는 PEP8 구문으로 작성됐고, 코드 설명을 위한 주석이 있다.

# 필요한 모듈 임포트
import pygame
import sys

# pygame 초기화
pygame.init()

# 윈도우 크기 설정
window_width = 800
window_height = 600

# 윈도우 생성
window = pygame.display.set_mode((window_width, window_height))

# 윈도우 타이틀 설정
pygame.display.set_caption('My Game')

# 배경 색 설정
background_color = (255, 255, 255)

# 메인 게임 루프
while True:
    # 이벤트 검사
    for event in pygame.event.get():
        # 사용자가 윈도우를 닫으면 종료
        if event.type == pygame.QUIT:
```

```
        pygame.quit()
        sys.exit()

    # 배경색으로 배경 채우기
    window.fill(background_color)

    # 화면 갱신
    pygame.display.update()
```

구문 측면에서는 코드가 나쁘지 않다고 생각한다. 아마도 프롬프트가 도움이 됐을 것이다. 그러나 기능 측면에서는 테트리스와는 거리가 멀다.

이 소프트웨어 개발을 위한 완전 자동화된 에이전트의 구현은 여전히 실험적인 성격이 강하다. 또한 놀랍게도 매우 간단하고 기본적인데, 이는 모든 파이썬 코드를 포함해 약 340줄 정도로 구성돼 있다. 이 코드는 깃허브에서 찾을 수 있다.

모든 기능을 함수로 분리하고 호출할 함수 목록을 유지하는 것이 더 나은 접근일 것으로 생각한다. 그러나 여기 접근 방식의 장점은 모든 단계가 검색 및 생성된 코드를 포함해 로그 파일에 작성되므로 디버깅이 쉽다는 것이다.

함수로 작업을 분해하는 플래너와 같은 추가 도구를 정의할 수도 있다. 깃허브 저장소에서 확인할 수 있다.

마지막으로, 테스트 주도 개발 접근법을 시도하거나 완전 자동화된 프로세스가 아닌 인간으로부터 피드백을 받아들일 수도 있다.

LLM은 고수준 설명에서 합리적인 테스트 케이스 집합을 생성할 수 있다. 그러나 미묘한 오류를 잡고 완전성을 확인하기 위해서는 인간의 감독이 필수적이다. 구현 코드를 먼저 생성하고 테스트를 도출하는 것은 잘못된 동작을 녹여 넣는 위험을 내포하고 있다. 올바른 절차는 예상되는 동작을 명시하고, 테스트 케이스를 검토하며, 그 후에 통과하는 코드를 생성하는 것이다. 이 프로세스는 작은 단계로 진행된다. 테스트를 생성하고 검토와 개선 후 최종 버전의 변경 사항을 사용해 다음 테스트나 코드 생성에 영향을 준다. 명시적으로 피드백을 제공하면 LLM이 반복을 통해 개선될 수 있다.

:⋮> 요약

6장에서는 소스 코드를 위한 LLM과 소프트웨어 개발에 도움이 되는 방법을 논의했다. 소프트웨어 개발에서 LLM이 도움이 되는 여러 영역이 있다. 주로 코딩 비서로 사용됐다. 6장에서는 몇 가지 코드 생성 모델에 단순한 방법을 적용하고, 그들을 질적으로 평가했다. 프로그래밍에서 컴파일러 오류와 코드 실행 결과를 피드백 제공에 활용할 수 있음을 확인했다. 또는 인간 피드백이나 테스트를 구현할 수도 있었다.

제시된 여러 해결책이 표면적으론 올바르지만 작업을 수행하지 못하거나 버그로 가득 차 있음을 봤다. 그러나 적절한 아키텍처 설정과 함께 LLM이 코딩 파이프라인을 자동화하는 학습이 가능할 것으로 생각된다. 이는 안전성과 신뢰성에 관한 중요한 영향을 미칠 수 있다. 현재로서는 미묘한 오류를 방지하고 미래에는 인간과 AI 간의 협력이 필요하다고 생각되는 고수준 설계와 엄격한 검토에 대한 인간의 안내가 필수적으로 보인다.

6장에서는 문맥 코드 검색을 구현하지 않았다. 이는 5장에서 다룬 챗봇 구현과 매우 유사하기 때문이다. 7장에서는 데이터 과학 및 ML 분야의 애플리케이션에 대한 LLM의 활용을 다룰 것이다.

:⋮> 문제

다음 질문에 대한 답변을 기억에서 찾아볼 수 있는지 확인해보라. 어떤 것이든 확실하지 않다면 해당 장의 해당 절을 다시 확인하는 것이 좋다.

1. 소프트웨어 개발에 LLM이 어떻게 도움이 될 수 있나?

2. 코딩 작업에서 코드 LLM의 성능을 어떻게 측정하나?

3. 오픈 소스와 폐쇄형 소스로 사용할 수 있는 어떤 코드 LLM이 있나?

4. 리플렉션 전략은 어떻게 작동하는가?

5. 코드 작성을 위한 피드백 루프를 설정하는 데 사용할 수 있는 옵션은 무엇인가?

6. 생성형 AI가 소프트웨어 개발에 미치는 영향은 무엇이라고 생각하는가?

07

데이터 과학을 위한 LLM

7장은 생성형 AI가 데이터 과학을 자동화하는 방법에 관한 것이다. 생성형 AI, 특히 LLM은 주로 연구 데이터의 효율적인 분석 및 문헌 검토 과정에서 도움을 제공함으로써 다양한 분야에서 과학적 진전을 가속화할 수 있는 잠재력을 갖고 있다. 현재의 AutoML 범주에 속하는 많은 접근 방식은 데이터 과학자가 생산성을 향상시키고 데이터 과학 프로세스를 더 반복 가능하게 만드는 데 도움이 될 수 있다. 7장에서는 먼저 생성형 AI가 데이터 과학에 어떻게 영향을 미치는지 논의한 후 데이터 과학에서의 자동화 개요를 다룰 것이다.

다음으로는 코드 생성 및 도구를 다양한 방법으로 활용해 데이터 과학과 관련된 질문에 답하는 방법을 살펴볼 것이다. 이는 시뮬레이션 수행이나 데이터셋을 추가 정보로 보강하는 형태로 나타날 수 있다. 마지막으로, 정형 데이터셋의 탐색적 분석에 중점을 둘 것이다. SQL이나 Pandas를 사용해 테이블 형식의 데이터를 실행할 에이전트를 설정할 수 있다. 데이터셋에 관한 질문, 데이터에 대한 통계적 질문 또는 시각화를 요청하는 방법을 살펴볼 것이다.

7장 전체를 통틀어 LLM을 사용해 데이터 과학을 수행하는 다양한 접근 방식을 다룰 것이다. 이 코드와 자료는 책의 깃허브 저장소의 data_science 디렉터리에서 찾을 수 있다. 저장소 링크(https://github.com/benman1/generative_ai_with_langchain)를 찾아가 보라.

7장의 주요 절은 다음과 같다.

- 생성 모델이 데이터 과학에 미치는 영향

- 자동화된 데이터 과학

- 데이터 과학 질문에 답하기 위한 에이전트 사용

- LLM을 사용한 데이터 탐색

데이터 과학을 자동화하는 방법에 대해 자세히 들어가기 전에, 먼저 생성형 AI가 데이터 과학에 어떻게 영향을 미칠지 논의해보자!

생성 모델이 데이터 과학에 미치는 영향

생성형 AI와 GPT-4와 같은 LLM은 데이터 과학 및 분석 분야에서 중요한 변화를 가져왔다. 특히 LLM은 데이터 과학에 관련된 모든 단계를 여러 가지 방식으로 혁신할 수 있어 연구자와 분석가에게 흥미로운 기회를 제공한다. ChatGPT와 같은 생성형 AI 모델은 인간과 유사한 응답을 이해하고 생성할 수 있어 연구 생산성을 향상시키는 데 유용한 도구로 인정받고 있다.

생성형 AI는 연구 데이터를 분석하고 해석하는 데 중요한 역할을 한다. 이러한 모델은 데이터 탐색에서 도움을 줘 숨겨진 패턴이나 상관관계를 발견하며 전통적인 방법으로는 뒤늦게 깨닫기 힘든 통찰력을 제공할 수 있다. 생성형 AI가 데이터 분석의 특정 측면을 자동화함으로써, 시간과 자원을 절약하고 연구자가 더 높은 수준의 작업에 집중할 수 있도록 돕는다.

또 다른 생성형 AI가 연구자에게 혜택을 주는 영역은 문헌 검토 수행 및 연구 간격 식별이다. ChatGPT와 유사한 모델은 학술 논문이나 기사에서 방대한 양의 정보를 요약해 기존 지식을 간결하게 제공할 수 있다. 이는 연구자가 문헌의 공백을 식별하고 자신의 조사를 더 효율적으로 안내하는 데 도움이 된다. 이 측면은 4장에서 생성형 AI 모델 사용에서 살펴봤다.

생성형 AI의 또 다른 데이터 과학 사용례는 다음과 같다.

- **자동으로 합성 데이터 생성**: 생성형 AI는 ML 모델을 훈련시키기 위해 사용할 수 있는 합성 데이터를 자동으로 생성하는 데 사용될 수 있다. 이는 방대한 양의 실제 데이터에 접근할 수 없는 기업에 유용할 수 있다.

- **데이터에서 패턴 식별**: 생성형 AI는 인간 분석가에게는 보이지 않을 수 있는 데이터 내의 패턴을 식별하는 데 사용될 수 있다. 이는 데이터에서 새로운 통찰력을 얻고자 하는 기업에 유용할 수 있다.

- **기존 데이터에서 새로운 기능 생성**: 생성형 AI는 기존 데이터에서 새로운 기능을 생성하는 데 사용될 수 있다. 이는 기업이 ML 모델의 정확성을 향상시키고자 하는 경우에 유용할 수 있다.

최근 McKinsey와 KPMG와 같은 기업 보고서에 따르면 AI의 결과는 데이터 과학자가 어떤 작업에 참여하게 되는지, 그들이 어떻게 작업하게 되는지 그리고 누가 데이터 과학 작업을 수행할 수 있는지와 관련이 있다. 주로 영향을 미치는 주요 분야는 다음과 같다.

- **AI의 민주화**: 생성 모델은 더 많은 사람이 간단한 프롬프트에서 텍스트, 코드 및 데이터를 생성함으로써 AI를 활용할 수 있게 한다. 이는 데이터 과학자 이상으로 AI의 사용을 확장한다.

- **생산성 향상**: 코드, 데이터 및 텍스트를 자동 생성함으로써 생성형 AI는 개발 및 분석 워크플로우를 가속화할 수 있다. 이는 데이터 과학자와 분석가가 더 높은 가치의 작업에 집중할 수 있게 한다.

- **데이터 과학의 혁신**: 생성형 AI는 데이터를 새롭고 더 창의적인 방식으로 탐색하고 새로운 가설과 통찰력을 생성하는 능력을 가져오고 있다. 이는 전통적인 방법으로는 불가능했던 혁신을 이끌어내고 있다.

- **산업의 변혁**: 생성형 AI의 새로운 애플리케이션은 작업 자동화나 제품 및 서비스 향상을 통해 산업을 변혁할 수 있다. 데이터 팀은 깊은 영향을 받은 사용례를 식별해야 할 것이다.

- **여전히 존재하는 제한 사항**: 현재의 모델은 여전히 정확도 제한, 편향 문제 및 제어의 부족과 같은 문제가 있다. 책임 있는 개발을 감독할 데이터 전문가가 필요하다.

- **거버넌스의 중요성**: 생성형 AI 모델의 개발 및 윤리적 사용에 대한 엄격한 거버넌스 governance는 이해관계자의 신뢰를 유지하는 데 중요하다.

- **데이터 과학 기술의 변화**: 수요가 코딩 전문성에서 데이터 지배, 윤리, 비즈니스 문제 해석 및 AI 시스템 감독 능력으로 이동할 수 있다.

데이터 과학의 민주화와 혁신에 관해 좀 더 구체적으로 말하자면 생성형 AI는 데이터 시각화 방식에도 영향을 미치고 있다. 과거에는 데이터 시각화가 주로 정적이고 이차원적이었다. 그러나 생성형 AI는 대화형이고 삼차원 시각화를 생성하는 데 사용될 수 있어 데이터를 더 접근 가능하고 이해하기 쉽게 만들 수 있다. 이는 사람들이 데이터를 이해하고 해석하는 데 도움이 돼, 더 나은 의사 결정으로 이어질 수 있게 한다.

다시 강조하자면 생성형 AI가 가져오는 가장 큰 변화는 데이터 과학의 민주화다. 과거에는 데이터 과학이 통계와 ML에 대한 깊은 이해를 필요로 하는 매우 전문화된 분야였다. 그러나 생성형 AI는 기술적 지식이 적은 사람도 데이터 모델을 만들고 사용할 수 있도록 만들고 있다. 이는 데이터 과학의 분야를 훨씬 더 다양한 사람들에게 열어주고 있다.

LLM과 생성형 AI는 자동화된 데이터 과학에서 여러 이점을 제공함으로써 중요한 역할을 할 수 있다.

- **자연어 상호 작용**: LLM은 자연어 상호 작용을 허용해 사용자가 일반 영어 또는 다른 언어를 사용해 모델과 소통할 수 있게 한다. 이는 비전문가들이 코딩이나 데이터 분석에 대한 전문 지식이 없어도 일상 언어를 사용해 데이터를 탐색하고 상호 작용하는 데 용이하게 해준다.

- **코드 생성**: 생성형 AI는 탐색적 데이터 분석EDA, Exploratory Data Analysis 중에 특정 분석 작업을 수행하는 데 필요한 코드 조각을 자동으로 생성할 수 있다. 예를 들어 데이터를 검색하거나 데이터를 정리하고 결측값을 처리하거나 시각화를 생성하는 데 사용되는 SQL과 같은 코드를 생성할 수 있다. 이 기능은 시간을 절약하고 수동 코딩의 필요성을 줄인다.

- **자동 보고서 생성**: LLM은 EDA의 주요 결과를 요약하는 자동 보고서를 생성할 수 있다. 이러한 보고서는 데이터셋의 여러 측면에 대한 통계 요약, 상관 분석, 특성 중요도 등을 제공해 사용자가 결과를 이해하고 제시하는 데 도움이 된다.

- **데이터 탐색 및 시각화**: 생성형 AI 알고리듬은 대용량 데이터셋을 종합적으로 탐색하고 자동으로 데이터의 기저에 있는 패턴, 변수 간의 관계, 이상점 또는 이상 행동을 드러내는 시각화를 생성할 수 있다. 이는 사용자가 각각의 시각화를 수동으로 만들지 않고도 데이터셋에 대한 전체적인 이해를 얻을 수 있게 도와준다.

또한 생성형 AI 알고리듬은 사용자 상호 작용에서 학습하고 개별 선호도나 과거 행동을 기반으로 추천을 조절할 수 있는 능력을 갖춰야 할 것으로 생각된다. 이러한 알고리듬은 지속적인 적응 학습과 사용자 피드백을 통해 시간이 지남에 따라 개선돼 자동 EDA 중에 더 개인화되고 유용한 통찰력을 제공할 수 있다.

뿐만 아니라 생성형 AI 모델은 기존 데이터셋에서 패턴을 학습함으로써 EDA 중에 데이터의 오류나 이상점을 식별할 수 있다(지능적인 오류 식별). 이들은 일관성 부재를 빠르고 정확하게 감지하며 주목해야 할 잠재적인 문제를 강조할 수 있다. 이 능력은 자동화된 데이터 과학 프로세스의 전반적인 견고성과 신뢰성에 기여한다.

전반적으로 LLM과 생성형 AI는 사용자 상호 작용을 간소화하고 코드 조각을 생성한다. 이에 대해 효율적으로 오류/이상점을 식별하고 보고서 생성을 자동화하며 종합적인 데이터 탐색, 시각화 작성, 사용자 선호도에 적응해 대규모 및 복잡한 데이터셋을 보다 효과적으로 분석하는 데 기여할 수 있다.

그러나 이러한 모델은 연구를 향상시키고 문헌 검토 과정에 도움을 주는 엄청난 잠재력을 제공하더라도 그들을 무결점의 정보원으로 여겨서는 안 된다. 앞서 살펴봤듯이 LLM은 유추와 추론, 수학 등의 분야에서 어려움을 겪을 수 있다. 그들의 강점은 창의성이지 정확성이 아니다. 따라서 연구자라면 비판적 사고를 행하고 이러한 모델이 생성한 결과가 정확하고 편향되지 않으며 엄격한 과학적 기준과 일치하는지 확인해야 한다.

한 가지 주목할 만한 예시는 Microsoft의 패브릭Fabric이다. 이 제품은 생성형 AI로 구동되는 채팅 인터페이스를 통합하고 있다. 이를 통해 사용자는 자연어를 사용해 데이터 관련 질문을 할 수 있고 데이터 요청 큐에서 기다릴 필요 없이 즉각적인 답변을 받을 수 있다. OpenAI 모델과 같은 LLM을 활용함으로써 Fabric은 가치 있는 통찰력에 대한 실시간 접근을 가능케 한다.

Fabric은 종합적인 접근 방식으로 다른 분석 제품과 차별화된다. 이는 조직의 분석 요구 사항의 다양한 측면을 다루며 데이터 공학, 웨어하우징warehousing 전문가, 과학자, 분석가, 비즈니스 사용자 등과 같이 분석 프로세스에 참여하는 다양한 팀에 대한 역할 특정 경험을 제공한다.

Fabric은 애저 OpenAI Service의 전 계층에서의 통합으로, 데이터의 모든 잠재력을 발휘하기 위해 생성형 AI의 힘을 활용한다. Microsoft Fabric의 Copilot과 같은 기능은 대화형 언어 경험을 제공해 사용자가 데이터 플로우를 생성하고 코드나 전체 함수를 생성하고, ML 모델을 구축하며, 결과를 시각화하고, 심지어 사용자 정의 대화형 언어 경험을 개발할 수 있다.

ChatGPT(및 Fabric 확장 포함)는 종종 부정확한 SQL 쿼리를 생성한다. 이는 결과의 유효성을 확인할 수 있는 분석가들이 사용할 때는 괜찮지만, 비기술적인 비즈니스 사용자를 위한 셀프 서비스 분석 도구로 사용될 때는 완전히 재앙이 될 수 있다. 따라서 조직은 Fabric

을 분석하는 동안 신뢰할 수 있는 데이터 파이프라인을 갖추고 데이터 품질 관리 관행을 적용해야 한다.

데이터 분석에서 생성형 AI의 가능성은 유망하지만, 신중함이 필요하다. LLM의 신뢰성과 정확성은 일차원 추론과 엄격한 분석을 통해 확인돼야 한다. 이러한 모델은 획기적인 분석, 연구 중의 아이디어 생성, 복잡한 분석 요약에서 그 가능성을 보여줬지만 분야 전문가의 검증이 필요하기 때문에 비기술적 사용자를 위한 셀프 서비스 분석 도구로 항상 적합하진 않을 수 있다.

⫶ 자동화된 데이터 과학

데이터 과학은 컴퓨터 과학, 통계학, 비즈니스 분석을 결합해 데이터로부터 지식과 통찰력을 추출하는 분야다. 데이터 과학자는 다양한 도구와 기술을 사용해 데이터를 수집, 정리, 분석 및 시각화한다. 그런 다음 이 정보를 사용해 기업이 더 나은 결정을 내릴 수 있도록 돕는다. 데이터 과학자의 책임은 다양하며 특정 역할과 산업에 따라 다양한 단계를 포함할 수 있다. 데이터 과학자의 작업에는 데이터 수집, 정리, 분석 및 시각화가 포함된다. 또한 의사 결정 프로세스를 지원하기 위해 예측 모델을 구축하는 것도 업무에 포함된다. 언급된 모든 작업은 데이터 과학에 있어서 중요하지만, 시간이 많이 소요되고 복잡할 수 있다.

데이터 과학 작업 흐름의 다양한 측면을 자동화하면 데이터 과학자는 생산성을 향상시키면서 창의적인 문제 해결에 더 집중할 수 있다. 최근의 도구들은 프로세스의 다양한 단계를 빠른 반복과 함께 공통 작업에 대한 수동 코딩을 줄이는 방식으로 더 효율적으로 만들고 있다. 데이터 과학의 일부 작업은 6장에서 다룬 소프트웨어 개발자의 작업과 겹칠 수 있다. 즉, 소프트웨어 작성 및 배포지만 모델에 좀 더 초점을 맞춘다.

KNIME, H2O 그리고 RapidMiner와 같은 데이터 과학 플랫폼은 데이터 전처리, 특성 추출과 모델 구축을 위한 통합된 분석 엔진을 제공한다. 이러한 플랫폼에 통합된 LLM (대표적으로 GitHub Copilot이나 Jupyter AI)은 자연어 프롬프트를 기반으로 데이터 처리, 분석 및 시각화를 위한 코드를 생성할 수 있다. Jupyter AI는 가상 어시스턴트와 대화해 코드를 설명하고 오류를 식별하며 노트북을 생성할 수 있도록 한다.

다음 스크린샷은 채팅 기능인 Jupyternaut 채팅(Jupyter AI)을 보여준다.

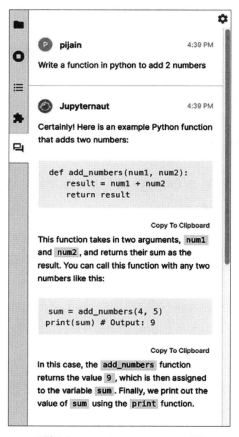

그림 7.1 Jupyter AI – Jupyternaut 채팅

질문하거나 간단한 함수를 생성하거나 기존 함수를 변경하는 등의 작업을 할 수 있는 이러한 채팅 기능이 데이터 과학자에게 큰 도움이 될 것임은 명백하다.

전반적으로 자동화된 데이터 과학은 분석 및 ML 애플리케이션 개발을 가속화할 수 있다. 이는 데이터 과학자가 프로세스의 높은 가치와 창의적인 측면에 집중할 수 있게 해준다. 비즈니스 분석가를 위한 데이터 과학 민주화도 이러한 작업 흐름을 자동화하는 데 중요한 동기이다. 다음 절에서는 각 작업을 차례로 조사하고, 생성형 AI가 데이터 수집, 시각화 및 탐색적 데이터 분석, 전처리와 특징 추출 그리고 마지막으로 AutoML과 같은 영역에서 작업 흐름을 개선하고 효율성을 창출하는 방법을 강조할 것이다. 각 영역을 더 자세히 살펴보자.

데이터 수집

자동화된 데이터 수집은 인간의 개입 없이 데이터를 수집하는 과정이다. 자동 데이터 수집은 기업에게 가치 있는 도구가 될 수 있다. 이는 기업이 데이터를 빠르고 효율적으로 수집하도록 도와주며, 인간 자원을 다른 작업에 집중할 수 있도록 해줄 수 있다.

데이터 과학이나 분석의 맥락에서 ETL(추출, 변환, 로드)을 데이터 수집뿐만 아니라 특정 사용 사례에 대비해 데이터를 준비하는 프로세스로 언급한다.

다양한 ETL 도구들이 있으며, 상용 제품으로는 AWS Glue, Google Dataflow, Amazon SWF^{Simple Workflow Service}, dbt, Fivetran, Microsoft SSIS, IBM InfoSphere Data Stage, Talend Open Studio와 같은 것들이 있다. 또한 Airflow, Kafka, Spark와 같은 오픈 소스 도구도 있다. 파이썬에서는 데이터 추출 및 처리를 위한 pandas와 같은 많은 도구가 있으며, ETL 오케스트레이션 도구로 사용될 수 있는 celery와 joblib도 있다.

LangChain에서는 자피어^{Zapier}와 통합이 이뤄져 있는데, Zapier는 여러 애플리케이션 및 서비스를 연결하는 데 사용되는 자동화 도구다. 이를 사용해 다양한 소스에서 데이터 수집 프로세스를 자동화할 수 있다. LLM은 데이터 수집 및 처리를 가속화하는 방법을 제공하며, 특히 비정형 데이터셋을 조직하는 데 뛰어나다.

자동 데이터 수집을 위한 최적의 도구는 비즈니스의 특정 요구 사항에 따라 달라질 것이다. 기업은 수집해야 할 데이터 유형, 수집해야 할 데이터 양 그리고 사용 가능한 예산을 고려해야 한다.

시각화와 탐색적 데이터 분석

EDA(탐색적 데이터 분석)는 ML 작업을 수행하기 전에 데이터의 다양한 측면을 이해하기 위해 수동으로 데이터를 탐색하고 요약하는 과정을 포함한다. 이는 패턴 식별, 불일치 감지, 가정 테스트 및 통찰력 획득에 도움이 된다. 그러나 대용량 데이터셋의 도입과 효율적인 분석의 필요성으로 자동화된 EDA가 중요해지고 있다.

자동 EDA와 시각화는 소프트웨어 도구와 알고리듬을 사용해 중요한 수동 개입 없이 데이터를 자동으로 분석하고 시각화하는 프로세스를 의미한다. 이러한 도구들은 여러 이점을 제공한다. 데이터 분석 프로세스를 가속화하며 데이터 정리, 누락된 값 처리, 이상치 감지, 특징 공학과 같은 작업에 소요되는 시간을 줄일 수 있다. 또한 이러한 도구들은 상호 작용하는 시각화를 생성해 데이터의 포괄적인 개요를 제공함으로써 복잡한 데이터셋을 더 효율적으로 탐색할 수 있게 한다.

데이터 시각화에서 생성형 AI의 사용은 사용자 프롬프트를 기반으로 새로운 시각화를 생성해 데이터의 시각화와 해석을 더욱 쉽게 만들어줘서 자동 EDA에 또 다른 차원을 더한다.

전처리와 특징 추출

자동 데이터 전처리는 데이터 정리, 데이터 통합, 데이터 변환 및 특징 추출과 같은 작업 등이 있다. 이는 ETL의 변환 단계와 관련이 있으므로 도구 및 기술이 상당히 중복된다. 반면 자동 특징 공학은 복잡한 실제 데이터에서 ML 알고리듬의 전체 능력을 활용하기 위해 중요해지고 있다. 이는 데이터에서 오류와 불일치를 제거하고 해당 데이터를 사용될 분석 도구와 호환되는 형식으로 변환하는 작업을 포함한다.

전처리 외 특징 공학 중에 LLM은 데이터의 정리, 통합 및 변환을 자동화한다. 이러한 모델의 도입은 프로세스를 간소화해 이러한 단계에서 민감한 정보를 인간이 다루는 것을 최소화함으로써 개인정보 관리를 향상시킬 것으로 기대된다. 전처리 작업에서 유연성과 성능을 향상시키면서 자동으로 공학된 특징의 안전성과 해석 가능성을 보장하는 것은 여전히 어려운 과제다. 이러한 자동화된 기능이 수동으로 생성된 것만큼 투명하지 않을 수 있으므로 효율성의 증가로 인해 우연한 편향이나 오류를 도입하지 않도록 하는 검사의 필요성이 약화돼서는 안 된다.

AutoML

AutoML 프레임워크는 ML의 진화에서 주목할 만한 발전을 보여준다. 데이터 정리, 특징 선택, 모델 훈련 및 초매개변수 튜닝과 같은 작업을 포함해 완전한 모델 개발 주기를 간소화함으로써 AutoML 프레임워크는 데이터 과학자들이 전통적으로 사용하는 시간과 노력을 상당히 절약한다. 이러한 프레임워크는 속도뿐만 아니라 ML 모델의 품질을 상당히 향상시킬 수 있다.

AutoML의 기본 아이디어는 mljar AutoML 라이브러리의 깃허브 저장소에서 다음 다이어그램을 통해 설명된다(출처 - https://github.com/mljar/mljar-supervised).

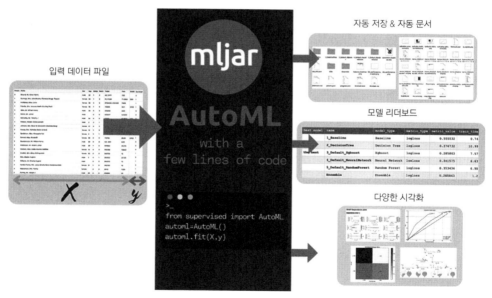

그림 7.2 AutoML 작동 원리

AutoML 시스템이 제공하는 핵심 가치는 사용 편의성 및 생산성 증대에 있어서 그들이 기여한 바에 있다. 전형적인 개발자 환경에서 이러한 시스템은 빠른 ML 모델의 식별과 제작을 가능하게 하며 이해와 배포 프로세스를 간소화한다. 이러한 프레임워크의 기원은 Auto-WEKA와 같은 혁신으로 거슬러 올라갈 수 있다. 웨이카토대학교^{University of Waikato}에서 개발한 이 초기의 종합 프레임워크 시도 중 하나는 Weka ML 스위트 내의 표형식 데이터의 프로세스를 자동화하기 위해 Java로 작성됐다.

Auto-WEKA 이후에 릴리스된 이후에는 auto-sklearn, autokeras, NASLib, Auto-PyTorch, TPOT, Optuna, AutoGluon 및 Ray(tune)와 같은 강력한 프레임워크가 포함된 다양한 환경이 형성됐다. 이러한 프레임워크는 여러 프로그래밍 언어로 확장돼 다양한 ML 작업에 사용할 수 있다. 더 현대적인 AutoML 진보는 신경 아키텍처 검색 기술을 활용해 이미지, 비디오 및 오디오와 같은 구조화되지 않은 데이터 유형을 포함해 ML 파이프라인의 큰 부분을 캡슐화하는 데 사용됐다. Google AutoML, 애저 AutoML 및 H2O의 제품과 같은 솔루션은 이 혁명의 선두에 서 있으며, 전문 데이터 과학자 이외의 개인에게도 ML 접근성을 확장하는 능력을 제공한다.

이러한 현대적인 솔루션은 테이블과 시계열과 같은 구조화된 형식을 능숙하게 처리할 수 있다. 정교한 초매개변수 검색을 통해 그들의 성능은 수동 개입을 충족하거나, 심지어 뛰어넘을 수 있다. PyCaret과 같은 프레임워크는 Nixtla의 StatsForecast 및 MLForecast와 같은 특수 프로젝트를 통해 시계열 데이터에 중점을 둔 상태에서 최소한의 코드로 여러 모델을 동시에 훈련시키는 데 도움이 된다.

AutoML 프레임워크를 특징짓는 속성들은 다양하다. 특히 클라우드 기반 솔루션에서 직접 제품 포함을 가능하게 하는 것이 여럿 있으며, 다른 것들은 TensorFlow와 호환되는 형식으로 내보낼 필요가 있는 경우도 있다. 처리되는 데이터 유형의 다양성은 또 다른 측면으로, 주로 표 형식 데이터셋에 중점을 두면서 다양한 데이터 유형을 처리하는 DL 프레임워크도 있다. 여러 프레임워크는 설명 가능성을 중요한 특징으로 강조하며, 특히 건강 관리 및 금융과 같은 산업에서 규제나 신뢰성이 관련된 경우에 유용하다. 배포 이후의 모니터링은 시간이 지남에 따라 지속적인 모델 성능을 보장하기 위한 다른 운영적 특징이다.

최근의 발전에도 불구하고 사용자들은 이러한 자동화된 시스템과 관련된 전형적인 단점에 직면하고 있다. "블랙 박스" 시나리오는 자주 발생하며 AutoML 모델 내부 작동을 이해하는 데 어려움을 줄 수 있어 AutoML 모델 내에서 문제 디버깅을 방해할 수 있다. 더욱이 시간 절약과 ML 실무의 민주화를 통한 영향은 광범위한 경험이 없는 사람들에게 ML을 더 접근 가능하게 만들지만, 자동화된 ML 작업에서의 효능은 내재된 작업 복잡성으로 인해 제한될 수 있다.

LLM의 포함으로 AutoML은 특징 선택, 모델 훈련 및 초매개변수 튜닝과 같은 작업에 자동화를 가져왔다. 개인정보에 대한 영향은 상당하다. 생성 모델을 활용하는 AutoML 시스템은 합성 데이터를 생성해 개인 데이터 저장소에 대한 종속성을 감소시킬 수 있다. 안전성 측면에서 자동 시스템은 ML 워크플로우의 연속적인 계층 간에 오류 전파를 방지하기 위한 안전 장치로 설계돼야 한다. LLM 통합을 통한 AutoML의 제공하는 유연성은 비전문가가 전문가 수준의 모델 튜닝을 달성할 수 있도록 함으로써 경쟁력 있는 성능을 향상시킨다.

사용 편의성 측면에서 LLM을 통합한 AutoML은 모델 개발 파이프라인에 대한 단순화된 인터페이스를 제공하지만, 사용자는 모델 선택 및 평가에 관한 복잡한 선택들과 씨름해야 한다.

다음 몇 절에서 보겠지만 LLM과 도구는 데이터 과학 워크플로우를 상당히 가속화시키고 수동 노력을 줄이며 새로운 분석 기회를 열어줄 수 있다. Jupyter AI(Jupyternaut 채팅)와 같은 도구를 통해 경험했듯이, 6장의 생성형 AI(코드 LLM)로 소프트웨어를 생성함으로써 효율성을 높이는 데 많은 잠재력이 있다. 이는 7장의 실용적인 부분을 시작하는 좋은 시작점으로, 생성형 AI를 데이터 과학에서 사용하는 방법을 조사한다. 코드를 실행하거나 다른 도구를 호출해 질문에 답하는 데 에이전트를 사용하기 시작하자!

데이터 과학 질문에 답하기 위한 에이전트 사용

LLMMathChain과 같은 도구를 사용해 파이썬을 실행하고 계산 질문에 답할 수 있다. 이전에도 도구를 사용한 다양한 에이전트를 살펴봤다.

예를 들어 LLM과 도구를 연결해 수학적인 제곱을 계산하고 결과를 손쉽게 얻을 수 있었다.

```
from langchain import OpenAI, LLMMathChain

llm = OpenAI(temperature=0)
llm_math = LLMMathChain.from_llm(llm, verbose=True)

llm_math.run("What is 2 raised to the 10th power?")
```

다음과 같은 결과를 얻을 것이다.

```
> Entering new LLMMathChain chain...
What is 2 raised to the 10th power?
2**10
numexpr.evaluate("2**10")
Answer: 1024
> Finished chain.
[2]:'Answer: 1024'
```

이러한 기능은 간단한 숫자 답변을 제공하는 데 능숙하지만 전통적인 EDA 워크플로우에 통합하기는 그리 간단하지 않다. CPAL(CPALChain)과 PAL(PALChain)과 같은 다른 체인은 더 복잡한 추론 도전 과제를 해결할 수 있으며, 생성 모델이 믿을 수 없는 내용을 생성하는 위험을 완화한다. 그러나 실제 상황에서의 실용적인 응용은 아직 모호하다.

PythonREPLTool을 사용하면 단순 데이터의 간단한 시각화를 생성하거나 합성 데이터로 훈련할 수 있다. 이는 설명이나 프로젝트를 시작하는 데 유용할 수 있다. 다음은 LangChain 문서에서의 예시다.

```
from langchain.agents.agent_toolkits import create_python_agent
from langchain.tools.python.tool import PythonREPLTool
from langchain.llms.openai import OpenAI
from langchain.agents.agent_types import AgentType
agent_executor = create_python_agent(
  llm=OpenAI(temperature=0, max_tokens=1000),
  tool=PythonREPLTool(),
  verbose=True,
  agent_type=AgentType.ZERO_SHOT_REACT_DESCRIPTION,
)
agent_executor.run(
  """Understand, write a single neuron neural network in PyTorch.
Take synthetic data for y=2x. Train for 1000 epochs and print every 100
epochs.
Return prediction for x = 5"""
)
```

이는 PyTorch를 사용해 단일 뉴런 신경망을 구축하고 합성 데이터로 훈련하며 예측을 수행하는 것을 보여준다. 모든 작업은 사용자의 기계에서 직접 수행된다. 그러나 보호 없이 파이썬 코드를 실행하는 것은 보안 위험을 초래할 수 있으므로 주의가 필요하다.

이렇게 하면 예측을 포함한 다음 결과를 얻게 된다.

```
Entering new AgentExecutor chain...
I need to write a neural network in PyTorch and train it on the given data
Action: Python_REPL
Action Input:
import torch
model = torch.nn.Sequential(
  torch.nn.Linear(1, 1)
)
loss_fn = torch.nn.MSELoss()
optimizer = torch.optim.SGD(model.parameters(), lr=0.01)
# Define the data
x_data = torch.tensor([[1.0], [2.0], [3.0], [4.0]])
y_data = torch.tensor([[2.0], [4.0], [6.0], [8.0]])
for epoch in range(1000): # Train the model
  y_pred = model(x_data)
  loss = loss_fn(y_pred, y_data)
```

```
    if (epoch+1) % 100 == 0:
      print(f'Epoch {epoch+1}: {loss.item():.4f}')
  optimizer.zero_grad()
  loss.backward()
  optimizer.step()

# Make a prediction
x_pred = torch.tensor([[5.0]])
y_pred = model(x_pred)


Observation: Epoch 100: 0.0043
Epoch 200: 0.0023
Epoch 300: 0.0013
Epoch 400: 0.0007
Epoch 500: 0.0004
Epoch 600: 0.0002
Epoch 700: 0.0001
Epoch 800: 0.0001
Epoch 900: 0.0000
Epoch 1000: 0.0000

Thought: I now know the final answer
Final Answer: The prediction for x = 5 is y = 10.00.
```

자세한 로그에서 나타나는 반복적인 훈련을 통해 사용자는 손실이 에폭마다 점진적으로 감소해 만족스러운 예측을 얻을 때까지의 과정을 확인할 수 있다. 이는 신경망이 시간이 지남에 따라 학습하고 예측하는 방식을 시연하고 있지만, 이러한 접근 방식을 실제로 확장하려면 더 정교한 공학적 노력이 필요할 것이다.

LLM과 도구는 데이터를 범주 또는 지리 정보로 보강하려는 경우 유용할 수 있다. 예를 들어 회사가 도쿄에서 비행을 제공하고 고객들로부터 도쿄까지의 거리를 알고 싶다면 WolframAlpha를 도구로 사용할 수 있다. 다음에 간단한 예제가 있다.

```
from langchain.agents import load_tools, initialize_agent
from langchain.llms import OpenAI
from langchain.chains.conversation.memory import ConversationBufferMemory
llm = OpenAI(temperature=0)
tools = load_tools(['wolfram-alpha'])
```

```
memory = ConversationBufferMemory(memory_key="chat_history")
agent = initialize_agent(tools, llm, agent="conversational-
reactdescription", memory=memory, verbose=True)
agent.run(
"""How far are these cities to Tokyo?

* New York City
* Madrid, Spain
* Berlin
""")
```

3장에서 설명한 대로 OPENAI_API_KEY 및 WOLFRAM_ALPHA_APPID 환경변수를 설정했는지 확인하라. 다음은 결과이다.

```
> Entering new AgentExecutor chain...

AI: The distance from New York City to Tokyo is 6760 miles. The distance
from Madrid, Spain to Tokyo is 8,845 miles. The distance from Berlin,
Germany to Tokyo is 6,845 miles.

> Finished chain.
'
The distance from New York City to Tokyo is 6760 miles. The distance from
Madrid, Spain to Tokyo is 8,845 miles. The distance from Berlin, Germany
to Tokyo is 6,845 miles.
```

LLM과 외부 도구인 WolframAlpha를 결합하면 도쿄에서 뉴욕, 마드리드 또는 베를린까지의 도시 간 거리 계산과 같은 더 어려운 데이터 보강 작업이 가능하다. 이러한 통합은 다양한 비즈니스 애플리케이션에서 사용되는 데이터셋의 유용성을 크게 향상시킬수 있다. 그러나 이러한 예는 비교적 간단한 질문에 대한 것이며, 이러한 구현을 대규모로 배포하려면 더 많은 공학 전략이 필요하다. 그럼에도 에이전트에게 작업할 데이터셋을 제공할 수 있으며, 여기에서 더 많은 도구를 연결할 때 엄청난 힘을 발휘할 수 있다. 정형 데이터셋에 관한 질문과 답변을 해보겠다!

⠿ LLM을 사용한 데이터 탐색

데이터 탐색은 데이터 분석에서 중요하고 기본적인 단계로, 연구자가 데이터셋을 포괄적으로 이해하고 중요한 통찰을 발견할 수 있도록 한다. ChatGPT와 같은 LLM의 등장으로 연구자는 자연어 처리의 힘을 활용해 데이터 탐색을 용이하게 할 수 있다.

앞서 언급한 대로 ChatGPT와 같은 생성형 AI 모델은 인간과 유사한 응답을 이해하고 생성하는 능력을 갖추고 있어 연구 생산성을 향상시키는 데 유용한 도구다. 우리의 질문을 자연어로 제시하고 소화하기 쉬운 형태로 응답을 받는 것은 분석을 크게 뒷받침해 줄 수 있다.

LLM은 텍스트 데이터뿐만 아니라 숫자 데이터셋이나 멀티미디어 콘텐츠와 같은 다른 형태의 데이터도 탐색하는 데 도움을 줄 수 있다. 연구자는 ChatGPT의 기능을 활용해 숫자 데이터셋에서의 통계적 추세에 대한 질문을 하거나 이미지 분류 작업을 위한 시각화를 쿼리할 수 있다. 데이터셋을 불러와서 작업해보겠다. scikit-learn에서 빠르게 데이터셋을 가져올 수 있다.

```
from sklearn.datasets import load_iris
df = load_iris(as_frame=True)["data"]
```

붓꽃iris 데이터셋은 잘 알려진 간단한 데이터셋이다. 그러나 이를 사용해 생성형 AI를 데이터 탐색에 활용하는 능력을 설명하는 데 도움이 될 것이다. 다음 예제에서는 pandas DataFrame을 사용할 것이다. 지금 pandas DataFrame을 생성하고 간단한 작업을 얼마나 쉽게 수행할 수 있는지 살펴보자!

```
from langchain.agents import create_pandas_dataframe_agent
from langchain import PromptTemplate
from langchain.llms.openai import OpenAI

PROMPT = (
  "If you do not know the answer, say you don't know.\n"
  "Think step by step.\n"
  "\n"
```

```
    "Below is the query.\n"
    "Query: {query}\n"
)
prompt = PromptTemplate(template=PROMPT, input_variables=["query"])
llm = OpenAI()
agent = create_pandas_dataframe_agent(llm, df, verbose=True)
```

나는 환각을 줄이는 목적으로 모델에 불확실성을 나타내도록 지시하는 지침과 단계별 사고 과정을 따르도록 지시했다. 이제 DataFrame에 대해 에이전트에게 쿼리를 할 수 있다.

```
agent.run(prompt.format(query="What's this dataset about?"))
```

답변으로 "This dataset is about the measurements of some type of flower"를 얻었다. 이것은 정확한 답변이다.

시각화를 어떻게 하는지 보자.

```
agent.run(prompt.format(query="Plot each column as a barplot!"))
```

다음은 도식화다.

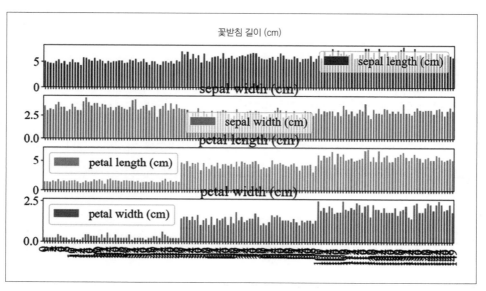

그림 7.3 붓꽃 데이터셋 막대그래프

도면은 완벽하지 않다. 출력물은 까다롭고 LLM 모델의 매개변수와 지시 사항에 따라 달라질 수 있다. 여기서는 `df.plot.bar(rot=0, subplots=True)`를 사용했다. 패널 간의 간격, 글꼴 크기 또는 범례의 배치와 같은 추가적인 조정을 도입하면 이를 실제로 멋지게 만들 수 있을 것이다.

열^{column} 분포를 시각적으로 확인해달라고 요청할 수도 있다. 이렇게 하면 깔끔한 도면을 얻을 수 있다.

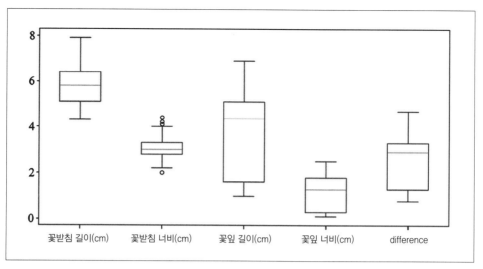

그림 7.4 붓꽃 데이터셋 상자 그림

Seaborn과 같은 다른 도식화 백엔드를 사용하도록 도면에 요청할 수 있지만 먼저 해당 모듈이 설치돼 있어야 한다.

또한 데이터셋에 대해 더 많은 질문을 할 수 있다. 예를 들어 꽃잎 길이와 꽃잎 너비 사이에 가장 큰 차이를 가진 행은 어떤 것인가? 중간 단계와 함께 답을 다음과 같이 얻을 수 있다(발췌).

```
df['difference'] = df['petal length (cm)'] - df['petal width (cm)']
df.loc[df['difference'].idxmax()]
Observation: sepal length (cm) 7.7
sepal width (cm)  2.8
petal length (cm) 6.7
petal width (cm)  2.0
difference        4.7
Name: 122, dtype: float64
Thought: I now know the final answer
Final Answer: Row 122 has the biggest difference between petal length and
petal width.
```

LLM의 결과가 상당히 괜찮아 보인다.

이 예시를 더 확장해 도식화에 관한 더 많은 지시 사항을 추가할 수 있다. 예컨대 도면의 크기에 관한 것 등을 추가할 수 있다.

Streamlit 앱에서 동일한 도식화 로직을 구현하는 것은 조금 더 어렵다. 해당 Streamlit 함수에서 도식화 기능을 사용해야 하기 때문이다. 예를 들어 `st.bar_chart()`와 같은 함수다. 그러나 이것도 할 수 있다. 이에 대한 설명은 Streamlit 블로그(ChatGPT로 Streamlit 및 scikit-learn 앱 빌드하기)에서 찾을 수 있다.

통계적 검정은 어떨까?

```
agent.run(prompt.format(query="Validate the following hypothesis
statistically: petal width and petal length come from the same
distribution."))
```

다음과 같은 결과를 얻는다.

```
Thought: I should use a statistical test to answer this question.
Action: python_repl_ast
Action Input: from scipy.stats import ks_2samp
Observation:
Thought: I now have the necessary tools to answer this question.
Action: python_repl_ast
Action Input: ks_2samp(df['petal width (cm)'], df['petal length (cm)'])
Observation: KstestResult(statistic=0.6666666666666666,
pvalue=6.639808432803654e-32, statistic_location=2.5, statistic_sign=1)
Thought: I now know the final answer
Final Answer: The p-value of 6.639808432803654e-32 indicates that the two
variables come from different distributions.
```

이로써 통계적 검정도 가능함을 보았다! 일상 영어로 된 간단한 프롬프트로 데이터셋에 관한 복잡한 질문을 할 수 있다.

또한 LangChain을 기반으로 하는 PandasAI 라이브러리도 있다. 이는 유사한 기능을 제공한다. 다음은 문서에서 가져온 예제 데이터셋을 사용한 예시다.

```
import pandas as pd
from pandasai.llm import OpenAI
from pandasai.schemas.df_config import Config
from pandasai import SmartDataframe

df = pd.DataFrame({
  "country": ["United States", "United Kingdom", "France", "Germany",
"Italy", "Spain", "Canada", "Australia", "Japan", "China"],
  "gdp": [19294482071552, 2891615567872, 2411255037952, 3435817336832,
1745433788416, 1181205135360, 1607402389504, 1490967855104, 4380756541440,
14631844184064],
  "happiness_index": [6.94, 7.16, 6.66, 7.07, 6.38, 6.4, 7.23, 7.22,
5.87, 5.12]
})
smart_df = SmartDataframe(df, config=Config(llm=OpenAI()))
print(smart_df.chat("Which are the 5 happiest countries?"))
```

이렇게 하면 LangChain을 직접 사용할 때와 유사한 요청 결과를 얻게 될 것이다. 그러나 PandasAI는 이 책의 설정에 포함돼 있지 않으므로 사용하려면 별도로 설치해야 한다.

SQL 데이터베이스의 데이터에 대해서는 SQLDatabaseChain을 사용해 연결할 수 있다. LangChain 문서에서는 이 예제를 보여준다.

```
from langchain.llms import OpenAI
from langchain.utilities import SQLDatabase
from langchain_experimental.sql import SQLDatabaseChain
db = SQLDatabase.from_uri("sqlite:///../../../../notebooks/Chinook.db")
llm = OpenAI(temperature=0, verbose=True)
db_chain = SQLDatabaseChain.from_llm(llm, db, verbose=True)
db_chain.run("How many employees are there?")
```

먼저 데이터베이스에 연결한다. 그런 다음 자연어로 데이터에 관한 질문을 할 수 있다. 이 역시 매우 강력한 기능이다. LLM은 우리를 위해 쿼리를 생성할 것이다. 특히 데이터베이스의 스키마를 모르는 경우에 유용하게 사용될 것으로 기대된다. SQLDatabase

Chain은 use_query_checker 옵션이 설정된 경우 쿼리를 확인하고 자동으로 수정할 수도 있다.

이러한 단계를 따르면 데이터 탐색을 위해 LLM의 놀라운 자연어 처리 기능을 활용할 수 있다. scikit-learn의 붓꽃 데이터셋과 같은 데이터셋을 로드해, 접근 가능하고 일상적인 언어로 데이터에 관한 쿼리를 할 수 있는 LLM 기반 에이전트를 사용할 수 있다. pandas DataFrame 에이전트의 생성을 통해 간단한 분석 작업과 시각화 요청이 가능해졌으며, 이는 AI가 도면을 생성하고 특정 데이터 인사이트를 제공할 수 있는 능력을 보여준다.

데이터셋의 성격에 대해 말로만 질문하는 것이 아니라 EDA를 위해 막대 그래프와 상자 그림과 같은 시각적 표현물을 생성하도록 에이전트에 명령할 수도 있다. 이러한 시각화는 미적으로 다듬는 추가적인 세부 조정이 필요할 수 있지만, 이러한 시각화는 분석을 위한 기초를 확립했다. 두 데이터 속성 간의 차이를 식별하는 것과 같은 보다 세부적인 요청에 대해서도 에이전트는 새로운 열을 능숙하게 추가하고 관련 있는 숫자적 차이를 찾아내 실용적인 결론 도출에 유용성을 보여줬다.

노력은 단순한 시각화를 넘어 통계 테스트의 적용으로도 확장됐다. 간결한 영어 프롬프트를 통해 에이전트가 수행한 KS 테스트와 같은 통계 작업에 대한 명확한 해석이 이뤄졌다.

통합의 능력은 정적 데이터셋뿐만 아니라 동적인 SQL 데이터베이스까지 확장돼 있다. 여기에서 LLM은 쿼리 생성을 자동화할 뿐만 아니라 SQL 문의 구문 오류에 대한 자동 교정도 제공할 수 있다. 이 기능은 특히 스키마가 익숙하지 않을 때 빛을 발한다.

⁝⁝▶ 요약

7장은 AutoML 프레임워크 검토를 시작으로 이러한 시스템이 데이터 과학 파이프라인 전반에 걸쳐 데이터 준비에서 모델 배포까지 각 단계를 용이하게 해주는 가치에 대해 강조했다. 그 후에는 LLM의 통합이 생산성을 높이고 기술 및 비기술적 이해관계자 모두에게 데이터 과학을 더 접근 가능하게 만드는 방법을 고려했다.

코드 생성에 대해 깊이 들여다보면, 소프트웨어 개발에 관한 6장의 논의와 유사한 점을 발견했다. LLM으로 생성된 도구와 함수가 쿼리에 응답하거나 증강 기술을 통해 데이터셋을 향상시키는 방법을 관찰했다. 이에는 WolframAlpha와 같은 제삼자 도구를 활용해 기존 데이터셋에 외부 데이터 포인트를 추가하는 것도 포함됐다. 그 후 데이터 탐색을 위해 LLM을 사용하는 방향으로 이동했다. 이는 4장에서 상세히 다룬 대량의 텍스트 데이터를 소화하고 분석하는 기술을 바탕으로 이뤄졌다. 거기서의 초점은 정형 데이터셋에 전환됐으며, LLM 기반의 탐색적 프로세스를 통해 SQL 데이터베이스나 표 형식의 정보를 효과적으로 분석하는 방법을 살펴봤다.

7장의 탐색을 전반적으로 요약하자면 ChatGPT 플러그인과 Microsoft Fabric과 같은 플랫폼에 나타난 것과 같이 AI 기술은 데이터 분석에 대한 혁신적인 잠재력을 지닌다는 점은 분명하다. 그러나 이러한 AI 도구를 통해 데이터 과학자의 작업을 가능하게 하고 향상시키는 데 있어서 놀라운 발전이 있었음에도 불구하고, 현재의 AI 기술 상태는 인간 전문가를 대체할 수 있는 수준이 아니라 오히려 그들의 능력을 보완하고 분석 도구 집합을 확장시키는 정도에 머물러 있다는 것이다.

8장에서는 LLM의 성능을 향상시키기 위한 프롬프팅 및 미세 조정을 통한 조건부 기술에 중점을 둘 것이다.

⁝ 질문

이 질문에 대한 답을 기억에서 찾아볼 수 있는지 확인해보기를 권한다. 만약 어떤 부분에 대해 확신이 없다면 7장의 해당 절로 돌아가 확인하는 것이 좋다.

1. 데이터 과학에는 어떠한 단계가 포함돼 있나?

2. 왜 데이터 과학/분석을 자동화하고 싶어 할까?

3. 생성형 AI는 데이터 과학자에게 어떻게 도움이 될 수 있나?

4. 간단한 질문에 답하는 데 어떤 종류의 에이전트와 도구를 사용할 수 있는가?

5. LLM을 데이터와 함께 사용하는 방법은 무엇인가?

08

LLM 사용자 정의 및 출력

8장은 복잡한 추론 및 문제 해결 작업과 같은 특정 시나리오에서 LLM의 신뢰성과 성능을 향상시키기 위한 기술과 모범 사례에 관한 것이다. 모델을 특정 작업에 맞게 조정하거나 모델 출력이 기대한 대로 일치하는지 확인하는 이 과정을 조건화conditioning라고 한다. 이제 조건화의 방법으로 미세 조정과 프롬프팅에 대해 논의하겠다.

미세 조정fine-tuning은 사전 훈련된 기본 모델을 원하는 애플리케이션과 관련된 특정 작업이나 데이터 집합에 대해 훈련시키는 것을 포함한다. 이 과정을 통해 모델은 의도된 사용 사례에 대해 더 정확하고 맥락에 맞게 적응해 더 나은 성능을 발휘할 수 있게 된다.

반면 추론 시간에 추가 입력이나 맥락을 제공함으로써 LLM은 특정 작업이나 스타일에 맞게 조정된 텍스트를 생성할 수 있다. 프롬프트 공학은 LLM 추론 능력을 활성화하는 데 중요하며, 프롬프트 기술은 LLM과 작업하는 연구자와 실무자들에게 유용한 도구 상자를 형성한다. 8장에서는 퓨샷 러닝, 사고 트리ToT, Tree-of-Thought 그리고 자기 일관성self-consistency과 같은 고급 프롬프트 공학 전략을 논의하고 구현할 것이다.

8장을 통해 LLM과 함께 미세 조정과 프롬프팅에 대해 작업할 것이다. 해당 코드는 책의 깃허브 저장소(https://github.com/benman1/generative_ai_with_langchain)에서 찾을 수 있다.

8장의 주요 절은 다음과 같다.

- LLM 조건화

- 미세 조정

- 프롬프트 공학

먼저 조건화가 왜 중요한지, 어떻게 달성할 수 있는지 논의하겠다.

⸬ LLM 조건화

다양한 데이터에 대해 LLM을 사전 훈련해 언어의 패턴을 학습하면 다양한 주제에 대한 폭넓은 이해를 갖춘 기본 모델이 생성된다. GPT-4와 같은 기본 모델은 다양한 주제에 대해 인상적인 텍스트를 생성할 수 있지만, 이들을 조건화하는 것은 작업 관련성, 특수성 및 일관성 측면에서 그들의 능력을 향상시키고 모델의 행동을 윤리적이고 적절하다고 여겨지는 것과 일치시킬 수 있다. 8장에서는 조건화의 두 가지 방법인 미세 조정과 프롬프트 기술에 초점을 맞출 것이다.

> **NOTE**
>
> 조건화는 모델의 출력 생성을 지시하기 위해 사용하는 다양한 방법의 모음을 가리킨다. 이는 프롬프트 제작뿐만 아니라 모델을 특정 주제나 스타일에 지속적으로 대응하도록 특정 데이터셋에서 모델을 정밀하게 튜닝하는 등 더욱 체계적인 기술도 포함한다.

조건화 기술은 LLM이 복잡한 명령을 이해하고 실행해 우리의 기대와 근접한 내용을 생성할 수 있게 한다. 이는 즉흥적 상호 작용부터 모델의 행동을 전문 분야에서 안정적인 성능으로 이끄는 체계적인 훈련까지 다양한 상황에 적용된다. 이러한 조건화의 일부는 악의적이거나 해로운 콘텐츠의 생성을 방지하기 위한 안전 장치를 구현하는 것을 포함하며, 이는 필터를 통합하거나 모델에게 특정 유형의 문제 있는 출력을 피하도록 훈련시키는 것과 같은 조치를 포함한다. 이로써 모델을 원하는 윤리 기준에 더 잘 맞출 수 있다.

조건화는 모델의 수명 중 다양한 지점에 적용될 수 있다. 전략 중 한가지는 의도된 사용례를 대표하는 데이터로 모델을 미세 조정해 해당 영역에 특화되도록 돕는 것이다. 이 방법은 그러한 데이터의 가용성 및 이를 훈련 과정에 통합하는 능력에 의존한다. 다른 방법은 추론 시간에 모델을 동적으로 조건화하는 것으로, 입력 프롬프트를 추가적인 컨텍스트와 함께 맞춤 설정해 원하는 출력을 형성한다. 이 접근 방식은 유연성을 제공하지만 실제 환경에서 모델의 운영에 복잡성을 추가할 수 있다.

다음 절에서는 미세 조정과 프롬프트 공학과 같은 조건부화의 주요 방법을 요약하고, 이유를 논의하고, 상대적인 장단점을 검토할 것이다.

조건화 기법

GPT-3와 같은 거대 사전 훈련 언어 모델이 등장함에 따라 이러한 모델을 후속 작업에 맞게 조정하는 기술에 대한 흥미도 증가하고 있다. 언어 모델의 발전이 계속되면 더욱 효과적이고 다양한 응용 분야에서 유용해질 것으로 기대되며, 미래에는 미세 조정 및 프롬프트 기술에서 더 나아가 추론과 도구 사용이 포함된 복잡한 작업에 대한 발전이 기대된다.

조건 설정에 여러 접근 방식이 제안됐다. 다음 표는 다양한 기술을 요약하고 있다.

표 8.1 생성형 AI 출력 조정

단계	기술	예제
훈련	데이터 큐레이션(curation)	다양한 데이터에 대한 훈련
	목적 함수	훈련 목적 함수에 대한 정교한 설계
	아키텍처와 훈련 프로세스	모델 구조와 훈련 최적화
미세 조정	과제 특화	특정 데이터셋/과제에 대한 훈련
추론–시간 조건화	동적 입력	접두어, 통제 코드, 문맥 예시
사람의 통찰	루프 내 사람 개입	사람의 리뷰와 피드백

이러한 기술을 결합함으로써 개발자들은 생성형 AI 시스템의 행동과 출력을 더 잘 통제할 수 있다. 궁극적인 목표는 훈련에서 배포까지의 모든 단계에서 인간의 가치가 통합돼 책임감 있고 일치하는 AI 시스템을 만드는 것이다.

8장에서는 LLM의 조건 설정부터 그들의 효과적인 성과와 보급성으로 인해 특별히 주목받는 미세 조정과 프롬프트를 강조한다. 미세 조정은 사전 훈련된 모델의 모든 매개변수를 전문화된 작업에 대한 추가 훈련을 통해 조정하는 것을 포함한다. 이 방법은 특정 목표를 위한 모델 성능을 향상시키는 데 목표를 두고 있으며 견고한 결과를 얻는 데 알려져 있다. 그러나 미세 조정은 자원이 많이 소요될 수 있으며, 높은 성능과 계산 효율성 사이의 상충 관계가 발생할 수 있다. 이러한 제한 사항을 해결하기 위해, 어댑터나 저랭크 적응LoRA, Low-Rank Adaptation과 같은 전략을 알아본다. 이러한 전략은 희소성 요소를 도입하거나 매개변수의 일부를 부분적으로 고정해 부담을 줄인다.

한편, 프롬프트 기반 기술은 추론 시간에 LLM을 동적으로 조건 설정하는 방법을 제공한다. 입력 프롬프트의 신중한 설계와 이후의 최적화 및 평가를 통해, 이러한 방법은 다시 훈련할 필요 없이 LLM의 행동을 원하는 방향으로 조절할 수 있다. 프롬프트는 특정한 행동을 유도하거나 특정 지식 영역을 포괄하는 데 사용될 수 있으며, 모델 조건 설정에 대한 다재다능하고 자원을 절약하는 접근 방식을 제공한다.

게다가 인간 피드백을 통한 강화학습RLHF, Reinforcement Learning with Human Feedback의 혁신적인 역할에 대해 자세히 살펴본다. RLHF는 미세 조정 프로세스 내에서 인간 피드백이 모델의 학습 궤적을 중요하게 안내하는 역할을 하는 곳에서 혁신적인 역할을 발휘하고 있다. RLHF는 GPT-3과 같은 언어 모델의 능력을 깊게 향상시킬 수 있는 잠재력을 보여줘, 미세 조정을 더욱 효과적인 기술로 만들고 있다. RLHF를 통합함으로써 인간 평가자의 미묘한 이해력을 활용해 모델의 행동을 더욱 세련되게 조정해, 적절하고 정확한 결과뿐만 아니라 사용자 의도와 기대와 일치하는 출력을 보장한다.

이러한 다양한 조건 설정 기술은 다양한 응용 분야에서 높은 성능을 발휘하면서도 원하는 결과와 일치하는 LLM의 개발을 용이하게 한다. InstructGPT가 RLHF를 통해 훈련됐으며 이러한 혁신적인 영향을 미친 이유를 논의해보겠다.

인간 피드백을 가미한 강화학습

2022년 3월에 발표된 논문에서 오우양Ouyang과 OpenAI의 다른 연구자들은 근사 정책 최적화PPO, Proximal Policy Optimization와 RLHF를 적용해 GPT-3과 같은 LLM을 인간의 선호에 맞추는 것을 시연했다.

RLHF는 인간의 선호를 사용해 LM을 세밀하게 조정하는 온라인 접근 방식이다. 이 방법은 세 가지 주요 단계로 구성된다.

1. **지도 사전 훈련**: LM은 먼저 인간 데모를 기반으로 한 표준 지도학습을 통해 훈련된다.

2. **보상 모델 훈련**: LM 출력에 대한 인간 평가를 기반으로 한 보상 모델이 훈련돼 보상을 추정한다.

3. **RL 미세 조정**: LM은 PPO와 같은 알고리듬을 사용해 보상 모델로부터 예상 보상을 최대화하도록 강화학습을 통해 미세 조정된다.

주요 변경 사항 중 하나인 RLHF는 학습된 보상 모델을 통해 섬세한 인간 판단을 언어 모델 훈련에 통합할 수 있게 한다. 결과적으로 인간 피드백은 표준 지도 미세 조정을 넘어 언어 모델 능력을 조절하고 향상시킬 수 있다. 이 새로운 모델은 자연어로 주어진 지침을 따를 수 있으며, GPT-3보다 더 정확하고 관련성 있는 방식으로 질문에 답할 수 있다. InstructGPT는 매개변수가 100배 적음에도 사용자 선호도, 진실성 및 피해 감소에서 GPT-3를 능가했다.

2022년 3월부터 OpenAI는 GPT-3의 업그레이드 버전인 GPT-3.5 시리즈 모델을 공개하기 시작했다. 이 모델은 RLHF와 함께 미세 조정을 포함하고 있다.

InstructGPT는 전통적인 미세 조정 방법을 넘어 인간 피드백으로부터의 강화학습을 통합함으로써 언어 모델을 개선하는 새로운 방향을 열었다. RL 훈련은 불안정하고 계산 비용이 많이 들 수 있지만, 그 성공은 RLHF 기술을 더욱 정제하고 조율하며, 튜닝을 위한 데이터 요구 사항을 줄이고 다양한 응용 분야에 대한 더 강력하고 접근 가능한 모델을 개발하기 위한 추가 연구를 촉발시켰다.

LoRA

언어 모델이 커짐에 따라 소비자 하드웨어에서 그것을 훈련시키는 것이 어려워지며, 각 특정 작업에 배포하는 것은 많은 비용이 들게 된다. 저데이터와 도메인 이외의 시나리오에서 성능을 향상시키면서도 연산, 메모리 그리고 저장 비용을 줄이는 몇 가지 방법이 있다.

매개변수 효율적 미세 조정^{PEFT, Parameter-Efficient Fine-Tuning} 방법은 각 작업에서 작은 체크포인트를 사용해 모델을 더 휴대 가능하게 만든다. 이 작은 훈련 가중치 집합은 LLM 위에 추가될 수 있어 동일한 모델을 전체 모델을 교체하지 않고 여러 작업에 사용할 수 있게 해준다.

LoRA는 PEFT의 일종으로 사전 훈련된 모델 가중치가 고정된다. 각 트랜스포머 아키텍처 계층에 학습 가능한 랭크 분해 행렬을 도입해 학습 가능한 매개변수의 수를 줄인다. LoRA는 미세 조정과 비교할 수 있는 모델 품질을 달성하면서 학습 가능한 매개변수가 적고 더 높은 훈련 처리량을 가지고 있다.

QLORA는 LoRA의 확장으로, 4bit 양자화된 모델을 고정한 상태에서 그래디언트를 역전파해 학습 가능한 저랭크 어댑터로 효율적으로 미세 조정할 수 있다. 이를 통해 65억 개의 매개변수 모델을 하나의 GPU에서 미세 조정할 수 있다. QLORA 모델은 새로운 데이터 유형과 옵티마이저와 같은 혁신을 사용해 Vicuna에서 ChatGPT 성능의 99%를 달성했다. QLORA는 메모리 요구 사항을 780GB 이상에서 48GB 이하로 줄이면서도 실행 시간이나 예측 성능에 영향을 미치지 않는다.

NOTE

> 양자화(quantization)는 LLM과 같은 신경망의 가중치와 활성화의 숫자 정밀도를 줄이는 기술을 말한다. 양자화의 주요 목적은 거대 모델의 메모리 사용량과 계산 요구 사항을 줄이는 것이다.
>
> LLM의 양자화에 대한 몇 가지 주요 사항은 다음과 같다.
>
> - 가중치와 활성화를 표준 단정밀 부동소수점(FP32)보다 적은 비트(bit)를 사용해 표현한다. 예를 들어 가중치를 8bit 정수로 양자화할 수 있다.
> - 이를 통해 모델 크기를 최대 4배까지 줄이고 특수 하드웨어에서 처리량을 향상시킬 수 있다.
> - 일반적으로 양자화는 모델 정확도에 미미한 영향을 미친다. 특히 재훈련의 경우에 더 그렇다.
> - 일반적인 양자화 방법에는 스칼라, 벡터 및 곱 양자화가 포함되며, 이는 가중치를 개별적으로 또는 그룹으로 양자화한다.
> - 활성화도 적절하게 추정하고 구간화해 양자화할 수 있다.
> - 양자화를 고려한 훈련은 훈련 중에 가중치를 조정해 양자화 손실을 최소화한다.
> - BERT 및 GPT-3와 같은 LLM은 미세 조정을 통해 4~8bit 양자화로 잘 작동하는 것으로 나타났다.

다음 절에서는 추론시 LLM을 조건 설정하는 방법에 대해 논의할 것이다. 예로는 프롬프트 공학 등이 있다.

추론 시간 조건화

추론 시간(출력 생성 단계)에서 일반적으로 사용되는 접근 방법 중 하나는 특정 입력 또는 조건을 동적으로 제공해 출력 생성 프로세스를 안내하는 것이다. 특정 시나리오에서는

LLM 미세 조정이 항상 실행 가능하거나 이로운 것은 아닐 수 있다.

- **제한된 미세 조정 서비스**: 모델이 미세 조정 능력이 부족하거나 제한된 API를 통해만 접근 가능한 경우

- **데이터 부족**: 특정 하향 작업이나 관련 애플리케이션 도메인에 대한 미세 조정 데이터 가 부족한 경우

- **동적 데이터**: 뉴스 관련 플랫폼과 같이 데이터가 자주 변경되는 애플리케이션의 경우, 미세 조정 모델을 자주 갱신하기 어려워지면서 잠재적인 단점이 발생할 수 있다.

- **문맥에 민감한 응용**: 개인화된 챗봇과 같이 동적이고 문맥에 특화된 애플리케이션의 경우 개별 사용자 데이터를 기반으로 미세 조정을 수행할 수 없다.

추론 시간 조건화의 경우, 대개 텍스트 프롬프트나 명령을 텍스트 생성 프로세스의 시 작 부분에 제공한다. 이 프롬프트는 여러 문장이거나 하나의 단어일 수 있으며, 원하는 출력의 명시적인 표시로 작용한다.

추론 시간 조건화를 위한 몇 가지 일반적인 기술에는 다음과 같은 것이 있다.

- **프롬프트 튜닝**: 의도된 행동에 대한 자연어 지침을 제공한다. 프롬프트 디자인에 민감 하다.

- **접두어**[Prefix] **튜닝**: LLM 계층에 학습 가능한 벡터를 앞에 추가한다.

- **토큰 제약**: 특정 단어를 강제로 포함 또는 제외한다.

- **메타데이터**: 장르, 대상 독자와 같은 고수준 정보를 제공한다.

프롬프트는 특정 테마, 스타일을 따르거나 특정 작가의 글쓰기 스타일을 모방하는 텍스 트 생성을 용이하게 할 수 있다. 이러한 기술은 추론 시간에 문맥적 정보를 제공해 문맥 내 학습이나 검색 보강과 같은 작업을 수행한다.

프롬프트 튜닝의 예로는 "어린이 친화적인 이야기를 쓰세요…"와 같은 지시 사항을 프 롬프트 앞에 추가하는 것이 있다. 예를 들어 챗봇 애플리케이션에서 모델을 사용자 메

시지로 조건을 설정하면 모델은 대화의 흐름에 맞는 맞춤형 및 관련된 응답을 생성하는 데 도움이 된다.

추가적인 예시로는 LLM이 글쓰기 작업을 돕기 위해 프롬프트에 관련 문서를 앞에 추가하는 것이다(예: 뉴스 보도, 위키피디아 페이지, 기업 문서). 혹은 사용자 특정 데이터(금융 기록, 건강 데이터, 이메일)를 검색해 프롬프트 전에 추가할 수도 있다. 실행 시간에 문맥 정보를 기반으로 LLM 출력을 조건 설정함으로써, 이러한 방법은 전통적인 미세 조정 프로세스에 의존하지 않고도 모델을 안내할 수 있다.

시나리오 기반 작업에 대한 지침에는 종종 데모가 포함되는데, 원하는 동작을 유도하기 위해 퓨샷 예제가 제공된다. GPT-3와 같은 강력한 LLM은 프롬프트 기술을 통해 추가 훈련 없이도 작업을 해결할 수 있다. 이 접근 방식에서 해결해야 할 문제가 모델에게 텍스트 프롬프트로 제시되고, 유사한 문제 및 그 솔루션의 일부 텍스트 예제가 함께 제공된다. 모델은 추론을 통해 프롬프트를 완성해야 한다. 제로샷 프롬프팅은 해결된 예제가 포함되지 않은 경우를 의미하며, 퓨샷 프롬프팅은 유사한(문제 및 솔루션) 쌍의 소수의 예제를 포함한다.

프롬프팅은 GPT-4와 같은 대규모의 고정frozen 모델에 대한 제어를 쉽게 하며 미세 조정 없이도 모델의 행동을 조절할 수 있음이 입증됐다.

프롬프팅은 작은 오버헤드로 모델에 새로운 지식에 대한 조건화를 해주지만, 최상의 결과를 얻기 위해서는 신중한 프롬프트 공학이 필요하다. 이것이 8장에서 논의할 내용이다.

접두어 튜닝에서는 지속적인 작업 특정 벡터가 훈련되고 추론 시간에 모델에 제공된다. 이와 유사한 아이디어는 적응 접근 방식으로 제안됐으며, 이 중에는 매개변수 효율적 전이 학습PELT, Parameter Efficient Transfer Learning이나 래더 사이드 튜닝LST, Ladder Side-Tuning과 같은 것들이 있다.

추론 시간의 조건화는 샘플링 중에도 발생할 수 있다. 문법 기반 샘플링에서는 출력을 특정한 잘 정의된 패턴과 호환되도록 제한할 수 있다. 이는 프로그래밍 언어 구문과 같은 패턴이다.

다음 절에서는 작은 오픈 소스 LLM(OpenLLaMa)을 PEFT와 양자화를 사용해 질문 응답[QA]을 위해 미세 조정하고, Hugging Face에 배포할 것이다.

∷ 미세 조정

8장의 첫 번째 절에서 논의한 것처럼, LLM 모델의 미세 조정의 목표는 원래 기초 모델에 비해 특정 작업과 문맥에 특화된 출력을 생성하기 위해 모델을 최적화하는 것이다.

미세 조정의 필요성은 사전 훈련된 언어 모델이 특정 하향 작업이 아닌 일반 언어 지식을 모델링하도록 설계됐기 때문이다. 그 능력은 애플리케이션에 적용됐을 때에만 나타난다. 미세 조정은 사전 훈련된 가중치를 대상 데이터셋과 목표에 맞게 갱신할 수 있게 한다. 이를 통해 일반 모델에서 지식을 전달하면서 특수 작업에 맞게 사용자 정의할 수 있다.

일반적으로 사용자가 즉각적으로 느낄 수 있는 모델 미세 조정의 네 가지 장점은 다음과 같다.

- **조절 가능성**: 모델이 지침을 따르는 능력(지침 조정)
- **신뢰할 수 있는 출력 형식**: 이를테면 API 호출/함수 호출에 중요하다.
- **맞춤 어조**: 작업 및 대상 관객에 적절하게 출력 스타일을 조정할 수 있다.
- **조화**: 모델의 출력은 안전, 보안 및 개인정보보호 고려 사항과 관련된 핵심 가치와 일치해야 한다.

사전 훈련된 신경망의 미세 조정 아이디어는 초기 2010년대 컴퓨터 비전 연구에서 시작됐다. 하워드[Howard]와 루더[Ruder](2018)는 ELMo와 ULMFit과 같은 모델을 하향 작업에서 미세 조정하는 효과를 입증했다. 걸출한 BERT 모델(데블린[Devlin] 및 기타, 2019)은 사전 훈련된 트랜스포머의 미세 조정을 NLP에서의 표준 접근 방식으로 확립했다.

이 절에서는 질문 응답을 위한 모델을 미세 조정할 것이다. 이 레시피는 LangChain에 국한된 것은 아니지만 LangChain이 적용될 수 있는 몇 가지 사용자 정의 사항을 강조할 것이다. 코드는 책의 깃허브 저장소의 노트북 디렉터리에서 찾을 수 있다. 첫 단계로 라이브러리와 환경변수를 사용해 미세 조정을 설정할 것이다.

미세 조정 설정

미세 조정은 작업 전반에 걸쳐 일관된 강력한 결과를 얻지만, 상당한 계산 자원이 필요하다. 따라서 강력한 GPU와 메모리 자원에 접근할 수 있는 환경에서 미세 조정을 수행하는 것이 좋다. 이를 위해 여기서는 로컬 환경이 아닌 Google Colab에서 실행한다. Google Colab에서는 약간의 제약 사항이 있긴 하지만, LLM 미세 조정을 무료로 실행할 수 있다.

NOTE

> Google Colab은 TPU(Tensor Processing Unit)와 GPU(Graphical Processing Unit)와 같은 하드웨어 가속화 수단을 제공하는 계산 환경이다. 이러한 환경은 무료로 전문적인 등급에서 모두 사용할 수 있다. 이 절의 작업에는 무료 등급이면 충분하다. Google Colab 환경에 로그인하려면 다음 웹사이트(https://colab.research.google.com/)를 사용하면 된다.

Google Colab 환경의 상단 메뉴에서 TPU 또는 GPU로 기계 설정을 설정해 충분한 자원이 있는지 확인하라. 그리고 훈련이 너무 오래 걸리지 않도록 한다. Google Colab 환경에서 필요한 모든 라이브러리를 설치할 것이며, 미세 조정을 반복할 수 있도록 사용한 라이브러리 버전을 다음에 나열하겠다.

- `peft`: PEFT (버전 0.5.0)

- `trl`: Proximal Policy Optimization (0.6.0)

- `bitsandbytes`: 양자화에 필요한 k-bit 옵티마이저 및 행렬 곱셈 루틴 (0.41.1)

- `accelerate`: multi-GPU, TPU 및 혼합 정밀도를 사용해 PyTorch 모델을 훈련 및 사용 (0.22.0)

- transformers : Hugging Face transformers 라이브러리(JAX, PyTorch, TensorFlow 백엔드)(4.32.0)

- datasets : 데이터셋의 커뮤니티 기반 오픈 소스 라이브러리(2.14.4)

- sentencepiece : 빠른 토큰화를 위한 파이썬 래퍼(0.1.99)

- wandb : Weights and Biases[W&B]에서 훈련 진행 상황을 모니터링하기 위함(0.15.8)

- langchain : 훈련 후 모델을 LangChain LLM으로 로드하기 위함(0.0.273)

다음은 Google Colab 노트북에서 이러한 라이브러리를 설치하는 방법이다.

```
!pip install -U accelerate bitsandbytes datasets transformers peft trl
sentencepiece wandb langchain huggingface_hub
```

Hugging Face에서 모델을 다운로드하고 훈련하려면 해당 플랫폼을 인증해야 한다. 나중에 모델을 Hugging Face에 업로드하려면 Hugging Face에서 쓰기 권한이 있는 새로운 API 토큰을 생성해야 한다(https://huggingface.co/settings/tokens).

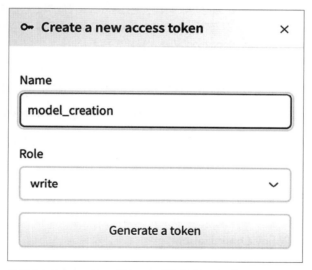

그림 8.1 Hugging Face에서 쓰기 권한이 있는 새로운 API 토큰 생성

노트북에서 다음과 같이 인증할 수 있다

```
from huggingface_hub import notebook_login
notebook_login()
```

프롬프트가 나타나면 Hugging Face 접근 토큰을 붙여넣기한다.

> **NOTE**
>
> 시작하기 전에 주의 사항: 코드 실행 시 여러 서비스에 로그인해야 하므로 노트북을 실행할 때 주의하라!

W&B는 개발자가 ML 훈련 워크플로우를 처음부터 끝까지 모니터링하고 문서화하는데 도움이 되는 MLOps 플랫폼이다. 앞서 언급한 대로 훈련이 얼마나 잘 진행되고 모델이 시간이 지남에 따라 향상되고 있는지 확인하기 위해 W&B를 사용할 것이다. W&B를 사용하려면 프로젝트를 명명해야 하거나 wandb의 init() 메서드를 사용할 수 있다.

```
import os
os.environ["WANDB_PROJECT"] = "finetuning"
```

W&B를 인증하려면 먼저 다음 웹 사이트(https://www.wandb.ai)에서 무료 계정을 만들어야 한다. API 키는 'Authorize' 페이지(https://wandb.ai/authorize)에서 찾을 수 있다. 다시 말하지만 여기에 API 토큰을 붙여넣어야 한다.

앞의 훈련 실행이 아직 활성화된 상태인 경우(이는 노트북을 두 번째 실행하는 경우에 이전 실행에서 기인할 수 있다) 새로운 실행을 시작하도록 한다! 이렇게 하면 새로운 보고서와 W&B 대시보드를 얻을 수 있다.

```
import wandb
if wandb.run is not None:
wandb.finish()
```

다음으로 최적화하려는 데이터셋을 선택해야 한다. 여기에서는 코딩, 이야기 구성, 도구 사용, SQL 생성, 초등학교 수학 문제(GSM8k) 또는 기타 여러 작업에 적합한 다양한 데이터셋을 사용할 수 있다. Hugging Face는 많은 데이터셋을 제공하며, 해당 URL (https://huggingface.co/datasets)에서 확인할 수 있다. 이는 매우 다양하고 심지어 특수한 작업까지 다루고 있다.

자체 데이터셋을 사용자 정의할 수도 있다. 예를 들어 LangChain을 사용해 훈련 데이터를 설정할 수 있다. 데이터셋에서 중복을 줄이는 데 도움이 되는 여러 필터링 방법이 있다. 8장에서 데이터 수집을 실용적인 레시피로 보여주면 좋았겠지만, 그 복잡도는 책의 범위를 벗어난다.

웹 데이터에서 품질을 필터링하는 것은 더 어려울 수 있지만 많은 가능성이 있다. 코드 모델의 경우, 코드 유효성 검사 기술을 적용해 세그먼트에 점수를 매기는 품질 필터를 사용할 수 있다. 코드가 깃허브에서 제공된 경우 별 또는 저장소 소유자별 별을 기준으로 필터링할 수 있다.

자연어로 된 텍스트의 경우 품질 필터링은 간단하지 않다. 검색 엔진의 위치는 종종 콘텐츠와의 사용자 상호 작용을 기반으로 하기 때문에 인기 필터로 작용할 수 있다. 더 나아가 지식 증류knowledge distillation 기술은 사실 밀도와 정확도에 대한 필터로 조정될 수 있다.

이 레시피에서는 Squad V2 데이터셋의 질문 응답 성능을 위해 미세 조정을 수행한다. Hugging Face에서 Squad V2 데이터셋에 대한 자세한 설명을 확인할 수 있다(https://huggingface.co/spaces/evaluate-metric/squad_v2).

```
from datasets import load_dataset
dataset_name = "squad_v2"
dataset = load_dataset(dataset_name, split="train")
eval_dataset = load_dataset(dataset_name, split="validation")
```

여기서는 훈련과 검증 집합을 모두 사용한다. Squad V2 데이터셋에는 훈련에 사용돼야 할 부분과 검증에 사용돼야 할 부분이 있다. 이는 load_dataset(dataset_name)의 출력에서 확인할 수 있다.

```
DatasetDict({
  train: Dataset({
    features: ['id', 'title', 'context', 'question', 'answers'],
    num_rows: 130319
  })
  validation: Dataset({
    features: ['id', 'title', 'context', 'question', 'answers'],
    num_rows: 11873
  })
})
```

조기 중단을 위해 검증 집합을 사용할 것이다. 조기 중단은 검증 오차가 악화되기 시작할 때 훈련을 중지할 수 있게 해준다. Squad V2 데이터셋은 다양한 특성으로 구성돼 있으며, 이를 여기에서 확인할 수 있다.

```
{'id': Value(dtype='string', id=None),
 'title': Value(dtype='string', id=None),
 'context': Value(dtype='string', id=None),
 'question': Value(dtype='string', id=None),
 'answers': Sequence(feature={'text': Value(dtype='string', id=None),
 'answer_start': Value(dtype='int32', id=None)}, length=-1, id=None)}
```

훈련의 기본 아이디어는 모델에 질문을 제시하고 답변을 데이터셋과 비교하는 것이다. 다음 절에서는 이 설정을 사용해 오픈 소스 LLM을 미세 조정할 것이다.

오픈 소스 모델

우리는 로컬에서 합리적인 토큰 규모로 실행할 수 있는 작은 모델을 원한다. LLaMa-2 모델은 이메일 주소와의 라이선스 계약 및 확인이 필요하며(솔직히 매우 빠름), 상업적 사용에 대한 제약이 있다. OpenLLaMa와 같은 LLaMa 파생 모델은 HF leaderboard(https://huggingface.co/spaces/HuggingFaceH4/open_llm_leaderboard)에서 확인할 수 있듯이 성능이 매우 좋다.

OpenLLaMa 버전 1은 토크나이저 때문에 코딩 작업에 사용할 수 없다. 따라서 v2를 사용하자! 여기서는 30억 개 매개변수 모델을 사용할 것이며, 이는 구형 하드웨어에서도 사용할 수 있다.

```
model_id = "openlm-research/open_llama_3b_v2"
new_model_name = f"openllama-3b-peft-{dataset_name}"
```

EleutherAI/gpt-neo-125m와 같이 더 작은 모델을 사용할 수도 있다. 이는 자원 사용과 성능 사이의 특히 좋은 절충안을 제공할 수 있다.

모델을 로드해보자.

```
import torch
from transformers import AutoModelForCausalLM, BitsAndBytesConfig

bnb_config = BitsAndBytesConfig(
  load_in_4bit=True,
  bnb_4bit_quant_type="nf4",
  bnb_4bit_compute_dtype=torch.float16,
)

device_map="auto"

base_model = AutoModelForCausalLM.from_pretrained(
  model_id,
  quantization_config=bnb_config,
  device_map="auto",
  trust_remote_code=True,
)
base_model.config.use_cache = False
```

Bits and Bytes 구성을 사용하면 모델을 8, 4, 3 또는 2bit로 양자화할 수 있으며, 이는 추론을 훨씬 빠르게 수행하고 메모리 사용량을 낮출 수 있다. 이를 통해 성능 면에서 큰 비용 없이 이점을 챙길 수 있다.

모델 체크포인트를 Google Drive에 저장할 것이며, Google 계정에 로그인해야 한다.

```
from google.colab import drive
drive.mount('/content/gdrive')
```

모델 체크포인트와 로그의 출력 디렉터리를 Google Drive로 설정할 수 있다.

```
output_dir = "/content/gdrive/My Drive/results"
```

Google Drive를 사용하지 않으려면 컴퓨터의 디렉터리로 이를 설정하라.

훈련을 위해 토크나이저를 설정해야 한다.

```
from transformers import AutoTokenizer
tokenizer = AutoTokenizer.from_pretrained(model_id, trust_remote_
code=True)
tokenizer.pad_token = tokenizer.eos_token
tokenizer.padding_side = "right"
```

이제 훈련 구성을 정의한다. LORA 및 기타 훈련 인자를 설정한다.

```
from transformers import TrainingArguments, EarlyStoppingCallback
from peft import LoraConfig
# More info: https://github.com/huggingface/transformers/pull/24906
base_model.config.pretraining_tp = 1

peft_config = LoraConfig(
  lora_alpha=16,
  lora_dropout=0.1,
  r=64,
  bias="none",
  task_type="CAUSAL_LM",
)
training_args = TrainingArguments(
  output_dir=output_dir,
```

```
    per_device_train_batch_size=4,
    gradient_accumulation_steps=4,
    learning_rate=2e-4,
    logging_steps=10,
    max_steps=2000,
    num_train_epochs=100,
    evaluation_strategy="steps",
    eval_steps=5,
    save_total_limit=5,
    push_to_hub=False,
    load_best_model_at_end=True,
    report_to="wandb"
)
```

이러한 매개변수 중 일부를 설명하기 위해 몇 가지 주석이 필요하다. push_to_hub 인자는 훈련 중에 정기적으로 모델 체크포인트를 HuggingSpace Hub에 푸시할 수 있음을 의미한다. 이를 위해 ⁽ᵂᵏⁱ 권한이 있는⁾ HuggingSpace 인증을 설정해야 한다. 이를 선택하면 output_dir로 new_model_name을 사용할 수 있다. 이것은 Hugging Face의 https://huggingface.co/models에서 모델이 사용 가능한 저장소 이름이 될 것이다.

대안으로 여기서처럼 모델을 로컬이나 클라우드(예: Google Drive의 디렉터리)에 저장할 수 있다. max_steps와 num_train_epochs를 매우 높게 설정했는데, 이는 많은 단계 후에도 훈련이 개선될 수 있다는 점을 관찰했기 때문이다. 조기 중단 및 최대 훈련 단계 수를 높게 설정하면 모델이 더욱 높은 성능을 제공하도록 도울 수 있다. 조기 중단을 위해 evaluation_strategy를 "steps"로 설정하고 load_best_model_at_end=True로 설정해야 한다.

eval_steps는 두 평가 사이의 갱신 단계 수다. save_total_limit=5는 마지막 다섯 모델만 저장됨을 의미한다. 마지막으로 report_to="wandb"는 훈련 통계, 일부 모델 메타데이터 및 하드웨어 정보를 W&B로 보내 각 실행에 대한 그래프와 대시보드를 확인할 수 있도록 한다.

그런 다음 훈련은 다음 구성을 사용할 것이다.

```
from trl import SFTTrainer

trainer = SFTTrainer(
    model=base_model,
    train_dataset=dataset,
    eval_dataset=eval_dataset,
    peft_config=peft_config,
    dataset_text_field="question", # this depends on the dataset!
    max_seq_length=512,
    tokenizer=tokenizer,
    args=training_args,
    callbacks=[EarlyStoppingCallback(early_stopping_patience=200)]
)
trainer.train()
```

훈련은 상당한 시간이 걸릴 수 있으며, 심지어 TPU 장치에서 실행 중이라도 자주 평가하면 훈련이 크게 느려진다. 조기 중단을 비활성화하면 훨씬 빨라질 수 있다.

훈련이 진행됨에 따라 일부 통계를 볼 수 있지만, W&B에서 확인할 수 있는 성능 그래프를 보여주는 것이 더 좋다.

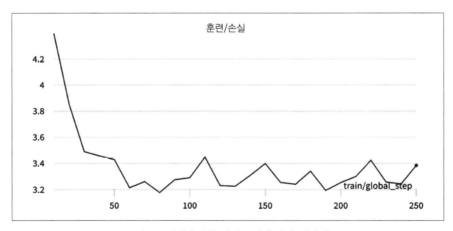

그림 8.2 시간에 대한 미세 조정 훈련 손실(단계)

훈련이 완료되면 최종 체크포인트를 디스크에 저장해 나중에 불러올 수 있다.

```
trainer.model.save_pretrained(
  os.path.join(output_dir, "final_checkpoint"),
)
```

이제 최종 모델을 수동으로 Hugging Face에 넣어 달성한 성능에 대해 친구들과 공유할 수 있다.

```
trainer.model.push_to_hub(
  repo_id=new_model_name
)
```

이제 Hugging Face 사용자 이름과 저장소 이름(새 모델 이름)의 조합을 사용해 모델을 다시 로드할 수 있다. 이 모델을 LangChain에서 사용하는 방법을 간단히 보여줄 것이다. 일반적으로 peft 모델은 전체 모델이 아니라 어댑터로 저장되므로 로드 방법이 약간 다르다.

```
from peft import PeftModel, PeftConfig
from transformers import AutoModelForCausalLM, AutoTokenizer, pipeline
from langchain.llms import HuggingFacePipeline

model_id = 'openlm-research/open_llama_3b_v2'
config = PeftConfig.from_pretrained("benji1a/openllama-3b-peft-squad_v2")
model = AutoModelForCausalLM.from_pretrained(model_id)
model = PeftModel.from_pretrained(model, "benji1a/openllama-3b-peft-squad_
v2")
tokenizer = AutoTokenizer.from_pretrained(model_id, trust_remote_
code=True)
tokenizer.pad_token = tokenizer.eos_token
pipe = pipeline(
  "text-generation",
  model=model,
  tokenizer=tokenizer,
  max_length=256
)
```

```
llm = HuggingFacePipeline(pipeline=pipe)
```

지금까지 Google Colab에서 모든 작업을 수행했지만 이를 로컬에서도 실행할 수 있다. 단지 huggingface peft 라이브러리가 설치돼 있어야 함을 기억하라!

상업용 모델

지금까지 오픈 소스 LLM을 미세 조정하고 배포하는 방법을 보여줬다. 일부 상용 모델도 사용자 지정 데이터로 미세 조정될 수 있다. 예를 들어 OpenAI의 GPT-3.5와 Google의 PaLM 모델은 이 기능을 제공한다. 이는 몇 가지 파이썬 라이브러리와 통합돼 있다.

Scikit-LLM 라이브러리를 사용하면 몇 줄의 코드로 끝난다. 이 절에서는 전체 레시피를 다루지 않겠지만 Scikit-LLM 라이브러리나 다양한 클라우드 LLM 제공업체의 문서를 확인해 자세한 내용을 찾을 수 있다. Scikit-LLM 라이브러리는 3장, 'Lang Chain으로 시작하기'에서 다룬 설정의 일부가 아니므로 수동으로 설치해야 한다. 또한 훈련 데이터인 X_train은 포함돼 있지 않다. 훈련 데이터 집합은 직접 제공해야 한다.

텍스트 분류를 위해 PaLM 모델을 미세 조정하는 방법은 다음과 같다.

```
from skllm.models.palm import PaLMClassifier
clf = PaLMClassifier(n_update_steps=100)
clf.fit(X_train, y_train) # y_train은 레이블 리스트
labels = clf.predict(X_test)
```

마찬가지로 GPT-3.5 모델을 텍스트 분류하기 위해 다음처럼 미세 조정할 수 있다.

```
from skllm.models.gpt import GPTClassifier
clf = GPTClassifier(
  base_model = "gpt-3.5-turbo-0613",
  n_epochs = None, # int or None. When None, will be determined
```

```
automatically by OpenAI
  default_label = "Random", # optional
)
clf.fit(X_train, y_train) # y_train is a list of labels
labels = clf.predict(X_test)
```

흥미롭게도 OpenAI에서 제공하는 미세 조정에서는 모든 입력이 안전 기준과 호환되는지 확인하기 위해 모든 입력이 중재 시스템을 통과한다.

이로써 미세 조정을 마친다. LLM은 과제별 튜닝 없이 배포하고 쿼리할 수 있다. 프롬프트를 통해 퓨샷 러닝 또는 심지어 제로샷 러닝을 달성할 수 있다. 다음 절에서 알아보자.

⁙ 프롬프트 공학

프롬프트는 언어 모델의 행동을 조절하기 위해 제공하는 지침과 예시다. 이는 LLM의 행동을 인간의 의도에 맞추는 데 중요하다. 비용이 많이 드는 재훈련 없이도 모델 출력을 인간의 의도에 맞게 조정할 수 있게 해준다. 신중하게 설계된 프롬프트는 LLM을 처음 훈련시킨 목적을 넘어 다양한 작업에 적합하게 할 수 있다. 프롬프트는 원하는 입력-출력 매핑을 LLM에게 보여주는 지침으로 작용한다.

프롬프트는 주로 세 가지 구성 요소로 이뤄져 있다.

- 작업 요구 사항, 목표 및 입력/출력 형식을 설명하는 지침instructions. 이들은 모델에게 작업을 명확하게 설명한다.

- 원하는 입력-출력 쌍을 보여주는 예시examples. 이들은 서로 다른 입력이 어떻게 출력으로 매핑돼야 하는지 다양한 시연을 제공한다.

- 모델이 출력을 생성하기 위해 작동해야 하는 입력input

다음 그림은 다양한 언어 모델에 프롬프트를 사용한 몇 가지 예제를 보여준다(출처 - 「Pretrain, Prompt, and Predict - A Systematic Survey of Prompting Methods in Natural Language Processing」, 리우Liu와 동료들, 2021).

그림 8.3 프롬프트 예제, 밀접한 형태로 제시되는 지식 탐색 및 요약

프롬프트 공학은 컨텍스트 내 학습으로도 알려져 있는데, 모델 가중치를 변경하지 않고도 신중하게 설계된 프롬프트를 통해 LLM 동작을 조절하는 기술을 나타낸다. 이는 모델 출력을 특정 작업에 대한 인간의 의도와 일치시키기 위한 것이다. 반면 프롬프트 튜닝은 모델 동작을 직관적으로 제어하지만 프롬프트의 정확한 표현과 디자인에 민감하며 원하는 결과를 얻기 위해 신중하게 설계된 지침이 필요하다. 하지만 어떤 것이 좋은 프롬프트인지에 대한 기준은 무엇일까?

가장 중요한 첫 번째 단계는 간단하게 시작하고 반복적으로 작업하는 것이다. 간결하고 명확한 지침으로 시작하고 필요에 따라 점진적으로 복잡성을 증가시킨다. 복잡한 작업을 더 간단한 하위 작업으로 나눈다. 이는 모델을 처음에 압도하지 않도록 하는 데 도움이 된다. 정확한 작업과 출력 형식에 대해 가능한 한 구체적이고 묘사적이며 자세하게 설명하라. 관련된 예시를 제공하면 필요한 추론 체인이나 출력 스타일을 효과적으로 보여줄 수 있다.

복잡한 추론 작업의 경우, 모델에게 단계별로 사고 과정을 설명하도록 유도하면 정확도가 향상된다. 사고 체인 프롬프팅과 같은 기술은 모델이 명시적으로 추론하도록 안내한다. 퓨샷 예시를 제공하면 원하는 추론 형식을 더 잘 시연할 수 있다. 복잡한 문제를 더 작고 관리 가능한 하위 작업으로 분해하는 문제 분해problem decomposition 프롬프팅은 더 구조화된 추론 프로세스를 통해 신뢰성을 향상시킨다. 여러 후보 응답을 샘플링하고 가장 일관된 것을 선택하는 것은 단일 모델 출력에 의존하는 것보다 오류와 일관성을 줄이는 데 도움이 된다.

하지 말아야 할 것에 중점을 두는 대신에 원하는 행동과 결과를 명확하게 지정하라. 명확하고 알기 쉬운 지침이 가장 효과적이다. 애매하거나 모호한 프롬프트를 피하라. 간단하게 시작하고 구체적으로 작성하며 예시를 제공하고 설명을 요청하며 문제를 분해하며 여러 응답을 샘플링하는 것은 신중한 프롬프트 공학을 통해 LLM을 효과적으로 조절하기 위한 몇 가지 모범 사례다. 반복과 실험을 통해 프롬프트를 최적화해 복잡한 작업에 대해서도 신뢰성을 향상시키고 종종 파인 튜닝과 유사한 성능을 달성할 수 있다.

모범 사례에 대한 학습 후 간단한 것부터 점점 고급으로 이어지는 몇 가지 프롬프트 기술을 살펴보겠다!

프롬프트 기술

기본적인 프롬프팅 방법에는 입력 텍스트만 사용하는 제로샷 프롬프팅과 원하는 입력-출력 쌍을 보여주는 몇 가지 실제 예제를 사용하는 퓨샷 프롬프팅이 있다. 연구자들은 퓨샷 성능의 변동성에 기여하는 다수 레이블 편향majority label bias과 최근성 편향recency bias과 같은 편향을 확인했다. 예제 선택, 순서 및 형식을 통한 신중한 프롬프트 디자인은 이러한 문제를 완화하는 데 도움이 될 수 있다.

보다 고급화된 프롬프팅 기술에는 작업 요구 사항이 명시적으로 설명되는 지침 프롬프팅이 있다. 단순 시연이 아니라 작업 요구 사항을 명시적으로 설명한다. 자기 일관성 샘플링은 여러 출력을 생성하고 예제와 가장 잘 일치하는 하나를 선택한다. CoT 프롬프팅은 명시적인 추론 단계를 생성해 최종 출력으로 이어진다. 이는 특히 복잡한 추론 작업에 유익하다. CoT 프롬프트는 수동으로 작성하거나 인수–절단–선택augment-prune-select과 같은 방법을 통해 자동으로 생성할 수 있다.

다음 표는 몇 가지 프롬프트 기법을 미세 조정과 비교한 간략한 개요를 보여준다.

표 8.2 LLM에 대한 프롬프팅 기술과 미세 조정의 비교

기법	설명	핵심 아이디어	성능 고려 사항
제로샷 프롬프팅	예제가 제공되지 않고 모델의 훈련에 의존	모델의 사전 훈련을 활용	단순한 작업에는 잘 작동하지만 복잡한 추론에는 어려움을 겪을 수 있음
퓨샷 프롬프팅	입력과 원하는 출력의 몇 가지 데모를 제공	원하는 추론 형식을 보여줌	초등학교 수학에서 정확도가 3배로 증가
CoT	중간 추론 단계를 포함해 응답을 접두사로 추가	답변하기 전에 모델에게 추론할 공간을 제공	수학 데이터셋에서 정확도가 4배로 증가
최소에서 최대로 프롬프팅	모델에게 먼저 간단한 하위 작업을 위한 프롬프트를 제공	문제를 더 작은 조각으로 분해	일부 작업에서 정확도를 16%에서 99.7%로 높였음
자기 일관성	여러 샘플에서 가장 빈번한 답 선택	중복성 증가	기준에 따라 1~24% 향상
밀도 체인	개체를 추가함으로써 조밀한 요약을 반복적으로 생성	풍부하고 간결한 요약을 생성	요약에서 정보 밀도를 향상
검증 체인 (CoV, Chain–of–Verification)	초기 응답을 생성하고 질문에 답함으로써 응답을 검증	인간 검증을 흉내	강건성과 신뢰도 향상
액티브 프롬프팅	불확실한 샘플을 인간이 레이블링할 수 있도록 예제로 선택	효과적인 퓨샷 예제를 찾음	퓨샷 성능을 향상시킴
ToT	여러 응답을 생성하고 자동으로 평가	추론 경로를 통한 백트래킹을 허용	최적의 추론 경로를 찾음
검증자	응답을 평가하기 위해 별도의 모델 훈련	잘못된 응답을 걸러냄	초등학교 수학 정확도를 약 20% 향상
미세 조정	프롬프팅을 통해 생성된 설명 데이터셋에서 미세 조정을 수행	모델의 추론 능력을 향상	상식 QA 데이터셋에서 73% 정확도 달성

일부 프롬프팅 기술은 출력을 생성하기 전에 LLM에 누락된 컨텍스트를 제공하기 위해 외부 정보 검색을 통합한다. 개방형 도메인 QA의 경우, 관련 단락은 검색 엔진을 통해 검색돼 프롬프트에 통합될 수 있다. 폐쇄형 QA의 경우, 증거-질문-답변 형식의 퓨샷 예제가 QA 형식보다 더 잘 작동한다.

다음 절에서는 앞서 언급한 몇 가지 기술을 살펴보겠다. LangChain은 제로샷 프롬프팅, 퓨샷 러닝, CoT, 자기 일관성, ToT와 같은 고급 프롬프트 공학 전략을 가능하게 하는 도구를 제공한다. 여기서 설명된 모든 기술은 명확한 지침을 제공하고 대상 데이터로 미세 조정하며 문제를 분해하는 전략을 활용한다. 다양한 샘플링 방법을 통합하며 확인 메커니즘을 통합하며 확률 모델링 프레임워크를 도입함으로써 복잡한 작업에서 LLM의 추론 능력을 향상시킨다.

이 절의 모든 예제는 이 책의 깃허브 저장소의 프롬프트 디렉터리에서 찾을 수 있다. 바닐라 전략부터 시작해보자. 먼저 단순 해결책을 요청한다.

제로샷 프롬프팅

제로샷 프롬프팅은 퓨샷 프롬프팅과 달리 어떠한 데모나 예제를 제공하지 않고 과업 지침을 직접 LLM에게 전달하는 것이다. 이 프롬프트는 사전 훈련된 모델이 지침을 이해하고 따르는 능력을 테스트한다.

```
from langchain import PromptTemplate
from langchain.chat_models import ChatOpenAI
model = ChatOpenAI()
prompt = PromptTemplate(input_variables=["text"], template="Classify the
sentiment of this text: {text}")
chain = prompt | model
print(chain.invoke({"text": "I hated that movie, it was terrible!"}))
```

이는 어떠한 예제 없이 입력 텍스트와 함께 감정 분류 프롬프트를 출력한다.

```
content='The sentiment of this text is negative.' additional_kwargs={}
example=False
```

퓨샷 러닝

퓨샷 러닝은 명시적인 지침 없이 작업과 관련된 몇 가지 입력-출력 예제만을 LLM에게 제공한다. 이는 모델이 의도와 목표를 단순히 데모로부터 추론할 수 있게 한다. 신중하게 선택된, 순서화된 그리고 형식화된 예제는 모델의 추론 능력을 향상시킬 수 있다. 그러나 퓨샷 러닝은 편향성 및 시행 간 변동성에 취약할 수 있다. 명시적인 지침을 추가하면 의도가 모델에게 더 명확해지고 강건성이 향상될 수 있다. 전반적으로 프롬프트는 지침과 예제의 장점을 결합해 현재 작업에 대한 LLM의 조작을 최대화한다.

FewShotPromptTemplate을 사용하면 명시적인 지침 없이 모델에게 작업의 몇 가지 데모를 보여줘 사전에 모델을 준비할 수 있다.

이전 감정 분류 예제를 퓨샷 프롬프팅으로 확장해보겠다. 이 예제에서는 LLM에게 고객 피드백을 긍정적, 부정적 또는 중립적으로 분류하기를 원한다.

몇 가지 예제를 제공하겠다.

```
examples = [{
  "input": "I absolutely love the new update! Everything works
seamlessly.",
  "output": "Positive",
  },{
  "input": "It's okay, but I think it could use more features.",
  "output": "Neutral",
  }, {
  "input": "I'm disappointed with the service, I expected much better
performance.",
  "output": "Negative"
}]
```

이러한 예제를 다음과 같은 프롬프트에 사용할 수 있다.

```python
from langchain.prompts import FewShotPromptTemplate, PromptTemplate
from langchain.chat_models import ChatOpenAI
example_prompt = PromptTemplate(
  template="{input} -> {output}",
  input_variables=["input", "output"],
)
prompt = FewShotPromptTemplate(
  examples=examples,
  example_prompt=example_prompt,
  suffix="Question: {input}",
  input_variables=["input"]
)
print((prompt | ChatOpenAI()).invoke({"input": " This is an excellent book
with high quality explanations."}))
```

다음과 같은 출력을 얻어야 한다.

```
content='Positive' additional_kwargs={} example=False
```

LLM은 이러한 예제를 사용해 새로운 문장 분류를 안내할 것으로 기대할 수 있다. 퓨샷 방법은 훈련을 거치지 않고 모델을 사전에 준비시키며, 대신에 사전 훈련된 지식과 예제에서 제공된 컨텍스트에 의존한다.

각 입력에 맞춘 예제를 선택하기 위해 FewShotPromptTemplate은 하드코딩된 예제 대신 임베딩을 기반으로 한 SemanticSimilarityExampleSelector를 사용할 수 있다. Semantic icSimilarityExampleSelector는 자동으로 각 입력에 가장 관련 있는 예제를 찾는다. 많은 작업에서 표준 퓨샷 프롬프팅이 잘 작동하지만, 더 복잡한 추론 작업을 다룰 때는 다양한 기술과 확장이 있다.

CoT 프롬프팅

CoT 프롬프팅은 모델에 중간 단계를 제공해 결정적인 답변으로의 추론을 촉진하기 위한 것이다. 이는 프롬프트 앞에 자신의 사고를 보여주기 위한 지침을 추가함으로써 수행된다.

CoT에는 제로샷과 퓨샷 두 가지 변형이 있다. 제로샷 CoT에서는 "단계별로 생각해보라!"라는 지시문을 프롬프트에 추가한다.

문제를 추론하도록 LLM에게 요청할 때, 최종 답변을 제시하기 전에 추론 과정을 설명하면 종종 더 효과적이다. 이렇게 하면 LLM이 답을 추측하고 나중에 정당화하려는 것이 아니라 문제를 논리적으로 생각하도록 장려된다. LLM에게 생각 과정을 설명하도록 요청하는 것은 그 핵심 능력과 잘 일치한다.

예를 들면 다음과 같다.

```python
from langchain.chat_models import ChatOpenAI
from langchain.prompts import PromptTemplate

reasoning_prompt = "{question}\nLet's think step by step!"
prompt = PromptTemplate(
  template=reasoning_prompt,
  input_variables=["question"]
)
model = ChatOpenAI()
chain = prompt | model
print(chain.invoke({
  "question": "There were 5 apples originally. I ate 2 apples. My friend
gave me 3 apples. How many apples do I have now?",
}))
```

이를 실행한 후에는 결과와 함께 추론 과정을 얻게 된다.

```
content='Step 1: Originally, there were 5 apples.\nStep 2: I ate 2
apples.\nStep 3: So, I had 5 - 2 = 3 apples left.\nStep 4: My friend gave
me 3 apples.\nStep 5: Adding the apples my friend gave me, I now have 3 +
3 = 6 apples.' additional_kwargs={} example=False
```

앞서 소개한 접근법은 제로샷 사고 체인으로도 부른다.

퓨샷 CoT 프롬프팅은 추론이 결정되기 전에 LLM이 추론 과정을 설명하도록 장려하기 위한 몇 가지 샘플로 구성된 퓨샷 프롬프트다.

이전의 퓨샷 예제로 돌아가, 이를 다음과 같이 확장할 수 있다.

```
examples = [{
  "input": "I absolutely love the new update! Everything works
seamlessly.",
  "output": "Love and absolute works seamlessly are examples of positive
sentiment. Therefore, the sentiment is positive",
},{
  "input": "It's okay, but I think it could use more features.",
  "output": "It's okay is not an endorsement. The customer further
thinks it should be extended. Therefore, the sentiment is neutral",
}, {
  "input": "I'm disappointed with the service, I expected much better
performance.",
  "output": "The customer is disappointed and expected more. This is
negative"
}]
```

이러한 예제에서는 결정에 대한 이유가 설명된다. 이는 LLM이 자신의 추론을 설명하면서 유사한 결과를 내놓도록 장려한다.

CoT 프롬프팅이 더 정확한 결과를 가져올 수 있음이 입증됐지만, 이 성능 향상은 모델의 크기와 비례하며, 작은 모델에서는 개선이 미미하거나 부정적인 경우도 있다.

자기 일관성

자기 일관성 프롬프팅에서 모델은 질문에 대해 여러 후보 답변을 생성한다. 이들은 서로 비교되고 가장 일관된 혹은 가장 빈번한 답변이 최종 출력으로 선택된다. LLM과 함께 사용하는 자기 일관성 프롬프팅의 좋은 예는 사실 확인이나 정보 통합과 같은 맥락에서 주로 사용되며, 여기서 정확성이 매우 중요하다.

첫 번째 단계에서는 질문이나 문제에 대해 여러 해결책을 생성한다.

```
from langchain import PromptTemplate, LLMChain
from langchain.chat_models import ChatOpenAI
solutions_template = """
Generate {num_solutions} distinct answers to this question:
{question}

Solutions:
"""
solutions_prompt = PromptTemplate(
  template=solutions_template,
  input_variables=["question", "num_solutions"]
)
solutions_chain = LLMChain(
  llm=ChatOpenAI(),
  prompt=solutions_prompt,
  output_key="solutions"
)
```

두 번째 단계에서는 서로 다른 답변을 세 보고자 한다. 다시 **LLM**을 사용할 수 있다.

```
consistency_template = """
For each answer in {solutions}, count the number of times it occurs.
Finally, choose the answer that occurs most.

Most frequent solution:
"""
consistency_prompt = PromptTemplate(
  template=consistency_template,
  input_variables=["solutions"]
)
consistency_chain = LLMChain(
  llm=ChatOpenAI(),
  prompt=consistency_prompt,
  output_key="best_solution"
)
```

이 두 체인을 SequentialChain으로 결합해보자.

```
from langchain.chains import SequentialChain
answer_chain = SequentialChain(
  chains=[solutions_chain, consistency_chain],
  input_variables=["question", "num_solutions"],
  output_variables=["best_solution"]
)
```

간단한 질문을 하고 답을 확인해보겠다.

```
print(answer_chain.run(
  question="Which year was the Declaration of Independence of the United
States signed?",
  num_solutions="5"
))
```

다음과 같은 응답을 얻어야 한다.

```
1776 is the year in which the Declaration of Independence of the United
States was signed. It occurs twice in the given answers (3 and 4).
```

투표를 기반으로 올바른 응답을 얻어야 하지만 생성된 5개 응답 중 3개가 틀렸다.

이 접근 방식은 모델이 추론하고 내부 지식을 활용하는 능력을 활용하면서 가장 빈번한 답변에 중점을 둠으로써 이상값이나 오정보의 위험을 줄이고 LLM이 제공하는 응답의 전반적인 신뢰성을 향상시킨다.

ToT

ToT 프롬프팅에서는 주어진 프롬프트에 대해 여러 문제 해결 단계나 접근 방식을 생성한 다음, AI 모델을 사용해 그것들을 평가한다. 평가는 해결책이 문제에 적합한지에 대해 모델이 판단한 것을 기반으로 한다.

실제로 현재 LangChain 실험 패키지에 ToT가 구현돼 있지만, 여기서는 LangChain을 사용한 ToT를 구현하는 명령 단계별 예제를 살펴보겠다.

먼저 솔루션 템플릿, 평가 템플릿, 추론 템플릿 및 순위 템플릿이 필요하다.

먼저 솔루션을 생성하자.

```python
solutions_template = """
Generate {num_solutions} distinct solutions for {problem}. Consider
factors like {factors}.
Solutions:
"""
solutions_prompt = PromptTemplate(
template=solutions_template,
input_variables=["problem", "factors", "num_solutions"]
)
```

LLM에게 이러한 솔루션을 평가하도록 요청해보자.

```python
evaluation_template = """
Evaluate each solution in {solutions} by analyzing pros, cons,
feasibility, and probability of success.

Evaluations:
"""
evaluation_prompt = PromptTemplate(
  template=evaluation_template,
  input_variables=["solutions"]
)
```

이 단계 후에는 이에 대해 더 생각해보고자 한다.

```python
reasoning_template = """
For the most promising solutions in {evaluations}, explain scenarios,
implementation strategies, partnerships needed, and handling potential
obstacles.

Enhanced Reasoning:
```

```
"""
reasoning_prompt = PromptTemplate(
  template=reasoning_template,
  input_variables=["evaluations"]
)
```

마지막으로, 지금까지의 추론을 기반으로 이러한 솔루션의 순위를 매길 수 있다.

```
ranking_template = """
Based on the evaluations and reasoning, rank the solutions in {enhanced_
reasoning} from most to least promising.

Ranked Solutions:
"""
ranking_prompt = PromptTemplate(
  template=ranking_template,
  input_variables=["enhanced_reasoning"]
)
```

다음으로, 이러한 템플릿에서 체인을 생성한 다음 모두 결합해보겠다.

```
from langchain.chains.llm import LLMChain
from langchain.chat_models import ChatOpenAI

solutions_chain = LLMChain(
  llm=ChatOpenAI(),
  prompt=solutions_prompt,
  output_key="solutions"
)
evalutation_chain = LLMChain(
  llm=ChatOpenAI(),
  prompt=evaluation_prompt,
  output_key="evaluations"
)
reasoning_chain = LLMChain(
  llm=ChatOpenAI(),
  prompt=reasoning_prompt,
  output_key="enhanced_reasoning"
)
```

```
ranking_chain = LLMChain(
  llm=ChatOpenAI(),
  prompt=ranking_prompt,
  output_key="ranked_solutions"
)
```

각 output_key가 다음 체인의 프롬프트의 input_key에 해당하는지 주목하라. 마지막으로, 이러한 체인을 SequentialChain으로 연결한다.

```
from langchain.chains import SequentialChain
tot_chain = SequentialChain(
  chains=[solutions_chain, evalutation_chain, reasoning_chain, ranking_
chain],
  input_variables=["problem", "factors", "num_solutions"],
  output_variables=["ranked_solutions"]
)
print(tot_chain.run(
  problem="Prompt engineering",
  factors="Requirements for high task performance, low token use, and few
calls to the LLM",
  num_solutions=3
))
```

tot_chain을 실행하고 출력을 확인해보자.

```
1. Train or fine-tune language models using datasets that are relevant to
the reasoning task at hand.
2. Develop or adapt reasoning algorithms and techniques to improve the
performance of language models in specific reasoning tasks.
3. Evaluate existing language models and identify their strengths and
weaknesses in reasoning.
4. Implement evaluation metrics to measure the reasoning performance of
the language models.
5. Iteratively refine and optimize the reasoning capabilities of the
language models based on evaluation results.

It is important to note that the ranking of solutions may vary depending
on the specific context and requirements of each scenario.
```

제안에 전적으로 동의한다. 이들은 ToT의 강점을 보여준다. 이러한 주제 중 많은 것들은 8장의 일부이며, 일부는 9장에서 LLM의 평가와 성능에 대해 논의할 것이다.

이는 추론 과정의 각 단계에서 LLM을 활용할 수 있게 한다. ToT 접근 방식은 탐험을 촉진해 막다른 길을 피할 수 있도록 도와준다. 더 많은 예제를 보고 싶다면 LangChain cookbook에서 스도쿠sudoku를 플레이하기 위한 ToT를 찾을 수 있다.

프롬프트 설계는 LLM 추론 능력을 발휘하는 데 매우 중요하며, 모델 및 프롬프팅 기술의 미래 발전 가능성을 제공한다. 이러한 원칙과 기술은 LLM과 작업하는 연구자 및 실무자에게 소중한 도구 상자를 구성한다

⠿ 요약

조건화conditioning는 생성형 AI를 조작해 성능, 안전성 및 품질을 향상시키는 것을 의미한다. 8장에서는 미세 조정과 프롬프팅을 통한 조건화에 중점을 뒀다. 미세 조정에서는 언어 모델이 자연어 지시문과 적절한 응답으로 구성된 많은 작업 예제로 훈련된다. 이는 종종 인간 피드백과 함께 강화학습을 통해 이뤄지지만, 자원 소모가 적은 경쟁력 있는 결과를 도출하는 것으로 입증된 다른 기술도 개발됐다. 8장의 첫 번째 레시피에서는 질문에 대한 답변을 위한 작은 오픈 소스 모델의 미세 조정을 구현했다.

복잡한 추론 작업에서 LLM의 신뢰성을 향상시킬 수 있는 다양한 프롬프팅 기술이 있다. 단계별 프롬프팅, 대안 선택, 추론 프롬프팅, 문제 분해, 다중 응답 샘플링 및 별도의 검증 모델 사용과 같은 기술은 추론 작업에서 정확도와 일관성을 향상시키는 데 도움이 됐다. LangChain은 퓨샷 러닝, CoT, ToT 등과 같은 고급 프롬프팅 전략을 구현하기 위한 기본 구성 요소를 제공한다. 이를 예제를 통해 보여줬다.

9장에서는 생성형 AI의 제품화에 대해 이야기하며 LLM 앱의 평가, 서버에 배포 및 모니터링과 관련된 중요한 문제를 다룰 것이다.

⁝⁝➤ 문제

만일 이 질문 중 어떤 것이라도 확실하지 않다면, 해당 장의 관련 절을 다시 읽어보길 추천한다.

1. 조건화^{conditioning}와 정렬^{alignment}은 무엇인가?

2. 조건화의 다양한 방법은 무엇이며, 어떻게 구별할 수 있나?

3. 지침 튜닝^{Instruction tuning}은 무엇이며, 왜 중요한가?

4. 몇 가지 미세 조정^{fine-tuning} 방법을 말해보라.

5. 양자화^{quantization}는 무엇인가?

6. 퓨샷 러닝^{few-shot learning}은 무엇인가?

7. CoT 프롬프팅은 무엇인가?

8. ToT는 어떻게 작동하나?

09

생성형 AI 제품화

이 책에서 논의한 대로 LLM은 최근 몇 년 동안 인간과 유사한 텍스트를 생성할 수 있는 능력으로 큰 주목을 받고 있다. 창의적인 글쓰기부터 대화형 챗봇까지, 이러한 생성 모델은 여러 산업에서 다양한 응용 분야를 갖추고 있다. 그러나 이러한 복잡한 신경망 시스템을 연구에서 실제 세계에 배치하려면 상당한 도전이 따른다.

지금까지 모델, 에이전트 그리고 LLM 앱과 여러 사용 사례에 대해 이야기했지만, 이러한 앱을 제품화 환경에 배포해 고객과 상호 작용하고 중요한 금전적 영향을 미칠 수 있는 결정을 내릴 때 중요해지는 많은 문제가 있다. 9장에서는 생성형 AI, 특히 LLM 앱의 제품화에 대한 실용적인 고려 사항과 모범 사례를 탐구한다. 응용을 배포하기 전에는 성능과 규제 요건을 보장해야 하며, 확장성 있는 강건성이 보장돼야 하며, 마지막으로 모니터링이 시행돼야 한다. 신뢰할 수 있는 배포를 위해 엄격한 테스트, 감사, 윤리적 보호 장치를 유지하는 것이 중요하다. 여기서는 평가와 관찰성에 대해 논의하고, 운영화된 AI 및 의사 결정 모델의 거버넌스와 라이프사이클 관리를 포함한 다양한 주제를 다룰 것이다.

LLM 앱을 제품화에 준비하는 동안 오프라인 평가는 제어된 환경에서 모델 능력에 대한 초기 이해를 가능케 해주고, 제품에서는 관측성이 실제 환경에서의 성능에 대한 계속된 통찰력을 제공한다. 각각의 경우에 대해 몇 가지 도구를 논의하고 예시를 제시할 것이다. 또한 LLM 응용 배포에 대해 논의하고 배포를 위한 사용 가능한 도구 및 예시에 대한 개요를 제공할 것이다.

9장 전반에서는 LLM 앱에 대한 실용적인 예제를 다루며, 이는 책의 깃허브 저장소 (https://github.com/benman1/generative_ai_with_langchain)에서 찾을 수 있다.

9장의 주요 절은 다음과 같다.

- LLM 앱의 제품화를 준비하는 방법

- LLM 앱을 평가하는 방법

- LLM 앱을 배포하는 방법

- LLM 앱을 관측하는 방법

LLM 앱의 제품화를 준비하는 것이 무엇을 의미하며 어떤 작업을 포함하는지에 대한 개요부터 시작해보자!

⁝⁝⁝ LLM 애플리케이션의 제품화를 준비하는 방법

LLM 응용을 제품화해 배포하는 것은 견고한 데이터 관리, 윤리적 선견지명, 효율적인 자원 할당, 세심한 모니터링 및 행동 지침과의 조화를 포함해 복잡한 작업이다. 배포 준비를 보장하기 위한 실천 방법은 다음과 같다.

- **데이터 관리**: 데이터 품질에 대한 엄격한 주의가 필요하며, 균형 잡히지 않거나 부적절한 훈련 데이터에서 발생할 수 있는 편향을 피하기 위해서는 적극적인 데이터 큐레이션 노력과 모델 출력의 지속적인 검토가 필요하다. 신규 편향을 완화하기 위해서는 데이터 큐레이션에 큰 노력이 필요하다.

- **윤리적 배포와 규정 준수**: LLM 응용은 잠재적으로 유해한 콘텐츠를 생성할 수 있으므로 엄격한 검토 프로세스, 안전 지침, HIPAA와 같은 규정 준수를 특히 의료와 같은 민감한 분야에서 필요로 한다.

- **자원 관리**: LLM의 자원 수요는 효율적이며 환경적으로 지속 가능한 인프라가 필요하다. 인프라에 대한 혁신은 비용을 줄이고 LLM의 에너지 수요와 관련된 환경적 문제에 대응하는 데 도움이 된다.

- **성능 관리**: 모델은 지속적으로 데이터 변화를 감지해야 하며, 입력 데이터 패턴의 변경이 모델 성능을 변경할 수 있는 데이터 드리프트^{drift}에 대비해야 한다. 이러한 이탈을 감지하려면 신속한 재훈련 또는 모델 조정이 필요하다.

- **해석 가능성**: 신뢰를 구축하고 LLM의 의사 결정 프로세스에 통찰력을 제공하기 위해 해석 가능성 도구는 모델 결정이 어떻게 이뤄지는지에 대한 명확성이 필요한 사용자들에게 점점 더 중요해지고 있다.

- **데이터 보안**: LLM 프로세스 내에서 민감한 정보를 보호하는 것은 프라이버시와 규정 준수에 필수적이다. 강력한 암호화 조치와 엄격한 접근 제어가 보안 조치를 강화한다.

- **모델 행동 기준**: 모델은 기본적인 기능적 성능 이상으로 윤리적 가이드라인과 일치해야 한다. 출력이 건설적(도움이 되는), 무해한 그리고 신뢰할 수 있는 것을 보장해 안정성과 사회적 수용을 도모한다.

- **환각 방지**: 환각은 LLM이 입력 소스에 대한 자세한 정보가 없음에도 불구하고 훈련 데이터 말뭉치에서 민감한 개인정보를 부적절하게 생성하거나 기억하는 경우를 나타낸다. 이는 중요한 프라이버시 우려와 완화 전략의 필요성을 강조한다.

LLM 앱을 배포하는 데 있어 필수적인 권장 사항은 기술적인 도전 과제를 완화하고 성능을 향상시키며 윤리적 무결성을 보장하기 위한 다양한 실천 방법 등이 포함된다. 먼저 관련 벤치마크를 갖춘 표준화된 데이터셋을 개발해 모델 능력을 테스트하고 측정하는 것이 중요하다. 이는 회귀를 감지하고 정의된 목표와 일치시키는 데 도움이 된다. 측정은 모델의 능력을 정확하게 알아보기 위해 과제별로 특정돼야 한다. 또한 윤리적 가이드라인, 안전 프로토콜 및 검토 프로세스를 포함하는 견고한 프레임워크가 필요하다. 이는 유해한 콘텐츠 생성 및 유포를 방지하기 위함이다. 인간 리뷰어reviewer는 콘텐츠 유효성 검사에 있어 중요한 검사 지점 역할을 하며, AI 출력물에 윤리적 판단을 적용해 모든 맥락에서 준수를 보장한다.

선도적인 사용자 경험UX은 사용자와의 투명한 관계를 촉진하면서 합리적인 사용을 강화할 수 있다. 이는 제한 사항, 속성 그리고 풍부한 사용자 피드백에 대한 고지와 같은 부정확성 예측을 포함할 수 있다.

출력을 설명하기 위해서는 생성형 AI 모델이 결정에 도달하는 방법을 설명하는 해석 가능성에 투자해야 한다. 어텐션attention 메커니즘을 시각화하거나 특징의 중요성을 분석하는 것은 특히 의료 또는 금융과 같은 고위험 산업에 중요하다. 이를 통해 복잡도의 계층을 해체할 수 있다.

환각은 4장에서 알아봤다. 외부 검색과 도구 보강을 통한 관련 맥락 제공과 같은 완화 기술은 특히 5장과 6장에서 논의한 바 있다. 모델이 개인정보를 회상하는 위험이 있으며 데이터 필터링, 아키텍처 조정 및 추론 기술을 포함한 지속적인 발전은 이러한 문제를 완화하는 데 유망하다.

보안 측면에서 역할 기반의 접근 정책을 강화하고 엄격한 데이터 암호화 표준을 적용하며 가능한 경우 익명화 최상의 실천법을 채택하고 규정 준수 감사를 통한 지속적인 검증을 보장할 수 있다. LLM 컨텍스트에서 보안은 거대한 주제이지만, 9장에서는 평가, 관찰 및 배포에 중점을 둘 것이다.

여러 처리 장치 간의 작업 부하 분산을 용이하게 하려면 데이터 병렬화 또는 모델 병렬화와 같은 분산 기술을 활용해 인프라와 자원 사용을 최적화해야 한다. 추론 속도와 대기 시간 관리에 대한 더 효율적인 배포를 위해 모델 압축 또는 다른 컴퓨터 아키텍처 최적화 기술을 사용할 수 있다. 8장에서 설명한 모델 양자화나 모델 증류와 같은 기술도 모델의 자원 소비를 줄이는 데 도움이 될 수 있다. 더 나아가 모델 출력을 저장하면 반복적인 쿼리에 대한 대기 시간과 비용을 줄일 수 있다.

통찰력 있는 계획과 준비를 통해 생성형 AI는 창작 작업부터 고객 서비스까지 산업을 변화시킬 수 있다. 그러나 이러한 시스템의 복잡성을 신중하게 탐색하는 것은 점점 다양한 분야에 침투하면서 여전히 중요하다. 9장은 이 책에서 아직 다루지 않은 몇 가지 부분에 대한 실용적인 안내서 제공을 목표로 하며, 영향력 있고 책임감 있는 생성형 AI 애플리케이션 구축에 도움을 준다. 데이터 정제, 모델 개발, 인프라, 모니터링 및 투명성에 대한 전략을 다룬다.

토론을 계속하기 전에 용어에 대해 알아보자. 먼저 MLOps와 유사한 용어를 소개하고 그 의미와 함축적 의미를 정의하겠다.

용어

MLOps는 생산성이 높고 효율적으로 ML 모델을 배포하고 유지하는 데 중점을 둔 패러다임이다. 이는 ML에 DevOps 관행을 결합해 실험적 시스템에서 생산 시스템으로 알고리듬을 전환하는 것을 목표로 한다. MLOps는 자동화를 증가시키고 생산 모델의 품질을 향상시키며 비즈니스 및 규제 요구 사항을 해결하고자 노력한다.

LLMOps는 MLOps의 특수화된 하위 범주다. 이는 제품의 일부로 LLM을 미세 조정하고 운영화하기 위한 운영 능력과 인프라를 나타낸다. MLOps의 개념과 크게 다르지 않을 수 있지만, 구분점은 GPT-3와 같이 1천 750억 개의 매개변수를 포함하는 거대 언어 모델을 처리, 정제 및 배포하는 특정 요구 사항과 연계돼 있다는 것이다.

LMOps라는 용어는 LLMOps보다 포괄적으로 다양한 유형의 언어 모델을 포함한다. 이는 LLM뿐만 아니라 작은 생성 모델까지 다양한 종류의 언어 모델을 포함한다는 점을 나타낸다. 이 용어는 언어 모델의 확장되는 범위와 그들의 운영적 맥락에서의 중요성을 인정한다.

FOMO^{Foundational Model Orchestration}는 특히 기초^{foundation} 모델과 작업할 때 직면하는 어려움에 대응한다. 이는 다양한 하류 작업에 적용될 수 있는 광범위한 데이터로 훈련된 모델을 가리킨다. 이는 다단계 프로세스를 관리하고 외부 자원과 통합하며 이러한 모델을 포함하는 워크플로우를 조율하는 필요성을 강조한다.

ModelOps 용어는 AI 및 의사 결정 모델의 배포 시 관리 및 수명 주기 관리에 중점을 둔다. 더 넓게는 AgentOps는 LLM과 기타 AI 에이전트의 운영 관리를 포함하며 적절한 행동 보장, 환경 및 자원 접근 관리, 에이전트 간 상호작용 촉진과 함께 의도하지 않은 결과 및 호환되지 않는 목표와 관련된 문제를 다룬다.

FOMO는 특히 기초 모델과 함께 작업하는 고유한 어려움에 중점을 둔다면 LMOps는 기초 모델뿐만 아니라 더 넓은 범위의 언어 모델을 포괄적으로 다룬다. LMOps는 언어 모델의 다양성과 증가하는 중요성을 인정하며 여전히 좀 더 광범위한 MLOps의 범주에 속한다. 마지막으로, AgentOps는 명시적으로 일정한 휴리스틱과 함께 작동하는 생성 모델로 이뤄진 에이전트의 상호 작용적인 성격을 강조하며 툴을 포함한다.

매우 전문화된 이러한 용어의 등장은 해당 분야의 신속한 진화를 부각하지만, 장기적으로 보편화될진 명확하지 않다. MLOps는 널리 사용되며 종종 방금 다룬 다양한 전문 용어를 포괄한다. 따라서 9장의 나머지 부분에서는 MLOps라는 용어를 사용하겠다. 모든 LLM 앱을 제품화하기 전에 먼저 그 출력을 평가해야 하므로, 이것으로 시작하겠다. 여기서는 LangChain에서 제공하는 평가 방법에 중점을 둘 것이다.

⸬ LLM 앱을 평가하는 방법

LLM 배포의 핵심은 편향을 미리 방지하기 위한 꼼꼼한 훈련 데이터의 선별적인 편집, 데이터 향상을 위한 인간 중심의 주석 구현 그리고 자동 출력 모니터링 시스템을 확립하는 데 있다. LLM을 독립적으로 또는 에이전트 체인과 결합해 평가하는 것은 올바르게 기능하고 신뢰할 수 있는 결과를 생성하도록 보장하기 위해 중요하며, 이는 ML 라이프사이클의 핵심 부분이다. 평가 프로세스는 모델의 효과적인 작동, 신뢰성 및 효율성 측면에서의 성능을 결정한다.

LLM을 평가하는 목표는 장단점을 이해해 정확도와 효율성을 향상시키고 오류를 줄여 실제 문제 해결에 그 유용성을 극대화하려는 것이다. 이 평가 프로세스는 일반적으로 개발 단계에서 오프라인으로 진행된다. 오프라인 평가는 제어된 테스트 조건하에서 모델 성능에 대한 초기 통찰을 제공하며 초매개변수 조정과 동료 모델이나 정립된 표준과의 벤치마킹과 같은 측면을 포함한다. 이러한 평가는 배포 전 모델을 정제하는 데 필수적인 첫 번째 단계를 제공한다.

인간의 평가는 때로 황금률로 여겨지지만 확장이 어렵고, 주관적인 선호도나 권위적인 어조로 인한 편향을 피하기 위해서는 주의 깊은 설계가 필요하다. MBPP와 같은 많은 표준화된 벤치마크가 있으며 이는 기본 프로그래밍 기술을 테스트하기 위한 것이고 GSM8K는 다단계 수학적 추론에 사용된다. API-Bank는 모델이 API 호출에 대한 결정을 내릴 능력을 평가한다. ARC는 모델의 질문 응답 능력을 복잡한 정보 통합과 대조해 검증한다. 반면 HellaSwag는 물리적 상황에서의 상식적 추론을 평가하며, 이는 적대적 필터링을 사용한다.

HumanEval은 코드 생성의 기능적 정확성에 중점을 두며, 문법적 유사성보다는 주제의 다양한 범위에서의 언어 이해를 평가한다. MMLU는 다양한 주제에서의 언어 이해를 깊이 평가해 특정 도메인에서의 능력을 나타낸다. SuperGLUE는 GLUE를 한 단계 더 나아가 언어 모델의 공정성과 이해력을 모니터하는 더 어려운 작업을 수행한다. TruthfulQA는 LLM 응답의 진실성을 벤치마킹해 진실성의 중요성을 강조한다.

MATH와 같은 벤치마크는 고수준 추론 능력을 평가한다. 이 벤치마크에서의 GPT-4의 성능은 프롬프팅 방법의 정교성에 따라 다르며, 퓨샷 프롬프트부터 보상 모델링 접근법을 사용한 강화학습까지 다양하다. 특히 대화 기반의 미세 조정은 때때로 MMLU와 같은 지표로 평가되는 능력을 저해할 수 있다.

평가는 LLM이 관련성 있고 정확하며 도움이 되는 출력을 생성하는 데 얼마나 잘하는지에 대한 통찰력을 제공할 수 있다. FLAN 및 FLASK와 같은 테스트는 행동적 측면을 강조해 책임 있는 AI 시스템 배포를 우선시한다. 다음 차트는 FLASK 벤치마크에서 여러 개의 오픈 소스 및 폐쇄 소스 모델을 비교한 것이다(출처 - FLASK: Fine-grained Language Model Evaluation based on Alignment Skill Sets, 예[Ye] 및 동료들, 2023; https://arxiv.org/abs/2307.10928).

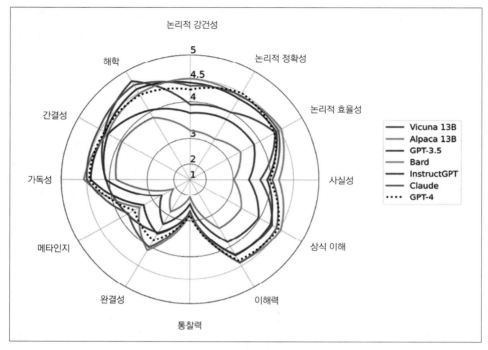

그림 9.1 언어 모델의 결과로서 Claude로 평가한 결과

차트에 보고된 결과에서 클로드^{Claude}는 모든 출력을 평가하는 LLM이다. 이로 인해 Claude나 이와 유사한 모델이 결과에 유리하게 작용한다. 종종 GPT-3.5나 GPT-4가 평가자로 사용되는데, 이는 OpenAI 모델들이 우승자로 나타남을 보여준다.

LangChain에서는 체인 출력, 쌍별 문자열 비교, 문자열 거리, 및 임베딩 거리와 같은 다양한 방법으로 LLM의 출력을 평가할 수 있다. 평가 결과는 출력 비교를 기반으로 선호하는 모델을 결정하는 데 사용될 수 있다. 신뢰 구간 및 p 값도 평가 결과의 신뢰성을 평가하기 위해 계산될 수 있다.

LangChain은 LLM의 출력을 평가하기 위한 여러 도구를 제공한다. 일반적인 접근 방법은 `PairwiseStringEvaluator`를 사용해 다양한 모델 또는 프롬프트의 출력을 비교하는 것이다. 이는 평가 모델에게 동일한 입력에 대한 두 모델 출력 중에서 선택하도록 유도하고 결과를 종합해 전체적으로 선호되는 모델을 결정한다.

다른 평가자들은 올바름, 관련성, 간결함 등과 같은 특정 기준에 따라 모델 출력을 평가할 수 있다. `CriteriaEvalChain`을 사용하면 참조 레이블이 필요하지 않은 사용자 지정 또는 사전 정의된 원칙에 따라 출력을 점수화할 수 있다. 평가 모델을 구성하는 것도 가능하며, 평가자로 ChatGPT와 같은 다른 챗 모델을 지정함으로써 이를 수행할 수 있다.

이 절의 코드는 책의 깃허브 프로젝트의 monitoring_and_evaluation 폴더에서 온라인으로 확인할 수 있다. 특정 입력에 대해 우선되는 출력을 선택하도록 LLM을 유도하는 `PairwiseStringEvaluator`를 사용해 다양한 프롬프트 또는 LLM의 출력을 비교해보겠다.

두 출력 비교

이 평가는 평가자, 입력 데이터셋과 비교할 2개 이상의 LLM, 체인 또는 에이전트가 필요하다. 평가는 결과를 집계해 선호되는 모델을 결정한다.

평가 프로세스에는 여러 단계가 포함된다.

1. **평가자 생성**: `load_evaluator()` 함수를 사용해 평가자를 로드하고 평가자의 유형을 지정한다 (이 경우 `pairwise_string`).

2. **데이터셋 선택**: `load_dataset()` 함수를 사용해 입력 데이터셋을 로드한다.

3. **비교할 모델 정의**: 필요한 구성을 사용해 비교할 LLM, 체인 또는 에이전트를 초기화한다. 이는 언어 모델과 필요한 추가 도구 또는 에이전트를 초기화하는 것을 포함한다.

4. **응답 생성**: 각 모델에 대한 출력을 생성한 다음 이를 평가하기 전에 일반적으로 배치로 처리해 효율성을 향상시킨다.

5. **쌍 평가**: 각 입력에 대해 다른 모델의 출력을 비교해 결과를 평가한다. 이는 위치 편향을 줄이기 위해 일반적으로 무작위 선택 순서를 사용해 수행된다.

이것은 쌍별 문자열 비교에 대한 문서 예제다.

```
from langchain.evaluation import load_evaluator
evaluator = load_evaluator("labeled_pairwise_string")
evaluator.evaluate_string_pairs(
  prediction="there are three dogs",
  prediction_b="4",
  input="how many dogs are in the park?",
  reference="four",
)
```

평가 도구에서의 출력은 다음과 같아야 한다.

```
  {'reasoning': "Both assistants provided a direct answer to the user's
question. However, Assistant A's response is incorrect as it stated there
are three dogs in the park, while the reference answer indicates there are
four. On the other hand, Assistant B's response is accurate and matches
the reference answer. Therefore, considering the criteria of correctness
and accuracy, Assistant B's response is superior. \n\nFinal Verdict:
[[B]]",
'value': 'B',
'score': 0

}
```

평가 결과에는 각 에이전트의 효과성을 나타내는 0부터 1까지의 점수가 포함된다. 때로는 평가 과정을 설명하고 점수를 정당화하는 이유도 함께 나온다. 이 구체적인 예시에서, 참조와 비교해 두 결과 모두 입력을 기반으로 사실적으로 잘못됐다. 참조를 제거하고 LLM이 결과를 판단하도록 할 수도 있다.

기준 대비 비교

LangChain은 특정 평가 기준이나 기준 집합을 기반으로 결과를 평가하는 여러 사전 정의된 평가 도구를 제공한다. 몇 가지 일반적 기준으로는 간결함, 관련성, 정확성, 일관성, 도움 그리고 논란성이 있다.

`CriteriaEvalChain`을 사용하면 사용자 정의 또는 미리 정의된 기준에 대한 모델 출력을 평가할 수 있다. 이 평가 도구를 사용해 LLM이나 체인의 출력이 정의된 기준 집합과 일치하는지 확인할 수 있다. 이 평가 도구를 사용해 생성된 출력의 정확성, 관련성, 간결성 및 기타 측면을 평가할 수 있다.

`CriteriaEvalChain`은 참조 레이블과 함께 사용하거나 사용하지 않도록 구성할 수 있다. 참조 레이블이 없는 경우 평가 도구는 LLM의 예측된 답변을 기반으로 기준을 적용하고 점수를 매긴다. 참조 레이블이 있는 경우 평가 도구는 예측된 답변을 참조 레이블과 비교하고 기준을 준수하는지 여부를 결정한다.

LangChain에서 기본적으로 사용되는 평가 LLM은 GPT-4다. 그러나 원하는 설정(예: temperture)을 가진 다른 채팅 모델, 예를 들어 ChatAnthropic 또는 ChatOpenAI와 같은 채팅 모델을 지정해 평가 LLM을 구성할 수 있다. 사용자 지정 LLM은 `load_evaluator()` 함수에 매개변수로 전달해 로드할 수 있다.

LangChain은 사용자 정의 기준과 평가를 위한 미리 정의된 원칙 모두 지원한다. 사용자 정의 기준은 `criterion_name: criterion_description` 쌍으로 이뤄진 사전을 사용해 정의할 수 있다. 이러한 기준은 특정 요구 사항이나 루브릭을 기반으로 출력을 평가하는 데 사용할 수 있다.

다음은 간단한 예시다.

```
custom_criteria = {
  "simplicity": "Is the language straightforward and unpretentious?",
  "clarity": "Are the sentences clear and easy to understand?",
  "precision": "Is the writing precise, with no unnecessary words or
details?",
  "truthfulness": "Does the writing feel honest and sincere?",
  "subtext": "Does the writing suggest deeper meanings or themes?",
}
evaluator = load_evaluator("pairwise_string", criteria=custom_criteria)

evaluator.evaluate_string_pairs(
```

```
    prediction="Every cheerful household shares a similar rhythm of joy;
but sorrow, in each household, plays a unique, haunting melody.",
    prediction_b="Where one finds a symphony of joy, every domicile of
happiness resounds in harmonious,"
    " identical notes; yet, every abode of despair conducts a dissonant
orchestra, each"
    " playing an elegy of grief that is peculiar and profound to its own
existence.",
    input="Write some prose about families.",
)
```

이 결과를 통해 두 출력물을 매우 미묘하게 비교할 수 있다.

```
{'reasoning': 'Response A is simple, clear, and precise. It uses
straightforward language to convey a deep and sincere message about
families. The metaphor of music is used effectively to suggest deeper
meanings about the shared joys and unique sorrows of families.\n\nResponse
B, on the other hand, is less simple and clear. The language is more
complex and pretentious, with phrases like "domicile of happiness" and
"abode of despair" instead of the simpler "household" used in Response A.
The message is similar to that of Response A, but it is less effectively
conveyed due to the unnecessary complexity of the language.\n\nTherefore,
based on the criteria of simplicity, clarity, precision, truthfulness,
and subtext, Response A is the better response.\n\n[[A]]', 'value': 'A',
'score': 1}
```

또는 LangChain에서 사용 가능한 미리 정의된 원칙을 사용할 수 있다. 예를 들어 헌법 AI의 원칙은 생성된 텍스트의 윤리적, 해로운 그리고 민감한 측면을 평가하기 위해 설계됐다. 평가에서 원칙을 사용하면 생성된 텍스트에 대한 좀 더 집중된 평가가 가능하다.

문자열과 문맥 비교

LangChain은 LLM 출력을 평가하기 위한 문자열 비교와 거리 측정을 지원한다. Leven shtein 및 Jaro와 같은 문자열 거리 측도는 예측된 문자열과 참조 문자열 간의 유사성을 양적으로 측정한다. SentenceTransformers와 같은 모델을 사용한 임베딩 거리는 생성된 텍스트와 기대 텍스트 간의 의미적 유사성을 계산한다.

임베딩 거리 평가자는 GPT-4나 Hugging Face 임베딩과 같은 임베딩 모델을 사용해 예측된 문자열과 참조 문자열 간의 벡터 거리를 계산한다. 이는 두 문자열 간의 의미적 유사성을 측정하고 생성된 텍스트의 품질에 대한 통찰력을 제공할 수 있다.

다음은 문서에서 가져온 간단한 예제다.

```
from langchain.evaluation import load_evaluator
evaluator = load_evaluator("embedding_distance")
evaluator.evaluate_strings(prediction="I shall go", reference="I shan't
go")
```

평가자는 0.0966466944859925의 점수를 반환한다. load_evaluator() 호출에서 embeddings 매개변수를 사용해 사용되는 임베딩을 변경할 수 있다.

이것은 종종 이전의 문자열 거리 측도보다 나은 결과를 제공하지만 이전 측도도 사용할 수 있으며 간단한 단위 테스트 및 정확도 평가가 가능하다. 문자열 비교 평가자는 예측된 문자열을 참조 문자열이나 입력과 비교한다.

문자열 거리 평가자는 Levenshtein이나 Jaro 거리와 같은 거리 측도를 사용해 예측된 문자열과 참조 문자열 간의 유사성 또는 비유사성을 측정한다. 이는 예측된 문자열이 참조 문자열과 얼마나 유사한지 정량적으로 측정하는 것이다.

마지막으로 에이전트 궤적 평가자에서는 evaluate_agent_trajectory() 메서드를 사용해 입력, 예측 및 에이전트 궤적을 평가한다.

LangSmith는 LangChain의 동반 프로젝트로, LLM 앱을 프로토 타입에서 제품 단계로 원활하게 전이시키기 위해 설계됐다. 예제를 통해 성능을 데이터셋과 비교하는 데 LangSmith를 사용할 수도 있다. 함께 예제를 진행해보자!

데이터셋을 대상으로 한 평가 수행

언급한 대로 안전성, 견고성 및 의도된 동작을 위한 포괄적인 벤치마킹과 평가는 중요하다. 이제 LangSmith에서 벤치마크 데이터셋에 대한 평가를 실행할 수 있다. 먼저 다음 URL(https://smith.langchain.com/)에서 LangSmith에 계정을 생성하라.

여기에서 API 키를 얻고 환경변수로 LANGCHAIN_API_KEY로 설정하라. 프로젝트 ID 및 추적을 위한 환경변수도 설정할 수 있다.

```
import os
os.environ["LANGCHAIN_TRACING_V2"] = "true"
os.environ["LANGCHAIN_PROJECT"] = "My Project"
```

이것은 LangChain이 추적을 기록하도록 구성한다. 만약 LangChain에 프로젝트 ID를 알려주지 않으면 기본 프로젝트에 대해 로그를 기록할 것이다. 이 설정 이후에는 LangChain 에이전트나 체인을 실행할 때 LangSmith에서 추적을 볼 수 있게 될 것이다.

자, 실행을 기록해보자!

```
from langchain.chat_models import ChatOpenAI

llm = ChatOpenAI()
llm.predict("Hello, world!")
```

LangSmith에서는 이러한 실행을 모두 찾을 수 있다. LangSmith는 지금까지의 모든 실행을 LangSmith 프로젝트 페이지(https://smith.langchain.com/projects)에서 나열한다.

또한 LangSmith API를 통해 모든 실행을 찾을 수도 있다.

```
from langsmith import Client
client = Client()
runs = client.list_runs()
print(runs)
```

특정 프로젝트나 실행 유형(예: chain)별로 실행을 나열할 수 있다. 각 실행은 각각 runs[0].
inputs 및 runs[0].outputs와 같은 입력 및 출력과 함께 제공된다.

기존 에이전트 실행에서 create_example_from_run() 함수를 사용해 데이터셋을 생성
할 수 있다. 또는 다른 것에서도 데이터셋을 생성할 수 있다. 다음은 질문 집합으로 데이
터셋을 생성하는 방법이다.

```python
questions = [
  "A ship's parts are replaced over time until no original parts remain.
Is it still the same ship? Why or why not?", # 테세우스의 배 역설
  "If someone lived their whole life chained in a cave seeing only
shadows, how would they react if freed and shown the real world?", #
Plato's Allegory of the Cave
  "Is something good because it is natural, or bad because it is
unnatural? Why can this be a faulty argument?", # Appeal to Nature
Fallacy
  "If a coin is flipped 8 times and lands on heads each time, what
are the odds it will be tails next flip? Explain your reasoning.", #
Gambler's Fallacy
  "Present two choices as the only options when others exist. Is the
statement \"You're either with us or against us\" an example of false
dilemma? Why?", # False Dilemma
  "Do people tend to develop a preference for things simply because they
are familiar with them? Does this impact reasoning?", # Mere Exposure
Effect
  "Is it surprising that the universe is suitable for intelligent life
since if it weren't, no one would be around to observe it?", # Anthropic
Principle
  "If Theseus' ship is restored by replacing each plank, is it still the
same ship? What is identity based on?", # Theseus' Paradox
  "Does doing one thing really mean that a chain of increasingly
negative events will follow? Why is this a problematic argument?", #
Slippery Slope Fallacy
  "Is a claim true because it hasn't been proven false? Why could this
impede reasoning?", # Appeal to Ignorance
]
shared_dataset_name = "Reasoning and Bias"
ds = client.create_dataset(
  dataset_name=shared_dataset_name, description="A few reasoning and
cognitive bias questions",
```

```
    )
    for q in questions:
        client.create_example(inputs={"input": q}, dataset_id=ds.id)
```

그런 뒤 다음과 같이 데이터셋에 LLM 에이전트 또는 체인을 정의할 수 있다.

```
from langchain.chat_models import ChatOpenAI
from langchain.chains import LLMChain
llm = ChatOpenAI(model="gpt-4", temperature=0.0)
def construct_chain():
    return LLMChain.from_string(
        llm,
        template="Help out as best you can.\nQuestion: {input}\nResponse:
",
    )
```

데이터셋에서 평가를 실행하려면 LLM을 지정하거나 병렬성을 위해 각 입력에 대해 모델 또는 LLM 앱을 초기화하는 생성자 함수를 사용할 수 있다. 이제 데이터셋에 대한 성능을 평가하려면 이전 절에서 본 대로 평가자를 정의해야 한다.

```
from langchain.smith import RunEvalConfig
evaluation_config = RunEvalConfig(
    evaluators=[
        RunEvalConfig.Criteria({"helpfulness": "Is the response
helpful?"}),
        RunEvalConfig.Criteria({"insightful": "Is the response carefully
thought out?"})
    ]
)
```

앞서 본 것처럼 기준은 기준을 키로 포함하고 값을 확인할 질문으로 포함하는 사전에 의해 정의된다. 여기서는 run_on_dataset()에 데이터셋과 평가자를 포함한 평가 구성을 함께 전달해 측도와 피드백을 생성할 것이다.

```
from langchain.smith import run_on_dataset
```

```
results = run_on_dataset(
    client=client,
    dataset_name=shared_dataset_name,
    dataset=dataset,
    llm_or_chain_factory=construct_chain,
    evaluation=evaluation_config
)
```

마찬가지로 데이터셋과 평가자를 run_on_dataset()에 전달해 메트릭과 피드백을 비동기적으로 생성할 수 있다.

LangSmith UI에서 평가자의 피드백을 확인해 개선할 부분을 식별할 수 있다.

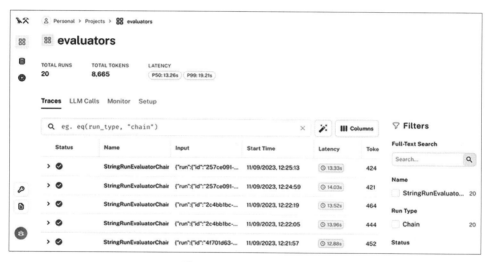

그림 9.2 LangSmith에서의 평가자

이러한 평가 중 어떤 것이든 클릭해 세부 정보를 확인할 수 있다. 예를 들어 신중한 사고 평가자에 대한 경우, LLM의 원래 답변을 포함한 다음의 프롬프트를 얻게 된다.

```
You are assessing a submitted answer on a given task or input based on a
set of criteria. Here is the data:
[BEGIN DATA]
*
[Input]: Is something good because it is natural, or bad because it is
```

unnatural? Why can this be a faulty argument?
*
[Submission]: The argument that something is good because it is natural, or bad because it is unnatural, is often referred to as the "appeal to nature" fallacy. This argument is faulty because it assumes that what is natural is automatically good or beneficial, and what is unnatural is automatically bad or harmful. However, this is not always the case. For example,
many natural substances can be harmful or deadly, such as certain plants or animals. Conversely, many unnatural things, such as modern medicine or technology, can greatly benefit our lives. Therefore, whether something is natural or unnatural is not a reliable indicator of its value or harm.
*
[Criteria]: insightful: Is the response carefully thought out?
*
[END DATA]
Does the submission meet the Criteria? First, write out in a step by step manner your reasoning about each criterion to be sure that your conclusion is correct. Avoid simply stating the correct answers at the outset. Then print only the single character "Y" or "N" (without quotes or punctuation) on its own line corresponding to the correct answer of whether the submission meets all criteria. At the end, repeat just the letter again by itself on a new line.

다음 평가를 얻는다.

The criterion is whether the response is insightful and carefully thought out.

The submission provides a clear and concise explanation of the "appeal to nature" fallacy, demonstrating an understanding of the concept. It also provides examples to illustrate why this argument can be faulty, showing that the respondent has thought about the question in depth. The response is not just a simple yes or no, but a detailed explanation that shows careful consideration of the question.

Therefore, the submission does meet the criterion of being insightful and carefully thought out.

몇 가지 유형의 문제에 대한 성능을 향상시키는 한 가지 방법은 퓨샷 프롬프팅을 사용하는 것이다. LangSmith는 또한 이를 도와줄 수 있다. 이에 관한 더 많은 예제는 Lang Smith 문서에서 찾을 수 있다.

LangSmith의 새로운 기능 중 하나인 데이터 주석 대기열에 대해서는 논의하지 않았다. 이 기능은 프로토타이핑 이후에 나타나는 중요한 공백을 해결한다. 각 로그는 오류와 같은 속성으로 필터링돼 문제가 있는 경우에 중점을 둘 수 있으며 또는 수동으로 검토돼 레이블이나 피드백과 함께 주석을 달 수 있다. 필요에 따라 편집된 로그는 모델을 미세 조정하는 데 사용될 수 있는 데이터셋에 추가될 수 있다.

이로써 평가 주제를 마무리한다. 이제 에이전트를 평가했고 성능에 만족하며 배포하기로 결정했다고 가정해보자! 다음에는 무엇을 해야 할까?

⁝⁝ LLM 앱을 배포하는 방법

전반적으로 LLM 사용이 증가하는 것을 고려할 때, 모델과 앱을 효과적으로 제품화 환경에 배포하는 방법을 이해하는 일은 중요하다. 배포 서비스와 프레임워크는 기술적인 난관을 극복하는 데 도움이 될 수 있다. 생성형 AI를 사용한 LLM 앱이나 애플리케이션을 프로덕션 환경에 적용하는 다양한 방법이 있다.

제품화를 위한 배포는 다양한 측면을 포함하는 생성형 AI 생태계에 대한 연구와 지식을 필요로 한다. 이는 다음과 같은 여러 측면을 포함한다.

- **모델 및 LLM-as-a-Service**: LLM 및 다른 모델은 직접 운영on-premises으로 실행되거나 공급업체가 제공하는 인프라에서 API로 제공된다.

- **추론 휴리스틱**: RAG, ToT 및 기타 휴리스틱 방법론이 포함된다.

- **벡터 데이터베이스**: 프롬프트에 대한 맥락적으로 관련 정보를 검색하는 데 도움이 되는 데이터베이스가 포함된다.

- **프롬프트 공학 도구**: 고가의 세밀한 조정이나 민감한 데이터 없이 맥락에서 학습을 용이하게 하는 도구가 여기에 속한다.

- **사전 훈련 및 미세 조정**: 특정 작업이나 도메인에 특화된 모델을 위한 사전 훈련 및 미세 조정이 포함된다.

- **프롬프트 로깅, 테스트 및 분석**: LLM의 성능을 이해하고 향상시키기 위한 욕망에서 영감을 받아 나타난 신생 분야다.

- **사용자 정의 LLM 스택**: LLM을 기반으로 한 솔루션을 형성하고 배포하기 위한 도구 집합이 포함된다.

1장과 3장에서는 모델을 다뤘다. 4장과 7장에서는 추론 휴리스틱을 다뤘다. 5장에서는 벡터 데이터베이스를 그리고 8장에서는 프롬프트 및 미세 조정을 알아봤다. 9장에서는 로깅, 모니터링 그리고 배포를 위한 사용자 정의 도구에 중점을 둘 것이다.

LLM은 주로 외부 LLM 제공업체 또는 자체 호스팅된 모델을 사용해 활용된다. 외부 제공업체의 경우 OpenAI나 Anthropic과 같은 기업이 계산 부담을 감당하며, LangChain은 비즈니스 로직 구현을 지원한다. 그러나 오픈 소스 LLM을 자체 호스팅하면 비용, 대기 시간 그리고 개인정보보호에 대한 우려를 크게 감소시킬 수 있다.

인프라를 가진 일부 도구는 전체 패키지를 제공한다. 예를 들어 Chainlit을 사용해 LangChain 에이전트를 배포하고 ChatGPT와 유사한 UI를 생성할 수 있다. 주요 기능으로는 중간 단계 시각화, 요소 관리 및 표시(이미지, 텍스트, 캐러셀 등) 그리고 클라우드 배포가 있다. BentoML은 ML 애플리케이션을 컨테이너화해 OpenAPI 및 gRPC 엔드포인트를 자동으로 생성해 독립적으로 실행 및 확장할 수 있는 마이크로서비스로 사용할 수 있는 프레임워크다.

또한 LangChain을 다양한 클라우드 서비스 엔드포인트에 배포할 수 있다. 예를 들어 애저 ML 온라인 엔드포인트와 같은 것이 있다. Steamship을 사용하면 LangChain 개발자는 앱을 신속하게 배포할 수 있으며, 제품화에 준비된 엔드포인트, 의존성 간의 수

평 스케일링, 앱 상태의 지속적인 저장 그리고 멀티테넌시multi-tenancy[1] 지원과 같은 기능이 있다.

LangChain을 관리하는 회사인 LangChain AI는 FastAPI와 Pydantic을 기반으로 한 새로운 라이브러리인 LangServe를 개발 중이다. 이는 문서 작성과 배포를 간소화한다. 배포는 GCP의 Cloud Run과 Replit과 같은 플랫폼과의 통합을 통해 더욱 용이하게 이뤄지며, 기존 깃허브 저장소에서 빠르게 복제할 수 있다. 다른 플랫폼에 대한 추가적인 배포 지침은 사용자 입력을 기반으로 곧 제공될 것이다.

다음 표는 LLM 애플리케이션을 배포하는 데 사용할 수 있는 서비스 및 프레임워크를 요약한 것이다.

표 9.1 LLM 앱을 배포하는 데 사용되는 서비스 및 프레임워크

이름	설명	형식
Streamlit	웹 앱을 개발하고 배포하기 위한 오픈 소스 파이썬 프레임워크	프레임워크
Gradio	모델을 인터페이스에 감싸고 Hugging Face에서 호스팅할 수 있게 해준다.	프레임워크
Chainlit	대화형 ChatGPT와 유사한 앱을 개발하고 배포	프레임워크
Apache Beam	데이터 처리 워크플로우를 정의하고 조율하는 도구	프레임워크
Vercel	웹 앱을 배포하고 확장하는 플랫폼	클라우드 서비스
FastAPI	API를 구축하기 위한 파이썬 웹 프레임워크	프레임워크
Fly.io	자동 스케일링 및 글로벌 CDN을 제공하는 앱 호스팅 플랫폼	클라우드 서비스
DigitalOcean App Platform	앱을 개발하고 배포하며 확장하는 플랫폼	클라우드 서비스
Google Cloud	Cloud Run과 같은 서비스를 사용해 컨테이너화된 앱을 호스팅하고 확장	클라우드 서비스
Steamship	모델을 배포하고 확장하는 데 사용되는 ML 인프라 플랫폼	클라우드 서비스

---

1 사용자가 웹을 통해 단일 데이터베이스 안의 정보를 관리하고 공유할 수 있게 해주는 기술을 말한다. – 옮긴이

이름	설명	형식
Langchain-Serve	LangChain 에이전트를 웹 API로 제공하는 도구	프레임워크
BentoML	모델 서빙, 패키징 및 배포를 위한 프레임워크	프레임워크
OpenLLM	상업용 LLM에 대한 오픈 API 제공	클라우드 서비스
Databutton	모델 워크플로우를 구축하고 배포하기 위한 노코드 플랫폼	프레임워크
애저 ML	애저에서 모델용으로 관리되는 MLOps 서비스	클라우드 서비스
LangServe	FastAPI를 기반으로 하지만 LLM 앱 배포에 특화된 도구	프레임워크

이 모든 도구는 다양한 사용 사례에 대해 잘 문서화돼 있으며, 종종 LLM을 직접 참조한다. 이미 Streamlit 및 Gradio와 같은 예제를 보여줬으며 이를 Hugging Face Hub에 배포하는 방법을 논의했다.

LLM 응용을 실행하기 위한 몇 가지 주요 요구 사항이 있다.

- 계산 집약적인 모델 및 잠재적인 트래픽 증가를 처리할 수 있는 확장 가능한 인프라

- 실시간으로 모델 출력을 제공하기 위한 낮은 대기 시간

- 긴 대화 및 앱 상태를 관리하기 위한 지속적인 저장

- 최종 사용자 애플리케이션으로의 통합을 위한 API

- 측도 및 모델 동작을 추적하기 위한 모니터링 및 로깅

대규모 사용자 상호 작용과 LLM 서비스와 관련된 높은 비용으로 인해 비용 효율성을 유지하는 일은 힘들 수 있다. 효율성을 관리하기 위한 전략에는 모델을 자체 호스팅하는 것, 트래픽에 기반한 자동 스케일링 자원 할당, 스팟 인스턴스spot instance 사용, 독립적인 스케일링 그리고 요청을 배치해 GPU 자원을 더 잘 활용하는 것이 포함된다.

도구와 인프라의 선택은 이러한 요구 사항 사이의 트레이드오프를 결정한다. 유연성과 편의성은 매우 중요하다. ML과 LLM 환경의 동적 성격 때문에 빠르게 반복할 수 있는

능력이 필수적이기 때문이다. 한 가지 솔루션에 묶이지 않도록 하는 것이 중요하다. 여러 모델을 수용하는 유연하고 확장 가능한 서빙serving 계층이 필수적이다. 모델 구성 및 클라우드 제공자의 선택은 이 유연성 방정식의 일부를 구성한다.

최대한의 유연성을 위해 인프라를 코드로 표현하는 도구IaC, Infrastructure as Code인 Terra form, CloudFormation, 또는 Kubernetes YAML 파일과 같은 도구를 사용하면 인프라를 신뢰성 있고 빠르게 재생성할 수 있다. 더욱이 지속적 통합 및 지속적 전달CI/CD 파이프라인을 활용해 테스트 및 배포 프로세스를 자동화해 오류를 줄이고 빠른 피드백과 반복을 촉진할 수 있다.

강력한 LLM 앱 서비스를 설계하는 것은 서빙 프레임워크를 평가할 때 트레이드오프와 중요한 고려 사항을 이해해야 하는 복잡한 작업일 수 있다. 이러한 솔루션 중 하나를 배포에 활용하면 개발자는 인프라보다는 중요한 AI 응용을 개발하는 데 중점을 둘 수 있다.

앞서 언급했듯이 LangChain은 Ray Serve, BentoML, OpenLLM, Modal, Jina과 같은 여러 오픈 소스 프로젝트 및 프레임워크와 원활하게 작동한다. 다음 절에서는 다양한 도구를 사용해 앱을 배포할 것이다. 먼저 FastAPI를 기반으로 한 채팅 서비스 웹 서버부터 시작하겠다.

FastAPI 웹서버

FastAPI는 웹 서버를 배포하는 데 있어 매우 인기 있는 선택지이다. 빠르고 사용하기 쉬우며 효율적으로 설계됐고 파이썬으로 API를 구축하기 위한 현대적이고 고성능의 웹 프레임워크다. Lanarky는 LLM 응용을 배포하기 위한 작은 오픈 소스 라이브러리로, Flask API 및 LLM 응용을 배포하기 위한 Gradio 주변의 편리한 래퍼를 제공한다. 이는 REST API 엔드포인트 및 브라우저 내 시각화를 동시에 얻을 수 있으며 몇 줄의 코드만으로도 가능하다.

REST API(Representational State Transfer Application Programming Interface)는 서로 다른 소 프트웨어 응용이 인터넷을 통해 통신할 수 있게 하는 규칙과 프로토콜의 집합이다. 이는 REST의 원 칙을 따르며, REST는 네트워크 응용을 디자인하기 위한 아키텍처 형식이다. REST API는 HTTP 메 소드(GET, POST, PUT, DELETE 등)를 사용해 자원에 대한 작업을 수행하며, 일반적으로 JSON 또 는 XML과 같은 표준 형식으로 데이터를 송수신한다.

라이브러리 문서에는 소스 체인을 사용한 검색형 QA, 대화형 검색 앱 및 제로샷 에이전 트를 포함한 여러 예제가 있다. 다른 예제를 따라 Lanarky를 사용해 챗봇 웹 서버를 구 현할 것이다. Lanarky를 사용해 LLM 모델과 설정을 사용해 ConversationChain 인스 턴스를 만들고 HTTP 요청을 처리하기 위한 라우트를 정의하는 웹 서버를 설정할 것 이다. 이 레시피의 전체 코드는 다음 깃허브(https://github.com/benman1/generative_ai_with_lang chain/tree/main/webserver)에서 확인할 수 있다.

먼저 웹 서버를 생성하기 위해 FastAPI 및 LLM 대화를 처리하기 위한 LangChain의 ConversationChain 및 ChatOpenAI를 포함한 필요한 종속성을 임포트할 것이다. 또한 몇 가지 필요한 모듈도 가져온다.

```python
from fastapi import FastAPI
from langchain import ConversationChain
from langchain.chat_models import ChatOpenAI

from lanarky import LangchainRouter
from starlette.requests import Request
from starlette.templating import Jinja2Templates
```

환경변수를 설정해야 함에 유의하라. 이는 3장에서 설명한 대로 수행해야 한다. 이를 위 해 많은 다른 예제에서 본 것처럼 설정 모듈에서 setup_environment() 메서드를 가져올 수 있다.

```python
from config import set_environment
set_environment()
```

350

이제 FastAPI 앱을 생성한다. 이는 LangChain 특정 요청을 처리하기 위해 Lanarky가 나중에 다룰 것을 제외하고 대부분의 라우팅을 처리할 것이다.

```
app = FastAPI()
```

ConversationChain의 인스턴스를 생성할 수 있다. LLM 모델과 해당 설정을 지정한다.

```
chain = ConversationChain(
    llm=ChatOpenAI(
        temperature=0,
        streaming=True,
    ),
    verbose=True,
)
```

templates 변수는 렌더링을 위한 템플릿이 위치한 디렉터리를 지정하는 Jinja2Templates 클래스로 설정된다. 이는 웹페이지가 표시되는 방식을 지정하며 다양한 사용자 정의를 허용한다.

```
templates = Jinja2Templates(directory="webserver/templates")
```

루트 경로(/)에서 HTTP GET 요청을 처리하는 엔드포인트는 FastAPI 데코레이터 @app. get을 사용해 정의된다. 이 엔드포인트와 관련된 함수는 index.html 템플릿을 렌더링하기 위한 템플릿 응답을 반환한다.

```
@app.get("/")
async def get(request: Request):
  return templates.TemplateResponse("index.html", {"request": request})
```

LangChainRouter 클래스로 router 객체를 생성한다. 이 객체는 ConversationChain 인스턴스와 관련된 경로를 정의하고 관리하는 역할을 한다. 이 라우터에는 WebSocket 요청과 함께 JSON 기반 채팅을 처리하기 위한 추가적인 경로를 보낼 수 있다.

```
langchain_router = LangchainRouter(
    langchain_url="/chat", langchain_object=chain, streaming_mode=1
)
langchain_router.add_langchain_api_route(
    "/chat_json", langchain_object=chain, streaming_mode=2
)
langchain_router.add_langchain_api_websocket_route("/ws", langchain_
object=chain)
app.include_router(langchain_router)
```

이제 응용은 라우터 내에서 정의된 특정 경로에 대한 요청을 처리하는 방법을 알고 있으며, 이를 적절한 함수 또는 핸들러로 전달해 처리한다.

여기서는 Uvicorn을 사용해 응용을 실행할 것이다. Uvicorn은 FastAPI와 Starlette와 같은 고성능, 비동기 프레임워크를 효과적으로 지원한다. 비동기적인 성격 덕분에 많은 동시 연결을 처리하고 중대한 부하에서도 잘 작동하는 능력으로 알려져 있다.

터미널에서 웹 서버를 다음과 같이 실행할 수 있다.

```
uvicorn webserver.chat:app -reload
```

이 명령은 웹 서버를 시작하며, 브라우저에서 다음 로컬 주소(http://127.0.0.1:8000)에서 확인할 수 있다.

--reload 스위치는 특히 편리하다. 이는 어떠한 변경이 있을 때 서버가 자동으로 다시 시작되도록 해준다.

다음은 방금 배포한 챗봇 응용의 스냅샷이다.

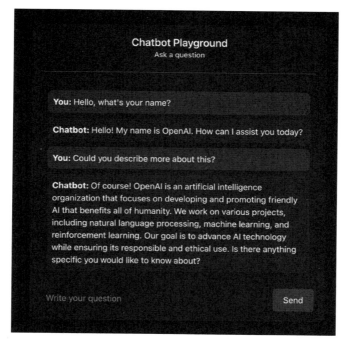

그림 9.3 Flask/Lanarky에서의 챗봇

투입한 노력에 비해 꽤 훌륭해 보인다. 또한 REST API, 웹 UI 및 WebSocket 인터페이스와 같은 몇 가지 멋진 기능도 함께 제공된다. Uvicorn 자체는 내장된 로드 밸런싱 기능을 제공하지 않지만, Nginx 또는 HAProxy와 같은 다른 도구 또는 기술과 함께 사용해 클라이언트 요청을 여러 워커 프로세스 또는 인스턴스로 분산시켜 배포 설정에서 로드 밸런싱을 달성할 수 있다. Uvicorn을 로드 밸런서와 함께 사용하면 대규모 트래픽양을 처리하고 클라이언트에 대한 응답 시간을 향상시키며 오류 허용성을 향상시키는 수평 스케일링이 가능해진다. 마지막으로 Lanarky는 Gradio와도 원활하게 작동하므로 몇 줄의 추가 코드로 이 웹 서버를 Gradio 앱으로 실행할 수 있다.

다음 절에서는 Ray를 사용해 견고하고 비용 효율적인 생성형 AI 애플리케이션을 구축하는 방법을 살펴볼 것이다. 여기서는 텍스트 처리를 위해 LangChain을 사용해 간단한 검색 엔진을 구축하고, 그 후에 Ray를 사용해 인덱싱 및 서빙을 확장할 것이다.

Ray

Ray는 복잡한 신경망의 복잡한 인프라적 까다로움에 대처하기 위한 유연한 프레임워크를 제공해 클러스터 전체에 걸쳐 생성형 AI 워크로드를 확장함으로써 제품 환경에서의 인프라 도전을 해결할 수 있다. Ray는 낮은 지연 시간 서빙, 분산 학습 및 대규모 배치 추론과 같은 일반적인 배포 요구 사항을 처리하는 데 도움을 준다. Ray는 요구에 따라 필요한 경우 온디맨드로 미세 조정을 쉽게 시작하거나 기존 워크로드를 한 대의 컴퓨터에서 여러 대로 확장할 수 있다. 그 기능은 다음과 같다.

- Ray Train을 사용해 GPU 클러스터 전체에 분산 학습 작업을 스케줄링

- Ray Serve를 사용해 낮은 지연 시간 서빙을 위해 규모 확장 가능한 사전 훈련된 모델을 배포

- Ray Data를 사용해 CPU 및 GPU 전체에서 대규모 배치 추론을 병렬로 실행

- 훈련, 배포 및 배치 처리를 결합한 종단간 생성형 AI 워크플로우 조율

LangChain과 Ray를 사용해 Waleed Kadous가 anyscale 블로그 및 깃허브의 `lang chain-ray` 저장소에서 구현한 예제를 따라 Ray 문서를 위한 간단한 검색 엔진을 구축할 것이다. 해당 예제는 다음 링크(https://www.anyscale.com/blog/llm-opensource-search-engine-langchain-ray)에서 찾을 수 있다.

이것은 5장의 레시피를 확장한 것으로 볼 수 있다. 또한 이를 FastAPI 서버로 실행하는 방법도 확인할 수 있다. 문맥 검색하에서의 이 레시피의 전체 코드는 다음 깃허브(https://github.com/benman1/generative_ai_with_langchain/tree/main/search_engine)에서 확인할 수 있다.

먼저 Ray 문서를 소화하고 인덱싱해 검색 쿼리에 대한 관련 텍스트를 빠르게 찾을 수 있도록 한다.

```
# LangChain 로더를 사용해 Ray Docs 로드
loader = RecursiveUrlLoader("docs.ray.io/en/master/")
docs = loader.load()
```

```
# docs를 LangChain splitter를 사용해 문장으로 분리
chunks = text_splitter.create_documents(
  [doc.page_content for doc in docs],
  metadatas=[doc.metadata for doc in docs])

# 트랜스포머를 사용해 문장을 벡터로 임베딩
embeddings = LocalHuggingFaceEmbeddings('multi-qa-mpnet-base-dot-v1')

# FAISS를 사용해 LangChain 통해 벡터 인덱싱
db = FAISS.from_documents(chunks, embeddings)
```

이는 문서를 수집해 청크로 분할하고 문장을 임베딩하고 벡터를 인덱싱해 검색 인덱스를 구축한다. 대신 임베딩 단계를 병렬화해 인덱싱을 가속화할 수도 있다.

```
# 샤드(shard) 처리 과제 정의
@ray.remote(num_gpus=1)
def process_shard(shard):
  embeddings = LocalHuggingFaceEmbeddings('multi-qa-mpnet-base-dot-v1')
  return FAISS.from_documents(shard, embeddings)

# 청크를 8개 샤드로 분할
shards = np.array_split(chunks, 8)

# Process shards in parallel
futures = [process_shard.remote(shard) for shard in shards]
results = ray.get(futures)

# 인덱스 샤드 병합
db = results[0]
for result in results[1:]:
  db.merge_from(result)
```

각 샤드에서 임베딩을 병렬로 실행함으로써 인덱싱 시간을 크게 줄일 수 있다.

데이터베이스 인덱스를 디스크에 저장한다.

```
db.save_local(FAISS_INDEX_PATH)
```

FAISS_INDEX_PATH는 임의의 파일 이름이다. 여기서는 faiss_index.db로 설정했다.

다음으로 Ray Serve를 사용해 검색 쿼리를 제공하는 방법을 살펴보자.

```python
# 인덱스와 임베딩을 로드
db = FAISS.load_local(FAISS_INDEX_PATH)
embedding = LocalHuggingFaceEmbeddings('multi-qa-mpnet-base-dot-v1')

@serve.deployment
class SearchDeployment:

    def __init__(self):
        self.db = db
        self.embedding = embedding

    def __call__(self, request):
        query_embed = self.embedding(request.query_params["query"])
        results = self.db.max_marginal_relevance_search(query_embed)
        return format_results(results)

deployment = SearchDeployment.bind()

# 서비스 시작
serve.run(deployment)
```

이렇게 하면 생성한 인덱스를 로드하고 검색 쿼리를 웹 엔드포인트로 제공할 수 있다!

이것을 serve_vector_store.py라는 파일로 저장하면 search_engine 디렉터리에서 다음 명령을 사용해 서버를 실행할 수 있다.

```
PYTHONPATH=../ python serve_vector_store.py
```

터미널에서 이 명령을 실행하면 다음 출력이 표시된다.

```
Started a local Ray instance.
View the dashboard at 127.0.0.1:8265
```

이 메시지는 대시보드의 URL을 보여주며, 브라우저에서 접근할 수 있다. 그러나 검색 서버는 로컬 호스트의 8080 포트에서 실행 중이다. 파이썬에서 이를 쿼리할 수 있다.

```python
import requests

query = "What are the different components of Ray"
  " and how can they help with large language models (LLMs)?"
response = requests.post("http://localhost:8000/", params={"query":
query})
print(response.text)
```

내 경우에는 서버가 다음 페이지(https://docs.ray.io/en/latest/rayoverview/use-cases.html)에서 Ray use cases 페이지를 가져온다.

정말 좋았던 것은 Ray 대시보드를 통한 모니터링이었는데, 이는 다음과 같다.

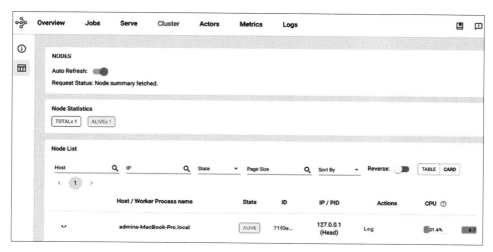

그림 9.4 Ray 대시보드

이 대시보드는 다양한 측도와 기타 정보를 제공해 매우 강력하다. 측도 수집은 무척 쉽다. 배포 객체나 액터 내에서 `Counter`, `Gauge`, `Histogram` 등의 유형의 변수를 설정하고 갱신하면 된다. 시계열 차트를 위해서는 Prometheus 또는 Grafana 서버가 설치돼 있어야 한다.

이 실용적인 가이드는 LangChain과 Ray를 사용해 로컬에 LLM 응용을 배포하는 주요 단계를 안내했다. 먼저 Ray 문서를 기반으로 문맥 검색 엔진을 구동하기 위해 문서를 수집하고 인덱싱했다. Ray의 분산 기능을 활용해 과도한 임베딩 작업을 병렬화해 인덱싱 시간을 가속화했다. 그런 다음 Ray Serve를 통해 검색 애플리케이션을 제공했는데, 이는 낮은 지연 시간으로 쿼리를 수행하기 위한 유연한 프레임워크를 제공한다. Ray 대시보드는 요청률, 대기 시간, 오류 등과 같은 메트릭에 대한 유용한 모니터링 통찰력을 제공했다.

깃허브의 전체 구현에서 볼 수 있듯이, 이것을 FastAPI 서버로도 실행할 수 있다. 이로써 LangChain과 Ray를 활용한 간단한 문맥 검색 엔진을 마무리한다.

모델과 LLM 응용이 더욱 정교하고 비즈니스 애플리케이션의 기반에 긴밀하게 얽혀들면, 생산 중에 대한 관측 및 모니터링은 정확성, 효율성 및 신뢰성을 보장하기 위해 필수적이다. 다음 절에서는 LLM 모니터링의 중요성에 중점을 두며 포괄적인 모니터링 전략을 위해 추적해야 할 주요 측도를 강조한다.

⁝⁝⊳ LLM 앱을 관찰하는 방법

실제 운영에 있어서의 동적인 성격은 오프라인 평가 중에 평가된 조건이 제품 시스템에서 LLM이 직면할 수 있는 모든 잠재적인 시나리오를 거의 다루지 못한다는 것을 의미한다. 이로 인해 제품화 환경에서는 연속적이고 실시간으로 이상 현상을 포착하는 관측이 필요하게 된다.

핵심 측도를 정기적으로 추적하기 위해 모니터링 도구를 구현해야 한다. 여기에는 사용자 활동, 응답 시간, 트래픽 양, 재정 지출, 모델 동작 패턴 및 앱 전반에 대한 만족도 등이 있다. 계속된 감시는 데이터 드리프트나 능력의 예상치 못한 감소와 같은 이상 현상을 초기에 감지할 수 있게 해준다.

감시는 모델이 실제 입력 데이터와 사용자와 상호 작용하는 동안의 행동 및 결과를 관찰할 수 있도록 한다. 이는 로깅, 추적, 추적 및 경고 메커니즘을 포함해 건강한 시스템 기능, 성능 최적화 및 모델 드리프트와 같은 문제를 조기에 파악하기 위한 것이다.

모니터링 및 관측observability의 주요 목표는 실시간 데이터를 통해 LLM 앱의 성능과 동작에 대한 통찰력을 제공하는 것이다. 이를 통해 다음과 같은 목적을 달성할 수 있다.

- **모델 드리프트 방지**: LLM 성능은 입력 데이터나 사용자 동작의 특성이 변경됨에 따라 시간이 지나면서 저하될 수 있다. 정기적인 모니터링을 통해 이러한 상황을 조기에 감지하고 정정 조치를 취할 수 있다.

- **성능 최적화**: 추론 시간, 자원 사용량, 처리량과 같은 측도를 추적함으로써 제품 환경에서 LLM 앱의 효율성과 효과성을 향상시킬 수 있다.

- **A/B 테스트**: 모델의 미세한 차이가 다른 결과를 초래할 수 있는지 비교해 모델 개선에 대한 의사 결정을 돕는다.

- **문제 디버깅**: 모니터링을 통해 런타임 중에 발생할 수 있는 예상치 못한 문제를 식별해 신속한 해결이 가능하다.

---

2   'Tracking'과 'Tracing'은 둘 다 통상 '추적'으로 번역된다. 책에서는 편의상 '관찰'과 '추적'으로 구분하지만, 둘 다 추적으로 생각해도 무방하다. 관찰은 '기록'에 조금 더 가까운 개념이다. – 옮긴이

- **환각 방지**: 응답의 사실적인 정확성, RAG를 사용하는 경우 검색된 컨텍스트의 품질 그리고 문맥 사용의 효과적인 정도를 보장하고자 한다.

- **적절한 동작 보장**: 응답은 관련성 있고 완전하며 도움이 되며 해롭지 않아야 하며 필요한 형식을 준수하고 사용자의 의도를 따라야 한다.

모니터링 방법이 다양하기 때문에 모니터링 전략을 수립하는 것이 중요하다. 전략을 수립할 때 고려해야 할 몇 가지 사항은 다음과 같다.

- **모니터링할 측도**: 원하는 모델 성능을 기반으로 예측 정확도, 대기 시간, 처리량 등과 같은 주요 측도를 정의한다.

- **모니터링 주기**: 모니터링 주기는 모델이 운영에 얼마나 중요한지에 따라 결정돼야 한다. 매우 중요한 모델은 거의 실시간 모니터링이 필요할 수 있다.

- **로그 기록**: 로그는 LLM이 수행한 모든 관련 작업에 대한 종합적인 세부 정보를 제공해야 한다. 이를 통해 분석가가 이상 현상을 추적할 수 있다.

- **경보 메커니즘**: 시스템은 이상 행동이나 급격한 성능 하락을 감지하면 경보를 발생시켜야 한다.

제품화 환경에서 LLM과 LLM 앱을 모니터링하는 것은 모델 성능 평가, 이상 현상 또는 문제 감지, 자원 활용 최적화, 일관되고 고품질의 결과 보장과 같은 여러 목적을 제공한다. 유효성 검사, 그림자 배포shadow launches[3], 해석과 함께 안정적인 오프라인 평가를 통해 LLM 앱의 행동과 성능을 지속적으로 평가함으로써 조직은 잠재적인 위험을 식별하고 완화하며 사용자 신뢰를 유지하고 최적의 경험을 제공할 수 있다.

LLM과 LLM 응용을 모니터링할 때, 조직은 성능 및 사용자 경험의 다양한 측면을 평가하기 위해 다양한 측도를 활용할 수 있다. 핵심 측도인 어조, 유해성 및 무해함 외에도

---

3 새로운 기능이나 업데이트를 본격적으로 프로덕션 환경에 배포하기 전에 특정 부분의 사용자 또는 트래픽을 대상으로 실험적으로 테스트하는 것을 의미한다. – 옮긴이

더 넓은 평가 영역을 포함하는 확장된 목록은 다음과 같다.

- **추론 대기 시간**: LLM 앱이 요청을 처리하고 응답을 생성하는 데 걸리는 시간을 측정한다. 낮은 대기 시간은 더 빠르고 응답성 있는 사용자 경험을 보장한다.

- **초당 쿼리**^{QPS, Query per Second}: LLM이 특정 시간 동안 처리할 수 있는 쿼리 또는 요청의 수를 계산한다. QPS를 모니터링하면 확장성과 용량 계획을 평가하는 데 도움이 된다.

- **초당 토큰**^{TPS, Token per Second}: LLM 앱이 토큰을 생성하는 속도를 추적한다. TPS 측도는 계산 자원 요구 사항을 추정하고 모델의 효율성을 이해하는 데 유용하다.

- **토큰 사용**: 토큰 수는 하드웨어 활용, 대기 시간 및 비용과 관련된 자원 사용과 상관관계가 있다.

- **오류율**: LLM 앱 응답에서 오류 또는 실패의 발생을 모니터링해 출력의 품질을 유지하기 위해 오류 비율을 허용 가능한 한도 내로 유지한다.

- **자원 활용**: 계산 자원의 소비를 측정해 비용을 절감하고 병목 현상을 피하기 위한 CPU, 메모리 및 GPU와 같은 자원의 사용을 추적한다.

- **모델 드리프트**: 시간이 지남에 따라 LLM 앱 동작의 변경을 감지하고 출력을 기준 또는 실제 결과와 비교해 모델이 정확하고 예상된 결과와 일치하는지 확인한다.

- **분포 범위 이탈 입력**: LLM의 훈련 데이터의 의도된 분포를 벗어나는 입력이나 쿼리를 식별해 예상치 못한 또는 신뢰할 수 없는 응답을 일으킬 수 있는 경우를 파악한다.

- **사용자 피드백 메트릭**: 사용자 만족도에 대한 통찰력을 얻고 개선할 수 있는 영역을 식별하며 LLM 앱의 효과를 검증하기 위해 사용자 피드백 채널을 모니터링한다.

- **사용자 참여**: 사용자가 앱과 상호 작용하는 방법을 추적할 수 있다. 예를 들어 세션의 빈도 및 지속 기간 또는 특정 기능의 사용 등이 있다.

- **도구/검색 사용**: 검색 및 도구가 사용된 인스턴스를 분해한다.

이것은 일부 선택된 항목일 뿐이며, 이 목록은 사이트 신뢰성 공학^{SRE, Site Reliability Engineering}의 작업 성능이나 LLM 앱의 동작과 관련된 다양한 측도로 쉽게 확장될 수 있다. 데이터 과학자와 ML 공학자는 LIME과 SHAP와 같은 모델 해석 도구를 사용해 퇴화, 부정확한 학습 및 편향을 확인해야 한다. 가장 예측력 있는 특성이 갑자기 변하는 것은 데이터 누수^{leak}를 나타낼 수 있다.

AUC와 같은 오프라인 측도는 항상 전환율에 대한 온라인 영향과 상관관계가 있는 것은 아니므로, 비즈니스에 관련된 온라인 이익으로 전환될 수 있는 신뢰할 수 있는 오프라인 측도를 찾는 것이 중요하다. 이상적으로는 시스템이 직접 영향을 미치는 클릭과 구매와 같은 직접적인 측도여야 한다. 효과적인 모니터링은 LLM의 성공적인 배포와 활용을 가능케 하며, 그 능력에 대한 신뢰를 증진시키고 사용자 신뢰를 촉진한다. 그러나 클라우드 서비스 플랫폼에 의존할 때 서비스 제공자의 개인정보 및 데이터 보호 정책을 고려해야 한다.

이 절의 레시피에 대한 전체 코드는 이 책의 깃허브 저장소의 monitoring_and_evaluation 디렉터리에서 확인할 수 있다. 다음 절에서는 관찰성에 대한 여정을 시작하며 에이전트의 궤적을 모니터링한다.

관찰 반응

이 문맥에서의 "관찰^{tracking}"은 응답의 전체 출처를 기록하는 것을 나타내며, 여기에는 도구, 검색, 포함된 데이터 그리고 출력 생성에 사용된 LLM 등이 있다. 이것은 감사 및 응답 재현성에 중요하다. 이 절에서 "관찰"과 "추적^{tracing}"이라는 용어를 교차로 사용할 것이다.

NOTE

"관찰"은 일반적으로 애플리케이션이나 시스템 내에서 특정 작업이나 일련의 작업에 대한 정보를 기록하고 관리하는 프로세스를 나타낸다. 예를 들어 ML 애플리케이션이나 프로젝트에서 "관찰"은 여러 실험 또는 실행 간에 매개변수, 초매개변수, 측도와 결과를 기록하는 것 등이 있다. 이는 시간 경과에 따른 진행과 변경 사항을 문서화하는 방법을 제공한다.

"추적"은 "관찰"의 더 특화된 형태다. 이는 소프트웨어/시스템을 통한 실행 흐름을 기록하는 것을 포함한다. 특히 단일 트랜잭션이 여러 서비스에 걸칠 수 있는 분산 시스템에서, "추적"은 감사 또는 경로의 세부 정보를 유지하는 데 도움이 되며 이는 시스템을 통한 해당 요청 경로에 대한 자세한 정보 소스를 제공한다. 이러한 입체적인 관점(view)은 개발자가 다양한 마이크로서비스 간의 상호 작용을 이해하고 지연 또는 실패와 같은 문제를 해결하기 위해 정확한 위치를 확인해 식별할 수 있게 한다.

에이전트의 궤적을 관찰하는 것은 그들의 다양한 행동과 생성 능력 때문에 힘들 수 있다. LangChain에는 궤적 관찰과 평가 기능이 함께 제공되므로 LangChain을 통해 에이전트의 흔적을 보는 것은 정말 쉽다! 에이전트나 LLM을 초기화할 때 return_intermediate_steps 매개변수를 True로 설정하기만 하면 된다.

도구를 함수로 정의해보자. 도구의 설명에 함수 설명서docstring를 재사용하면 편리하다. 이 도구는 먼저 웹 사이트 주소로 핑ping을 보내고 전송된 패킷 및 지연 시간 또는 (오류가 발생한 경우) 오류 메시지에 대한 정보를 반환한다.

```python
import subprocess
from urllib.parse import urlparse
from pydantic import HttpUrl
from langchain.tools import StructuredTool

def ping(url: HttpUrl, return_error: bool) -> str:
    """ URL에 핑을 보낸다. URL에는 반드시 "https://"가 포함돼야 한다."""
    hostname = urlparse(str(url)).netloc
    completed_process = subprocess.run(
    ["ping", "-c", "1", hostname], capture_output=True, text=True
    )
    output = completed_process.stdout
    if return_error and completed_process.returncode != 0:
      return completed_process.stderr
    return output

    ping_tool = StructuredTool.from_function(ping)
```

이제 이 도구를 사용하는 LLM과 함께 호출을 수행하는 에이전트를 설정한다.

```
from langchain.chat_models import ChatOpenAI
from langchain.agents import initialize_agent, AgentType

llm = ChatOpenAI(model="gpt-3.5-turbo-0613", temperature=0)
agent = initialize_agent(
  llm=llm,
  tools=[ping_tool],
  agent=AgentType.OPENAI_MULTI_FUNCTIONS,
  return_intermediate_steps=True, # 중요!
)
result = agent("What's the latency like for https://langchain.com?")
```

에이전트 리포트는 다음과 같다.

```
The latency for https://langchain.com is 13.773 ms
```

results["intermediate_steps"]로부터 에이전트의 동작에 관한 많은 정보를 확인할 수 있다.

```
[(_FunctionsAgentAction(tool='ping', tool_input={'url': 'https://
langchain.com', 'return_error': False}, log="\nInvoking: `ping` with
`{'url': 'https://langchain.com', 'return_error': False}`\n\n\n", message_
log=[AIMessage(content='', additional_kwargs={'function_call': {'name':
'tool_selection', 'arguments': '{\n "actions": [\n {\n "action_
name": "ping",\n "action": {\n "url": "https://langchain.
com",\n "return_error": false\n }\n }\n ]\n}'}},
example=False)]), 'PING langchain.com (35.71.142.77): 56 data bytes\
n64 bytes from 35.71.142.77: icmp_seq=0 ttl=249 time=13.773 ms\
n\n--- langchain.com ping statistics ---\n1 packets transmitted, 1
packets received, 0.0% packet loss\nround-trip min/avg/max/stddev =
13.773/13.773/13.773/0.000 ms\n')]
```

시스템 내부를 드러내고 문제 식별 및 최적화 노력을 지원함으로써 이러한 종류의 추적 및 평가는 매우 유용할 수 있다.

LangChain 문서는 궁극적으로 매우 강력한 것으로 작용할 수 있는 OpenAI 함수 에이전트의 동작 및 응답을 생성하고 평가하는 추적 평가기를 사용하는 방법을 보여준다.

LangChain을 넘어서 관측성을 위해 무엇이 있는지 살펴보자!

관측성 도구

LangChain이나 콜백을 통해 사용 가능한 많은 도구가 있다.

- **Argilla**: 사용자 피드백(휴먼 인 더 루프human-in-the-loop 워크플로우)을 프롬프트와 응답과 통합해 데이터셋을 미세 조정하기 위한 오픈 소스 데이터 큐레이션 플랫폼이다.

- **Portkey**: LangChain에 모니터링된 세부 측도, 추적 체인, 캐싱 및 자동 재시도를 통한 신뢰성과 같은 필수적인 MLOps 기능을 추가한다.

- **Comet.ml**: 실험 추적, 모델 비교 및 AI 프로젝트 최적화를 위한 강력한 MLOps 기능을 제공한다.

- **LLMonitor**: 다양한 측도를 추적하며 비용 및 사용 분석(사용자 추적), 추적 및 평가 도구(오픈 소스)를 제공한다.

- **DeepEval**: 기본 측도인 관련성, 편향, 독성을 기록한다. 또한 모델 드리프트 또는 저하를 테스트하고 모니터링하는 데 도움이 될 수 있다.

- **Aim**: ML 모델을 위한 오픈 소스 시각화와 디버깅 플랫폼이다. 입력, 출력 및 구성 요소의 직렬 상태를 기록해 개별 LangChain 실행을 시각적으로 검사하고 여러 실행을 옆에 비교할 수 있다.

- **Argilla**: ML 실험 전체에서 훈련 데이터, 검증 정확도, 매개변수 등을 추적하는 오픈 소스 플랫폼이다.

- **Splunk**: Splunk의 Machine Learning Toolkit은 제품화된 ML 모델에 대한 관측을 제공할 수 있다.

- **ClearML**: 연구에서 제품화로 매끄럽게 이동하기 위한 훈련 파이프라인을 자동화하는 오픈 소스 도구다.

- **IBM Watson OpenScale**: 빠른 문제 식별 및 해결을 통해 AI 건강에 대한 통찰력을 제공해 위험을 완화하는 플랫폼이다.

- **DataRobot MLOps**: 성능에 영향을 미치기 전에 모델을 모니터하고 관리한다.

- **Datadog APM 통합**: 이 통합을 사용하면 LangChain 요청, 매개변수, 프롬프트 완료를 포착하고 LangChain 작업을 시각화 할 수 있다. 또한 요청 지연, 오류 및 토큰/비용 사용과 같은 측도를 포착할 수 있다.

- **W&B**^{Weights and Biases} **추적**: 이미 W&B를 사용해 미세 조정 수렴을 모니터하는 예제를 보여줬지만, 다른 측도를 추적하고 프롬프트를 기록하고 비교하는 데도 사용할 수 있다.

- **Langfuse**: 이 오픈 소스 도구를 사용하면 LangChain 에이전트 및 도구의 지연, 비용 및 점수에 대한 자세한 정보를 추적할 수 있다.

- **LangKit**: 프롬프트 및 응답에서 신호를 추출해 안전 및 보안을 보장한다. 현재 텍스트 품질, 관련 측도 외 감정 분석에 중점을 둔다.

다양한 성숙 단계에 있는 더 많은 도구가 있다. 예를 들어 AgentOps SDK는 견고하고 신뢰할 수있는 AI 에이전트를 평가하고 개발하기 위한 도구 킷에 대한 인터페이스를 제공하는 것을 목표로 하지만 아직 비공개 알파^{closed alpha} 단계에 있다.

이러한 대부분의 통합은 LLM 파이프라인에 쉽게 통합할 수 있다. 예를 들어 W&B의 경우, `LANGCHAIN_WANDB_TRACING` 환경변수를 True로 설정해 추적을 활성화할 수 있다. 혹은 `wandb_tracing_enabled()`와 함께 사용해 특정 코드 블록을 추적할 수 있다. Lang fuse의 경우, `langfuse.callback.CallbackHandler()`를 `chain.run()` 호출에 인수로 전달할 수 있다.

이러한 도구 중 일부는 오픈 소스이며, 이러한 플랫폼은 개인 정보가 중요한 사용례에 대해 완전한 사용자 정의와 직접 운영^{on-premises} 배포를 허용한다. 예를 들어 Langfuse는 오픈 소스이며 자체 호스팅 옵션을 제공한다. 사용자의 요구에 가장 적합한 옵션을 선택하고 LangChain 문서에서 제공하는 지침에 따라 에이전트에 대한 추적을 활성화하라. 최근 출시된 플랫폼이지만 이미 에이전트 실행의 궤적을 볼 수 있고, 루프와 지연 문제를 감지하는 데 도움이 된다. 개선 사항을 논의하기 위해 공동 작업자와 궤적과 통계를 공유할 수 있다.

이제 LangChain의 동반 프로젝트인 LangSmith를 살펴보자!

LangSmith

LangSmith는 LangChain의 기업인 LangChain AI에서 개발 및 유지 관리하는 LLM 응용을 디버깅, 테스트, 평가 및 모니터링하는 프레임워크다. LangSmith는 MLOps 프로세스의 여러 측면을 다루는 기능을 제공해 특히 LLM을 위한 효과적인 도구로 작동한다. 이는 개발자들이 디버깅, 모니터링 및 최적화를 위한 기능을 제공함으로써 LLM 응용을 프로토타입에서 제품 생산까지 이동할 수 있도록 도와줄 수 있다.

LangSmith를 사용하면 다음과 같은 작업을 수행할 수 있다.

- LangChain 에이전트, 체인 및 기타 구성 요소의 실행 추적 기록

- 모델 성능을 평가하기 위한 데이터셋 생성

- 모델을 평가하는 데 도움이 되는 AI 지원 평가 구성

- LLM을 반복하고 개선하기 위한 측도, 시각화 및 피드백 확인

LangSmith 웹 인터페이스에서는 모니터링 대시보드에서 볼 수 있는 것처럼 지연 시간, 하드웨어 효율성 및 비용을 최적화하는 데 유용한 통계의 다양한 그래프를 얻을 수 있다.

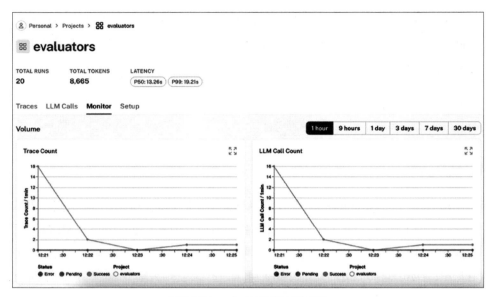

그림 9.5 LangSmith에서의 평가 지표

모니터링 대시보드에는 다음과 같은 그래프가 포함돼 있으며, 이를 다양한 시간 간격으로 분석할 수 있다.

표 9.2 LangSmith에서의 통계량

통계량	범주
추적 횟수, LLM 호출 횟수, 추적 성공률, LLM 호출 성공률	볼륨
추적 지연 시간(초), LLM 지연 시간(초), 추적당 LLM 호출 수, 토큰/초	지연 시간
총 토큰, 추적당 토큰, LLM 호출당 토큰	토큰
%추적 w/스트리밍, %LLM 호출 /w 스트리밍, 추적 첫 토큰까지 시간(ms), LLM 첫 토큰까지 시간(ms)	스트리밍

다음은 LangSmith에서 제공하는 추적 예제다. 이는 LLM 앱을 평가하는 절에서 본 벤치마크 데이터셋 실행에 관한 내용이다.

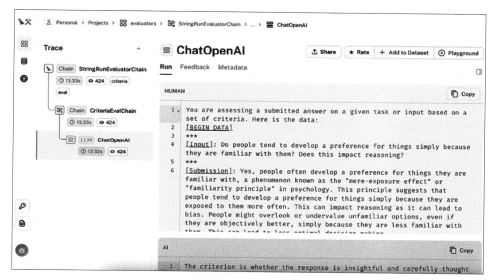

그림 9.6 LangSmith에서의 추적

플랫폼 자체는 오픈 소스가 아니지만 LangSmith와 LangChain을 개발한 LangChain AI는 개인 정보에 관심이 있는 기관을 위한 자체 호스팅 지원을 제공한다. 그러나 Langfuse, Weights and Biases, Datadog APM, Portkey 및 PromptWatch와 같은 몇 가지 대안이 있으며 일부 기능이 중복된다. 여기에서는 LangSmith를 중점적으로 다룰 것이다. 이는 평가와 모니터링을 위한 다양한 기능을 갖추고 있으며 LangChain과 통합돼 있기 때문이다.

다음 절에서는 제품화 환경에서 LLM의 프롬프트 추적에 PromptWatch를 활용하는 방법을 시연할 것이다.

PromptWatch

PromptWatch는 상호 작용 중에 응답 캐싱, 체인 실행, 프롬프팅 및 생성된 출력에 대한 정보를 기록한다. 추적 및 모니터링은 디버깅 및 감사 트레일을 보장하는 데 매우 유용할 수 있다. PromptWatch.io를 사용하면 LLM 체인, 작업, 검색된 문서, 입력, 출력, 실행 시간, 도구 세부 정보 등을 추적해 시스템 전반에 대한 완전한 투명성을 얻을 수 있다.

PromptWatch.io에 온라인으로 가입하고 API 키를 얻어보라. 이 키는 계정 설정에서 찾을 수 있다.

입력을 처리해보자.

```
from langchain import LLMChain, OpenAI, PromptTemplate
from promptwatch import PromptWatch
```

3장에서 설명한 대로, 모든 API 키를 set_environment() 함수 내에서 환경변수로 설정했다. 나의 추천을 따랐다면 다음과 같은 코드를 사용할 수 있을 것이다.

```
from config import set_environment
set_environment()
```

그렇지 않은 경우 원하는 방식으로 환경변수를 설정하라. 그런 다음 프롬프트와 체인을 설정해야 한다.

```
prompt_template = PromptTemplate.from_template("Finish this sentence
{input}")
my_chain = LLMChain(llm=OpenAI(), prompt=prompt_template)
```

PromptTemplate 클래스를 사용해 프롬프트 템플릿이 한 가지 변수, 'input'으로 설정돼 있으며 사용자 입력이 프롬프트 내에 어디에 배치돼야 하는지 나타낸다.

LLMChain이 입력 프롬프트로 호출되는 PromptWatch 블록을 만들 수 있다.

```
with PromptWatch() as pw:
  my_chain("The quick brown fox jumped over")
```

이것은 모델이 제공된 프롬프트를 기반으로 응답을 생성하는 간단한 예제다. 이를 PromptWatch.io에서 확인할 수 있다.

그림 9.7 PromptWatch.io에서의 프롬프트 추적

프롬프트와 LLM의 응답을 함께 볼 수 있다. 또한 특정 시간에 대한 응답으로 세분화할 수 있는 활동의 시계열이 있는 대시 보드도 제공된다. 이는 실제 시나리오에서 프롬프트, 출력 및 비용을 효과적으로 모니터링하고 분석하는 데 매우 유용해 보인다.

이 플랫폼은 사용자가 문제의 근본 원인을 식별하고 프롬프트 템플릿을 최적화하는 데 도움이 되는 웹 인터페이스에서 심층적인 분석과 문제 해결을 허용한다. 더 탐구할 수 있는 부분이 많았을 것이며, 예컨대 프롬프트 템플릿 및 버전 관리에 대한 내용도 있었을 것이다. promptwatch.io는 또한 단위 테스트 및 프롬프트 템플릿 버전 관리를 지원할 수 있다.

⁙ 요약

훈련받은 LLM을 연구 단계에서 실제 세계 제품으로 가져오는 것은 확장성, 모니터링 및 의도하지 않은 행동과 관련된 많은 복잡한 과제를 해결해야 한다. 신뢰할 수 있고 능숙한 모델을 책임 있게 배포하려면 확장성, 해석 가능성, 테스트 및 모니터링에 대한 세심한 계획이 필요하다. 미세 조정, 안전 개입 및 방어적 설계와 같은 기술을 사용해 도움이 되고 해로운 것이 없으며 읽기 쉬운 출력을 생성하는 애플리케이션을 개발할 수 있다. 주의와 준비를 통해 생성형 AI는 의학부터 교육까지 다양한 산업에 엄청난 잠재적 이익을 가져올 수 있다.

배포와 그에 사용되는 도구에 대해 자세히 살펴봤다. 특히 FastAPI와 Ray를 사용해 애플리케이션을 배포했다. 8장에서는 Streamlit을 사용했다. 더 탐험할 수 있는 도구들이 많이 있다. 예를 들어 최근에 등장한 LangServe 같은 경우는 LangChain 응용을 고려해 개발됐다. 아직은 상대적으로 초기 상태이지만, 향후 발전에 주목할 가치가 있다.

LLM의 평가는 성능과 품질을 평가하는 데 중요하다. LangChain은 모델 간의 비교 평가, 기준에 대한 출력 확인, 간단한 문자열 일치, 의미적 유사성 지표를 지원한다. 이러한 평가는 모델 품질, 정확도 및 적절한 생성에 대한 다양한 통찰을 제공한다. 체계적인 평가는 LLM이 유용하고 관련성 있으며 합리적인 출력을 생성하는 것을 보장하는 데 중요하다.

LLM 모니터링은 이러한 복잡한 시스템을 배포하고 유지하는 중요한 측면이다. 다양한 애플리케이션에서 LLM의 증가하는 채택으로 인해 그들의 성능, 효과 및 신뢰성을 보장하는 것은 매우 중요하다. 여기서는 LLM의 모니터링의 중요성을 논의했으며 포괄적인 모니터링 전략을 위해 추적해야 할 주요 지표를 강조하고 실제로 측도를 추적하는 방법의 예를 제시했다.

PromptWatch 및 LangSmith와 같은 관찰 도구를 살펴봤다. LangSmith는 LangChain으로 구축된 LLM을 추적, 벤치마킹 및 최적화하는 강력한 기능을 제공한다. 자동화된 평가자, 측도와 시각화는 LLM 개발과 유효성 검사를 가속화하는 데 도움이 된다.

이제 다음이자 마지막 장인 10장에서는 생성형 AI의 미래를 논의해보겠다.

⠿ 문제

다음 이 질문들에 대한 답을 기억에서 찾아볼 수 있는지 확인해보라. 이 중 어떤 것이라도 확실하지 않다면 해당 장에서 확인해볼 것을 권한다.

1. 당신 생각에는 언어 모델, LLM 앱 또는 일반적으로 생성 모델을 운용화하는 데 가장 적합한 용어는 무엇인가?

2. 토큰이란 무엇이며 LLM 쿼리 시 토큰 사용에 대해 왜 알아야 하나?

3. LLM 앱을 어떻게 평가할 수 있는가?

4. 어떤 도구가 LLM 앱 평가에 도움이 될까?

5. 에이전트의 프로덕션 배포를 위한 고려 사항은 무엇인가?

6. 배포에 사용되는 몇 가지 도구의 이름을 말해보라.

7. 프로덕션에서 LLM을 모니터링하기 위한 중요한 측도는 무엇인가?

8. LLM 애플리케이션을 어떻게 모니터링할 수 있나?

9. LangSmith는 무엇인가?

10

생성형 모델의 미래

지금까지 애플리케이션을 구축하기 위한 생성 모델에 대해 설명했으며, 몇 가지 간단한 모델을 구현했다. 예를 들어 문맥 검색, 콘텐츠 생성을 위한 애플리케이션, 고객 서비스 에이전트, 개발자와 데이터 과학자를 위한 비서 등이 있다. 책에서는 도구 사용, 에이전트 전략, 검색과 검색을 향상시킨 생성 그리고 프롬프트와 미세 조정을 사용한 모델의 조건화에 대해 알아보았다.

10장에서는 이를 통해 우리가 어느 위치에 와 있으며, 미래의 방향은 어떨지 심사숙고할 것이다. 생성 모델의 약점과 사회 기술적 도전 과제 그리고 완화와 개선을 위한 전략을 고려해본다. 특정 사용례를 위한 기초 모델의 독특한 맞춤화가 돋보이는 가치 창출 기회에 중점을 둘 것이다. 어떤 기관(대형 기술 기업, 스타트업 또는 기초 모델 개발자)이 가장 큰 성과를 거둘 것인지는 불확실하다. 또한 AI를 통한 종말의 위협과 같은 우려를 평가해보고 대응할 것이다.

다양한 산업에서 생산성이 대폭 증가할 수 있는 거대한 잠재력을 고려할 때, 생성형 AI 스타트업에 대한 벤처 투자는 2022년과 2023년에 급증했으며, 세일즈포스와 액센추어 Accenture 같은 주요 기업뿐만 아니라 다른 많은 기업도 생성형 AI에 수십억 달러의 투자를 약속했다. 다양한 산업의 직업에 대한 잠재적인 영향과 창의적인 산업, 교육, 법률, 제조, 의학 및 군사 분야에서의 혼란스럽게 변화하는 것에 대해 논의할 것이다.

우리는 오정보, 사이버보안, 개인정보보호 및 공정성과 같은 우려를 평가하고 대응하며, 생성형 AI에 의해 가져온 변화와 혼란이 규제와 실질적인 실행에 어떻게 영향을 미쳐야 하는지 생각할 것이다.

10장의 주요 절은 다음과 같다.

- 생성형 AI의 현 상태
- 경제적 결과
- 사회적 함의

모델의 현 상태와 기능부터 살펴보도록 하자.

⁞⁝ 생성형 AI의 현 상태

책에서 논의한 바에 따르면 최근 몇 년 동안 생성형 AI 모델은 텍스트, 이미지, 오디오 및 비디오를 포함한 여러 모드에서 인간과 유사한 콘텐츠를 생산하는 데 새로운 이정표를 세웠다. OpenAI의 GPT-4와 DALL-E 2 그리고 Anthropic의 Claude와 같은 주요 모델은 텍스트 또는 창의적인 시각적 예술에 있어서도 인상적인 유창함을 보여줬다.

2022년부터 2023년까지 모델은 큰 발전을 이뤘다. 생성 모델이 이전에 간신히 일관된 텍스트나 흐린 이미지를 생성할 수 있었다면, 이제는 고품질 3D 이미지, 비디오, 일관되고 맥락에 맞는 산문과 대화를 생성하는 것을 볼 수 있다. 이는 때로는 인간의 유창성 수준에 견줄 만할 뿐만 아니라 초월하기도 한다. 이러한 AI 모델은 거대한 데이터셋과 계산 규모를 활용해 복잡한 언어 패턴을 포착하고 세밀한 지식을 보여주며 텍스트를 번역하고 내용을 요약하며 자연어 질문에 답하며 매력적인 시각 예술을 만들며 이미지를 설명하는 능력을 획득한다. 마치 마술처럼, AI가 생성한 결과물은 인간의 창의력을 모방하며 원본 예술을 그리거나, 시를 쓰거나, 인간 수준의 산문을 작성하거나, 다양한 소스에서 정보를 정교하게 집계하고 종합하는 등의 고도의 작업에 참여한다.

그러나 조금 미묘한 면도 살펴보자! 생성 모델은 강점뿐만 아니라 약점도 가지고 있다. 인간 인식과 비교할 때 결점이 여전히 존재하며, 그중에는 그럴듯하나 부정확하거나 비논리적인 진술을 빈번히 생성하는 것이 포함된다. 환각은 현실과 연결이 부족한 것을 보여주며, 이는 실제 세계의 이해가 아닌 데이터의 패턴을 기반으로 하고 있기 때문이다. 또한 모델은 수학적, 논리적 또는 인과적 추론을 수행하는 데 어려움을 겪는다. 복잡한 추론적인 질문에 대해 쉽게 혼동되며, 이는 특정 직업 분야에서의 적용 가능성을 제한할 수 있다. 결과물과 모델 자체에 대한 설명 가능성 부족으로 인한 블랙 박스 문제는 문제 해결 노력을 방해하며, 원하는 매개변수 내에서 모델 행동을 제어하는 것은 여전히 어려움이 남아 있다. AI는 편향된 데이터로 훈련돼 심각한 편향 문제를 가질 수 있다. 이는 불공평한 결과를 초래하고 사회적 불평등을 악화시킬 수 있다.

다음은 현재 생성형 AI와 인간 인지력을 비교한 핵심 강점과 결함을 요약한 표다.

표 10.1 LLM의 강약점

범주	인간 인지	생성형 AI 모델
언어 유창성	맥락적으로 관련성 있으며 세계 지식에서 의미를 끌어낸다.	매우 유창하며 언어 패턴을 반영한다.
지식	학습과 경험에서 나온 개념적 이해력	근거가 빈약한 통계적 합성
창의성	성격과 재능을 반영한 독창성	창의적이지만 훈련 분포 내에 있음
사실 정확성	일반적으로 진실과 물리적 현실과 일치	훈련 데이터 편향을 반영한 환각
추론	직관적이지만 훈련 후 휴리스틱을 적용할 수 있음	논리가 훈련 분포에 엄격하게 제한됨
편향	가끔은 내재된 편향을 인식하고 무시할 수 있음	데이터 내에서 체계적인 편향을 전파
투명성	일부, 주관적인 통찰력으로부터 생각을 소리 내어 말하는 기술을 얻음	사고 체인 프롬프트에서 합리적인 추론

GPT-4와 같은 언어 모델은 언어 유창성에서 인간과 거의 동등한 성과를 보여주지만, 근거 부족, 왜곡 경향, 불명확성 그리고 피해 가능성은 생성형 AI의 약점을 강조하며 그 약점은 가능성을 어둡게 한다. 논리적 추론과 편향 완화와 같은 영역에서의 진전은 초기 단계에 머물러 있다.

투명성에 대해서는 거대한 복잡성이 엄청난 도전을 제기하고 있지만, 결연한 노력은 인간(신경인지 이해의 진보)과 AI(AI의 해석가능성과 설명가능성) 모두에게 추론의 기원과 메커니즘을 드러내려고 노력하고 있다. 문제가 있는 영역에 대처하는 것이 신뢰성 있고 신뢰할 수 있는 시스템을 개발하는 핵심이다. 이 책 전반에 걸쳐 생성형 AI의 약점에 대한 잠재적인 해결책을 논의하고 시행해왔다. 그러나 인간과 AI 사이의 간극을 분석한 것은 개선할 부분을 강조하기 위한 것이다. 〈아타리〉 게임, 체스, 바둑과 같은 분야에서 본 것처럼 AI는 적절하게 훈련되면 초인적인 수준에 도달할 수 있으며, 아직 많은 영역에서 정점에 이르지 못했다. 생성형 AI 시스템의 능력을 발휘하는 데 관련된 일부 사회 기술적 도전 과제를 좀 더 넓게 살펴보고 이를 극복하기 위한 접근 방법을 논의해보자.

도전 과제

생성형 AI 시스템의 깊은 잠재력은 개발이 계속 진행된다면 흥미로운 미래를 시사한다. 이 표는 몇 가지 기술 및 조직적 도전 과제와 그에 대한 대응 방법을 요약한 것이다.

표 10.2 생성형 AI의 도전 과제와 가능한 해결책

도전 과제	잠재적 해결책
참신한 지식(+개념 이동)	연속적 학습 방법, 예를 들어 탄성 가중치 결합, 스트림 흡수 파이프라인, 효과적인 재훈련 절차 등
특화된 지식	과제별 시연 및 프롬프팅, 지식 검색 및 기초 그리고 맥락 확장
다운스트림 적응력	전략적인 미세 조정, 재앙적인 망각 완화 그리고 최적화된 하드웨어 접근
편향된 출력	편향 완화 알고리듬, 균형 잡힌 훈련 데이터, 감사, 포용성 교육 그리고 횡단학제적(interdisciplinary) 연구
해로운 콘텐츠 생성	중재 시스템, 중단 및 수정 그리고 RLHF와 같은 조건화 방법

도전 과제	잠재적 해결책
논리적 비일관성	하이브리드 구조, 지식 베이스 및 검색 증강
사실 불정확성	검색 증강, 지식 베이스 및 일관된 지식 베이스 갱신
설명력 부족	모델 내부 조사, 개념 속성, 및 해석 가능한 모델 설계
프라이버시 위험	차등 프라이버시, 연합 학습, 암호화, 및 익명화
높은 지연 시간 및 계산 비용	모델 증류, 최적화된 하드웨어 및 효율적인 모델 디자인
라이선스 제한	공개/합성 데이터, 사용자 정의 데이터, 및 공정한 라이선싱 협정
보안/취약점	적대적 견고성 및 사이버 보안 최상의 실천 방법
거버넌스	준법 프레임워크 및 윤리적 개발 지침

생성형 AI의 도전은 단순히 콘텐츠 생성의 향상을 넘어서 환경 지속 가능성, 알고리듬 공정성 그리고 개인 프라이버시를 포함한다. 간소화된 모델 아키텍처를 채택하고, 지식 증류를 사용하며, 전문 하드웨어를 개발하는 등의 전략은 급격한 진전 속에서 AI의 탄소 발자국을 줄이는 데 중요하다. 공정한 AI를 보장하기 위해서는 균형 잡힌 데이터셋을 통합하고, 편향 완화 알고리듬을 적용하며, 제약 최적화를 통한 공정성을 강화하고, 포용성을 촉진하는 등의 단계가 복잡함에도 불구하고 필수적이다.

AI 출력물로부터 발생할 수 있는 유해성, 예를 들어 독성이나 거짓 정보(환각)로부터의 잠재적인 피해를 막기 위해서는 강화학습 기법과 인간의 피드백을 통해 이끄는 학습과 검증된 지식에 기반한 응답 등의 기술이 사용될 수 있다. 또한 차등 프라이버시, 연합 학습, 실시간 콘텐츠 수정과 같은 프라이버시 보존 방법을 통해 민감한 데이터의 보안을 확보하는 것이 사용자 존엄성을 유지하는 데 중요하다.

마지막으로, 생성적 모델이 현실 세계에 침투함에 따라 새로운 정보적 분야에 대한 최신 정보 파악, 특수 영역의 이해 그리고 새로운 요구에 유연하게 대응하는 것은 새롭게 나타나는 장애물을 대비하는 데 중요하다.

이러한 도전에 대응하기 위해서는 AI 개발의 전체 수명 주기를 고려해야 하는 다양한 방책이 필요하다. 이러한 대응책에는 일관성에 중점을 둔 혁신적인 훈련 목표, 구조적 지식 통합, 더 나은 제어 가능성을 위한 모델 설계 그리고 인프라 효율성을 위한 소프트웨어 및 하드웨어 최적화 등이 포함된다.

가장 효과적인 발전은 유연한 사용자 통제다. 연구와 개발에 집중한 노력을 통해 생성형 AI를 사회적 가치에 일치하도록 이끌고자 한다. 계산 효율성과 비용의 이유로, 이는 사전 훈련에서 특화된 다운스트림 조건화(특히 미세 조정 및 프롬프트 기술)로의 전환을 의미한다. 이러한 전환은 고도의 핵심 AI 기술을 적용하는 스타트업의 증가로 이어질 것으로 예상된다.

기술적 혁신과 AI 개발의 규제 및 투명성이 결합되면, 생성형 AI가 윤리적 기준을 저해하지 않으면서 인간 능력을 향상시키도록 보장될 것이다. 전망을 내다보면, 생성형 AI 시스템은 더욱 강력하고 다양한 모습으로 발전할 것으로 예상된다. 모델 개발에서 나타나는 몇 가지 신흥 추세를 살펴보겠다!

모델 개발에서의 추세

현재 거대 모델의 훈련 연산 능력은 약 8개월에 2배로서, 18개월마다 반도체 성능이 2배 증가한다는 무어Moore의 법칙(트랜지스터 밀도)과 로크Rock의 법칙(GPU 및 TPU와 같은 하드웨어의 비용이 4년마다 반으로 줄어든다)과 같은 스케일링 법칙을 앞선다. 다음 그래프는 거대 모델의 훈련 컴퓨팅에 대한 이러한 추세를 보여준다(출처 - 「Epoch, Parameter, Compute, and Data Trends in Machine Learning」, https://epochai.org/mlinputs/visualization에서 검색된 정보다).

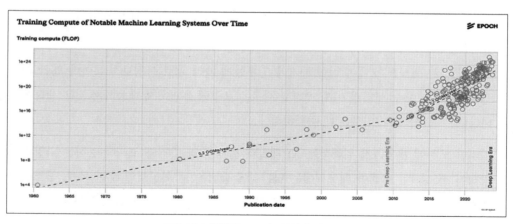

그림 10.1 주목받는 AI 시스템의 훈련 FLOP

이 그래프에서 주요한 점은 1960년대 이후로 나타나는 연산 증가와 오른쪽 상단에서 볼 수 있는 DL 시대의 모델의 캄브리아기 폭발이다. 1장에서 논의한 것처럼 거대 시스템의 매개변수 크기는 훈련 컴퓨팅과 유사한 비율로 증가하고 있으며, 이는 성장이 계속된다면 훨씬 더 크고 비싼 시스템을 볼 수 있음을 의미한다.

경험적으로 유도된 스케일링 법칙은 주어진 훈련 예산, 데이터셋 크기와 매개변수의 수를 기반으로 LLM의 성능을 예측한다. 이로 인해 강력한 시스템이 대형 기술 기업의 손에 집중될 수 있다.

NOTE

> 카플란(Kaplan)과 동료들이 제안한 KM 스케일링 법칙은 다양한 데이터 크기, 모델 크기 및 훈련 컴퓨팅으로 모델 성능을 경험적 분석 및 적합을 통해 도출한 것으로, 강력한 종속관계를 나타내는 거듭제곱 법칙 관계를 제시한다. 이는 모델 성능과 모델 크기, 데이터셋 크기 그리고 훈련 컴퓨팅과 같은 요소 간의 강력한 상호 의존성을 보여준다.
>
> Google DeepMind 팀이 개발한 친칠라(Chinchilla) 스케일링 법칙은 더 넓은 범위의 모델 크기와 데이터 크기에 대한 실험을 포함하며, 특정 손실 함수를 최적화하고 제약 조건하에서 모델 크기와 데이터 크기에 대한 연산 예산의 최적 할당을 제시한다.

그러나 미래의 진전은 단순히 크기보다는 데이터 효율성과 모델 품질에 더 의존할 수 있다. 거대 모델이 주목을 받기는 하지만, 컴퓨팅 파워와 에너지 제약으로 인해 모델의 무절제한 성장에 한계가 있다. 또한 매개변수의 증가에 따른 성능이 계속해서 발전할지 여부도 불분명하다. 미래에는 대규모의 일반적인 모델과 더 작고 접근성이 높은 전문화된 특화 모델이 공존할 수 있으며, 이러한 특화 모델은 더 빠르고 저렴한 훈련, 유지 보수 및 추론을 제공할 수 있을 것이다.

이미 작은 특화 모델이 높은 성능을 발휘할 수 있는 것은 입증됐다. 6장에서 언급한 바와 같이, 최근에는 10억 개의 매개변수 정도를 가진 phi-1(「Textbooks Are All You Need」, 2023, 구나세카르Gunasekar 및 동료들)과 같은 모델이 더 작은 규모임에도 평가 벤치마크에서 높은 정확도를 달성했다. 저자들은 데이터 품질을 향상시키면 스케일링 법칙의 형태를 급격하게 변경할 수 있다고 제안하고 있다.

뿐만 아니라 상당히 적은 매개변수를 가지고 있지만 정확도는 조금만 감소하는 단순화된 모델 아키텍처에 대한 연구도 있다. 예를 들어 2023년에 발표된 "One Wide Feed forward is All You Need"(페소아 피레스Pessoa Pires 및 기타 연구진)와 같은 모델이 있다. 또한 미세 조정, 증류 및 프롬프팅 기술과 같은 기술을 사용해 작은 모델이 큰 기반의 능력을 활용할 수 있도록 해 비용을 증가시키지 않고도 큰 기반의 능력을 활용할 수 있다. 모델의 한계를 보상하기 위해 검색 엔진과 계산기와 같은 도구가 에이전트에 통합됐으며 다단계 추론 전략, 플러그인 및 확장이 능력을 확장하는 데 점점 더 많이 사용될 수 있다.

AI 모델 훈련 비용의 급격한 감소는 현장에서 중요한 변화를 나타내며, 최첨단 AI 연구 및 개발에 대한 더욱 넓은 참여를 가능케 하고 있다. 여러 요소가 이러한 추세에 기여하고 있으며, 훈련 체제의 최적화, 데이터 품질의 향상, 새로운 모델 아키텍처의 도입 등이 그중 일부다. 생성형 AI를 더 접근 가능하고 효과적으로 만들기 위한 기술과 접근 방법에 대한 간략한 요약은 다음과 같다.

- **단순화된 모델 아키텍처**: 모델 디자인을 간소화해 관리를 용이하게 하고 해석 가능성을 높이며 계산 비용을 낮춘다.

- **합성 데이터 생성**: 개인정보를 보호하면서 데이터셋을 보강하기 위해 인공적으로 생성된 훈련 데이터를 만든다.

- **모델 증류**: 큰 모델에서 지식을 작고 더 효율적인 모델로 전이해 쉬운 배포를 가능케 한다.

- **최적화된 추론 엔진**: 주어진 하드웨어에서 AI 모델을 실행하는 속도와 효율성을 증가시키는 소프트웨어 프레임워크다.

- **전용 AI 하드웨어 가속기**: GPU 및 TPU와 같은 특수 하드웨어는 AI 계산을 현저하게 가속화한다.

- **오픈 소스 및 합성 데이터**: 고품질의 공개 데이터셋은 협업을 촉진하고, 합성 데이터는 개인정보를 보호하고 편향을 줄이는 데 도움이 된다.

- **양자화**: 모델을 낮은 정밀도로 변환해 가중치와 활성화의 bit 크기를 줄여 모델 크기와 계산 비용을 감소시킨다.

- **지식 베이스 통합**: 모델 출력을 사실적인 데이터베이스에 근거해 환각을 줄이고 정확성을 향상시킨다.

- **RAG**: 텍스트 생성을 개선하기 위해 소스에서 관련 정보를 검색해 사용한다.

- **연합학습**: 분산된 데이터에서 모델을 훈련시켜 프라이버시를 개선하면서 다양한 소스에서 이점을 얻는다.

이러한 비용을 낮추는 기술적 발전 가운데 양자화 기술이 중요한 역할을 하고 있다. 오픈 소스 데이터셋과 합성 데이터 생성과 같은 기술은 고품질의 데이터 효율적인 모델 개발을 제공해 AI 훈련에 대한 접근을 더욱 민주화시키고 방대한 독점적 데이터셋에 대한 의존을 줄인다. 오픈 소스 이니셔티브는 혁신을 위한 비용과 효율적인 협업 플랫폼을 제공함으로써 이러한 추세에 기여한다.

이러한 혁신은 다양한 분야에서 현실 세계에서의 생성형 AI 채택을 방해해온 장벽을 크게 낮춘다.

- 양자화와 증류를 통해 대규모 모델의 성능을 훨씬 작은 형태로 압축함으로써 재정적 장벽을 줄인다.

- 노출을 피하는 연합 및 합성 기술을 통해 개인정보보호 위험을 완화한다.

- 외부 정보와 함께 생성을 근거화함으로써 작은 모델의 정확도 제한을 완화한다.

- 특수 하드웨어는 처리량을 기하급수적으로 가속화하며 최적화된 소프트웨어는 기존 인프라를 최대한 활용한다.

- 비용, 보안 및 신뢰성과 같은 제약 사항에 대처함으로써 접근을 민주화하는 것은 광범위한 대중에 대한 혜택을 개방하며, 창의력이 제한된 분야에 집중되지 않고 다양한 인재를 능력 있게 하는 방향으로 이끈다.

현실은 단순히 모델 크기와 무차별적인 컴퓨팅에 중점을 두는 것에서부터 계산 효율성과 모델 효과성을 극대화하는 지능적이고 미묘한 접근 방식으로 변화하고 있다. 양자화와 관련 기술로 인해 장벽이 낮아지고, 자원의 부가 AI 혁신을 선도하는 결정적 요인이 아닌, 다양하고 동적인 AI 개발 시대가 열리고 있다.

이는 시장의 민주화를 의미할 수 있다.

빅테크 대 소기업

기술의 전파에 있어서는 두 가지 주요 시나리오가 존재한다. 중앙 집중형 시나리오에서는 생성형 AI 및 대형 기술 기업이 필요한 계산용 하드웨어, 데이터 저장 및 특별한 AI/ML 인재에 대한 큰 투자를 통해 주로 개발되고 통제된다. 이러한 기관은 규모의 경제와 자원에서 혜택을 받아 훈련 및 유지에 큰 비용을 지탱할 수 있다. 종종 클라우드 서비스나 API를 통해 다른 이들에게 접근 가능한 일반적인 모델을 생산하지만, 이러한 일반적인 해결책은 모든 사용자 또는 기관의 요구와 완벽하게 일치하지 않을 수 있다.

반면 자가 서비스 시나리오에서는 기업이나 개인이 자체 AI 모델을 훈련하는 작업을 수행한다. 이 접근 방식은 사용자의 특정 요구 및 독점 데이터에 맞게 맞춤화된 모델을 제공해 더 명확하고 관련성 있는 기능을 제공할 수 있다. 그러나 이 경로는 전통적으로 상당한 AI 전문 지식, 상당한 계산 리소스 및 엄격한 데이터 프라이버시 보호를 필요로 하며, 이는 작은 기관들에게는 접근하기 어렵고 비용이 많이 드는 복잡한 과정일 수 있다.

핵심적인 질문은 이러한 시나리오가 어떻게 공존하고 발전할 것인가다. 현재 중앙 집중형 접근 방식이 자가 서비스 모델에 필요한 비용과 전문 지식의 장벽으로 인해 우세하다. 그러나 AI의 민주화로 인해 계산 비용의 하락, 좀 더 널리 퍼진 AI 교육 및 도구, 모델 교육을 간소화하는 혁신 등이 있으며, 이러한 요인으로 인해 자가 서비스 시나리오가 점차적으로 작은 기관, 지방 정부 및 지역 사회 단체에게 더욱 실현 가능해질 수 있다. 이러한 그룹은 특정한 작업에 대해 맞춤형 AI 솔루션을 활용할 수 있으며, 이로 인해 민첩성과 개인정보보호 측면에서 이점을 얻을 수 있다.

이 두 비즈니스 모델이 계속 발전함에 따라 사용례, 자원, 전문 지식 및 개인정보 고려 사항에 기반해 두 접근 방식이 각기 다른 역할을 수행하는 혼합형 풍경이 나타날 수 있다. 대형 기업은 산업별 모델을 제공하는 데 계속 뛰어날 수 있을 것이며, 작은 기관은 점점 더 자체 모델을 교육하거나 세부 수요를 충족시키기 위해 모델을 미세 조정할 수 있을 것이다.

이 풍경의 진화는 AI를 더 접근 가능하고 비용 효율적이며 간단하게 사용할 수 있게 하는 발전 속도에 크게 의존할 것이다. 만약 강력한 도구가 AI 개발을 단순화하고 자동화한다면 맞춤 생성 모델은 심지어 지역 정부, 지역 사회 단체 및 개인이 초지역적인 문제를 해결하는 데 실현 가능할 수 있다. 현재 중앙 집중형 빅테크 기업은 규모의 경제로부터 혜택을 받고 있지만, 작은 기관의 분산형 혁신은 사회의 모든 부문에서 생성형 AI의 전체 잠재력을 발휘할 수 있다.

현재 거대 기술 기업들이 생성형 AI 연구와 개발을 주도하고 있지만, 결국 이러한 기술에서 가장 많은 이익을 얻을 수 있는 것은 작은 기관일 수 있다. 연산, 데이터 저장 및 AI 전문 인재에 대한 비용이 하락함에 따라, 특정 모델의 맞춤형 사전 훈련이 소규모 및 중소기업에게 실행 가능해질 수 있다.

3~5년 동안 컴퓨팅 및 전문 지식의 가용성과 관련된 제약이 상당히 완화될 수 있으며, 대규모 투자에 의해 형성된 중앙 집중형 장벽이 침식될 수 있다. 구체적으로 클라우드 컴퓨팅 비용이 예상대로 하락하고 교육 및 자동화된 도구를 통해 AI 기술이 더 널리 퍼질 경우 많은 기업에게 자체 훈련을 통한 맞춤형 LLM이 실행 가능해질 수 있다.

빅테크 기업의 일반적인 모델에 의존하는 대신, 특정 데이터셋에 미세 조정된 맞춤형 생성형 AI가 독특한 요구를 더 잘 충족할 수 있다. 스타트업과 비영리 단체들은 종종 특화된 도메인을 위한 최첨단 솔루션을 신속하게 개발하는 데 능숙하다. 비용 감소를 통한 민주화된 접근은 이러한 중점적인 플레이어들이 일반적인 시스템의 능력을 뛰어넘는 성능 모델을 훈련시킬 수 있도록 할 수 있다.

다음 절에서는 인공 범용 지능^{AGI, Artificial General Intelligence}의 잠재력과 초인공지능 엔티티의 악의적 행동에 의한 멸종의 위협에 대해 논의하겠다.

AGI

LLM의 능력 전부가 모델 크기에 예측 가능한 비례적 관계에 있는 것은 아니다. 문맥 내 학습과 같은 능력은 원시 계산 성장 이상의 요인으로 인해 특히 큰 모델에만 한정될 수 있다. 지속적인 스케일링, 즉 거대한 모델을 더 큰 데이터셋에서 훈련하는 광범위한 기술 집합으로 전개될 것으로 추측된다. 일부는 이것이 더욱 폭넓은 기술 집합으로 이어지고, 어떤 이들은 인간 이상 또는 그에 필적하는 추론 능력을 갖춘 AGI의 개발로 이어질 것으로 주장하고 있다.

그러나 현재 뇌과학적인 시각과 기존 AI 구조의 한계는 AGI로의 급격한 진전에 반하는 설득력 있는 주장을 제시한다(2023년 장 아루Jaan Aru 및 다른 연구자들의 뇌과학적인 관점에서 인공 의식의 실현 가능성에 대한 논의에서 영감을 받음).

- **체감 및 내재된 정보 부족**: 현재 세대의 LLM은 다중 모달 및 체험을 내재시키는 데 부족하며, 주로 텍스트 데이터에 중점을 둔 훈련을 받는다. 이에 반해 인간의 상식과 물리적 세계에 대한 이해는 여러 감각을 포함한 풍부하고 다양한 상호작용을 통해 발전한다.

- **생물학적 뇌와 다른 구조**: GPT-4와 같은 모델에서 사용된 상대적으로 간단한 스택 트랜스포머 아키텍처는 의식과 일반적인 추론을 가능케 하는 시상 피질thalamocortical 시스템의 복잡한 순환 및 계층 구조를 갖고 있지 않다.

- **한정된 능력**: 기존 모델은 주로 텍스트와 같은 특정 도메인에 특화돼 있으며 유연성, 인과 추론, 계획, 사회적 기술 및 일반적인 문제 해결 지능에서 부족하다. 이는 도구 사용이 더 많아지거나 모델에 기본적인 변화가 있을 때 바뀔 수 있다.

- **최소한의 사회 능력 또는 의도**: 현재의 AI 시스템은 자연스러운 동기, 사회적 지능, 훈련 목표 이상의 의도를 갖고 있지 않다. 악의적인 목표나 지배 의도에 대한 우려는 근거가 없어 보인다.

- **제한된 실제 지식**: 거대한 데이터셋을 소화하더라도 큰 모델의 사실적인 지식과 상식은 인간과 비교했을 때 매우 제한적이다. 이는 물리적 세계에서의 적용 가능성을 방해한다.

- **데이터 기반 한계**: 훈련 데이터에서의 패턴 인식에 의존하고 구조화된 지식이 아닌 경우, 소스가 어려운 새로운 상황으로의 신뢰성 있는 일반화가 어려워진다.

우리가 긴급한 AI 도전에 대처할 때 AI의 위협과 사회적 파괴 가능성에 대한 논의가 공정성과 개인정보보호와 같은 즉각적인 문제를 가리는 일이 없어야 한다.

현재 모델의 한계와 에이전시 부재를 고려할 때, 현재의 AI가 빠르게 위험한 초지능으로 진화하는 것은 거의 불가능해보인다. 규제를 수립할 때 규제 포획에 대해 경계해야 한다. 이는 지배적인 산업 참가자들이 AI 기반의 파괴적인 시나리오를 상상해 긴급한 문제에서 주의를 분산시키고 자신들의 이익에 맞는 규칙을 형성하려는 시도일 수 있다. 이는 작은 기관과 대중의 우려를 소외시킬 수 있다. 그러나 여전히 안전 연구와 윤리적 고려에 대한 지속적인 주의가 필요하며, 특히 AI가 발전함에 따라 이러한 측면에 대한 주의가 필요하다. 더 큰 경제와 일자리에 대한 논의를 진행해보자.

그중에서도 방치된 문제로 여겨지는 일자리를 논의해보자!

⁛ 경제적 결과

생성형 AI를 통합하는 것은 각 분야의 작업을 자동화해 엄청난 생산성 향상을 약속하지만, 변화 속도에 따라 노동력 이탈 위험도 있다. 지속 가능한 컴퓨팅 규모를 가정한 예측에 따르면 2030년까지 현재의 작업 활동의 30~50%가 자동화될 것으로 예상되며, 이는 매년 글로벌 GDP에 6~8조 달러를 추가할 것으로 추정된다. 고객 서비스, 마케팅, 소프트웨어 공학 및 연구 개발R&D, Research and Development과 같은 분야는 사용례 가치의 75% 이상을 보게 될 수도 있다. 그러나 지난 혁신들은 궁극적으로 새로운 직업을 만들었으며, 장기적인 재조정을 시사한다.

선진국에서는 초기에 행정, 창의적 그리고 분석적 역할을 대체해 보다 빠른 수용을 경험할 것으로 보인다. 그러나 자동화는 고용 손실 이상으로 확장된다. 현재 미국 노동자의 작업 중 20% 미만이 직접 LLM을 통해 자동화될 수 있는 것으로 나타났다. 그러나

LLM을 향상시킨 소프트웨어는 작업의 50%를 변형할 수 있으며, 이는 보충적 혁신으로부터의 힘이 배가될 것이다.

따라서 자동화의 노동 영향은 복잡하다. 생산성을 증가시키면서도 변환 과정에서의 고통이 계속된다. 그러나 AI 발전과 신생 전문화 사이의 유익한 순환은 중복보다는 개선을 희망할 수 있음을 시사한다. 그리고 이러한 변화 과정 전반에 지속 가능성, 공정성 그리고 인간의 존엄성을 우선시하는 것은 착취보다는 권한 부여를 최적화할 것을 약속한다.

전문적인 맥락에서, 생성형 AI는 인간의 창의력을 증폭시키고 다양한 산업의 전통적인 작업 흐름을 변형할 준비가 돼 있다. 마케터와 저널리스트와 같은 콘텐츠 크리에이터에게는 AI가 초기 초안을 신속하게 생성할 수 있어서 인간의 창의력이 보다 맞춤화된 결과물을 위해 그 위에 놓을 수 있는 기초를 육성할 수 있다. 소프트웨어 개발자는 AI가 코드 조각을 생성하는 능력으로부터 혜택을 받아 개발 과정을 가속화할 수 있다. 학자와 과학자에게는 AI가 복잡한 연구를 포괄적인 요약으로 추려낼 수 있는 능력이 학문적 진보와 혁신을 촉진할 수 있다.

다음은 언어 모델과 생성형 AI의 발전이 직업에 어떻게 영향을 줄지에 대한 주요 예측이다.

- 초안 작성과 같은 루틴적인 법률 작업은 점차 자동화될 것이며, 이는 주니어 변호사와 법률 보조원의 직업 역할을 변화시킬 것이다.

- 소프트웨어 공학 분야에서는 AI 코딩 비서가 일상적인 작업을 처리하는 데 더 많이 활용될 것이며, 이는 개발자들이 복잡한 문제 해결에 집중할 수 있도록 도와줄 것이다.

- 데이터 과학자들은 예측 모델을 처음부터 구축하는 대신 AI 시스템을 더 정제하는 데 더 많은 시간을 할애할 것이다.

- 프롬프트 공학과 같은 전문 역할에 대한 수요는 계속해서 증가할 것이다.

- 교사들은 강의 준비 및 개별화된 학생 지원에 AI를 활용할 것이다.

- 기자, 법률 보조원 및 그래픽 디자이너들은 콘텐츠 작성을 향상시키기 위해 생성형 AI를 활용할 것이다. 이로 인해 직업 영향에 대한 우려가 제기될 수 있다.

- AI 윤리, 규제 및 보안 전문가의 수요는 책임 있는 개발을 감독하기 위해 계속 증가할 것이다.

- 음악가와 예술가는 AI와 협업해 창의적 표현과 접근성을 증가시킬 것이다.

- 각 분야에서 AI 능력과 인간 판단력 사이의 최적의 균형을 유지하는 것이 중요할 것이다.

- 공통적인 주제는 루틴한 작업이 증가하는 자동화에 직면하더라도, AI의 방향을 조절하고 책임 있는 결과를 보장하기 위한 인간의 전문 지식이 여전히 필수적이라는 것이다.

특히 루틴한 인지 작업 등의 일부 직업은 단기간 내에 AI에 의해 대체될 수 있지만, AI는 전체 직업을 완전히 없애는 대신 특정 활동을 자동화할 수 있다. 데이터 과학자와 프로그래머와 같은 기술 전문가는 AI 도구를 개발하고 그들의 전체 비즈니스 잠재력을 실현하는 데 중요한 역할을 할 것이다. 단순한 작업을 자동화함으로써 모델은 사람들의 시간을 더 가치 있는 작업을 위해 확보할 수 있어 경제적 산출을 촉진할 수 있다.

생성형 AI 도구가 기초 모델을 사용해 상대적으로 쉽게 구축될 수 있기 때문에 포화에 대한 우려가 제기됐다. 모델과 도구의 사용자 정의는 가치 창출을 허용할 것이지만, 가장 큰 혜택을 얻을 사람과 이러한 애플리케이션이 얼마나 강력할 수 있는진 명확치 않다. 현재 시장의 관심은 높지만, 2021년의 AI 붐/붕괴 사이클 이후 낮아진 평가와 회의론으로 인해 투자자는 결정을 내리는 것을 절제하고 있다. 장기적인 시장 영향과 승리하는 생성형 AI 비즈니스 모델은 아직 펼쳐지지 않았다.

2021년 AI 붐/붕괴 주기는 AI 스타트업 공간에서의 신속한 투자와 성장을 나타내며, 이어진 시장 안정과 2022년에 예상이 실현되지 않아 가치가 감소했다. 간단한 개요는 다음과 같다.

- **붐 단계(2020~2021)**: 컴퓨터 비전, 자연어 처리, 로보틱스 및 ML 플랫폼과 같은 혁신적인 기능을 제공하는 AI 스타트업에 대한 큰 관심과 급증하는 투자가 있었다. 2021년 Pitchbook에 따르면 전 세계적으로 730억 달러 이상이 투자돼 AI 스타트업에 대한 총 펀딩이 기록적인 수준에 도달했다. 수백 개의 AI 스타트업이 이 기간 동안 설립되고 자금이 지원됐다.

- **붕괴 단계(2022)**: 2022년에 시장은 조정을 거쳤으며, AI 스타트업의 가치가 2021년 최고점에서 크게 하락했다. 몇몇 고프로필 AI 스타트업인 Anthropic과 Cohere와 같은 기업은 가치 평가를 받았다. 많은 투자자들은 AI 스타트업에 자금을 더 주의 깊게 선택적으로 지급하게 됐다. 더 넓은 기술 분야에서의 시장 교정도 붕괴에 기여했다.

- **주요 요소**: 과도한 흥분, 비현실적인 성장 예측, 2021년에 역사적으로 높은 가치 그리고 보다 넓은 경제 상황이 모두 붐/붕괴 주기에 기여했다. 이 주기는 이전에 닷컴과 블록체인과 같은 분야에서 본 고전적인 패턴을 따랐다.

AI 모델이 더 정교하고 경제적으로 운영되는 것을 감안할 때, 생성형 AI와 LLM 애플리케이션이 혁신적인 분야로 상당히 확대될 것으로 예상된다. 역사적으로 무어의 법칙을 따라 내려가는 하드웨어 비용 감소에 그치지 않고, AI 시스템에 영향을 미치는 추가적인 규모의 경제가 있다.

1장에서는 코드의 반복적인 개선, 정교한 도구의 개발 및 기술의 향상에서 비롯된 효율성 향상을 포함한 AI 산업의 중요한 추세를 논의했다. 새로운 기술과 접근법에 따른 향상된 효율성은 하드웨어 비용의 감소와 결합돼 윤리적인 사이클을 유발한다. 비용이 감소함에 따라 AI의 채택이 확대되며, 이는 다시 비용 절감과 효율성 향상을 촉진한다. 이로 인해 각 효율성의 반복이 증가된 사용을 촉진하며, 이는 자체적으로 더 큰 효율성으로 이어지는 피드백 루프가 나타난다. 이러한 동역학은 혁신적으로 AI 능력의 선두를 급격하게 발전시키기 위해 준비된 상태다.

생성 모델이 근시일 내에 깊은 영향을 미칠 여러 분야를 살펴보자. 먼저 창의적인 노력부터 시작하겠다.

창의적 산업과 광고

게임과 엔터테인먼트 산업은 생성형 AI를 활용해 독특하고 몰입적인 사용자 경험을 제작하고 있다. 창의적 작업을 자동화함으로써 얻는 주요 효율성 향상은 온라인에서 보내는 여가 시간을 증가시킬 수 있다. 생성형 AI는 기계가 패턴과 예시를 학습함으로써 예술, 음악 및 문학과 같은 새로운 원본 콘텐츠를 생성할 수 있도록 한다. 이는 창의적 산업에 영향을 미치며, 창의적 프로세스를 향상시키고 새로운 수익원을 창출할 수 있다. 또한 미디어, 영화 및 광고를 위한 맞춤형, 동적 콘텐츠 생성의 새로운 규모를 열어준다.

미디어, 영화 및 광고 분야에서 AI는 맞춤형, 동적 콘텐츠 생성의 새로운 규모를 열어준다. 언론에서 대규모 데이터셋을 사용한 자동 기사 생성은 기자들이 더 복잡한 조사 기사에 중점을 둘 수 있도록 도울 수 있다. AI 생성 콘텐츠[AIGC, AI-Generated Content]는 효율성과 다양성을 향상시킴으로써 미디어 제작과 전달을 변형하는 데 점점 더 중요한 역할을 하고 있다. 언론에서는 텍스트 생성 도구가 인간 기자가 전통적으로 수행해야 했던 쓰기 작업을 자동화하며 생산성을 크게 향상시키면서 적시성을 유지한다. AP[Associated Press] 통신과 같은 미디어는 AIGC를 사용해 매년 수천 건의 기사를 생성한다. 〈로스앤젤레스 타임스〉의 Quakebot과 같은 로봇 기자는 급진적인 뉴스 기사를 신속하게 생산할 수 있다.

다른 애플리케이션으로는 〈블룸버그 뉴스〉의 뉴스 요약 서비스인 Bulletin이 있다. 여기서 챗봇이 개인 맞춤형 한 문장 뉴스 요약을 생성한다. AIGC는 또한 AI 뉴스 앵커를 가능하게 하며, 이는 실제 앵커와 함께 방송을 공동으로 진행해 텍스트 입력에서 인간의 외모와 말투를 모방한다. 중국의 뉴스 기관 〈신화 통신〉의 가상 프리젠터 신 샤오웨이[Xin Xiaowei]는 다양한 각도에서 방송을 진행해 몰입감을 높인다.

AIGC는 영화 제작을 시나리오 작성부터 후기 제작까지 변혁하고 있다. AI 시나리오 작성 도구는 데이터를 분석해 최적화된 대본을 생성한다. 시각 효과 팀은 AI 향상된 디지털 환경과 실제 영상을 혼합해 몰입감 있는 시각을 제공한다. 딥페이크 기술은 캐릭터를 현실적으로 재현하거나 되살린다.

AI는 또한 자동 자막 생성을 가능하게 하며, 방대한 오디오 샘플을 훈련 데이터로 사용해 음성 없는 영화에서 대사를 예측할 수도 있다. 이는 자막을 통한 접근성을 확대하고 장면에 동기화된 보이스 오버voice over1를 재현한다. 후기 제작에서는 Colourlab AI와 Descript와 같은 AI 컬러 그레이딩grading 및 편집 도구가 알고리듬을 사용해 색상 보정과 같은 프로세스를 단순화한다.

광고 분야에서 AIGC는 효율적이고 맞춤형 광고 창의성과 개인화에 대한 새로운 잠재력을 발휘한다. AI 생성 콘텐츠를 사용하면 광고주가 대규모로 개별 소비자에 맞춤형이고 매력적인 광고를 생성할 수 있다. CASCreative Advertising System와 SGS-PACSmart Generation System Personalized Advertising Copy와 같은 플랫폼은 데이터를 활용해 특정 사용자의 요구 사항과 관심사에 맞춰 메시지가 타기팅된 광고를 자동으로 생성한다.

또한 AI는 광고 창의성과 디자인에도 도움을 준다. Vinci와 같은 도구는 제품 이미지와 슬로건으로부터 맞춤형 매력적인 포스터를 생성하며, Brandmark.io와 같은 회사는 사용자 선호도에 따라 로고 변형을 생성한다. GAN 기술은 효과적인 P2P 마케팅을 위해 키워드와 함께 제품 목록을 자동으로 생성한다. 합성 광고 제작도 증가하고 있으며, 시간을 절약하면서 매우 개인화되고 확장 가능한 캠페인을 가능하게 한다.

음악 분야에서는 Google의 Magenta, IBM의 Watson Beat, Sony CSL의 Flow Machine과 같은 도구가 원본 멜로디와 작곡을 생성할 수 있다. AIVA도 사용자가 조정한 매개변수를 기반으로 독특한 작곡물을 생성한다. LANDR의 AI 마스터링은 음악가를 위해 디지털 오디오 품질을 처리하고 향상시키기 위해 ML을 사용한다.

시각 예술에서 MidJourney는 신경망을 사용해 활기찬 이미지를 생성해 회화 프로젝트를 시작할 수 있다. 아티스트는 결과물을 사용해 수상작을 만들기도 했다. DeepDream의 알고리듬은 이미지에 패턴을 부과해 사이키델릭 예술을 만든다. GAN은 원하는 스타일에 수렴하는 추상적인 그림을 생성할 수 있다. AI 회화 보존은 작품을 디지털적으

---

1   영화, 텔레비전, 비디오, 애니메이션 또는 기타 미디어 제작에서 사용되는 용어로, 화면에 표시되는 영상에 대한 음성 설명이나 대사를 뜻한다. 즉, 화면상에서 특정 인물이나 사물에 대한 설명, 배경 정보, 또는 대사 등을 녹음된 음성으로 제공하는 것을 말한다. – 옮긴이

로 복원하고 손상을 수리하기 위해 작품을 분석한다.

애니메이션 도구인 어도비^{Adobe}의 Character Animator와 Anthropic의 Claude와 같은 도구는 맞춤형 캐릭터, 장면, 모션 시퀀스 생성에 도움을 줄 수 있어 비전문가에게도 애니메이션의 잠재력을 발휘한다. ControlNet은 확산 모델을 조절하기 위한 제약 조건을 추가해 출력의 다양성을 높인다.

이러한 모든 응용 분야에서 고급 AI는 생성적인 콘텐츠와 데이터 기반 통찰력을 통해 창의적인 가능성을 확장한다. 모든 경우에서 채택이 확산되면 품질 통제와 인간 예술가, 개발자 및 훈련 데이터의 기여를 적절하게 할당하는 것은 계속된 과제로 남아 있다.

교육

가까운 미래에 가능한 시나리오 중 하나는 맞춤형 AI 튜터와 멘토의 등장이다. 이를 통해 AI 주도 경제와 일치하는 수요가 많은 기술에 대한 교육 접근성을 민주화할 수 있다. 교육 분야에서 생성형 AI는 이미 우리의 가르침과 학습 방식을 변형하고 있다. ChatGPT와 같은 도구는 개별 학생을 위한 맞춤형 수업과 콘텐츠를 자동으로 생성하는 데 사용될 수 있다. 이는 교사의 업무 부담을 크게 줄이면서 반복적인 교육 작업을 자동화한다. AI 튜터는 학생의 글쓰기 과제에 대한 실시간 피드백을 제공해 교사가 더 복잡한 기술에 중점을 둘 수 있도록 도와준다. 생성형 AI로 구동되는 가상 시뮬레이션은 또한 서로 다른 학습자의 필요와 관심에 맞게 조정된 매력적이고 맞춤형 학습 경험을 만들어낼 수 있다.

그러나 이러한 기술이 발전함에 따라 편향을 지속시키고 오보를 확산시킬 위험에 대해 더 깊이 연구해야 한다. 지식의 가속화된 속도와 과학적 발견의 시대에 따라, 어린이의 호기심 중심 학습을 훈련시키기 위해서는 지식 갭의 인식 및 이를 해결하기 위한 적절한 전략 사용과 같이 호기심을 시작하고 유지하는 인지 메커니즘을 발전시키는 데 중점을 둬야 한다.

개별 학생에 맞춤형 AI 튜터는 결과와 참여도를 향상시킬 수 있지만, 더 가난한 학교는 뒤처지게 돼 불평등이 심화될 수 있다. 정부는 생성형 AI가 부유한 사람들의 특권이 되는 것을 막기 위해 평등한 접근을 촉진해야 한다. 모든 학생에게 기회를 민주화하는 것은 중요하다.

현명하게 실행된다면 맞춤형 AI 기반 교육은 공부에 동기부여된 누구에게나 중요한 기술 습득을 가능케 할 수 있다. 학생의 강점, 필요성, 관심에 맞게 적응하는 대화형 AI 비서는 학습을 효율적이고 매력적이며 공평하게 만들 수 있다. 그러나 접근, 편견 및 사회화와 관련된 여러 어려움이 처리돼야 한다.

법률

LLM 같은 생성 모델은 계약 검토, 문서 생성 및 간단한 준비와 같은 루틴 법률 작업을 자동화할 수 있다. 또한 빠르고 포괄적인 법률 연구와 분석이 가능해진다. 부가적인 응용 분야로는 복잡한 법률 개념을 일반어로 설명하고 사례 데이터를 사용해 소송 결과를 예측하는 것이 포함된다. 그러나 투명성, 공정성 및 책임성과 관련된 고려 사항을 고려할 때 책임 있는 윤리적 사용은 중요하다. 전반적으로 적절하게 구현된 AI 도구는 신뢰성과 윤리에 대한 지속적인 검토가 필요하면서 법률 생산성과 법적 접근성을 향상시킬 것으로 기대된다.

제조

자동차 산업에서는 생성 모델이 시뮬레이션용 3D 환경을 생성하고 자동차 개발을 지원하는 데 사용된다. 또한 합성 데이터를 사용해 자율 주행 차량의 도로 시험을 수행하는 데 생성형 AI가 활용된다. 이러한 모델은 주변 환경을 이해하기 위해 객체 정보를 처리하고 대화를 통해 인간의 의도를 이해하며 인간의 입력에 자연어 응답을 생성하고 다양한 작업에서 인간을 지원하기 위한 조작 계획을 생성할 수 있다.

의학

유전자 서열에서 물리적 특성을 정확하게 예측할 수 있는 모델은 의학 분야에서의 주요 발전을 나타내며 사회에 깊은 영향을 미칠 수 있다. 이는 약물 발견과 정밀 의학을 더욱 가속화하고, 질병 예측과 예방을 더 일찍 가능하게 하며, 복잡한 질병에 대한 심층적인 이해를 제공하고, 유전자 치료를 개선할 수 있다. 그러나 이는 유전자 공학에 대한 주요 윤리적 우려를 높일 수 있으며 사회적 불평등을 악화시킬 수도 있다. 신경망과 관련된 새로운 기술은 이미 장 서열 분석 오류율을 낮추기 위해 사용되고 있으며(DeepConsensus improves the accuracy of sequences with a gap-aware sequence transformer, 바이드Baid와 동료들, 2022년 9월), ARK 투자 관리 보고서에 따르면(2023), 이러한 기술은 이미 첫 번째 고품질의 전체 장 서열을 1000달러 미만으로 제공할 수 있는 가능성을 갖추고 있다. 이는 대규모 유전자 발현 모델도 멀지 않은 미래에 가능해질 수 있다는 것을 의미한다.

군사

전 세계의 군대들은 무인 자율 무기 체계LAWS, Lethal Autonomous Weapons Systems를 개발하기 위한 연구에 투자하고 있다. 로봇과 드론은 어떠한 인간 감독 없이도 목표를 식별하고 치명적인 힘을 투하할 수 있다. 기계는 정보를 처리하고 인간보다 빠르게 반응할 수 있어 치명적인 결정에서 감정을 제거한다. 그러나 이로 인해 중대한 도덕적 문제가 제기된다. 기계에게 생명을 취할지를 결정하게 하는 것은 거센 경계를 넘는 것이다. 정교한 AI라 할지라도 전쟁에서의 비례와 민간인과 전투자 간의 구별과 같은 복잡한 요소는 인간의 판단이 필요하다.

만약 배치된다면 완전히 자율적인 치명적인 무기는 삶과 죽음에 관한 결정력을 양보하는 경보를 발할 것이다. 이들은 국제 인도법을 위반하거나 독재 정권이 인구를 공포에 빠뜨릴 수 있다. 완전히 독립적으로 풀어놓으면 자율적인 살인 로봇의 행동을 예측하거나 제어하는 것은 불가능할 것이다.

고성능의 생성형 AI의 등장은 아마도 경제와 특정 직업의 혼란을 넘어서 사회의 여러 측면을 다양하게 변형할 것으로 예상된다. 사회적 영향에 대해 좀 더 넓은 시각으로 생각해보자!

⫶⫶⫶ 사회적 함의

생성 모델이 계속 발전하며 비즈니스와 창의적인 프로젝트에 가치를 더하면서, 생성형 AI는 여러 영역에서 기술과 인간 상호 작용의 미래를 형성할 것이다. 생성형 모델의 광범위한 채택은 비즈니스와 개인에게 많은 이점과 기회를 제공하지만, 다양한 분야에서 AI 모델에 대한 의존이 증가함에 따라 발생하는 윤리적 및 사회적 우려를 주의 깊게 다루는 것이 중요하다.

생성형 AI는 신중하게 배치된다면 개인, 사회, 산업 영역에서 엄청난 잠재적 이점을 제공한다. 개인적인 수준에서 이러한 모델은 창의성과 생산성을 향상시키며, 의료, 교육, 금융과 같은 서비스에 대한 접근성을 높일 수 있다. 지식 자원에 대한 접근을 민주화함으로써 학생들이 학습하거나 전문가들이 전문 지식을 종합해 결정하는 데 도움을 줄 수 있다. 가상 비서로서 루틴 작업을 용이하게 하는 데에도 기여할 수 있다.

소비자 관점에서 생성형 AI는 전례 없는 개인화를 제공할 수 있다. 추천 시스템은 개별 선호도에 맞게 출력을 조정할 수 있다. 마케팅 노력은 특정 고객 세그먼트와 지역적 취향에 맞게 조정될 수 있으면서 일관성과 규모를 유지할 수 있다.

생성형 AI의 부상은 창의적 콘텐츠가 어떻게 생성되고 소비되는지에 대한 보다 광범위한 사회적 추세 속에서 중요한 이정표를 나타낸다. 이미 인터넷은 파생 작업과 공동 창작이 통상적인 리믹싱remixing 문화를 육성했다. 생성형 AI는 기존의 디지털 자료를 재조합해 새로운 콘텐츠를 만들어내는 것으로 이 패러다임 안에 자연스럽게 녹아들어 공유되고 반복되는 창작의 정신을 촉진한다.

그러나 생성형 AI가 규모화된 범위에서 저작권 자료를 합성하고 리믹스하는 능력은 복잡한 법적 및 윤리적 문제를 제기한다. 이러한 모델을 문학, 기사, 이미지 및 기타 저작권 보호 작품을 포함하는 방대한 말뭉치로 훈련하는 것은 표절과 보상에 대한 복잡한 문제를 만든다. 기존 도구는 AI에 의해 생성된 콘텐츠를 식별하는 데 어려움을 겪어 전통적인 저작권 및 저작자원칙을 적용하는 데 어려움을 겪는다. 이 딜레마는 기술적 발전과 권리 보유자와 AI 생성 콘텐츠 간의 복잡한 상호 작용을 따라갈 수 있는 법적 틀의 긴급한 필요성을 강조한다.

내가 보는 관점에서의 주요 문제 중 하나는 정치적 이해 그룹, 외국 요소 또는 대규모 기업의 이익을 위한 오정보다. 이 위협을 한번 논의해보겠다!

오정보와 사이버보안

AI는 오정보에 대항하는 양날의 칼이다. 확장 가능한 탐지를 가능하게 하는 반면 자동화는 정교하고 맞춤화된 선전 활동을 보급하는 것을 더욱 쉽게 만든다. AI는 책임 있게 사용될 때 보안을 돕거나 해칠 수 있다. 이는 생성적 해킹과 사회 공학을 사용한 사이버 공격과 함께 오정보에 대한 취약성을 증가시킨다.

마이크로 타기팅과 딥페이크와 같은 AI 기술과 관련된 중요한 위협이 있다. 강력한 AI는 사용자의 심리적 특성을 프로파일링해 널리 검토를 피하고 은밀한 조작을 용이하게 하는 맞춤형 오정보를 전달할 수 있다. 빅데이터와 AI는 심리적 취약성을 악용하고 온라인 포럼을 침투해 음모론을 공격하고 확산하는 데 사용될 수 있다.

오정보는 편향된 정보, 조작, 선전 활동 및 정치적 행동에 영향을 미치려는 의도를 포함한 다양한 요소로 변형됐다. 예를 들어 코로나 바이러스 팬데믹 동안 오정보와 정보 홍역의 확산은 주요 도전이었다. AI는 공공 의견을 영향력을 행사하고 선거 결과를 조종할 수 있다.

또한 명예를 훼손하고 혼란을 조성하기 위해 가짜 오디오/비디오 콘텐츠를 생성할 수 있다. 국가 및 비국가 주체들은 이러한 능력을 명예를 훼손하고 혼란을 조장하기 위한 선전 활동에 무기화하고 있다. AI는 정치 당사자, 정부, 범죄 조직 및 심지어 법률 체계에서 소송을 제기하거나 돈을 빼내기 위해 사용될 수 있다.

이것은 다양한 분야에서 광범위한 영향을 미칠 것으로 예상된다. 인터넷 사용자 중 상당 부분은 외부 웹 사이트에 액세스하지 않고도 필요한 정보를 얻을 수 있을 것이다. 대기업들이 정보의 관문이 되고 공공 의견을 통제하며 특정 행동이나 시각을 효과적으로 제한할 수 있는 위험이 있다. 신중한 지배 및 디지털 소양은 내성을 구축하는 데 필수적이다. 단일 해결책은 없지만, 책임 있는 AI 개발을 촉진하는 집단 노력은 민주 사회가 새로운 위협에 대처하는 데 도움이 될 수 있다.

규제에 대해 더 자세히 이야기해보겠다!

규제와 실행의 어려움

생성형 AI의 잠재력을 책임 있는 방식으로 실현하기 위해서는 다음과 같은 실용적인 법적, 윤리적 및 규제적 문제를 다뤄야 한다.

- **법적**: 저작권법은 AI가 생성한 콘텐츠에 대해 여전히 모호한 상태다. 생성된 결과물을 소유하는 것은 누구인가? 모델 생성자, 훈련 데이터 기여자 또는 최종 사용자인가? 훈련에 사용된 저작권 데이터를 복제하는 것도 명확히 해야 할 공정 사용 논란을 불러온다.

- **데이터 보호**: 고급 모델을 훈련하는 데 필요한 대규모 데이터셋을 수집, 처리 및 저장하는 것은 데이터 개인정보보호 및 보안 위험을 초래한다. 동의, 익명성 및 안전한 접근을 보장하는 지배 모델이 필수적이다.

- **감독 및 규제**: 고급 AI 시스템에서의 비차별성, 정확성 및 책임성을 보장하기 위해 감독이 필요한 요구가 증가하고 있다. 그러나 무거운 관리 체제 대신 혁신과 위험을 균형 있게 조정하는 유연한 정책이 필요하다.

- **윤리**: 유익한 결과로 향하는 개발을 지원하는 프레임워크는 필수적이다. 투명성, 명료성 및 인간 감독에 초점을 맞춘 설계 실천을 통해 윤리를 통합하면 신뢰를 구축할 수 있다.

전체적으로 정책 결정자, 연구자 및 시민 사회 간의 적극적인 협력은 권리, 윤리 및 지배에 대한 미해결된 문제를 풀어가는 데 필수적이다. 실용적인 가드레일이 마련되면 생성적 모델은 그들의 약속을 이행하면서 피해를 최소화할 수 있다.

알고리듬 투명성에 대한 수요가 늘고 있다. 이는 기술 회사와 개발자들이 시스템의 소스 코드와 내부 작업을 공개해야 함을 의미한다. 그러나 이러한 회사들과 개발자들은 자사의 독점 정보를 공개하는 것이 경쟁 우위를 해칠 것이라고 주장하며 저항하고 있다. 오픈 소스 모델은 계속 번창할 것이며, EU 및 기타 국가의 지역 법률은 AI의 투명한 사용을 촉진할 것이다.

AI 편향의 결과는 AI 시스템이 내린 편향된 결정으로 인해 개인이나 그룹에게 잠재적인 피해를 입힐 수 있다. 컴퓨터 과학 교육 과정에 윤리 교육을 통합하면 AI 코드의 편향을 줄일 수 있다. 개발자들에게 윤리적으로 설계된 애플리케이션을 개발하는 방법을 가르쳐 코드에 편향이 내재되는 가능성을 최소화할 수 있다. 올바른 방향을 유지하기 위해 기관은 투명성, 책임성 및 가드레일을 우선시해 AI 시스템에서 편향을 방지해야 한다. AI 편향 방지는 많은 기관에게 장기적인 우선순위지만 법률이 이를 주도하지 않으면 도입까지 시간이 걸릴 수 있다. 예를 들어 EU 국가의 지역 법률, 특히 유럽 위원회의 AI 규제에 대한 통일 규칙 제안과 같이 언어와 이미지의 윤리적 사용을 촉진할 것이다.

현재 독일의 가짜 뉴스에 관한 법은 플랫폼이 가짜 뉴스와 혐오 발언을 제거하는 데 24시간의 기간을 부과하는데, 이는 대규모 및 소규모 플랫폼 모두에게 비현실적이다. 게다가 작은 플랫폼의 제한된 자원으로 인해 모든 콘텐츠를 감시하는 것은 현실적이지 않다. 또한 온라인 플랫폼이 무엇이 진실로 간주되는지를 단독으로 결정해서는 안 되며, 이는 과도한 검열로 이어질 수 있다. 자유로운 표현, 책임성 및 다양한 기술 플랫폼이 준수할 수 있는 실행 가능성을 균형 있게 고려하는 더 세밀한 정책이 필요하다. 온라인 콘텐츠를 규제하는 것을 단순히 사적 기업에게 맡기면 감시와 정당한 절차 부족에 대한 우려가 있다. 정부, 시민 사회, 학계 및 산업 간의 보다 폭넓은 협력을 통해 오정보를 대응하면서 권리를 보호하기 위한 더 효과적인 프레임워크를 개발할 수 있다.

혜택을 극대화하기 위해 기업은 개발 과정에서 인간 감독, 다양성 그리고 투명성을 보장해야 한다. 정책 결정자는 남용을 방지하면서 작업자들이 활동이 변화할 때 지원을 받을 수 있도록 보호막을 마련해야 할 수도 있다. 책임 있는 실행을 통해 생성형 AI는 성장, 창의성 그리고 더 번영하는 사회에서의 접근성을 촉진할 수 있다. 잠재적인 위험을 조기에 대처하고 이익을 공평하게 분배해 공공 복지를 촉진하는 것은 이해관계자들 사이에 신뢰감을 유발할 것이다. 이러한 이해관계들은 다음과 같다.

- **진보의 동력**: 변형의 속도를 조절하는 것은 원하지 않는 부작용을 피하기 위해 중요하다. 더불어 지나치게 느린 발전은 혁신을 억누를 수 있으며, 이상적인 속도를 포괄적인 공론을 통해 결정하는 것이 중요하다.

- **인간-AI 공생**: 완전한 자동화를 추구하는 대신, 더 유리한 시스템은 인간의 창의력을 AI의 생산적 효율과 통합하고 보완한다. 이러한 혼합 모델은 최적의 감독을 보장할 것이다.

- **접근 및 포용 촉진**: AI와 관련된 자원, 관련 교육 및 다양한 기회에 대한 공정한 접근은 격차를 확대하는 것을 방지하기 위한 핵심이다. 대표성과 다양성은 우선시돼야 한다.

- **예방 조치 및 리스크 관리**: 상시적으로 신규로 등장하는 능력을 통해 미래의 위험을 회피하기 위해 학문적인 통찰력을 통한 지속적인 평가가 필요하다. 그러나 과도한 우려가 잠재적인 진전을 방해해서는 안 된다.

- **민주적 원칙 유지**: 협력적인 토론, 공동의 노력 및 타협은 AI의 미래 방향을 정의하는 데 단독 주체가 부과하는 일방적인 법령보다 건설적일 것이다. 공공의 이익이 우선돼야 한다.

이제 10장의 결론을 내려보자.

⠿ 앞으로의 길

다가오는 생성형 AI 모델의 시대는 많은 흥미로운 기회와 전례 없는 발전을 제공하지만, 이와 함께 수많은 불확실성이 존재한다. 이 책에서 논의된 대로 최근 몇 달 동안 많은 성취가 이뤄졌지만, 연이은 도전 과제는 여전히 남아 있다. 이는 주로 이러한 모델 내의 정밀성, 추론 능력, 제어 가능성 및 심층적인 편향과 관련이 있다. 미래에 초지능 AI가 눈앞에 있다는 웅변적 주장이 과장된 것처럼 보일 수 있지만, 수십 년 안에 정교한 능력이 피어남을 예측하는 것이 일관된 추세다.

기술적 측면에서 ChatGPT와 같은 생성 모델은 종종 불투명한 상자로 작동해 의사 결정 프로세스에 대한 투명성이 제한된다. 모델 해석 가능성의 부재는 모델 행동을 완전히 이해하거나 출력을 통제하기 어렵게 만든다. 또한 불완전한 훈련 데이터로 인한 잠재적인 편향에 대한 우려도 있다. 실제로 생성 모델은 광범위한 계산 리소스가 훈련 및 배포에 필요하지만, 그에 대한 발전과 트렌드를 논의했다.

긍정적인 측면을 보자면 AI는 업계 전문가가 아닌 사람들이 디자인, 글쓰기 및 기타 분야에서 전문적인 품질의 산출물을 생산할 수 있게 함으로써 기술을 민주화할 수 있다. 기업은 더 빠르고 저렴하며 온디맨드로 작업의 이점을 얻을 수 있다. 그러나 특히 그래픽 디자이너, 변호사, 의사와 같은 특수 중산층 역할에 대한 일자리 상실에 대한 우려가 있다. 그들의 업무는 자동화되고 낮은 기술을 가진 노동자들은 AI를 슈퍼 파워로 활용하는 법을 배우고 있다.

그러나 생성 콘텐츠의 확산은 정보 오류, 학계에서의 표절 그리고 온라인 공간에서의 위장에 대한 타당한 우려가 제기된다. 이러한 모델이 인간의 표현을 더욱 잘 모방할수록 사람들은 인간 생성과 AI 생성의 구분이 어려워질 수 있어 새로운 형태의 속임수가 가능해진다. 실시간으로 생성된 딥페이크는 사기를 증식시키고 신뢰를 훼손할 것이다. 가장 무서운 것은 군대, 테러리스트, 범죄자 및 정부가 AI를 선전 및 영향력을 행사하기 위한 수단으로 무기화할 수 있다는 우려다. 또한 생성 모델이 끊임없는 맞춤형 콘텐츠를 생산할 수 있는 능력으로 인해 소셜 미디어 중독이 악화될 것이라는 우려도 있다.

급격한 진보 속도는 인간의 고용 불안과 직업 이동을 야기하고, 급기야 더 심각한 빈부 격차를 초래할 수 있다. 과거의 물리적 자동화와는 달리, 생성형 AI는 이전에 자동화에서 안전하다고 여겨졌던 인지적 직업 범주를 위협한다. 이러한 직업 전환을 윤리적이고 공정하게 관리하기 위해서는 선견지명과 계획이 필요하다.

또한 철학적 논쟁이 있다. AI가 인간의 상태를 반영해온 예술, 문학 또는 음악을 창작해야 하는지에 대한 논의가 있었다.

기업에서는 적절한 사용 사례를 둘러싼 효과적인 거버넌스 프레임워크가 아직도 수립되지 않았다. 생성 모델은 딥페이크와 같은 정보 오류를 만들어 안전하지 않은 의료 조언을 생성하는 등의 남용 위험을 증폭시킨다. 콘텐츠 라이선싱 및 지적 재산에 관한 법적 문제도 발생한다. 생성 모델은 비즈니스 생산성을 향상시킬 수 있지만, 품질 관리와 편향 완화는 비용이 발생한다.

수십 년을 내다봤을 때, 아마도 윤리적인 측면이 가장 깊은 도전일 것이다. AI가 더 많은 중요한 결정을 맡게 됨에 따라 인간의 가치와 일치시키는 것이 중요해진다. 정확성, 추론 능력, 제어 가능성 및 편향 완화는 기술적 우선순위이지만, 다른 우선 사항은 모델의 견고성을 강화하고 투명성을 증진하며 인간의 가치와 일치시키는 것이다.

미래 능력이 불확실한 가운데, 적극적인 거버넌스와 접근 권한의 민주화는 이러한 기술을 공정하고 선의의 결과물로 이끌기 위해 필수적이다. 투명성, 책임성, 윤리 문제에 대한 연구자, 정책 결정자 및 시민 사회 간의 협력은 신흥 혁신을 공유된 인간의 가치와 일치시킬 수 있도록 돕는다. 목표는 단순한 기술적 발전이 아니라 인간의 잠재력을 높이는 것이어야 한다.

찾아보기

ㄱ

검색 증강 076
계층 정규화 051
관찰 반응 362
관측성 도구 365
그래프 신경망 193
그래프 합성곱망 193
그룹화 쿼리 어텐션 052
기본 프롬프팅 148

ㄷ

대화 버퍼 216
대화 요약 기억 219

ㅁ

맵 리듀스 152
멀티 헤드 어텐션 052
메모리 077, 090
문서 로더 202
미세 조정 057, 077, 289, 298
밀도 체인 151

ㅂ

벡터 데이터베이스 196
벡터 라이브러리 194
벡터 인덱싱 192

벡터 저장소 191

ㅅ

사전 훈련 053
상업용 모델 309
샘 올트먼 044
생성 모델 031, 032
스케일링 055

ㅇ

애저 127
언어 모델 032
에이전트 088
엘리시트 프롬프팅 077
오픈 소스 모델 303
위치 인코딩 051
응답 중재 223
이미지 인페인팅 059
임베딩 186

ㅈ

자기 성찰 087
자기 일관성 318
자기 질문 프롬프팅 077
자동 팩트 체크 143
장기 일관성 222

정보 요약   148
제로샷   314
제품 양자화   193
조건화   057, 289
조건화 기법   291
종속성 설정   104
지역 민감 해싱   193

ㅊ

챗봇   182
챗봇 구현   208
체이닝   076
체인   086
추론 시간 조건화   295

ㅋ

코드 LLM   232
코파일럿   231

ㅌ

토큰화   054

ㅍ

퓨샷   315
프롬프트 공학   076, 310
프롬프트 기술   312
프롬프트 체이닝   086
프롬프트 템플릿   150
프롬프팅 기술   057

ㅎ

헌법 원칙   076

확률적 앵무새   070
환각   041

A

Action 에이전트   172
AI   032
AI 페인팅   094
AlphaCode   035
Anthropic   047, 127
AutoGen   100
AutoGPT   100
AutoML   273

B

BERT   053

C

CEFR   046
Chaining   076
Chroma   200
Claude 2   047
Codex   035
Conda   105, 107
conditioning   057, 289
Constitutional principles   076
Copilot   231
CoT 프롬프팅   317
CUDA   038

D

DDIM   061
DL   032
Docker   107

E

EDA 272
elicit prompting 077

F

Fabric 268
fine-tuning 289
FOMO 332

G

GAN 038, 060
GCN 193
GCP 118
Generative Models 032
GNN 193
Google Cloud Platform 118
GPT 041
GPT-3 044
GPT-4 044
GPT4ALL 132
GQA 052
GSM8K 030

H

hallucination 041
Haystack 099
HNSW 193
Hugging Face 116
Hugging Face Hub 084
HumanEval 233

I

Imagen 060

J

Jina AI 121

L

LangChain 069, 082
LangChainHub 084
LangSmith 084, 367
Layer Normalization 051
LessWrong 028
LLaMa 2 047, 245
llama.cpp 130
LlamaHub 084
LlamaIndex 099
LLM 039
LLMOps 331
LLM 응용 078
LLM 조건화 290
LM 032
LSH 193

M

ML 032
MLOps 331
MMLU 029
ModelOps 332

O

OpenAI 114

inpainting 059

P

painting   094

PaLM 2   045

Poetry   105, 107

Positional Encoding   051

PQ   193

prompt chaining   086

Prompt engineering   076

PromptWatch   370

R

Ray   354

Reflexion   236

Replicate   125

Retrieval augmentation   076

S

Sam Altman   044

self-ask prompting   077

self-reflection   087

Stable Diffusion   061

StarChat   243

StarCoder   232, 237

stochastic parrots   070

SuperAGI   100

T

Tay   076

tokenizing   054

V

VAE   062

Vertex AI   119

LangChain으로 구현하는 LLM

파이썬, ChatGPT로 LLM 애플리케이션 만들기

발 행 | 2024년 3월 29일

지은이 | 벤 아우파스
옮긴이 | 이병욱

펴낸이 | 권성준
편집장 | 황영주
편 집 | 김진아
　　　　임지원
　　　　김은비
디자인 | 윤서빈

에이콘출판주식회사
서울특별시 양천구 국회대로 287 (목동)
전화 02-2653-7600, 팩스 02-2653-0433
www.acornpub.co.kr / editor@acornpub.co.kr

한국어판 ⓒ 에이콘출판주식회사, 2024, Printed in Korea.
ISBN 979-11-6175-835-0
http://www.acornpub.co.kr/book/generative-ai-llm

책값은 뒤표지에 있습니다.